吾皇万岁万万岁

古代帝王生活

朴人 著

故宫出版社

再版说明

中国古代，帝王乃九五之尊，富有四海，帝王生活不只是循规蹈矩，也有光怪陆离、令人咂舌的一面。由于皇权至上，所以觊觎神器，宫廷政变不断，可谓都是权力惹得祸。古代的诗人才华横溢，雕琢文字，为我们留下了众多脍炙人口的诗篇。文字本是文明的象征，但在封建专制时期，它却导演了一幕幕人生悲剧，成为招灾引祸的根苗。帝王、诗人是探究中国古代历史所难以绕开的群体，宫廷政变、文字狱则是认识中国古代文化的热门话题，深受读者的关注与喜爱。

鉴于上述原因，我们将朴人先生的《帝王生活》、《诗人生活》及金性尧先生的《清宫政变实录》、《清代笔祸》重新改版，并按照各书所叙内容，对其重新予以命名。本次改版对书中的错字、讹字进行订正，基本保留了原书的风格，以飨读者。

编者

2012年4月

原《帝王生活》初编序

《大华晚报》连载的《帝王生活》，笔致雅健，内容极具坚实而永隽的历史趣味，曾吸引我的阅读兴会，文中又曾引用我的片段论证，因之很希望知道署名“朴人”的作者是谁。

台湾的文史写作圈，论人物与文章，我认识的不在少数。其中也有好些作家，我不认识其人而认识其文的，但在我的“记忆档”里，找不出这位“朴人”先生。

更其使我惊讶的，在传记文学、掌故轶闻、历史小说、闲话历史，泛滥于文坛的今日，有这么一位作家，贯串上述几大类著述的性质来写作。写作对象的选择，又是自《史记》以下纪传体正史所缺乏的一面，帝王的人性活动。作为一个历史学工作者的我，竟不知道有这么一位具有“慧眼”的同行是谁，多少有些“纳闷”。

偶然一次的电话通话，揭开了我想揭开的闷葫芦，“朴人”竟是我的老同学王家棫先生，真使我欣喜若狂！

家棫是我在大学时代的同学，他从南京东南大学附中，我从上海圣约翰大学附中，同时转入上海光华大学，他学习文学，我学习历史，但我们彼此对文史全有双边兴趣，很谈得来，时常相聚。他在学校时，已负文名，他所写的小说，经常在杂志上发表。我不仅是忠实读者，而且曾被他采入小说，作为描写对象群的一员。

大学毕业后，三十多年流转的光阴，栖迟的生活，使我们之间，虽然精神永契，踪迹全疏。来到台湾的十多年，我们只见过几次面，这也由于他一直在新闻界任职，工作和休息时间，和我正处相反，见面的机会便稀少了。

前几天我从家棫口中，得知《帝王生活》是他的写作，原不应是意外的惊奇事件，然而我依然惊奇于他那份好学深思的好习惯，没有被年光和生活所剥削。

我答应他为这部著作写序，除了友情的温炙，给予我以发言的喜悦外，我愿以一个历史同癖者的看法，来估评一下这部著作的价值。

一、写作对象的正确：中国正史记载，一向忠实于历史人物与事件的时间与空间，帝王本纪、排比年月，以时空系事件，以事件系人物，但所谓的历史事件，大都指政治性的，因之凡属政治性的事件与人物，几乎没有遗漏的，全有极精确的记述。帝王的生活，却没有一字描写，这已失古代“左史记言，右史记事”的原则。即以“实录”和“起居注”而论，也只较正史的帝纪略为详尽，依然不脱政治事件记录范围，只供作正史的原始材料而已。因之，盖世英明雄武的帝王，像汉武帝、唐太宗，我们只知道他们的武功和政事，而无生活接触（《史记》的“今上本纪”有所避讳，写汉武帝不及写汉高祖具有人性，写汉高祖触及不少他的生活面）。李义山《碧城》诗：“武皇内传分明在，莫道人间总不知。”不管他是否以汉武帝隐射唐玄宗，如朱竹垞之说，但总是暗示帝王私生活，民间有种种传说，官书中也找不到。

近代帝王如顺治帝、康熙帝的生活面，我们的史籍记载，似乎还不及耶稣教会的教士汤若望、Ferdinand Verbiest（南怀仁）等对教廷的报告来得生动。

我们的历史兴趣，应不止于政治事件，对帝王认识的要求，也决不止于朝衣朝冠的舞台形象。我们必须把帝王的政治装束剥去，恢复他们的人性，像法国名剧作家 Anaré Josset 所写的伊丽莎白女皇，这正是现代传记的主要目标。

家械这部写作的描写对象，无疑的合于现代史学路线的要求，虽则他不是替帝王写传记，已开辟帝王传记写作的正确观念。

二、素材选择的精审：以我对中国历史素材判别的经验而言，每一素材，大致可以分辨得出是陈腐的或新鲜的，略像庖丁对蔬菜和鱼肉腐朽与鲜活程度，一望而知。家械对素材判别与选择，尤其是新史料的甄择，极具鉴别力，像殷代杀人殉葬，取董作宾先生说；唐玄武门之变，取陈寅恪先生说；顺治帝出家之谬，取孟心史先生说，并补缀以汤若望传所提供的史料；明代高丽进妃，采朝鲜实录，均具史学眼光和方法。

三、帝王生活面的具备：帝王生活面，包括馔食、服饰、杂耍百戏、戏剧、宫苑、园圃、斗鸡、击球等日常生活及娱乐，性生活，艺术嗜好与造诣，宗教信仰，以及和帝王生活最接近而且具有影响力的妃嫔、侍御阉人、乳母，无一不涉及。这些子目的选择和事例的陈述，全很中肯。

四、文词的信、雅、达：写有关史学的文字，在要求上，须具备严几道对译述外国著述的条件，以信、雅、达为主。“信”是指对史料的“采信”，“雅”是指选字造句，“达”是指陈义通畅，逻辑性强。这类文字，清人最擅长。家棫此作，也已达到相当的标准。难得的是寓考据工夫于平易的文字，使读者只有兴趣的感受，而毫无读考据文字的枯燥感。

书中也有些应加纠正之处，如故宫所藏的《香妃戎装像》，据陈寅恪先生说，他怀疑是郎世宁以中国面貌的女子，来画法国圣女贞德的形象。他说，说这幅画像画的是香妃，并无根据，这是清理故宫文物的人员的臆说。

其余可增补之处，似乎对道教和帝王生活的影响，写得略嫌少些。历代帝王求长生之术，求性生活享受的房中术，和方士及道家的方术，极有关连，秦皇、汉武，开其端，唐、宋、明的帝王的生活方面，全与道家有关，宋、明二代更为显著，好些生活嗜好，均可自道家方术中求得解释。

武曌与佛教的关系，陈寅恪先生曾举李义山《纪宜都内人》的话，解释她外宠之多，是自以男性皇帝自居，这一思想，渊源于印度佛教教义中佛无女性。这是旧史新诠的卓绝见解，本书未采。天主教与明清帝王之关系，主要的科学思想的灌输，尤其对康熙帝的影响，这一方面，也有极多西洋史料，本书未采。希望有所增补。这是我个人求全之意，并无碍于本书的现有价值。

年前，我曾经写过一首旧诗，送给另一同学，写我对学生时代友情的留恋，这份友情，也是家械和我共有的。抄在下面，以当尾声：

鸟迹蜗痕奈汝何，卅年岁月乱离过。
相看性命同瓯脱，微觉尊前有逝波。
侧帽渐伤同学少，倚楼总负夕阳多。
墨花愁蚀端溪砚，惟有相思不可磨。

俞大纲

1967年 12 月 15 日

原《帝王生活》续编序一

朴人是家槭，我看了俞大纲先生给《帝王生活》初编写的序才知道。这发现使我跟俞先生一样的惊奇。

因为我知道家槭是一位文学很有造就的朋友，却不料他竟也是一位肯下苦功夫穷搜资料钩稽考证的史学家。

家槭写的《帝王生活》是在《大华晚报》连载发表的。报纸上刊布的连载文章，我总觉得是断篇零缣，没有兴趣去读。可是，《帝王生活》这个标题却新颖动人，偶然也引起了我的注意读一读。读了就觉得朴人这位作家，笔下不同凡响，读了俞序，不料竟是朝夕相见的家槭。老朋友故弄玄虚，把我关在闷葫芦里这几年，应罚酒一大杯!

家槭跟我虽然是江苏常熟县的小同乡，我们却并不因同乡而相识，并且我们认识了将近四十年，两个人始终没有在常熟见过面。我们是文字结的缘。1927 年左右我追随先父孟朴公在上海办《真善美》文学杂志，家槭是一位经常投稿的文友。我还记得他第一篇寄来的小说稿，是把一个理发店作背景的小故事，以幽默的笔调，反映社会群像。先父跟我，读了都非常激赏，开始结了我和家槭的文字缘。因此，我始终认识家槭是一位很有造就的文学家。

他《帝王生活》的问世，竟揭露了他天才的另一面。文学家是一只行空的天马，他要驾驭他的想象在太虚幻境里自由翱翔；可是史学家却是一个拓荒者，他要脚踏实地发掘资料，如治乱丝，加以整理，鉴往知来，找出一条社会发展的轨迹。这两种人有迥乎不同的素养，也可以说是两种背道而驰的天才。

然而，历史是人在社会中活动促成社会发展的记录。

历史既是人群活动的记录，只把他们活动效果做成死板的记录是不够的，主要的还应该表现他们活动的形态，把死的记录变成活生生的投影，融化当年社会真相使成一幅一目了然的图画展开在读史者的眼前。因此，写历史，不再是记录正确详尽就算交了卷，还应该把这记录活化而呈现当时社会的全貌。于是，文学家写历史，逐渐成了时代的风尚。

这是不容易讨好的工作，可是家械写《帝王生活》显明地是在向这个方向努力。他的初编，已由俞先生在序文里作了很正确的评估，俞先生说道："家械这部写作的描写对象，无疑的合于现代史学路线的要求，虽则他不是替帝王写传记，已开辟帝王传记写作的正确观念。"

俞先生所说的"正确观念"就是以文学的笔法写史材，也就是俞先生评估本书文辞时说的："难得的是寓考据功夫于平易的文字，使读者只有兴趣的感受，而毫无考据文字的枯燥感。"

《帝王生活》初编的尝试，可以说是相当成功的。家械因此得了鼓励又有续编之作，我蒙他不弃竟在未付刊前，给我一个先睹为快的机会。

续编分十七章，其以故事性质作横断面的分章，不以时代先后定叙述的次序，正与初编相同。但，初编分章以故事为经，帝王生活之同类者为纬，续编则以一个帝王的生活为经，以环绕其生活中之后妃、宫监、大臣为纬。因此，续编虽仍以《帝王生活》为名，实已扩大范围，变成历代"宫闱生活"，而帝王生活无法脱离政治，实际叙述帝王生活也就反映了所述朝代的政治生活了。

拜读续编，我冒昧给它"博"、"确"、"活"三个字的评介。

怎说"博"。细读十七章，没有一章在说空话，都是看了很多书，搜集了很多资料写下来的。当然，这种文章不是先有了题目再找资料，是先有了资料再定题目，跟一般写史难易不同，也是它容易讨好的地方。有了家械卷首语中说的"遍访书店和图书馆"那样的辛劳，才能得到他博鉴群书的收获，其治学精神实堪钦佩。

怎说"确"。书中所引资料，皆详列出处。故事之引述，多有根据，不作道听途说之传播，这是家械廿多年来受新闻熏陶的收获。写历史不能虚构，可是古今中外的史家犯这个毛病的就很多，我不敢说司马迁、班固可以例外。问题是一条大新闻发生时，必有渲染的流言，流言耸听而为大众接受，大家竟会把虚构看成事实。史家于不经意间采用而成史实，每每构成大错。因此，治史重考证，对任何事实，都要抱怀疑态度，搜求真相。家械自称“故事的细枝末节，甚至一言一语之微，为了考实，需要翻拣许多书籍”，这种精神，在本书十七章中，字里行间都可以找到。

怎说“活”。把死板板的史料，要有凭有据不加主观渲染写成生动活泼的故事，是极不容易做的事，家械竟能在这种尝试而得到相当可观的收获。他竟把死的写活了，这是《帝王生活》最大的成功。我们看到他每一章的故事叙述，都像写小说一样有结构，有丘壑，有高潮，鼓舞读者兴趣，而收考据文字增进实学智识的效果。

或者谨严的史学家要反对这样写历史的方法。这就牵涉到最近我们新闻学中一个争论的问题了。写新闻要客观，可是社会一天天进步，社会中发生的事件一天天复杂起来，多数人忙着自己的生活，谁也没有时间精力去研究社会上天天发生的这些复杂的事件，于是大家希望新闻记者能够担负起责任来，给大家把这些复杂的事件，解释得清清楚楚，使他们看了就一目了然，于是客观的新闻报道不能满足观听众的要求，新闻写作逐渐倾向解释性了。解释性的新闻就是把死的资料活用而发生启发的作用，不再是死板板的记录。

我经常主张，新闻是今日的历史，历史是昨日的新闻，因此，新闻记者与史学家实在是一而二、二而一的人物。写新闻的规范可以用到写历史上去，写历史的技巧也可用到写新闻上来。过去写新闻必需客观地规定，久成写历史的准则，那么现在写新闻需要解释的转变，也可引用到写历史上来。

当然解释新闻并不是撤去客观限制，记者可以在新闻报道里放言高论，它只是把复杂的事实加以整理，使观听众发生一种原来如此的领悟快感。整理死的事实而使其发生活的感应，这就是文学家的拿手本事。因此，新闻报道可以小说化，历史叙述又何尝不可以小说化呢?所不同者，纯小说可凭空虚构，而新闻历史则应句句落实，字字着根。因此，“活”之外，还需要“博”与“确”。《帝王生活》或者起了一些示范的作用。

曾虚白

1968年6月20日

原《帝王生活》续编序二

家楲先生善读史，前著《帝王生活》已脍炙人口，于历代帝王之私生活，衣食住行，多有指陈。现在续编又要出版，以简短的文字，叙述帝王个人生活的故事，容易引人入胜。其中尤注意帝王个人心理之影响政治，使读者对于许多历史事变，加倍明了。可以说是《廿二史札记》的体裁。

我想现代人一部廿四史从何读起。最近西洋历史的写法，是纪事本末体。凡所记事实，贯串本末成一篇章，历史再不是饾饤断片的事实，用工少而理解收获多。其次如赵瓯北之《廿二史札记》，博采史书同类的事实，分别札记。我们读史书的人所不注意的，得瓯北组织连比起来，然后读者也看到，易有心得。这与稗乘野史无系统之杂记脞说，迥然不同。所以《廿二史札记》在史书中能独树一帜。

家楲先生所采也是正史，而有许多确具价值的秘史（如《蒙古秘史》）及近代新发现的史料（如清宫档案的雍正批谕）也用为考证的材料，此与平常琐记轶闻不同。这书里关于满清之事，如乾隆之文字狱，雍正之阴诈寡恩，慈禧的权变多谋，都是一般读者所应知道的。

林语堂

1968年7月14日

原《帝王生活》初编引言

帝制在我国虽成历史陈迹，但昔日帝王生活，他们的生老病死，男女关系，衣食住行与娱乐，其中有不少富于人情趣味的故事，至今为读史者之兴趣所在。专制帝王，南面独尊，他们也是人，七情六欲也无异于人，但生活方式与一般人颇有不同之处，宫闱历来隐秘，其实际情况究竟如何，不仅为了好奇，也为了解历史所不可忽略的角度之一。

数年前笔者曾发表过一些考证性的历史掌故短文，其中也有涉及历代帝王私生活的，我友李嘉，读后怂恿我专写一本历代帝王生活的书。

荏苒数年，闲暇读史，随时留意资料，并且决定了若干撰述的原则：帝王的治国平天下，为政得失，当然也是他们生活的一部分，有古今汗牛充栋的各种历史书籍在，用不着加以赘说，而纯粹的帝王私生活，牵涉到许多琐碎的细微末节，大都为正史所略，而前人的野史和笔记，又多缺少事实根据的里巷委谈，本书的故事，必须以真实可信，考证确凿，言而有征为先决条件。次之，自三代迄清末，五千年来，帝王数以百计，无法一一述说，只能就接触到的史料中，用选样的方式，拣择突出而富有趣味的故事为谈说的范围。

在这个构想之下，自问浅学如笔者，是个难题，迟迟到现在方勉力写成，缺失必多，先曾在《大华晚报》连载，今再刊成单行本，敬就教于读者和方家先生们。

朴人

1967年10月

原《帝王生活》续编卷首语

笔者浅学，于职业工作之余，为此课题，冥思博采，有时静夜孤灯，尚埋首于故纸堆中。诠次史料，不敢自矜有丝毫创获，然治史向取谨严态度，有时故事的细枝末节，甚至一言一语之微，为了考实，需要翻拣许多书籍，于是遍访书店和图书馆，凡此似若辛劳，但种种温情和鼓励，使我觉得并不寂寞，此所以有续编之作也。

本书初编撰述之先，曾确定一个目标，以历代帝王的私生活为范围，然到后来，不免牵涉到帝王的政治生活，如夺位斗争、骨肉惨变等。统治万民的一国之主，他们的生活，固无法脱离政治，而这些故事，不能说与私生活毫无关系，它们透露了那些称王称帝者的个性和心理状态。个性和心理，为行为的主宰，如果不从这些地方去推求，对历代帝王未必能有较深切的了解。续编的故事，于是也稍稍侧重了此一方面。

敬承林语堂及曾虚白两位先生为本书作序，无上荣幸。

本书撰述内容，仍请各方不吝多多赐教。

朴人

1968年7月

目录

初 篇

续 篇

初　篇

第一章　帝王年寿

八旬寿考老人

清乾隆五十五年（1790年），高宗寿登八十，五代同堂，十分高兴，特就景福宫增书“五福五代堂”匾额，又以和阗青玉镌刻两玺，一曰：“五福五代堂古稀天子宝”，一曰：“八徵耄念之宝”，又御笔撰文为记，有云：

> 夫汉唐以来，古稀天子才得六，六之中至八旬者才得三，而三帝之中，惟元世祖可称贤，其二则予所鄙也。（原注：三代下诸帝登七十者仅六，汉武帝、梁武帝、唐明皇、宋高宗、元世祖、明太祖；而六帝之中，惟梁武帝、宋高宗、元世祖年登八十，梁武帝自贻倾覆，宋高宗忘耻偷安，皆所素鄙，惟元世祖乃创业大有为之君，然践祚非早，建号仅三十五年，传孙成宗，其诸王世系，元史虽无表可稽，但计其世次顺帝，不过四传，亦不能如今五世五堂之盛，是则予以仰荷天眷，至为深厚，不特云稀，且自古所未有，如是而不只存鸿贶，爱养元黎，则予曷取，抑亦有所不忍也。）即元世祖亦未如予之五代同堂，是予沐昊乾鸿贶为独深。

乾隆得意骄矜之语，按诸史实，并没有妄自夸张，他的确是中国历史上福祉最隆，享寿最长的帝王。自此而后，他到八十五岁，登极已满六十年，翌年元旦，行内禅之礼，传位于子，以是年为嗣皇帝嘉庆元年（1796年）。盖乾隆于二十五岁登位祭天，祈祷之时，曾许下誓愿，如果能临御至六十年，本人亦春秋八十有五，即当归政，以不敢同于皇祖康熙纪元六十一年，履践初愿，故行禅位，尊为太上皇，然而太上皇对于政权，仍不放松。上谕有云："朕仰承昊眷，康强逢吉，一日不至倦勤，即一日不敢懈弛。归政后凡遇军国大事，及用人行政诸大端，岂能置之不问，仍当躬亲指教。"

而且他健康不甚衰耄，胃口颇好，据吴相湘教授采录故宫御膳房档册的记载，"乾隆六十一年三月初六日，上炉食饽饽，猪油到口酥，猪油酥烧饼，猪油酥火烧，猪油澄沙馅酥饺子，奶酥油光头，香油提浆薄脆，香油缸炉，香油鸡蛋麻花，香油发正麻花"。（乾隆六十一年即嘉庆元年。乾隆归政后，对外用嘉庆纪元，宫中则仍保留着乾隆纪年，两者并行。）

要食用这些油脂极重的点心，乾隆帝必须有强健的牙齿咀嚼，和极好的消化力方能享受，由此可知他决没有高血压或血脂肪过多等病症。

乾隆帝如此高年，我们找不到他任何病痛的记载，唯据《朝鲜正宗实录》的客观资料，说他此时记忆力已差，云，"二十一年（即嘉庆二年）三月二十二日，冬至，书状官洪乐游，进闻见别单中云：太上皇容貌气力，不甚衰耄，但善忘比剧，昨日之事，今日辄忘，早间所行，晚或不省。故侍御左右眩于举行，而和珅之专擅甚于前日，人皆侧目，莫敢谁何"。

又隔两年，到嘉庆四年（1799年）正月初三日，太上皇驾崩，享年八十九岁。我国计算年龄的习俗，是经过一个年头，即算一岁，乾隆帝为康熙五十年（1711年）生，如照西方实足年龄的计算法，则为八十八岁。帝王的长寿，自汉高祖以降，不仅空前，而且绝后，乾隆帝可以名列榜首。

平均年寿甚低

三代及三代以上帝王年寿，据裴骃《史记集解》相传：黄帝一百十一岁，颛顼九十八岁，帝喾一百零五岁，帝尧一百十七岁，帝舜一百岁，夏禹百岁，商汤百岁。远古生活淳朴，帝王享年百龄，未尝没有可能。然而史料留传甚少，上述的记载，也不过凭借传说，未必可信。

我们研究历代帝王年寿，如果自汉高祖（生于公元前 247 年）算起，到清德宗（光绪帝）死于公元 1908 年为止，除了短时期篡位和一些旧史并不认为正统而称王称帝的草莽英雄，以及生卒年月无考者不计，两千余年间共得二百零八帝。清朝的末帝宣统，只是傀儡而已，自亦不在计算之中。

在二百零八帝中，年登八十者，诚如乾隆帝所言，仅有梁武帝八十六岁。宋高宗八十一岁，元世祖八十岁，连他本人，只得四人，所占比例，渺乎其小。七世纪篡唐自立的武后则天皇帝，享寿八十有三，不在二百零八帝数中，倘连这唯一女帝计算，亦不过五人。

在年登八十者之中，梁武帝名列第二，晚年侯景作乱，兵陷台城，武帝做了俘虏，被裁减饮食，活活饿死，尚未毕其自然生命，否则在寿数上也许能与后世的清高宗，一争短长。

乾隆帝《八徵耄念之宝记》原注所云，三代下诸帝登七十者仅六，他遗漏了三国时年达七十一的吴大帝（孙权），唐开国帝王高祖，年七十一，余如七十岁的辽道宗，七十岁的西夏仁宗。吴大帝仅割据东南一隅，而辽及西夏也没有统一中原，也许他未计在内，即使算进去，年登七十的帝王，为数仍微。

我们如把书末附表生卒年份可考的二百零八帝，他们的死亡实足年龄，归纳为四个时期：一、自一至二十岁为童幼期；二、自二十一至四十岁为少壮期；三、自四十一至六十岁为中晚期；四、自六十一至八十及八十以上为衰歇期。

二百零八帝中，死于少壮期者，即二十一至四十岁者，计八十三人，比例最高，为百分之三十八。中晚期次之，即四十一至六十岁者，计六十七人，为百分之三十二点二。童幼期又次之，即一至二十岁，计二十四人，占百分之十六点三。衰歇期最少，六十一至八十岁及八十以上，计二十六人，占百分之十二点二。

帝王寿数，二百零八人总平均数为三十八岁强。

死于篡弑占三分之一

帝王的平均年寿并不高，可惜没有历代人民年寿统计可资比较，但帝王生活的优裕，营养、医药、卫生的讲究，必超越一般人民。

年寿之不永，自有多方面的原因，最重要的应为政治性的夺位篡弑，所附“帝王年祚表”备考一栏，死于篡臣之手，或国祚灭亡，被逼而自杀者，计六十三人，约占二百零八之数的三分之一。帝王位高权重，往往为野心家觊觎的目标，一旦机会到来，不仅争城夺地，有时也会祸起萧墙，帝王的生命，很可能危如累卵，有人说二十四史是一部相斫史，相斫的终极目标就是那身居九重的天下之主。

帝王到了时移势去，眼看末日将临，境遇是十分凄惨的。南朝宋顺帝为萧道成所迫，愤然曰:“愿身身世世勿复生帝王家”。隋炀帝见群雄四起，中原危乱，流连江都，不敢北归，扰扰不自安，酒杯不离口，对萧后说:“外间大有人图侬。”他又对镜自照，曰:“好头颈谁当斩之”。明末李自成兵破京师，崇祯帝登煤山自缢之前，剑击长公主，曰:“尔为何生我家!”大有为庶民而不可得之慨。

帝王被杀或自杀，自汉算起，实际上不止六十三人。宫闱事秘，如宋太祖与太宗间“烛影斧声”的疑案，清世宗（雍正帝）之得位，亦有“进了一碗人参汤，圣祖（康熙帝）即崩驾”之传说，清德宗（光绪帝）与慈禧太后先后只隔一日而死，亦有被毒死之猜测。凡此均为史臣所不敢书，诚如孟心史所言，“历代实录所载，其直接关系帝王本身事者，为最难得实”。虽为千古不决之疑，而帝王之死于非命者，事实必多。

在二百零八人之外，短时期称王称帝者，篡位或造反不成，不能毕其自然生命者尤多。王莽篡汉自立，国号“新”，及光武帝的汉兵入长安，莽为商人杜吴所杀。黄巢反，破京师，唐僖宗奔蜀，巢称帝，国号大兴，及李克用勤王之师，迭败巢将，攻入长安，巢遁至虎狼谷，计蹙自刎。明末的李自成，僭号大顺，陷京师，明帝自缢，及吴三桂引清兵入，自成西遁，后被困九宫山，自杀。僭号大西国王的张献忠，与清兵战，中矢坠马，被擒伏诛。洪秀全建号太平天国，称天王，金陵破，仰药死。如把这批人也计算入帝王之中，则不得自然毕命的比数，决不止三分之一。

在附表所列的六十三人中，被弑也有并非出于政治原因，如东晋的孝武帝，他用人得当，颇能倚重谢安，苻坚以百万兵南侵，谢安大破之，完成了历史上著名的淝水之战。可是孝武帝溺于酒色，好作长夜之饮。他醒时甚少，多居内殿，留连于酒色之间。时张贵人宠冠后宫，年岁三十。一日，妙列伎乐，有年少的宫嫔陪侍。孝武帝对张贵人笑而戏曰:“汝以年当废矣，吾已属意年少诸姝。”这触起了张贵人的醋意和愤怒。等到孝武醉卧，令婢蒙之以被，气绝而死。

然而这是特殊的一例。

生活上的原因

若从二百零八人，减去不得善终的六十三人，再作统计，则毕其自然生命者为：死于一至二十岁（童幼期）者九人，死于二十一至四十岁（少壮期）者五十八人，死于四十一至六十岁（中晚期）者五十七人，死于六十一至八十岁及八十以上（衰歇期）者二十四人。

平均死亡年龄约四十三岁。

据近年联合国所刊布的统计年鉴，今日发达国家男子的平均寿龄，如美英等国，都高达六十七岁，以此四十三之数比较起来，落后甚多。当然，近世医药卫生技术的进步，虽帝王宫廷的医药供奉较为优越，然而决不能与今日相比，四十四岁在人生当中不过是中年，帝王年寿之短促，其中必有许多生活上的原因。

历代长寿帝王中的第二名，享年八十六岁的梁武帝，尝曰："朕绝房室三十余年。"他道出了长寿的秘密之一，同时也指出了一般帝王不获永年的通病即多欲。饮食男女为人类普遍的需要，帝王自不例外，但一般人民尚有经济条件的限制，道德与法律的禁止，不能不衡情节欲，帝王则因地位优越，极少束缚，又多纵欲任性之便。不仅宫中妃嫔众多，又多早婚，汉安帝二十一岁立后，为历代结婚最迟的帝王，而且在立后之前，东宫早有妃嫔，曰"昭仪"，曰"美人"，他们情窦之开，可能早于一般男子的三十而娶，女子二十而嫁。历代甚多荒唐的酒色之帝，也创造了无数千奇百怪的男女关系，凡此当于"皇后妃嫔"、"嫉妒争宠"等另章述之。

至于饮食，帝王必竭天下之美味，正如枚乘《七发》所云："列坐纵酒，滋味杂陈。"好吃的东西吃得太多，有时无益营养，反而有碍健康，即如本章首节所引乾隆帝那张点心单子，以今日的医学常识来判断，油脂如此之重，五十以上的人，即不宜多吃，遑论八十高龄，幸而乾隆帝体质特佳，竟能享受。然而一般来说，美酒佳肴，不知节制，也有戕生促命的可能。枚乘又云："皓齿蛾眉，命曰伐性之斧，甘脆肥酞，命曰腐肠之药。"

古昔帝王，如辽金之每年定期游猎，清初诸帝之山庄打围，不失为一种锻炼体魄的运动，但大多数身居九重的王者都是垂拱不下堂，所谓"越女侍前，齐姬奉后"，生活上一切活动，都有人代劳，于是身心衰弱，体力惰废，无形中也妨碍自然之性，戕害了生命的久长。

帝王地位的尊荣，昔所谓"天下一人"，享受亦可竭天下以养，然生必有死，为了延长享受，保持生命，就有许多帝王谋虚逐妄，迷信仙佛，服食"长生"之药，而结果则"服食求神仙，多为药所误"。也有因多欲之故，体力不支，妄用房中媚药。结果非但不能延长生命，反而中毒成了变相的自杀。唐代十九帝之中，好服丹药者，先后凡六君，惑此左道，且多中毒暴死者，赵瓯北所谓，“实由贪生太甚，而转以速其死耳”。关于帝生服食，亦另章详之，此处不赘。

第二章　皇后妃嫔

帝王内宠之多

杜甫诗云:“先帝侍女八千人。”这里所说八千之数，当包括备职事，侍巾栉的女官宫婢、梨园表演节目的女伎在内，与帝王有婚媾关系的皇后妃嫔仅占其中的少数。帝王究竟有多少配偶，历代制度不同，大体以《周礼》为准绳，《周礼》说：王者立后，六宫，三夫人，九嫔，二十七世妇，八十一御妻。

后世描写帝王内宠之多，往往举上面这个数字为例，然而历代定制，变更甚多，或虽有定制，事实上人数也有伸缩。据吴相湘教授，稽故宫档册所作估计，清乾隆帝妃嫔最多之时，不过十四人，贵人以下数亦如之。咸丰妃嫔贵人约十一人。

《旧唐书·后妃列传》述唐代的妃嫔制度云:“唐因隋制，皇后之下，有贵妃、淑妃、德妃、贤妃各一人，为夫人，正一品；昭仪、昭容、昭媛、修仪、修容、修媛、充仪、充容、充媛各一人，为九嫔，正二品；婕好九人，正三品；美人九人，正四品；才人九人，正五品，宝林二十七人，正六品；御女二十七人，正七品；采女二十七人，正八品。”

后、妃、嫔、昭仪、婕好、美人等名目，为其后历朝所沿用，甚至征服中原的外族帝王，其宫闱内职，也承受了此一习惯。

一帝一后，为历朝定制，但入主中国的外族帝王，也有一帝同时数后的，如晋末南北朝时代，刘聪僭位，立上皇后、左皇后、右皇后、中皇后。又如北周宣帝初即位，立妃杨氏为皇后，其后自称天元皇帝，又立朱氏为天元皇后，妃元氏为天右皇后，陈氏为天左皇后，寻进杨氏为天元大皇后，名目繁多，赵翼批评他:“荒乱之朝，漫无法纪”。

元代每帝皇后，亦无定数，有正宫皇后、二宫皇后、三宫皇后之称，《元史·后妃表》中载太祖朝称皇后者，有二十三人。

立后有册命典礼，《明史·礼志》云:“古者立后无册命礼，至汉灵帝立宋美人为皇后，始御殿命太尉持节奉玺绶读册，皇后北面称臣妾跪受，其后沿为定制，而仪文代各不同”。

婚姻之早

从历代正史本纪所载帝王立后的年龄，略可见帝王婚年较一般人民为早，自汉迄清，大约在十三岁至十六岁者最为普遍。最早者如汉昭帝十二岁立上官氏（五岁）为后，汉平帝十一岁立王莽女为后。然立后之年，以幼年登极之帝王为可考，多数壮年或老年婚后有位者，其年未必都可考见。

册命立后之礼，不足以概见帝王男女关系的开始，盖在未即位的太子时期，东宫已有妃嫔，到即位后册立皇后，有些帝王不过将妃嫔升立为后而已。例如:

汉宣帝即位于昭帝元平元年（74 年），十六岁，立许氏为后。帝于即位之初，即诏求微时故剑，则知与许氏的关系，必早于十六岁。汉和帝，于永元八年（89 年），十六岁，立贵人阴氏为皇后。汉顺帝于阳嘉元年（132 年），十七岁，立贵人梁氏为后，时帝欲立后，而贵人有宠者四人，莫知所建议，欲措筹（抽签）以定。汉灵帝于建宁四年（171 年），十五岁，立贵人宋氏为皇后。

宋仁宗，天圣二年（1024 年），十三岁，立皇后郭氏，时张美人已有宠，帝欲立之，太后不可。明宪宗，天顺八年（1464 年），十五岁，立皇后吴氏，帝居东宫时，万贵妃已擅宠。

这些实例都可见帝王男女关系之早，加以一男而周旋于众多女性之间，故早婚与多欲，为帝王年寿不长的原因之一。

选女民间

帝王的匹偶，宫廷的妃嫔，未必都来自勋旧之家，历代有自民间或低级仕宦之家选女的制度。《后汉书·皇后纪序》曰："汉法常因八月算人，遣中大夫与掖廷丞及相工，于洛阳乡中，阅视良家童女，年十三以上，二十已下，姿色端丽合相法者，载还后宫，择视可否，乃用登御。"

于慎行所著《笔麈》论曰："此事祖宗自有深意。汉宣帝许后起微时，故为后，从官舆服甚俭，及霍后立，赏赐动辄以千万计。且不特此也，来自民间，则习见板阎生计，可以佐人君节俭之治，若必出于勋旧，则勋而兼戚，戚而兼勋，王氏祸汉，贾氏祸晋，可为前鉴。"

然因选女，往往引起民间极大的骚扰，盖选入深宫，未必有缘与帝王相接近，长门幽怨，虚度青春，坠入宫掖的牢笼，甚至终身寂寞，古昔诗人，留下不少描写掖庭妇女苦闷的诗篇，所以一般妇女，选入宫廷，并非乐意的。赵翼《廿二史札记》云："晋武帝博选良家女充后宫，使杨后拣选，名家盛族之女，多败衣瘁貌以避此选，胡贵嫔名芳，初入选号泣。左右止之，曰陛下闻声。芳曰：死且不畏，何畏陛下。"

元朝入主中原，对汉族佳丽不免发生兴趣，于是因利乘便，也实行中朝选女之制。《元史·耶律楚材传》谓太宗时，托欢请选天下室女，楚材止之，帝怒，楚材曰："向择美女二十八人，足备使令，今复选，恐扰民。"又，《耶律铸传》云：世祖时，"耶律铸言：有司官吏以采室女，乘时害民，如令大郡岁取三人，小郡二人，择其可者，厚赐其父母，否则遣还。从之"。陶宗仪《辍耕录》云：顺帝后至正三年（1343年），"民间讹言采秀女，一时童男女婚嫁殆尽"。虽是讹言，可见民间恐慌之深。

选女之制，在明代行得比较彻底。《明史》载太祖之制，“凡天子亲王之后妃宫嫔，慎选良家女为之，进者弗受”。唯起初法制未定，成祖仁孝皇后，为徐达之女，太祖初为懿文太子册常遇春女为妃，未几薨，又册吕本女为太子妃，都是与勋臣之家，缔结婚姻，其后制度既定，后妃以采自民间者为多。选妃的地域，两京并重，所以明代历朝后妃，籍贯南北皆有。如宣宗胡后济宁人，孙后邹平人，吴妃丹徒人，郭嫔凤阳人；英宗钱后海州人；宪宗王后，武宗夏后，皆上元人；世宗方后江宁人，杜妃大兴人；穆宗李后昌平人，陈后通州人，李妃漷县人；神宗王后余姚人，而生于京师，郑贵妃大兴人；光宗郭后顺天人，王妃顺天人，刘妃海州人，而籍宛平；思宗周后苏州人。

明代好色荒乱之君，也有借选女的祖制，广事罗致妇女，以供淫乐的，如武宗（正德帝），喜巡游各地，非但征及处女，寡妇也不能幸免，来源不限良家，乐户妓女也有入选封“美人”的。思宗（崇祯）殉国之后，马士英等在南京拥立的赧皇帝（弘光帝），在位只有一年，一年之中不断“命礼部广选淑女”。印鸾章《清鉴》云：“中使四出搜巷，凡有女之家，黄纸贴额，持之而去。闾井骚然。”又云：“寻使太监李辅国等，分诣苏杭采访，民间婚娶一空。”复据王汝南《续明纪编年》，“上（弘光）深居宫中，渔幼女，饮火酒”。又云：“上醉后纵淫，童女有淫死者。”

宫廷秽史

唐玄宗的宠爱杨贵妃，来自其子寿王之邸。陈鸿《长恨歌传》云：“先是，元献皇后武淑妃皆有宠，相次即世，宫中虽良家子千数，无可悦目者，上（玄宗）心忽忽不乐。……诏（高）力士潜搜外宫，得弘农杨玄琰女于寿邸。”贵妃小名玉环，原为玄宗第十八子寿王瑁之妃，以儿子之妃纳入后宫，虽无骚扰民间之事，但以伦常言，究竟有些难以为情，于是假托玉环自己意志，丐籍为女道士，号太真。时为开元二十八年（740年），经过了一个时期，到天宝四载（745年）“八月壬寅立太真为贵妃”。这段经过，《旧唐书》讳而不书，唯《新唐书》言之，并谓太真入宫后，另“为寿王聘韦昭训女”。

宫闱间男女之事，渎乱伦常者，当不以唐玄宗为限，唐以前北朝的北齐，为篡东魏称帝的鲜卑族，史称宫闱之乱，“未有如北齐者”。高欢（称高祖神武帝）之长子高澄（称显祖文襄帝），与神武妃郑氏私通，又嬖于神武之妃蠕蠕公主郁久闾氏。文襄之弟文宣（高洋）登位之后，其嫂文襄之后元氏居静德宫，文宣曰："兄昔奸我妇，我今须报"，乃淫于后。这位异族帝王，凡高氏妇女，无疏亲皆与乱。其弟世祖武成帝（高湛）继位，以文宣后李氏有容德，逼与淫乱，曰："若不许多，当杀汝子"。后惧，从之。后有娠，后惭，生女不举。

一父三子，宫闱之间，闹成一笔糊涂账。蛮族胡人，没有受到中原礼法的熏陶，不知有伦理，淫风无异禽兽。

海陵中冓之耻

金废帝完颜亮，太祖孙，熙宗时拜右丞相，弑熙宗自立，后兴兵大举伐宋，为部下所诛。金廷贬为海陵郡王，继又废为庶人。史以海陵称之。

海陵的荒淫，中冓之耻，较之北齐高氏，有过无不及，他称帝十余年，《金史》所载，一后三妃外，嬖幸有名字者，已二十余人。宫中的宠爱，每于宗族、亲戚中，杀其父、杀其夫，与之私，纳入宫中封为妃嫔，其中有他的叔母、从嫂、从姊妹及从侄女。

臣下的眷属，也是海陵猎艳的目标。《金史》所述纳丽妃石哥，即为事例之一。《后妃传》云：

丽妃石哥者，定哥之妹（定哥原为崇义节度使乌带之妻，亦为海陵纳入宫中，封贵妃），秘书监文之妻，海陵私之，欲纳入宫中。乃使文庶母按都瓜主文家，海陵谓按都瓜曰：必出而妇，不然我将别有所行。按都瓜以语文，文难之。按都瓜曰：上谓别有所行，是欲杀汝也，岂以一妻杀其身乎？文不得已，与石哥相持痛哭而诀。

海陵淫乱的丑秽，显示他的疯狂和心理变态。《金史·后妃传》云：

常令教坊番值禁中，每幸妇人，必使奏乐，撤其帏帐，或使人说淫秽语于其前。尝幸室女不得，遂使元妃以手左右之。或妃嫔列坐，辄率意淫乱使共观，或令人效其形状以为笑。

又云：

女使辟懒，有夫在外，海陵封以县君，欲幸之，恶其有娠，饮以麝香水，躬自揉拉其腹，欲堕其胎。辟懒乞哀欲全性命，海陵不顾，竟堕其胎。

清初两个传说

降及清初，世祖（顺治帝）之母、太宗（皇太极）之妃孝庄妃，守寡为太后，有下嫁摄政王多尔衮之传说，多尔衮是太宗之弟，世祖之叔。下嫁之说，无明文确证，然其后多尔衮得罪，宣布他罪状的诏书，有“亲到皇宫内院”一语，则他与太后的暧昧关系，实有蛛丝马迹可寻。当于另章详之。

小横香室主人辑前人笔记，所编的《清宫遗闻》，有圣祖（康熙帝）纳姑为妃的传说。谓太宗有一幼女，顺治帝之妹，顺治帝死时，尚未及嫁，“及圣祖袭位，尝留之宫中，不为遣嫁，臣下有请之者。圣祖曰：曷言乎嫁，朕已纳为妃媵矣。其臣曰：宫闱之内，王化所基，故伦常不可紊。今公主于皇上为父辈行，皇上不能取同姓之姑为妃。圣祖曰：不然。夫同姓不婚，谓母与姊妹及己所生之子女也。若诸姑者，既非我母，又非我女，抑更非我同生之姊妹，虽纳之，庸何伤。其臣力谏，终不听”。此说是否有事实根据，尚待考证。

第三章　嫉妒争宠

有幸有不幸

良家女选入宫廷之后，多数起初名位甚低，担当一些无关重要的杂务，与帝王接近，要看机缘如何，当然有不少终生埋没，得不到帝王恩幸的。

赫赫有名，后来垂帘听政达数十年的清末慈禧太后，相传初入宫，充宫女，编入圆明园“桐阴深处”，时文宗（咸丰帝）方寄情声色，暇辄携嫔妃游行园中。一日，文宗闻有南方曲调的歌声，很觉奇异。越日复往，近“桐阴深处”，歌声又作，因问随行内监，歌者何人，内监以“兰儿”对。兰儿为慈禧小名。慈禧那拉氏，其父惠征尝为徽宁池太广道。兰儿生长南中，少而慧黠，擅南方诸小曲。文宗步入“桐阴深处”，盘踞炕上，召兰儿入，略诘数语，叫她就廊栏坐下，令仍奏前歌。良久，文宗唤茶，时侍从均散避他舍，兰儿以茶进，此为得幸之始。

类此幸运故事，在前朝亦有。明代即有偶然的机会，宫人为帝所幸，后来且诞生皇子，继承大统的。

宪宗（成化帝）之子孝宗（弘治帝），其诞生即有这样一段因缘。孝宗的生母纪氏（孝宗立后，尊为孝穆纪太后），《明史·后妃传》云，“孝穆纪太后，孝宗生母也。本蛮土官女，成化中征蛮俘入掖庭，授女史，警敏通文字，命守内藏”。又云，“帝偶行内藏，应对称旨，悦幸之，遂有身”。

其时宫中有一专宠而妒万贵妃。宪宗十六岁接位，万贵妃已三十五，机警善迎帝意，遂谗废皇后吴氏，六宫稀得进御。万贵妃自己生了一个儿子，不育即薨，自是不复娠。可是掖庭御幸有身的妃嫔，被她强迫饮汤药堕胎者无数。万贵妃闻纪氏孕，恚甚，命婢钩治之，婢谎报是痞不是孕。乃谪妃居安乐堂。及婴儿生，又使门监张敏去溺毙。张敏因思帝尚无子，奈何弃之？于是稍哺粉饵饴蜜，藏之他室，万贵妃日伺无所得。至五六岁未敢剪胎发。时吴后废居西内，近安乐堂，密知其事，往来哺养，为帝所不知。

成化十一年（1475年），帝召张敏栉发，照镜，自叹老将至而无子。敏伏地曰:“死罪，万岁已有子。”帝边另一太监怀恩，把皇子潜养西内，今已六岁，匿不敢闻的经过，详细奏明。帝大喜，即日幸西内，遣使往迎皇子。使怀恩赴内阁具道其故，群臣皆大喜，明日入贺，颁诏天下，移纪氏居永寿宫，数召见。

这一下，使万贵妃恼恨至极。是年六月，皇子母纪氏暴毙，或谓万贵妃使人赐死，或曰自缢。太监张敏惧，亦吞金死。

孝宗的祖父英宗（正统帝），他名义上为宣宗（宣德帝）之妃孙氏所生，实际上孙氏生的是女儿，换取宫人子为己子，也是皇帝私幸宫人的结晶，而实际的生母为谁，隐秘不曾分晓。《明史·后妃传》云：“宣宗婚，诏选孙氏为嫔，后封贵妃，有宠，阴取宫人子为己子，即英宗也……英宗立，尊为皇太后……而英宗生母，卒无知之者。”

隔了几代，神宗（万历帝）之子光宗（泰昌帝），也是神宗私幸宫人王氏所生。这位宫人，“母以子贵”，幸获册封。《明史》云:“孝靖王太后，光宗生母也。初为慈宁宫宫人。年长矣，帝（神宗）过慈宁，私幸之，有身。故事，宫中承宠必有赏赉，文书房内侍记其年月及所赐以为验。时帝讳之，故左右无言者。一日，侍慈圣（神宗母）宴，语及之，帝不应。慈圣命取内廷起居注示帝，且好语曰：吾老矣，犹未有孙，果男者，宗社福也。母以子贵，宁分差等耶？十年四月封恭妃，八月光宗生，是为皇长子。”

“人彘”惨剧

宫中众多女性，只有一个爱的对象，这个对象又不能使大家雨露均沾，长门含怨，固非人情之所能堪，而获宠者亦不欲为别人夺而代之，于是后与妃嫔，或妃嫔与妃嫔之间，为了爱宠的得失，演出了无数斗争惨剧。掖庭的妒和争，无代无之，可以说与数千年的帝制史，同其始终。上述明宪宗万贵妃之杀孝宗的生母纪氏，其中还牵连一个皇子问题，不仅为了目前的嫉妒，且预见到将来皇子继位为君，母以子贵，那时人为刀俎，我为鱼肉，就下此斩草先除根的毒手了。

汉高祖之吕后与戚姬，两人的妒忌争宠，也牵涉到太子的立废。吕后与高祖共患难，定天下，她所生之子刘盈，亦经立为太子。不料高祖晚年，于定陶地方，得一美人，称为戚姬，宠幸非常，不免与吕后日渐疏远，即使戎马倥偬，转战各地，戚姬亦不离左右。

戚姬生子名“如意”，颇得高祖钟爱。而太子刘盈不得高祖欢心。于是戚姬以废刘盈立如意的愿望，劝说高祖，高祖亦颇动心。但废太子之事，为若干朝臣所反对。高祖封如意为赵王，然废立之念，始终未断。吕后后用张良之计，敦请隐于商山的四位贤人，即商山四皓，出山为太子太傅。高祖见太子有四贤为辅，以为天下归心，就放弃了废立之念。

高祖于十二年（前 195 年）四月驾崩长乐宫，五月太子刘盈即位，是为惠帝，尊生母吕后为皇太后。吕太后秉性冷酷，高祖晚年的宠幸戚姬，几乎造成太子废立，当时隐忍在心，力谋挽救，总算获得胜利。然而猜忌怨愤，发展成残忍狠毒的复仇心理。高祖刚刚去世，吕太后便令人将戚姬剥去裙衫，剃掉头发，身着赭衣，颈束铁锁，幽禁在永巷舂米。

吕太后并遣人飞旨传命赵王如意进京。惠帝的性情，与其母不同，颇有仁慈之心，闻太后怒召赵王，恐赵王遇害，乃亲到霸上，迎接赵王入宫。兄弟二人，食则共席，卧则同床，形影不离，使太后无下手之隙。一日清晨，惠帝出宫射猎，赵王尚未起身，吕太后得知，立刻遣人持鸩酒，毒杀赵王。而心又未甘，复将戚姬断去手足，挖眼、辉耳，灌以喑药，放入溷厕之中，名曰“人彘”。

白嫩的手

宫闱嫉妒所造成的惨剧，有时实有些骇人听闻。南宋光宗的李皇后，性妒而且悍。《宋史》载有一个故事，谓光宗有一天在宫中洗手，侍候他的宫人，双手生得白嫩可喜，动了爱悦之意。事为李后所知。隔了一天，后遣人送食盒于帝，及启视，赫然装着宫人的一双玉手。又黄贵妃有宠，李后藉光宗亲郊宿斋宫的机会，杀黄妃，以暴卒闻。

宫人雪白粉嫩的手，引起风波，宋光宗而后，隔了四百年，明世宗（嘉靖帝）竟历史重演，发生类似的故事。《明史·后妃传》谓世宗后陈氏，善妒，一天与帝同座，张方二妃进茗。大约二妃的手，长得美如柔荑，皇帝就“循视其手”。同座的陈后妒性发作，“大恚投杯起”。世宗性严厉，对皇后当面吃醋的表示，勃然震怒，以致“后惊悸堕娠崩”。

变态心理

本书第一章曾提过四世纪，东晋孝武帝因一句儿戏的话，引起宠妃张贵人的妒和怒，乘其醉卧，命宫婢将他蒙被窒息而死。明世宗嘉靖二十一年（1542 年），宫中也发生过所谓“宫婢之变”，集体谋逆弑帝的大案，世宗幸而未死。

因妒成恨，很容易发展成一种变态心理，谋逆弑帝可能是这种变态心理的结果。

曹妃有色，世宗爱之，册为端妃。嘉靖二十一年十月丁酉，帝宿端妃宫，《明实录》云，“宫婢杨金英等共谋大逆，伺上寝熟，以绳缢之，误为死结，得不殊。有张金莲者，知事不就，走告皇后（方皇后），后往救，获免，命太监张佐、高忠捕讯之。言金英与苏州药、杨玉香、邢翠莲、姚淑翠、杨翠英、关梅秀、刘妙莲、陈菊花、王秀兰亲行弑逆，宁嫔王氏首谋，端妃曹氏时虽不与，然始有谋，张金莲事露方告，徐秋花、邓金香、张春景、黄玉莲，皆同谋者，诏不分百从，悉磔刿之于市”。

唯《明史·后妃传》云：“然妃（端妃曹氏）实不知也。久之，帝始知其冤。”端妃为帝所宠爱，当时为嫉妒她的人所攀诬，她并非同谋，这是可能的。但出此事之夕，帝宿其宫，何以能听其进行，所谓宫闱事秘，暧昧难明了。

另谋出路

妃嫔嫉妒争宠，愤激而另谋出路，结果闹成杀身之祸，在金废帝海陵宫中，曾发生过一个事例，《金史》载之，撮述如次：

贵妃定哥，姓唐括氏，崇义节度使乌带之妻，颇有容色，过去尝与海陵有私，她的侍婢贵哥知道这个经过。海陵登基后，想起旧好，因贵哥传语定哥，“自古天子亦有两后者，能杀汝夫以从我乎？”定哥曰：“少时丑恶事已可耻，今儿女已成立，岂可为此！”海陵知道之后，又派人传话：“汝不忍杀汝夫，我将族灭汝家。”定哥大恐，起初还想推托，无奈海陵愈逼愈紧，终于一天乘丈夫乌带酒醉，命家奴葛温、葛鲁把乌带缢死。

海陵闻乌带死，诈作哀伤，及乌带已葬，即纳定哥宫中为娘子，后晋封贵妃，大爱幸，许以为后。往往与她同辇出游，而其他妃嫔步行随后。

可是海陵的嬖宠渐多，定哥逐渐遭到冷淡，见面亦稀。一天独坐楼上，海陵和他妃同辇从楼下过，定哥望见，号呼求去，并且诅骂海陵，海陵装作不闻而去。

先是，定哥嫁给乌带之后，曾和家奴阎乞儿私通，现既怨海陵的冷落，就想到阎乞儿，先命三个出入宫中的比丘尼，传达此意。可是宫禁森严，乞儿很难进来。于是心生一计，令侍儿以一大筐笶，盛了自己的亵衣，遣人载之入宫。宫门卫士加以搜查，一见贵妃亵衣，心中悔惧。定哥又派人质责，说："我是天子之妃，为什么翻看我的亲体衣服？我要奏明皇上的。"门卫恐惧曰："死罪，以后不敢。"

定哥乃使人以筐笶载乞儿入宫。门卫果真不加检查。乞儿入宫十余日，叫他乔装妇女，杂诸宫婢中。可是贵哥把此事密报海陵。事发，定哥缢死，乞儿和三个比丘尼伏诛。

第四章　外族妃子

入宫有宠进而为后

皇室与外族通婚，在历史上原非稀罕。古代为了怀柔外族，以公主或宫人遣嫁域外，名曰和亲，如汉之于匈奴，唐之于吐蕃，并不为奇。中国数千年来屡为外族占领，外族称皇称帝后，纳汉女为妃嫔，自然也是情理之常。但明成祖（永乐帝）之选妃朝鲜，曾发生诛戮三千人的惨案，清高宗（乾隆帝）之宠爱回女香妃，民间传说甚多，其中有事实，也有无稽的里巷委谈。二事均值得一谈。

朝鲜为中土屏藩小国，贡处女于中国宫廷，元朝已有。赵翼《廿二史札记》云：元时有选妃高丽女之例，“文宗以宫中高丽女不颜帖你，赐丞相雅克特穆尔，高丽王请割国中田，以为赀奁”。朝鲜之地汉末始有高丽之称，其后经过分裂和统一，明太祖时，遣使来朝，太祖命复古号曰朝鲜，朝鲜姓氏，源于中国，《元史》所称不颜帖你，想是蒙古语的译音。

赵记又云：“（元）顺帝次皇后奇氏完者忽都，本高丽女，选入宫有宠，遂进而为后。而其时选择未已，台臣言国初高丽首先效顺，而近年屡遣使往选媵妾，使生女不举，女长不嫁，乞禁止，从之。”大约元代遣使往朝鲜选女，不仅频繁，而且骚扰很多的。顺帝为元代最末之帝，故虽有从台臣谏而予禁止之事，元亡至明代，仍有此风，而以永乐朝为盛。

首批先贡五名

永乐帝选妃朝鲜，中国史籍，记载甚简略，往往仅以贡纸为名，掩饰帝王的好色，朝鲜纸光洁细白，素所著名。然《明实录》仍可略见梗概：《成祖实录》永乐七年（1409 年）二月己卯，“册立张氏为贵妃，权氏为贤妃，任氏为顺妃。命王氏为昭容，李氏为昭仪，吕氏为婕妤，崔氏为美人。张氏故追封河间忠武王之女，王氏为苏州人，余皆朝鲜人”。

但同时期的朝鲜《李朝实录》，经日本影印发表后，透露了不少中国向所不知的委曲史实。

按《李朝实录》，中国永乐朝，朝鲜贡女共三批，上述权氏、任氏、李氏、吕氏、崔氏，是属于第一批的。

朝鲜《李芳远实录》（以下简称李录）有进贡此五女的复奏，云:“永乐六年（1408 年）四月十六日，钦差太监黄俨等官到国，传奉宣谕：恁去朝鲜国和国王李芳远说，有生得好的女子选拣几名将来，钦此。臣芳远依于本国文武并军民家女子与同钦差等选拣到女子五名，差陪臣李文和跟同钦差太差黄俨等官赴京外，今将各女子生年月日并父职名籍贯，一一开坐，谨具奏闻。一名嘉善大夫工曹典书权执中女，年一十八岁，辛未十月二十六日巳时生，籍贯庆尚安东府，现住汉城府。一名通训大夫宁府左司尹任添年女，一十七岁，壬申十月二十六日戌时生，籍贯忠清道怀德县，现住汉城府。一名通德郎恭安府判官李文命女，年一十七岁，壬申十月十八日戌时生，籍贯畿内左道仁州。一名宣略将军忠佐侍卫司中领护军吕贵真女，年一十六岁，癸酉十一月初二日巳时生，籍贯丰海道谷城郡，现住汉城府。一名中军副司正崔得霏女，年一十四岁，乙亥十月初八日午时生，籍贯畿内左道水原府。从者使女十六名，火者十二名”。

冤狱与惨杀

权氏姿质苕粹，擅玉箫，最得成祖爱宠。朝鲜贡女，其父兄例得官秩，随贡到京的其兄永均除光禄寺卿，秩三品。《明史》有《权妃传》，云："恭献贤妃权氏，朝鲜人。永乐时，朝鲜贡女充掖庭，妃与焉。姿质苕粹，善吹玉箫，帝爱怜之。七年封贤妃，命其父（当系兄之误）永均为光禄卿。明年十月，侍帝北征，凯还，薨于临城，葬峄县"。权氏之死，成祖甚哀悼，召见永均之时，李录有云，"帝赐言之时，含泪伤叹，至不能言"。

权氏死后，从中国史籍，看不出曾发生宫中惨杀冤狱，唯李录有之。

和权氏同到中国的吕氏，入宫之后封婕好，宫中又来了一位中国籍贾人女，也姓吕，于是欲与婕好同姓结好，婕好不从，贾吕憾，及权妃卒，诬告吕婕好点毒药于茶害之。帝怒，诛吕氏（婕好）及宫人宦官等数百人。吕母及亲族在朝鲜，奉旨禁闭狱中。朝鲜通事元闵生传成祖谕返国，《李录》云：

> 闵生奉传宣谕圣旨，皇后没了之后，教权妃管六宫的事来，这吕家（指婕好）和权氏对面说道，有子孙的皇后也死了，你管得几个月，这般无礼。我（成祖自称）这里内官二个，和你高丽内官金得、金良，他这四个做实弟兄，一个银匠家里借砒霜与这吕家，永乐八年回南京去时，到良乡，把那砒霜研造末子，胡桃茶里头下了，与权氏吃杀了。当初我不知道这个缘故，去年两家奴婢肆骂时节，权妃奴婢和吕家奴婢根底说道："你的使毒药杀我的妃子。"这般时才知道了，问出来啊，果然。这几个内官银匠都杀了，吕家便著烙铁烙一个月，杀了。

后来细考其实，知为诬告。初贾人女吕氏与宫人鱼氏私宦者，帝颇觉，然宠二人不发，二人自惧缢死。及发现权妃一案，发源于贾吕，遂穷鞫贾女侍婢，皆诬服，云欲行弑逆，连坐者二千八百人，帝皆亲临剐之。此案牵连朝鲜籍宫嫔多人，《李录》云："乱之初起，本国任氏、郑氏自经而死，黄氏、李氏被鞫处斩。黄氏援引他人甚多，李氏曰：等死耳，何引他人为？我当独死。终不诬一人而死。于是本国女皆被诛，独崔氏在南京，帝召宫女之在南京者，崔氏以病未至，及乱作，杀宫人殆尽，以后至获免。"

第二及第三批

永乐朝朝鲜贡女，按《李录》，继权氏一批而后，尚有两批，上文所说郑氏、黄氏，都是后来入宫的。

《李录》云："永乐七年（1409 年）五月初三日，钦差太监高俨到国，钦传宣谕，去年你这里将进去的女子都不甚好，只看你国王敬心重的上头，封妃的封妃，封美人的封美人，封昭容的封昭容，都封了也。王如今有寻的好女子，多便两个，少只一个，更进将来，钦此。于是，尽情寻觅，选拣到女子二名，侍候进献，今先将女子生年月日及父职事姓名逐一开坐，谨具奏闻。一名前朝奉大夫知宣州事郑允厚女子，年十八岁，壬申十月十七日亥时生，本贯东莱县。一名修义校尉忠佐侍卫司后领副司直宋琼女子，年十三岁，丁丑五月十四日卯时生，本贯砺山县。"

至永乐十七年（1419 年）五月，朝鲜第三次选拣进献处女，"以黄氏、韩氏为上等，黄氏容貌美丽，故副令何信之女，韩氏婵娟，故知淳昌郡事永碇之女也"。

自权妃以后，以韩氏最得宠，其妹桂兰复于宣德年间被选入宫。可见明代朝鲜贡女，并不限于永乐朝。

上述黄氏入宫，中间曾有一段插曲，《李录》云，"初黄氏之未赴京也，兄夫金德章坐于所在房窗外，黄俨见之大怒，责之。及其入朝，在道得腹痛之疾，医用诸药皆无效，思食汁菹，俨问元闵生曰：此何物耶？闵生备言沉造之方，俨变色曰：欲食人肉，吾可割股而进，如此草地，何得此物？黄氏腹痛不已，每夜使从婢以手磨动其腹，到一夜小便时，阴出一物，大如茄子许，皮裹肉块也，婢弃诸厕中，一行众婢皆知而喧说。又黄氏婢潜说，初出行也，德章赠一木梳，钦差皆不知之。帝以黄氏非处女，诘之，乃云曾与姊夫金德章邻人皂隶通焉。帝怒，将责本国，敕已成，有宫人杨氏者方宠，知之，语韩氏其故，韩泣，乞哀于帝曰：黄氏在家私人，岂我王之所知也。帝感悟，遂命韩氏罚之，韩氏乃批黄氏之颊。”

此一插曲，并未闹成国际纠纷，《李录》以韩氏涕泣婉解，誉其“机警明慧，诚有成祖所奖夸者矣”。

回妃和卓之女

清乾隆朝时，意大利人郎世宁，绘《香妃戎妆像》，此图于清亡后曾由故宫印刷散发，后人附写事略，云：

> 香妃回部王妃也，美姿色，生而体有异香，不假熏沐，国人号之曰香妃，或有称其美于中土者。清高宗（乾隆帝）闻之，西师之役，嘱将军兆惠一穷其异。回疆既平，兆惠果生得香妃，致之京师，帝命于西内建宝月楼居之。楼外建回营，毳幕韦鞲，具如西域式。又武英殿之西浴德堂，仿土尔其建筑，相传亦为香妃沐浴之所。盖帝欲藉种种以取悦其意，而稍杀其思乡之念也。讵妃虽被殊眷，终不释然。尝出白刃袖中示人曰：国破家亡，死志久决，然决不效儿女子汶汶徒死，必得一当以报故主。闻者大惊。但帝虽知其不可屈而卒不忍舍也。如是者数年。皇太后微有所闻，屡戒帝弗往，不听，会帝宿斋宫，急召妃入，赐缢死。上图即香妃戎装画像，佩剑矗立，纠纠有英武之风，

一望而知为节烈女子。原本现悬浴德堂，系郎世宁笔。

上面这段故事，颇有戏剧意味，传说甚广，日本平凡社《东洋历史辞典》“香妃条”，亦据此说。然而其中仅有极少部分是事实，大部分是无稽的里巷委谈，近代史家孟心史作《香妃考实》，言之甚详，兹并钩稽其弟子吴相湘的考证，综合作一撮要的述说。

高宗确有回妃，为回族最尊贵之掌教女，非王妃也。《清史稿·后妃传》:“高宗容妃，和卓氏，回部台吉和札麦女。初入宫号贵人，累进为妃，薨。”回部有掌教，统辖回民，地位最尊贵，掌教回语谓之“和卓”，亦作“和作木”或“和札麦”，乃译音之歧异，容妃和卓氏，乃和卓之女，遂命为妃姓。

唐邦治撰《清皇室四谱》云:“容妃和卓氏，台吉和札麦女，初入宫赐号为贵人，乾隆二十七年（1762年）五月，以克襄内职，册封容嫔。三十三年（1768年）十月，晋容妃。五十三年（1788年）戊申四月十九日卒。”

“台吉”为和卓木之爵名，回部向中土效顺之政教首领多封台吉。先是，老和卓阿哈玛特，为“准部”所羁，离其本辖之回疆，拘置于准部，旋死于拘地。乾隆二十一年（1756年）第一次平伊犁，获准酋，释阿哈玛特之二子，长布拉呢敦，次霍集占，以兵送布拉呢敦归回疆，而今霍集占居伊犁，抚伊犁回众。回众以二人为和卓子，仍拥为和卓，而称大小和卓。

妃之为和卓氏，自必出于和卓之家，但若为老和卓之女，则与大小和卓为兄妹，若为大小和卓之女，则亦不能定其究为大和卓之女，抑小和卓之女。唯两和卓在伊犁初定时，实受中朝之惠，而得返故境，为乞恩而进其女，妃入宫时在乾隆二十一二年间。

其后大小和卓叛，乾隆二十四年（1759年）讨平之，两和卓授首，已在回妃入宫之后，并非叛后由将军兆惠俘虏入朝。

喻之为奔月嫦娥

妃以回部女子至中朝，以其言语不通，嗜欲不同，高宗特营西苑中一楼，以为藏娇之所，后并于所居之地，筑回教礼拜堂，并使内附之回民族居其旁，屋舍皆用回风，以悦妃意，其承宠可想。

然妃所居之宝月楼，则筑自乾隆二十三年（1758 年）春，落成在是年冬。初妃在宫中，尚有二年以内之回旋。高宗有《御制宝月楼记》云:“楼之义无穷，而独名之曰宝月者，池与月适当其前，抑亦有乎广寒之庭也。”此则中有奔月之嫦娥在，知有营为金屋之意。

记又曰:“夫人之为记者，或欣然于所得，而予之为记，常若自讼，是宜已而不已，予亦不知其何情也。”

自以为宜已，盖此时两和卓已叛，则对此叛回之女不宜尊宠，亦明知之；然不能已，则自问亦不知其何情，可知其牵于爱矣。高宗御制集中，咏宝月楼之诗，自乾隆二十四年（1759 年）始，时时成咏，可见其幸宝月楼之甚多。高宗集中《上元灯词》自注云，“蒙古回语皆习熟，弗藉通事译语也”。则回妃之祇候起居，爱宠移情，并无言语之隔阂。

大小和卓之叛既平，和卓妃之册封乃开始，《高宗实录》：乾隆二十六年（1761 年）十二月谕，钦奉皇太后懿旨，贵人拜尔噶斯，霍卓氏，克勷内职，俱封为嫔。二十七年（1762 年）五月，册封慎嫔、容嫔。容嫔即霍卓氏，亦即和卓氏。册封之典，清制有一定冠服，唯据清宫所遗内务府档，二十七年正月初十日高宗谕，有“容嫔朝冠仍戴本人朝冠”之语，破例准用回部服饰，一方面固有怀柔回人之政治作用，另方面亦可见容嫔宠遇之隆。

乾隆三十三年（1768 年），《实录》又云:“六月辛酉，上诣畅春园，问皇太后安。谕，奉皇太后懿旨，庆妃著晋封贵妃，容嫔著封为妃。”

册封用皇太后懿旨，为一种官式文章，虽不足证明无太后赐死之说，然太后至乾隆四十二年（1777 年），八十六岁薨，而容妃之死，为五十三年（1788 年），后太后十一年，俗传赐死说之无稽可见。

据内务府档，高宗离京巡幸，容妃多次随行。吴相湘云，高宗出巡，每易“巡幸袍”，较宫中日常所服者为短窄，以便行旅，帝如此，妃嫔想亦当然，所传郎世宁《香妃戎装像》殆为随帝巡幸时之写真，意其他妃嫔多生长关内，未及笄即被选掖庭，弓箭驰骋非所素习，而容妃长成于西北产马之地，精于骑乘，故有此握剑戎装之雄姿，事实上无关故国之恋，复仇之念。否则巡幸途中，防范不若宫中周密，形影相随，随时随地，皆可行刺，巡幸原以取乐，高宗岂有自寻危险，将欲“得一当以报故主”之刺客，再三置于行旅之中。

武英殿西之浴德堂，乃与文华殿东之大庖井翼然相对。孟心史云：天子明堂太室，朝会寝兴皆在一处，庖湢俱在舍旁，此古人浑朴茨而之风。若谓土尔其建筑，为妃赐浴之所，尤属秽亵，为事理之不可能。

容妃卒于乾隆五十三年（1788年）之说，吴相湘据四十八年份（1783年）节次进膳底档，谓全年不见容妃之名，八月十三日万寿节，在热河举行庆典，亦无容妃。同年除夕，乾清宫大宴，陪宴妃嫔亦未见有容妃名，谓其卧病床笫，或为正确解释，但是否从此即卧病不起，以迄五十三年卒，或曾一度稍愈，则文献无征矣。

第五章　杀生殉葬

殷代杀人殉葬

帝王龙驭宾天之后，宫殡或侍奉人等殉死，连同帝王生前动用的器物，葬入陵墓，以供帝王死后享受，这种惨酷习俗，不仅见于我国，古之埃及，亦有此风。大约愈接近原始社会，此风愈盛。

殉葬的人，有活埋，也有被杀或自杀后葬之，有葬在帝王陵墓中，也有在陵墓旁别作小冢的。我国此习，起于何时，就考古家发掘所得实物的证据，至少于三千余年前的殷商，已获实证。但不能说早于此期，并无殉葬之事，不过到现在为止，尚未发现实物证据而已。

民国二十四年（1935年），中央研究院殷墟考古团在安阳侯家庄西北冈经两次发掘了若干殷代陵墓。据《燕京学报》所刊的报告说："殷人以人殉葬之习惯，在西区大墓道中，发现排列放置整齐之无肢体人头，及无头之肢体骨。在东区之小墓中，发现专埋人头骨之墓，及专埋肢体骨之墓，皆为殉葬之牺牲者。"

研究殷代和甲骨文的史学家董作宾加以分析说："无疑义的，这西北冈一带确是殷代帝王陵墓所在之地，所发现的十个大墓，可能都是殷王之墓。殷代自盘庚迁殷，至于帝辛，凡十二王，除了帝辛之外，还有十一个王可能都葬在此地，西区八个大墓，当以第一个亚形墓殉葬器物最丰，杀人最多，应该是一个名王。东区两个大墓，殉葬的规模也最大。由此我们可以想象，当一个王死了，他的承继人嗣立为王，必须为他举行一个隆重盛大的葬礼，把他生前一切享用，都送进他的坟墓中去。”董氏据实物推断殷王殡葬手续，约引之如下：

第一件事情是造圹。王的陵墓有亚形、正方形两种，四边各长二十公尺，深十二至十三公尺，四壁直立，墓底平坦，在墓底又造一个亚形墓室，堆木为椁，椁中置棺。四面各有墓道，东西北三面，皆作台阶，达墓底，南道宽长，作斜坡，深入墓室。

第二步就是在墓室周围，布置守卫的岗位。亚形墓室之中央，埋一人一犬，人跪而执钢戈。八方中央共殉九人九犬。

王的灵椁，自南墓道入，棺木放置后，封盖外椁。殉葬武士的钢胄、弓、矢、矛、干盾之类，皆放置墓室左右。随葬的武士，骈首就戮，把头颅十个一排，埋于四面墓道之内。送葬的仪仗乐器，也均分置在墓道之内。南墓道又放置车一辆，殉三人四马，人有刀戈弓矢各一。在殉葬人物安置完毕之后，层层加土，施以版筑，以至地面。

陵旁有小墓，小墓所埋为兵士殉葬者。殷代大规模杀人殉葬，在陵墓中已有一部分，陵墓以外，在南方有东西横列，十个方坑一排，五排以至十排集中在一区，这每排的每一方坑中，埋着十个杀下来的头颅，整齐摆列。这样，一次殉葬的兵士，至少五百人，以至千人。颅骨经研究后，据说都是二一至三十岁的壮年人，男的多，女的也有。这些人的躯体，都是五南五北，错杂埋于附近长方坑中。另一种长方坑，是杀头之后，身首同埋的。

王的左右亲近或重臣殉葬者，皆是独立的，全躯的，附葬有他自己所用的精美铜器。其余殉者，骑士伴着马，御人伴着车，射手伴着弓矢，乐人伴着铙，庖丁伴着饮食礼器。皆各自为坑，拱卫在王的陵墓之旁。

商而后的殉葬

殷而后，周、春秋、战国，以迄秦汉，皆有殉葬之俗，就文献可征者言之：《西京杂记》云，“(周) 幽王冢甚高壮，羡门既开，皆是石垩。拨除丈余，乃得云母，深尺余，见百余尸，纵横相枕籍，皆不朽。唯一男子，余皆女子，或坐或卧，亦犹有立者，衣服形色，不异生人”。唯一男子，论者谓似系幽王，余百余女子，必为殉葬之宫闱婢妾。

春秋及战国时代，列国诸侯亦多殉葬之事。《诗经·交交黄鸟》一诗，朱熹注曰:“黄鸟，哀三良也，国人刺 (秦) 穆公以人从死。”《史记·秦本纪》云:“(秦) 缪公卒，葬雍，从死者百七十七人。”又:“(秦) 武公卒，葬雍平阳，初以人从死，从死者六十六。”

秦昭襄王时，《战国策》有一故事，太后欲以其所爱的男子殉葬，虽经谏止，可以说明当时诸侯的太后，死后亦有以人殉葬风气。《战国策》云：

> 秦宣太后爱魏丑夫，太后将病死，出令曰:“为我葬必以魏子为殉。”魏子患之，庸芮为魏子说太后曰:“以死者为有知乎?”太后曰:“无知也。”曰：“若太后之神灵明知死者之无知矣，何以空以生所爱，葬于无知之死人哉？若死者有知，先王积怒之日久矣，太后救过不赡，何暇乃私魏丑夫乎?”太后曰:“善。”乃止。

至于列国殉葬之见于《春秋左氏传》者：一、昭公十二年，“夏五月癸亥，王 (楚灵王) 缢于芋尹申亥氏，申亥以其二女殉而葬之”。二、成公二年，“宋文公卒，始厚葬，用蜃炭，益车马，始用殉”。三、定公三年，“(邾子) 自投于床，废于炉炭，遂卒，先葬以车五乘，殉五人”。

《吴越春秋·阖闾内传》述吴国的杀人送死，曰:“吴王女有滕玉……

乃自杀，阖闾痛之，葬于国西阊门外。凿池积土，文石为椁，题凑为内，金鼎玉杯，银樽珠襦之宝，皆以送女。乃舞白鹤于吴市中，令万民随而观之。还使男女，与鹤俱入羡门，因发机以掩之”。

秦始皇死后，不仅有宫女殉死，且为灭口以保持陵墓的秘密，把造墓的工匠，也活埋墓中。《史记·秦本纪》云：“先帝后宫非有子，出焉不宜，皆令从死，死者甚众。葬既已下，或言工匠为机，藏皆知之，藏重即泄。大事毕已，藏闭中羡，下外羡门，尽闭工匠，藏者无复出者，树草木以象山。”《前汉书·楚元王传》云：“秦始皇帝葬于骊山之阿，下锢三泉，上崇山坟，其高五十余丈，周围五里有余……又多杀宫人，生埋工匠，计以万数。”

《前汉书·王贡两龚鲍宣传》云：“武帝时又多取好女，至数千人，以填后宫。及弃天下，昭帝幼弱，霍光专事，不知礼正，妄多臧金银财物，鸟兽鱼鳖，牛马虎豹生禽，凡百九十物，尽瘗臧之。又皆以后宫女置于园陵。”所谓“置”，也许是奉侍之意，未必即为殉葬，然而汉代殉葬，未必没有。张华《博物志》云：“汉末关中大乱，有发前汉冢者，宫人犹活，既出，平复如旧。”这故事有些荒唐离奇，小说家言，原不足凭信，但至少可以说明，到了晋代，尚流传着汉朝宫女殉葬之事。

两晋南北朝，以迄唐宋，在文字方面，很难找到殉葬的记载。也许此风已杀，但以后并非绝迹。

塞外游牧民族的蒙古，名王殁后，柩车所过，有尽杀路人之事。《马可·波罗游记》云：“蒙古大汗崩时，杀最良之马，以供大汗来世之用。蒙兀殁时，送葬之途次，遇人尽杀之。其数在二万以上，此为事实。”冯承钧《成吉思汗传》，谓“诸将奉成吉思汗柩归蒙古，秘其丧，在道遇途人尽杀之”。杀人如此之多，其用意也许只为“秘其丧”，未必为了殉葬，然近人何健民引日本《东洋史论丛》云，成吉思汗死后，“杀四十名贵族美女及大汗之骏马以殉之”。

哭声震殿阁

宫人殉葬，到明初又盛。赵翼《廿二史札记》云，《明史·后妃传》载：太祖崩，宫人多从死者。建文、永乐时，相继优恤，如张凤、李衡、赵福、张璧、汪宾诸家，皆世袭锦衣卫千百户，人谓之朝天女户，历成祖、仁宗、宣宗皆然。其见于后妃传者，宣宗崩，嫔何氏、赵氏、吴氏、焦氏、曹氏、徐氏、袁氏、诸氏、李氏、何氏，皆从死。

当时不仅帝室有此风，诸王府亦然。《周王有炖传》，有炖死，英宗赐其弟有爝书曰："王在日，尝奏身后务从俭约，妃、夫人以下，不必从死"。然炖死，妃巩氏、夫人施氏、欧氏、陈氏、张氏、韩氏、李氏皆死殉，盖英宗书未到先死。

英宗是反对宫人殉死的，及其临崩，遗命有云："用人殉葬，吾不忍也。此事宜自我而止"，以后遂为明朝定制。

明成祖死后，有朝鲜宫殡的殉葬，为中国载籍所无，详于朝鲜《李朝实录》，值得一叙。明承元制，朝鲜时有贡美女于中朝者，《李朝实录》载有明宫朝鲜籍妃嫔之殉死，其中有韩氏，为成祖所宠爱，死后封丽妃。《实录》云：

> 帝（成祖）之崩，宫人殉葬者三十余人。当死之日，皆饷之于庭，饷撤，俱引升堂，哭声震殿阁。堂上置大小床，使立其上，挂绳圈于其上，以头纳其中，遂去其床，皆雉经而死。韩氏临死，愿谓金黑曰："娘吾去，娘吾去！"语未竟，旁有宦者去床，乃与崔氏俱死。诸死者之初升堂也，仁宗亲入辞诀。韩氏泣谓仁宗曰："吾母年老愿归本国。"仁宗许之丁宁。

金黑为韩氏乳母，随贡来中国。其后至英宗朝，金黑放归朝鲜，此种宫廷秘密，可能归后所泄，遂载之实录。

政治性的殉葬

何健民《中国古代殉葬考》云:“清世祖(顺治帝)卒,犹命后宫三十名殉葬。圣祖(康熙帝)时尚拟以四十名宫女,为后牺牲,帝深恶之,下令禁止,自是之后,此种蛮风,始灭迹于皇室。”

由此可知,帝王死后,宫中殉葬之风,结束于清康熙时代。然清人在未入关之前,已有宫廷殉葬实例。太祖(努尔哈赤)死后,其子皇太极(太宗)嗣立,联络兄弟诸王,迫死后母,以殉太祖,而此一惨剧,是有政治性的。

太祖之后原系夜黑(叶赫)国主杨吉砮贝勒女,女死后,复立兀喇(乌喇)国满泰贝勒女为后。夜黑、兀喇都是被太祖先后平定的满洲部落。太祖死时年六十七,兀喇氏年三十七,饶丰姿,有机变,为太祖晚年所眷宠,生有三子,阿济格、多尔衮、多铎,多尔衮行九,后来佐顺治帝入关,为摄政王。太祖死时,多尔衮年十五岁,多铎年十三岁。

太祖生前,有并不预立嗣君的遗训,但到了临死,缘母宠子爱,英雄末年,独眷少子,有传位于九王多尔衮之意,因尚未成年,遗命由大贝勒代善先行摄位,后传于九王。日本史学家内藤博士引《朝鲜实录》称,努尔哈赤临死,谓代善曰:“九王当立而年幼,汝可摄位,后传于九王”。当时其他诸王,觊觎大位,暗争甚烈,代善性畏懦,遂让位于四贝勒皇太极,皇太极之登位,非出父命,而太祖所眷的兀喇后,性多机变,其子九王既不得立,当然不甘心的,故皇太极假托太祖遗命,挟诸王逼后身殉,以绝后患。皇太极为帝后,于天聪十年(1636年)所编之《武皇帝(太祖)实录》,有太祖遗命兀喇后殉葬的记载,云:

> 帝后原系夜黑国主杨机奴贝勒女,崩后,复立兀喇国满泰贝勒女为后。饶丰姿,然心嫉妒,每致帝不悦,虽有机变,终为帝之明所制,留之恐后为国乱,预言于诸王曰:俟吾终,必令殉之。诸王以帝遗言告后,后支吾不从。诸王曰:先帝有命,虽欲不从,不可得也。后遂

服礼服，尽以珠宝饰之，哀谓诸王曰：吾自十二岁事先帝，丰衣足食已二十六年，吾不忍离，故相从于地下。吾二子幼，多儿哄（多尔衮），多躲（多铎），当恩养之。诸王泣而对曰：二幼弟，吾等若不恩养，是忘父也。岂有不恩养之理。于是后于（八月）十二日辛亥（太祖崩于十一日）辰时自尽，寿三十七，乃与帝同柩，巳时出宫，安厝于沈阳城内西北角。又有二妃阿迹根、代因札，亦殉之。

殉葬而与帝同柩，也许为关外特殊风俗，或兀喇后身份关系，历史上仅有妃嫔殉葬，尚无皇后从死也。清入关后第一代皇帝顺治帝崩，殉死之妃，则仅随帝梓宫之后，一同出殡。当时目击顺治帝之丧的中书舍人张宸，传有记载之文，其中有云，“梓宫后为贞妃柩，上用紫花缎袱，盖贞妃从先帝死，故赐号贞妃，或曰即端敬皇后（董鄂氏）之妹也”。

第六章 女皇帝

从女娲说起

据秦汉两晋时人的传说，在先史荒古时代，我国历史上有过一位女王女娲氏，或称娲皇，她是伏羲之妹，兄妹结为夫妇。伏羲既王天下，她便被称为伏羲后，后又继伏羲为帝，若干谶纬学者，也把她列为三皇之一。她对民族的贡献：补苍天，立四极，济冀州，止淫水。且能抟黄土作人，并发明笙簧，制婚姻。

汉代武梁石刻有伏羲及女娲像，都作人首蛇身。王廷寿《鲁灵光殿赋》云："伏牺鳞身，女娲蛇躯。"后人伪托的《列子·黄帝篇》亦云："庖牺氏、女娲氏，人首蛇身"。

这种说法，也许是想象的神话，是否实有其人，极可怀疑。

我国昔为男性中心的社会，女子而当一国之主，所谓牝鸡司晨，视为违反正常之事。历史上女性称帝，建立国号者仅有一人，即唐高宗之后，则天顺圣皇后武氏。高宗死后，初以太后临朝称制，后改国号曰周，称皇帝，虽仅短短十五年。如果女娲之说，渺远无征，不足凭信，那么武则天位尊九五，却是空前而且绝后的。

据《旧唐书》，武氏登极后，自名为曌，并州文水人。父士彟，官至工部尚书，荆州都督，封应国公。则天年十四，太宗闻其有色，选为才人。太宗崩，削发为比丘尼，居于感业寺。高宗见而悦之，复召入宫，立为昭仪，进号宸妃。时为永徽五年（654 年）。此际则天有多大年纪，史无明文，然她死于中宗景龙元年（707 年），八十三岁，加以推算，则知永徽五年，她年三十有二。

初试阴谋

则天为昭仪时，宫闱争宠，尝缢死她亲生女婴以诬王皇后，显出了她的残酷和阴险。一日皇后至，抚弄婴孩而去，则天潜毙之衾下。俟帝至，佯欢笑，发衾，女死矣。左右曰："皇后适至。"则天悲啼。帝怒曰："后杀吾女。"后无以自解。永徽六年（655 年），废王皇后，立武氏为后。

高宗自显庆后，苦风疾，百司奏事，时时令则天决之，常称旨，由是参国政。自此渐用事，遂不能制，在高宗朝辅国政者历二十余年，权威与帝无异。上元元年（674 年），高宗号天皇，皇后亦号天后，天下之人，称之二圣。

弘道癸未（683 年），高宗崩，遗诏皇太子即皇帝位（中宗），军国大务不决者，兼取天后进止。太子即位后，尊后为皇太后，临朝称制。中宗初名显，后更名哲，高宗第七子，则天所生。

皇帝幼小，太后称制，史有前例，唯中宗生于显庆元年（656 年），时已二十七岁。则天被尊为皇太后，年已六十一岁。

我们读史见皇太后的名号，往往以为都是皤然一媪，事实并不尽然。例如后汉昭帝的上官皇后，册立时年甫六岁，及昭帝崩，年仅十四，即尊为皇太后，也许是历代年纪最轻的皇太后了。清代有名的慈禧太后，夫死子立，尊为太后，垂帘听政，年仅二十八岁。不过，则天六十一岁，已非年轻的了。

立威以治天下

则天以太后临朝称制的第二年，嗣圣元年（684 年）二月，废皇帝为庐陵王，幽于别所。立皇弟豫王旦为皇帝，令居于别殿，太后仍临朝称制。五月迁庐陵王于均州，寻徙居房陵。七月李敬业于扬州起匡复之兵，则天命李孝逸将兵三十万讨之，敬业败。

李敬业既败，则天益猜忌宗室及功臣，欲立威以制天下，开告密之门，任周兴、来俊臣、邱神勣、索元礼等酷吏，日兴大狱，文武大臣，骈首就戮，如刲豕羊者数以百计。至垂拱四年（688年），越王贞、琅琊王冲，起兵谋复王室，事败被诛，于是株连杀韩王元嘉等诸王及宗室数十百人。《旧唐书》曰："自是宗室诸王，相继诛死者，殆将尽矣。"

寻又遣万国俊至岭南，杀三百余人，又分遣六御史，至剑南、黔中等郡，诛王族及文武朝臣家属之流徙在外者。六道御史中，多者杀九百余人，少者亦不减五百。

酷吏告密及滥刑，《资治通鉴·唐纪》及《旧唐书》均有记载。《资治通鉴》曰：

> 有告密者，臣下不得问，皆给驿马，供五品食，使诣行在，虽农夫樵人，皆得召见，禀于客馆。所言或称旨，则不次除官，无实者不问。于是四方告密者蜂起，人皆重足屏息。有胡人索元礼，知太后意，因告密召见，擢为游击将军，令案制狱。元礼性残忍，推一人必令引数十百人。太后数召见赏赐，以张其权。于是尚书都事长安周兴，万年人来俊臣效之，纷纷继起，兴累迁至秋官侍郎，俊臣累迁至御史中丞。相与私畜无赖数百人，专以告密为事。欲陷一人，辄令数处俱告，事状如一。

《旧唐书·来俊臣传》云："来俊臣，则天擢拜左台御史中丞，招集无赖数百人，令其告事，共为罗织，千里响应。则天于丽竟门别置推事院，俊臣推勘必获，亦号为新开门。但入新开门者，百不一全。"又云："俊臣每鞫囚，无问轻重，多以醋灌鼻，禁地牢中，或盛之以瓮，火圜绕炙之。”“索元礼等作大枷，凡十号。一曰定百脉，二曰喘不得，三曰突地吼，四曰著即承，五曰失魂胆，六曰实同反，七曰反是实，八曰死猪愁，九曰求即死，十曰求破家。朝士多因入朝默遭掩袭，以至于族。故每入朝者，必与众人诀曰，不知重相见否？”

为太后出力害朝臣的来俊臣和邱神勣，后来也得罪诛戮。则天凶残好杀，清人赵翼所撰《廿二史札记》论曰：“古来无道之君，好杀者，有石虎、苻坚、齐明帝、北齐文宣帝、金海陵王，其英主好杀者有明太祖，然皆未有如唐武后之甚也。”

许多凶残故事

然而武后之杀，尚不限于异己的宗室朝臣，她一生在宫廷中，尚有许多凶残故事。

初，被诬废黜的王皇后，及高宗另一妃子萧良娣，同时被废。则天正位中宫后，囚二人，良娣初囚，大骂曰：“愿阿武为老鼠，吾作猫儿，生生扼其喉”。则天怒，自是宫中不畜猫。二人被囚之初，高宗念之，间行至其所，见其室封闭极密，唯开一窍，通食器出入。武后知之，令人杖废后及萧氏各一百，截去手足，投于酒瓮，曰：“令此二妪骨碎”，数日而卒。（《旧唐书·后妃列传》）

武氏族人，亦多被杀的。武元庆、元爽，二人为则天之兄，惟良、怀运，则天兄之子。元庆、元爽坐事死，则天之姊有一女，为高宗所私，封魏国夫人，后私毒死之，又归罪于惟良、怀运，皆杀之。

高宗之子，非则天亲生者被害亦有数人，后宫所生忠，已立为皇太子，因武后有子宏，甘让储位，改封梁王，废流黔州赐死。泽王上金，后宫杨氏所生，许王素节，萧淑妃所生，武后左右讽周兴，诬上金及素节谋反，缢素节于驿亭，上金亦自缢，上金七子、素节九子并诛。

至于则天亲生子宏，曾立为储贰，以其请萧淑妃女之幽于掖庭者出嫁，遂恶之，又以其聪睿，不便于己，鸩之死。立其弟贤为太子，亦则天亲子，又以触忌，而使人发其阴事，高宗欲薄其罪，则天曰："大义灭亲不可赦"，乃废为庶人，流巴州后，又遣邱神勣逼杀之，并杀其子光顺。

中宗子邵王重润，则天亲孙，永泰公主，则天女孙，主婿武延基，则天女孙婿，三人尝偶言则天阴私事，咸令自杀。太平公主之夫驸马薛绍，则天亲女婿，亦以私怒杀之。

则天晚年，宠臣薛怀义，入侍床笫，宠冠一时，后以嫌，则天令太平公主伏有力妇人数十，缚而杀之。赵翼曰："情之最笃者，亦割爱而绝其命矣。《新唐书》谓其当忍断，虽甚爱不少隐。真千古未有之忍人也哉。"

若干美男子

武后除异己，固权位，已有把握，乃于天授元年（690 年），代唐称帝，改国号曰周，降皇帝为皇嗣。计算她的年龄为六十八岁。

称帝后拣选美少年为内宠，上文所说的薛怀义，即其中之一，此外又有张易之、昌宗兄弟。宫中以男性为玩物，史称"面首"，面首者，面是貌之美，首是发之美。后世流传则天许多淫秽故事，惟则天夫死已六十一岁，临朝称帝，已六十八岁，就人类的生理言，似不应有强烈的性欲需要，后世留传则天和她的面首们，床笫燕昵之私的记载，真有些不可思议，也许事实不过供调笑戏弄而已。

据《旧唐书》，张易之初以门荫，累迁为尚乘奉御，年二十余，白皙美姿容，善音乐歌词。则天称帝后通天二年（697 年），太平公主荐易之弟昌宗入侍禁中。既而，昌宗启则天曰："臣兄易之，器用过臣，兼工合炼"。即令召见，甚悦。由是兄弟俱侍宫中，皆傅粉施朱，衣锦绣服，俱承辟阳之宠。俄以昌宗为云麾将军，行左千牛中郎将，易之为司卫少卿。

旋加昌宗左散骑常侍，又以易之为奉宸供奉。每因宴集，则令嘲戏公卿，以为笑乐。若内殿曲宴，则二张诸武侍坐，时谀佞者奏曰：昌宗是王子晋后身。乃令披羽衣吹箫，乘木鹤，奏乐于庭，如子晋乘空，词人皆赋诗美之。

则天尚不以此数人为足，且欲广事检选美少年为奉宸供奉，右补阙朱敬则谏曰："陛下内宠，有薛怀义、张易之、宗昌矣，近又闻尚食柳模，自言其子良宾，洁白美须眉。长史侯阳曰，阳道壮伟，堪充宸内供奉。"直揭则天燕昵羞秽。但则天并不加敬则以罪，且赐采百匹，曰"非卿不闻此言"。

后世论史者，谓则天有纳谏知人之明。赵翼《廿二史札记》引不少事例，说明武后知人善任，若干人才，终能保护倚畀，不为宵小的中伤为动。其言曰："夫以怀义、易之等床第之间，何言不可中伤善类，而后迄不为所动摇，则其能别白人才，主持国是，有大过人者，其视怀义、易之不过如面首之类。人主富有四海，妃嫔动辄至千百，后既身为女主，而宠幸不过数人，固亦无足深怪，故后初不以为讳，并若不必讳也。至用人行政之大端，则独握其纲，至老不可挠撼。陆贽谓：后收人心，擢才俊，当时称知人之明，累朝赖多士之用。李绛亦言：后命官猥多，而开元中名臣，多出其选。旧书本纪赞，谓不惜官爵，笼豪杰以自助，有一言合，辄不次用，不称职，亦诛废不少假，务取实才真贤，然则区区帷薄不修，固其末节，而知人善任，权不下移，不可谓非女中英主也。"

到神龙元年（705年）正月，也是称帝后的十五年，则天病，张柬之等举兵，迎中宗复位，反周为唐。诛易之、昌宗于迎仙院，则天逊居上阳宫，同年十一月，崩于上阳宫之仙居殿，结束了这不平凡的女帝之一生。

第七章　死生医药

御医与太医院

前文谈及明嘉靖二十一年（1542年），或作二十年，曾发生宫人谋逆弑世宗之案，宫女伺帝熟寝，以帛缢帝项，误为死结，得不绝。《明史·后妃传》谓帝当时“病悸不能言”。《明史·方技列传》则说，“宫婢杨金英等谋逆，以帛缢帝，气已绝”。结果虽没有死，呼吸窒息后是经过一番急救的。

用药急救的是太医院使许绅，太医院使为太医院的主持人，按明制是正五品，许绅历加工部尚书领院事，尚书为正二品，可见他官职崇高，也许因为医术的精湛。《明史·方技列传》载其急救的经过云：“绅急调峻药下之，辰时下药，未时忽作声，去紫血数升，遂能言，又数剂而愈。帝德绅，加太子太保、礼部尚书，赐赉甚厚。”

为帝王治病，医好了固然有赏，医不好是有罪的。许绅这次为世宗急救，事前并没有多少把握，心中十分恐惧。《明史》云：“未几，绅得疾，曰：吾不起矣。曩者宫变，吾自分不效必杀身，因此惊悸，非药石所能疗也。已而果卒。”

太医治病不效，历代都有处分，但极少处以死罪，贬职降官则极普遍，也有仍令戴罪继续当差。宫廷医疗的此一专设机构，明清称太医院，唐称尚药局，宋称御药院。

明制，太医院院使一人，院判二人，其属御医四人，后增至十八人，吏目一人，后增至十人。太医院之外，并设御药院。清承明制，官名大体相仿，唯人数略有差别，御医十五人，吏目三十人，医士四十人，医员三十人，明代大约也有医士医员等职位，但《明史·职官志》未载。

这些太医，采分科专业的训练，《明史·职官志》云，“太医院掌医疗之法。凡医术十三科，医官、医生、医士，专科肄业：曰大方脉，曰小方脉，曰妇人，曰疮疡，曰针灸，曰眼，曰口齿，曰接骨，曰伤寒，曰咽喉，曰金镞，曰按摩，曰祝由。凡医家子弟，择师而教之。三年、五年，一试、再试、三试而黜陟之”。

大约为了帝王的安全，烹调进御的药剂，太医必须先尝，《明史》云，“烹调御药，院官与内臣监视，每两剂合为一，候熟分两器，一御医内臣先尝，一进御”。这个尝药制度，不自明朝开始，大约为历代宫掖成规，《新唐书》载唐制亦云，“药成，医佐以上先尝”。

死于并非绝症

宫廷医药制度的周密和用人的审慎，使帝王的健康和生命，得到安全保障，然从帝王的平均年寿去看，并不很高，并且很低，前已言之。这当然不是太医们医道不良，最主要的还是医学知识和技术的限制，绝不如现代的进步。正史所载帝王之死，都很简略，不过叙明何日不豫，何日大渐，以及何日崩，很少记载所患什么病症。从可靠资料加以钩稽，若干帝王致死的疾病，在今日看来，并非绝症，而是极易治疗而决不至于致命的，无奈昔日无此技术，无此特效药剂。

明朝做了三十天皇帝的光宗（泰昌帝），于万历四十八年（1620年）八月即位，隔不了几天，即病腹泻，也有记载，说他病痢，内侍崔文升进了大黄泄药，帝一昼夜三四十起。崔文升任司礼秉笔，兼掌御药院，他原是神宗（万历帝）宠幸郑贵妃宫中内侍。郑贵妃尝有阴谋，欲神宗舍长子光宗而不立，立其所生的福王为太子，后来所谋未逞。崔文升进药之后，外界传为郑贵妃所使，帝服药后非常委顿，群情疑骇。

接着有鸿胪寺丞李可灼，言有仙丹请阁臣具本进御，为阁臣以慎药为理由，加以拒绝。可是李可灼夙与御医和中使相熟，暗中奏达光宗，光宗询及辅臣，大学士方从哲无奈，因奏言“寺丞李可灼，自云仙方，臣等未敢轻信”。

帝即命中使宣可灼至诊视，具言病源和治法，退出后，诸辅臣御医和可灼商榷未决，皇帝又有旨催促，于是可灼调药进。帝原饮汤辄喘，吃了他的红色丸药，饮汤乃受。日晡再进一丸，夜爽，帝即驾崩。

这所谓“红丸”之案，连同当时先后的“梃击”、“移宫”称为三大案，成了党争的口舌，攻讦大学士方从哲的人，以为“可灼非太医，红丸是何药，从哲乃使进御，应坐弑逆之罪”。于是往复辩论，成了政治上的轩然大波。

据传清慈禧太后也是病泻而死的。在今日看来，这不是致命之疾。不论慢性肠炎、细菌或阿米巴痢，都有药剂可愈，如果因直肠癌而引起的泄泻就比较麻烦，然而光宗死时仅三十八岁，大概还不到患癌症的年龄，且从记载上看，当是一种急性痢疾。

天花与梅毒

次之，又如若干传染病，现代有预防免疫之法，民间尚可扫除，宫禁重地，环境卫生一分讲求，自然更不成问题。

然而，清朝的世祖（顺治帝）和穆宗（同治帝）两个皇帝，以及世祖之叔豫亲王多铎，都是死于痘症（天花）的。清廷于顺治朝以后，有一禁令，凡蒙古王公未曾出过痘，不准入宫觐见，以防传染，那时还没有旅行进口检疫的制度。

世祖之死于痘，而非如流俗传说的出家行遁，业经孟心史及其弟子吴湘相教授考定。

穆宗的病症，当时的帝师《翁文恭（同龢）日记》逐日记述甚详。

同治十三年（1875 年），十一月初一日，穆宗之病，御医定为天花。翁记十一月十八日曰，“脉案云，脉息浮数，痂落七成，肉色红润，惟遗泄赤浊”。

十九日，“卯正三入，看昨日方，脉案云痂已落，泄渐止，而头眩发热，腰腿重疼，便秘筋挛，系肾虚停食感寒所致”。

二十三日，“晤太医李竹轩、庄某于内务府坐处，据云，脉息皆弱而无力，腰间肿处两孔皆流脓，亦流脓水，而根盘甚大，渐流向脊，外溃则口甚大，内溃则不可言，意甚为难”。

二十八日，“至奏事处，适太医李德立、庄守和在彼，询以两日光景，则云腰间溃处如碗，其口在边上，揭膏药则脓汁如箭激，丑刻如此，卯刻后揭又流半盅”。

二十九日，“传诸臣皆入，上侧卧，御医揭膏药挤脓，脓已半盅，色白而气腥，漫肿一片，腰以下皆平，色微紫，视之可骇”。

十二月初二日，与军机御前同入，“上卧甫醒，近至榻前细细瞻仰，则两颊肿甚，唇鼓色红，虚火满面，目光却好，平卧，一二语外，云不思食，尚思睡也，逡巡而退。再遇御医，问究竟如何？则云所下尽是余毒，口糜，又虑成走马疳”。

再隔三天，到初五日穆宗驾崩了。享年十九岁，如以实足年龄计之，则仅十八岁。穆宗于同治十一年（1872 年）九月行大婚礼，册立尚书崇绮之女阿鲁特氏为皇后，侍郎凤秀女富察氏为慧妃。在先，两人都是奉召入宫的皇后候选人，穆宗的母亲慈禧太后属意于凤秀之女，而穆宗则选中了崇绮之女。慈禧心中不悦，大婚后，太后对皇后从不假以辞色。后乃谓穆宗曰:“凤秀之女，屈为慧妃，宜加眷遇。皇后年少，不娴宫中礼节，勿常往其宫。”且使太监暗中加以监视，穆宗遂不至中宫，但忿而不幸慧妃，恒独宿乾清宫。在侘傺无聊中，遂有内侍导之微行挟邪。

穆宗以痘症竟至丧命，故外间颇有传说，实系染了花柳病，看翁同龢所记病状，则传说未尝无因，医学专家，不难作一鉴定。然而不论天花或梅毒，预防和治疗，在现代医药标准看来，都是不成问题的。

皇后于帝崩后未逾百日，亦自尽以殉。

不死之药

今日科学虽发达，但还没有发明不死之药。人类之希求生命延续，也许出于本能动机，尤其身为帝王，尊荣富贵，更觉得生命之值得留恋。服食而求长生，在汉朝已有人知其谬妄荒诞，古诗云："服食求长生，多为药所误。"

然自秦皇汉武遣方士觅不死之药以降，后世帝王热心这种谋虚逐妄之举者，不乏其人，而以唐代为盛。汉以后，到第四世纪的晋哀帝，信方士言，断谷饵药，以求长生。"寻以药发，不能亲万几，太后摄政"。只做了四年皇帝就死了，年二十四岁。

晋初有一位炼制仙药的专家，名葛洪，字稚川，著有《抱朴子》。此书一直流传到今天，其内篇有《金丹》、《仙药》、《黄白》三卷，专言炼丹之术。晋哀帝和后代帝王，服食仙丹，何以会药发中毒，也许从葛洪的著作中，可以略窥端倪，盖所谓仙药的原料，有些是有毒的矿物。

仙药的原料，据《抱朴子》说，上者为丹砂，次则黄金，次则白银，次则五玉，次则云母，更有雄黄、石桂、石英、石脑、石硫黄、曾青，等等。

《世说新语》言魏何平叔（晏）服五石散。五石散为五种矿石合烧而成的粉末，《抱朴子》云，"五石者丹砂、雄黄、白矾、曾青、慈石也"。

原料不一，炼法亦殊，《抱朴子》所举，有九鼎神丹、太清神丹、九光丹，以及岷山丹法、务成子丹法、羡门子丹法、赤松子丹法等数十种。

据他说，各种矿物炼时可互为变化，黄金可炼成液体，所谓“金乙太液”，矿石丹砂也可炼成黄金或白银，故炼丹又称黄白术，然“真人作金，自欲饵之致神仙，不以致富也”。

中毒送命之君

《抱朴子》对当时及后代的服食炼丹是很有影响的。唐代非但在士大夫间流行烧炼仙药，在十九位帝王中，因服药而中毒暴毙的亦颇有其人，虽然所用方法，未必尽同于《抱朴子》。

史称英明之主，开创“贞观之治”的唐太宗，他颇热衷此道。贞观二十二年（648 年），“使方士那罗迩娑婆于金飚门造延年之药”。此一方士是个外国人，可能是来自印度的胡僧。

后来太宗之子高宗，将饵胡僧卢迦阿逸多之药，郝处俊谏曰:“先帝令胡僧那罗迩娑婆，依其本国旧方，合长生药，征求灵草异石，历年而成，先帝服之无效，大渐之际，高医束手”。至宪宗时，李藩亦谏阻宪宗的服食曰:“文皇帝（太宗）服胡僧药，遂致暴疾不救。”

这两个事件，说明了唐太宗服食非但无效，而且是死于丹药的。

宪宗，他没有接受李藩的谏劝，仍惑长生之说，臣下荐山人柳泌，帝以泌为台州刺史，令其采天台药合金丹，服之日觉燥渴。裴潾上言:“金石性酷烈，加以烧炼，则火毒难制。”不听，帝益燥甚，数暴怒责左右，人人自危，至是暴崩于中和殿。

宪宗之子穆宗，听信僧惟贤和道士赵归愚之说，亦饵金石。

再下一代的敬宗，有道士刘从政，说以长生久视之术。请求异人，冀获异药。帝惑之，乃以从政为光禄卿，号升元先生。又遣使往江南及天台采药。

武宗，在藩邸时，早好道术修摄之事，及即位，又召赵归愚等八十一人于禁中，修符箓，炼丹药。所幸王贤妃，私谓左右曰:“陛下日服丹，言可不死，然肤泽日消槁，吾甚忧之。”后药发燥甚，武宗喜怒不常，病既笃，旬日不能言。

宣宗，饵太医李元伯所治长年药，病渴且中燥，疽发背而崩。

五代时的南唐烈祖，亦好丹药，药性多燥怒，有司奏事必至厉声诃责。陆游《南唐书》谓：升元七年二月庚午，帝崩于升元殿。临崩谓齐王璟（烈祖子）曰："吾服金石欲延年，反以速死，汝宜视以为戒。"

明朝好方技道术者有两帝，宪宗（成化帝）和世宗（嘉靖帝），有不少僧道术士，因而得官或得封。宪宗留意的是房中秘药，僧继晓，以秘术进，赐号"通元翊教广善国师"。世宗则专求长生。晚年因求仙而日病，嘉靖四十五年（1566年）十一月服方士王金等所献丹药，病益甚。王金且伪造诸品仙方，与所制金石药同进，其方诡秘，药性燥，帝服之，于十二月崩。

第八章　谁家种子

奇货可居

市井间引车卖浆者流，有一句骂人的粗话，曰“杂种”，意指被骂的人，不是他父亲的血统，这是极大的侮辱。不料尊贵为帝王，却真正有过来自皇家血统以外的子孙。

《史记·秦始皇本纪》，略谓始皇之父秦庄襄王为质于赵，见吕不韦的侍姬悦而取之。秦昭王四十八年（前 261 年）生始皇于邯郸，名为政，姓赵氏。

始皇实为吕不韦所下的种子，庄襄王不过坐享其成而已。本纪说得很简略，但若检读《史记·吕不韦传》，司马迁非但把文字写得十分生动，而且透露了其中委曲的经过。

吕不韦生于濮阳，在阳翟经商，成为巨富。他不以富商为满足，而希望在战国时代混乱的国际政治里，成为“立主定国”的英雄。年轻时对他父亲说:“今力田疾作，不得暖衣饱食。定国立君，泽可遗后世，愿往事之。”

为了实现他的理想，他以秦国为其“定国”的目标，秦虽僻处西陲，自孝公用商鞅变法图强而后，国势之盛，已预示着将来并吞六国的展望。

秦昭王四十年（前 269 年），太子死，后二年，昭王立他的次子安国君柱为太子。安国君的夫人早死，立为太子后，将他的一位宠姬立为夫人，号曰华阳夫人。太子虽已有二十几个儿子，华阳夫人却并未生育。此时吕不韦正在赵国都城邯郸经商，遇到了安国君的一个儿子，名异人，为质于赵。他的生母夏姬不得宠，所以异人有些潦倒，在赵生活十分窘迫。秦国又时进兵攻赵，赵国对异人亦无好感。

吕不韦却看中了异人，认为可作日后“立君”的目标，此人“奇货可居”。

初步成功

他找到了异人，对他说，“秦王老矣。安国君得为太子。窃闻安国君爱幸华阳夫人，华阳夫人无子，能立嫡者独华阳夫人。于今子兄弟二十余人，子又居中，不甚见幸，久质诸侯。即大王薨，安国君立为王，则子无冀得与长子及诸子旦暮在前者，急为太子矣。”异人曰:“然，为之奈何?”不韦就把他的计谋说了出来:“子贫，客于此，非有以奉献于亲及结宾客也，不韦虽贫，请以千金为子西游，事安国君及华阳夫人，立子为嫡嗣子。”

立刻给异人五百金，改善生活，广交宾客。同时又以五百金购办奇物玩好，不韦亲自带到秦国去。他走内线，求见华阳夫人之姊，请她把这些作为异人的礼物，转致夫人，并且替异人大加吹嘘，说他结交诸侯宾客，誉满天下，并且“日夜泣思太子与夫人”。又使其姊去游说夫人:“吾闻之，以色事人者，色衰而爱弛。今夫人事太子，甚爱而无子，不以此时早自结于诸子中贤孝者，举立以为嫡而子之，夫在则尊重，夫百岁后，所子为王，终不失势，此所谓一言而万世之利也。不以繁华时树木，色衰爱弛，后即欲一言，尚可得乎?今异人贤，而自知中男也，次不得为嫡，其母又不得幸，自附夫人，夫人诚以此时拔为嫡，夫人则竟世有宠于秦矣。”

华阳夫人以为然。找寻机会，涕泣而向安国君进言:“妾幸得充后宫，不幸无子，愿得异人立为嫡嗣，以托妾身。”安国君许之，并刻玉符为信。

权谋全部实现

吕不韦的谋略，初步成功，回到赵国。一晚，异人在吕家饮酒，看见不韦的一名侍姬，美艳不凡，色动神摇，竟要求不韦将此姬送给他。

不韦以邯郸若干美好善舞的女子为姬侍，此姬亦为其中之一，腹中有娠，而为不韦所爱悦。听了异人的要求，心中甚怒，但一转念，对这位“可居”的“奇货”，已投了不少资本，于是应其所请，慷慨地将她送了给他。秦昭王四十八年（前 261 年）正月，此姬生子政，异人立姬为夫人。

秦昭王五十年（前 259 年），秦将王齮围邯郸甚急，赵国欲杀为质的异人，吕不韦贿六百金与看守吏，得与异人逃至秦军。而夫人及子政避匿豪家，亦无意外。

不韦和异人回到秦国，不韦知华阳夫人为楚人，特地叫异人换了楚国服装去谒见。夫人喜，曰:“吾楚人也，而子字之”。因之异人改名为子楚。

昭王于五十六年薨，太子安国君继位，立华阳夫人为王后，子楚（异人）为太子，赵国也将子楚夫人及子政送回秦国。安国君在位，一年即死。太子子楚立，是为庄襄王。元年（前 251 年）以吕不韦为丞相，封文信侯，食河南十万户。三年五月庄襄王薨，太子政立（即秦始皇），时年仅十三，尊不韦为相国，号“仲父”。秦皇年轻，一切政事皆由相国专断独行，而他重拾坠欢，太后依旧成了情人。

到后来，秦王渐长，有其父必有其子，个性不减从他生父得来的遗传，始皇十年（前·237 年）免吕不韦相国职，使退居河南封地。岁余，又赐书不韦曰:“君何功于秦，秦封君河南，食十万户？君何亲于秦，号称仲父？其与家属徙处蜀！”

不韦自度，一步紧一步，最后不免杀头，乃饮鸩而死。

不韦虽有此悲惨下场，但“定国立君”的权谋却早已实现，而且暗中把秦国君主，换成了自己的血统，他所谓“泽遗后世”的初志，也算达成目标了吧？

野史的传说

传说元朝最后一代帝王惠宗（顺帝），不是蒙古血统，而是宋帝显与回女所生，野史述此事者甚多，其真实性颇可怀疑。

帝㬎为南宋建都临安最后一帝，德祐二年（1276年），南侵的元将伯颜，入临安，帝㬎与全太后出宫降，其时帝㬎年仅六岁。降后，母子随元兵北行，元世祖忽必烈废帝为瀛国公，并接见于上都太安殿，寻命帝为僧，全太后亦出家为尼于正智寺。

这是正史记载的大略，但野史还有许多下文。

程克勤《宋遗民录》云：德祐降元，封瀛国公，稍长，世祖妻以公主。世祖夜梦金龙绕殿柱，明日，瀛国来朝，正立所梦柱处，世祖阴欲除之，公主以告，瀛国惧，遂乞从释，号合尊大师。

权衡《庚申帝大事记》云，瀛国降后，为僧白塔寺中，后徙甘州，有赵王怜之，赠以回回女，延祐七年（1314年）四月十六日夜生男，（元）周王和世琜（周王后登帝位，庙号明宗），适过其地，见寺上有龙文五采，访知其故，因求为子，并载其母归。

袁忠彻《符台外集》云：瀛国学佛于吐蕃，娶迈来的（《元史》作迈来迪）为妻有娠，适明宗逃于漠北，与瀛国善，索迈来的为妻，遂生顺帝（名妥欢帖睦尔）。

按《新元史·诸公主列传》，世祖有五位公主，四位嫁给蒙古人，一位嫁给高丽国王，但没有嫁给帝㬎的记载。明宗为周王时，在漠北，曾过帖木迭儿部，帖木迭儿献其女迈来迪，生惠宗（顺帝）。迈来迪之祖以回部附元，封郡王，事见《新元史·后妃传》，但找不到与帝㬎有什么婚姻瓜葛。

帝显既做了和尚，号合尊大师，娶妇而生子，这是不近事理的。也是很可怀疑的一点。

政治阴谋和曲折

和世㻋初封周王，后登极为明宗，以及后来顺帝的即位，其间经过不少曲折，也有不少的政治阴谋，顺帝非明宗亲生的谣言，可能起因于政治的阴谋与谣言。分析它的究竟，必须从明宗的父亲武宗说起。

武宗有二子，长和世㻋，次图帖睦尔。元朝皇室，时有兄终弟及的习惯，亦即兄死传位于弟，武宗登极后，立其弟爱育黎拔立八达为皇太子（仁宗），元制的皇太子，并非即指皇帝的儿子，而是预定的皇位继承人。

武宗传命，在其弟之后，再传位给自己的儿子，兄弟叔侄，世世相承。武宗崩，仁宗立，有权臣欲固位取宠，乃请立皇子硕德八剌为皇太子，太后幸臣失烈门谮和世㻋于两宫。仁宗惑于流言，不守武宗旧命，果以硕德八剌为皇太子，而把武宗二子遣出于外，封和世㻋为周王，出镇云南，后迁西北。徙图帖睦尔于琼州。

仁宗死后，皇太子继位，是为英宗。英宗只做了三年皇帝，朝中起了一次流血政变，英宗被弑，迎立王室别支的也孙铁木尔继位，是为泰定帝，于是兄弟子侄相承之说，距离更加遥远了。此时武宗的次子图帖睦尔，已自琼州迁建康，封怀王，再迁江陵。

泰定为帝四年，死后武宗两个儿子的机会来了。泰定死于致和元年（1328年）七月，佥枢密院事燕帖木尔等反，于八月甲午黎明，召百官集兴圣院，官兵皆露刃，号于众曰："武皇有圣子二人，孝友仁文，天下归心，大统所在，当迎立之，不从者死。"是时周王和世㻋远在漠北，猝不能至，虑有他变，乃迎武宗次子怀王图帖睦尔于江陵。

九月，泰定的儿子阿速吉卜为另一派大臣拥立，改元天顺，史称天顺帝。到十月，经过流血斗争，天顺一派的朝臣卒奉皇帝玺宝出降，天顺不知所终。

轮到武宗二子

怀王图帖睦尔至京师，群臣请正大统。怀王固让曰："大兄在北，以长以德，当有天下，必不得已，当明以朕志播告中外。"即位，是为文宗，改元天历，诏天下曰："谨俟大兄之至，以遂朕固让之心"。

明年正月，文宗遣使迎其兄周王和世㻋，和世㻋以弟劝进，即位于和宁之北，是为明宗。于行在遣使立弟文宗为皇太子。

可是明宗于八月暴崩，文宗复位。

文宗师其叔父仁宗故智，立其子阿剌忒纳答剌为皇太子，意不欲死后传位于明宗之子妥欢帖睦尔，也就是所传明宗在漠北向瀛国公索来的问题人物——元顺帝。

至顺元年（1330 年），以妥欢帖睦尔的乳母失言，谓明宗在日，素谓长子非其子，文宗命翰林书其事于史馆。明年，复诏奎章阁学士虞集作诏，播告中外。此事明载元史，但是否文宗因欲传位己子，故意造的谣言，很难证实，只可付之阙疑。

在这种情形之下，妥欢帖睦尔是没有帝位之份了，可是事有凑巧，皇太子阿剌忒纳答剌在至顺二年死了，而文宗本人亦于三年崩。由文宗之后主持，立明宗的次子鄜王懿璘质班即帝位，是为宁宗。宁宗数月即薨，于是皇太后曰："吾子尚幼，妥欢帖睦尔在广西，今年十三矣，且明宗长子，于理当立"。乃遣使迎归登极，是为惠宗，即顺帝。

顺帝登极后，尝撤去文宗庙主。诏曰："文宗私图传子，乃构邪言，谓朕非明宗子，俾出居遐陬。"

自武宗至顺帝，其间历九帝，为时却只经过了二十四个年头，元代皇位继承，变化的倏化，迅若传舍。文宗"私图传子，乃构邪言"之说，如果确属一种政治阴谋，则顺帝之非明宗长子，也纯系子虚。有些传说构想出明宗妃迈来迪和瀛国公（南宋恭帝赵㬎）的婚姻，很有可能是别有用心的人的谣言。而《庚申帝大事记》等著作，亦因此而作。

这种聊以解嘲的心理，不料重演于四百年后的清代，也有传说谓高宗（乾隆帝）是汉人海宁陈氏之子。

爱日春晖

海宁陈家，自明迄清初，科名仕宦之盛，为海内所稀有，恒以父子兄弟同登一榜为惯例。世俗揣测，以为其家必与帝室有特殊关系，于是传言高宗为陈元龙之子，雍正帝后生了一个女儿，把女儿潜向陈家换来的。

且以下列两事，作附会的理由：

高宗自乾隆二十七年（1762 年）第三次南巡，至四十九年第六次南巡，均驻跸陈氏安澜园，暗中有探亲的目的。

陈家有“爱日堂”、“春晖堂”两个御赐匾额，含有思亲之意。

孟心史著有《海宁陈家》一文，力驳此说之无稽。

陈元龙在高宗朝，官至东阁大学士，然陈家历官卿相者甚多，昌盛并不由高宗朝开始。按高宗生于圣祖康熙五十年（1711 年）八月十三日，其父世宗（雍正帝）尚在潜邸，年三十四岁，且早已有子，高宗是他的第四子，何必抱养一个汉人为己子？孟心史曰：

> 海宁陈家之以家世自重，当康熙朝已如此，非为高宗使之重也。而按其时日，此正陈元龙外简后数日，即高宗之生日左右，若以为高宗出自陈家，则此时之抱而易之者，为圣祖为之耶？圣祖以多子（圣祖有三十五子）为累，时方媒孽太子，至将再废，而诸王跃跃思动，酿成后来兄弟相戕之祸，圣祖何故抱一异姓子置于一王之邸又隐讳其事？

高宗南巡驻跸陈氏安澜园，全为视察塘工，第一及第二次南巡，虽至浙江，均未到海宁。乾隆二十五年（1760年）海宁潮信告警，海宁塘工，当时有石塘、柴塘之争，故于二十七年（1762年）亲临勘视。而陈家园林，为海宁一胜，迎驾驻跸，自然舍此莫属。园名安澜，即为高宗所赐，寓有临幸海塘目的之用意。

“爱日”、“春晖”匾额，皆非高宗所书，孟氏据《清史·陈元龙传》云：“康熙三十九年（1700年），迁侍讲学士，明年转侍读学士，四月上御便殿作书，赐内直翰林司观，谕曰：尔等家中各有堂名，不妨自言，当书以赐。元龙奏父之誾年逾八十，拟‘爱日堂’三字，御书赐之。”

“春晖堂”，孟氏据《海宁州志》，康熙五十二年（1713年）六月，赐参事府左春坊左中允兼翰林院编修陈邦彦者，邦彦母钱氏守节四十年，丸熊教子，迄于成立，以子贵，康熙四十六年（1707年），御书“节孝”二字旌其门，五十二年赐“春晖堂”额。

两额均在乾隆朝以前所赐。

康熙帝既恩遇陈家甚厚，于是另有一说，谓康熙帝为陈氏之子，由其父世祖（顺治帝）以女易来。世祖虽年仅二十四而崩，然已生有八子六女，康熙帝为第三子，何必抱养他人之子为己子呢？

第九章　饈馔服饰

一百八十品盛宴

南宋绍兴十一年（1141 年）十月，高宗幸清河郡王张浚第，进奉筵宴，留下一张餐单，稍后的周密所撰《武林旧事》及元代阙名《馔史》，都载有全文。这是达官为固恩邀宠，款待皇帝的一席盛宴，所列馔肴，必极当时天下珍品，丰侈可能超过帝王宫掖的日常享用。

这菜单共列约一百八十多品，其中干果、蜜饯、鲜果等占了一半以上，真正的馔肴有“下酒三十味”、“插食八色”、“厨劝酒十味”、“对食”十盏、“晚食”五色。对食是大菜，晚食为最后下饭之菜。所用材料，除鸡、鸭、鱼、猪以及猪的蹄筋、腰肚等内脏外，有鹌鹑、虾、鳝、鹅、蛤蜊、江瑶、蝤蛑、水母、螃蟹、兔肉等。

其中没有古代盛称美味的熊掌，也没有后世列为珍品的燕窝、鱼翅和海参。但有一味曰“炒沙鱼衬汤”，据推想，沙鱼皮与肉间有一层胶质的东西，如衣之有衬，今日名为“鱼唇”，可能南宋已是上桌面的美味了。

清乾隆帝每天起床，要吃“冰糖炖燕窝”，可见燕窝到清初已盛行。至于鱼翅和海参，据吴相湘教授稽清宫膳档，要到咸丰、同治朝以后，方为天厨上食。乾隆朝高丽国进贡海味，中有海参二百斤，总管太监仅奏明“奴才们侍候万岁爷赏人用”，不是交御厨作菜用的。

较乾隆朝约早六百年的南宋高宗年代，鱼翅海参更没有跻上珍品菜单。

不同寻常的豆腐

馔肴的可口，有时不在物品名贵，而在烹调得法，清宫的御膳房常以极寻常的豆腐上供，“羊肉炖豆腐”为慈禧太后所偏爱，往往和燕窝鱼翅同列于宴席之间。

清康熙间，宋牧仲（荦）官江南巡抚，康熙帝南巡之时，特别以宫中烹调豆腐之法，传授给他。宋氏所撰《西陂类稿》，有《恭记苏抚任内迎銮盛事》一文，云：

> 某日，有内臣颁赐食品，并传谕：宋荦是老臣，与众巡抚不同，著照将军总督一样颁赐。计活羊四支，糟鸡八支，鹿尾八个，糟鹿舌六个，鹿肉干二十四束，鲟鳇鱼干四束，野鸡干一束。并传旨云：朕有日用豆腐一品，与寻常不同，因巡抚是有年纪的人，可令御厨太监，传授与巡抚厨子，为后半世受用。

康熙帝传授给宋荦的豆腐做法，无记载可寻，天厨秘奥，可惜失传了。清宫食用，向极侈泰，豆腐做法，恐非一般寒俭家庭所可效法。既乏直接资料来说明，不得已找到一个从旁的记载，虽不能成为佐证，也许可作举一反三的参考。

薛福成《庸闲庵笔记》，言道光间，河道总督饮食起居的豪奢，“即以宴席言之，一豆腐也，而有二十余种，一猪肉也，而有五十余种。豆腐须于数月前购集物料，挑选工人。统计价值，非数百金不办”。

大约这种豆腐，不一定只用黄豆的豆浆，也许还羼以其他原料和佐味，所以须数月营办。达官如此，宫廷或有更甚于此者，岂即康熙帝所说，与寻常不同乎？

清代御膳档册

看了本文篇首所引南宋张浚宴高宗的那张餐单，多至一百八十余品，于是民间传说，皇帝每餐必有百品，甚至说清末慈禧太后因与光绪帝龃龉，用种种方法，加以虐待，光绪帝虽每餐亦有百品，离座稍远之馔肴，腐臭不可食。吴相湘教授据清宫膳档，证明宫中平日用膳百品之说，实荒谬不经之谈。

清宫内务府膳食及穿戴档册，为原始直接史料，吴教授有缘于台北故宫接触，所述最能得宫闱生活的真相。

吴教授云，台北故宫现藏清代膳食档册，自乾隆朝以降，大都完全。每日帝王御膳进用时刻，膳品名目，治膳厨役姓名，用膳多少，临时加传膳品名目，用膳剩余分赏何人等，均详列档册。

乾隆帝每日两次正餐馔肴，大都不过十品，绝无每餐百品之数，唯元旦除夕或万寿节乾清宫大宴，事属典礼，有多至九十九品者，但帝略饮酒，食用甚少。大宴之后，内宫另设酒宴，有妃嫔侍宴，仅陈可口馔肴若干，其数较大宴少得多。

咸丰十一年（1861 年）十月初九日穆宗（同治帝）即位，是日又适值慈禧太后万寿，因大丧停止庆祝，仅御膳房于申初二刻在养心殿，伺候进两位皇太后前晚膳一桌，上同桌，用海屋添筹大膳桌摆黄膳单，火锅二品：猪肉丝炒菠菜，野意酸菜。大碗菜四品：燕窝“万”字红白鸭丝，燕窝“年”字三鲜肥鸡，燕窝“如”字八仙鸭子，燕窝“意”字十锦鸡丝。中碗菜四品：燕窝鸭条，鲜虾丸子，脍鸭腰，溜海参。碟菜六品：燕窝炒炉鸭丝，鸡泥萝卜酱，肉丝炒翅子，酱鸭子，咸菜炒茭白，肉丝炒鸡蛋。

这张餐单中，鸡、鸭、燕窝用得甚多。不过四大碗用燕窝在碗面铺排成“万年如意”四字，取其色白醒目，此与今日生日蛋糕用奶油画成颂祝之词，用意相同，目的不在供吃食也。

皇帝平日用膳，大都独自进食，后妃均难得与帝同桌饮食的。有时帝陪太后食，则偶或赐后妃同食。宫中皇帝御厨房也是太后、后、妃分开的，各有“宫分”，各有厨房。皇帝用膳时，遇可口的馔肴，则传旨分赐宠爱的妃嫔、皇后或皇子。

日常馔肴和点心

乾隆帝日常进用的馔肴，据吴教授搜剔膳档，大略如次：

帝日常多于寅正三刻左右（约上午六时）起床，膳房“伺候冰糖炖燕窝一品”，有时不用此早点，候至卯刻进早膳。乾隆十九年（1754年）五月初十的餐单为：“肥鸡锅烧鸭子云片豆腐一品，燕窝火熏鸭丝一品，清汤西尔占一品，攒丝锅烧鸡一品，肥鸡火熏炖白菜一品，三鲜丸子一品，鹿筋炖肉一品，清蒸鸭子糊猪肉喀尔沁咸攒肉一品，上传炒鸡一品，竹节卷小馒头一品，孙泥额芬白糕一品，珐琅葵花盒小菜一品，蜂糕一品，南小菜一品，老腌菜一品，酱王瓜一品，苏油茄子一品，随送粳米膳一品，野鸡汤一品。”

今日专家们的意见，以为早餐多食方合卫生，不过乾隆帝这一份早餐，内容太丰富了，当非平常人的胃口所可消受。

因为早餐如此丰盛，所以中午仅用茶点，宫中名为“熬茶”，吃些“猪油到口酥”等“炉食”。有时不用“炉食”，而用“八珍糕”。有一谕旨，可看出“八珍糕”的做法：

> 太监胡世杰传旨：叫你们做八珍糕所用之物：人参二钱，茯苓二两，扁豆二两，薏米二两，炒芡实二两，建莲二两，粳米面四两，糯米面四两，共为极细面加白糖八两，和匀蒸糕，蒸得晾凉了，每日随着熬茶时进。

乾隆帝喜吃苏式馔肴。苏州籍厨子张东官甚受激赏。他的拿手菜有“燕窝黄焖鸭子炖面筋”、“燕窝红白鸭子炖豆腐”、“冬笋大炒鸡炖面筋”、“大杂烩”、“葱椒羊肉”、“豆豉炒豆腐”等。东官且擅苏式点心，如“猪油硇砂馅煎馄饨”、“猪肉馅煎粘团”，极合乾隆帝口味，屡获称赏。

从“穷裤”说到朝服

汉昭帝于八岁即位，立骑都尉上官安的女儿为皇后，她并且是大将军霍光的外孙女，时尚六岁，霍光为使他的外孙女专宠椒房，以昭帝体弱多病为理由，采纳左右及医官的建议，“宫人使令，皆为穷裤”。

盖汉时男女裤子，仅贯两腿，有如后世的套裤，另有一种下衣，曰裈，为一直筒，系腰下垂，以护其私，下承以裤。这两种下衣都没有严密的裤裆，所谓“穷裤”，也许把套裤延伸，另加裤裆，再把前后裆密密缝起，不再需要裈了。后世形制的裤子，不知是否从此时开始。这种杜渐防微的想法，在今日看来，颇为可笑。然即此一端，可见我国的服装衣裳，有过很多变更，宫中如此，民间亦不例外。

古代帝王礼服，名曰冕服，《周礼》言之甚详，其后历朝大体相沿，《唐会要》所举高祖武德七年（624 年）所制定的天子之服十二等，大裘冕、衮冕、鷩冕、毳冕、毳冕等名称，均见《周礼》。所谓大裘冕，大裘为礼衣，冕为礼冠，上有一块长方形的“延”，“延”之前垂着五采玉所串成的十二旒。服大裘而载戴，谓之大裘冕。

明太祖洪武元年（1368 年）二月，诏“衣冠悉如唐制”。然这种大礼服，仅有举行郊祀等大典时穿之，《周礼》云，“祀昊天上帝则服大裘而冕，祀五帝亦如之，享先王则衮冕”云云，平时是很少穿戴的。历代所变化的是常礼服和平时燕居之服，尤其在外族统治的朝代，帝王多用外族服式。然清代亦用龙袍，这也是承袭了中朝之制，形式则与前朝大有变更，《清通志·器物略》云：“皇帝龙袍，色明黄，领袖俱石青片金缘，绣文金龙九，列十二章，间以五色云，领前后正龙各一，左右及交襟处行龙各一，袖端正龙各一，下幅八宝立水，裾左右开。”正龙、行龙、十二章，还是中朝历代定制。

这种服装又名朝服，大约是一种常礼服，故宫穿戴档册，有乾隆帝于元旦佳节，穿朝服的记载："戴黑狐皮朝冠，穿黄刻丝万字锦地黑狐肷龙袍，外套黄缎绣五彩貂皮边袷朝服，狐皮朝端罩，松石圆朝带，东珠数珠，白布棉袜，厚棉套袴，蓝缎羊皮裹皂靴。"受朝贺毕，脱去袷朝服，换上"大毛熏貂缎台正珠珠顶冠，貂皮端罩，松石大鞓带，青缎羊毛裹皂靴"。

据说，黑狐朝冠的狐皮，毛厚三寸二分，选自一百四十八个狐腿皮拼凑而成。黑狐肷龙袍，则需黑狐脊皮九十三条。端罩即今之"大氅"或"披风"，一件貂皮端罩，需貂更多，吴相湘引档册云，"乾隆二十一年（1756年）十月十九日，胡世杰奉旨问：貂尾有多少个，够做端罩不够？总管马国用首领张玉等随应奏：貂尾现有三万一千九百六十个，不够做一件端罩"。

珠顶朝冠，大正珠一颗，东珠十五颗。大正珠重二钱三分，上层腰珠一颗，重五分二厘，中层腰珠一颗，重七分三厘。自重量观之，大约都既圆且大。

不穿洗过的内衣

乾隆帝的孙子宣宗（道光帝），却是清代著名的节俭帝王。《清宫遗闻》云："宣宗御宇三十年，服用之俭，为史册所罕见，所服套袴，当膝处穿破，辄令所司缀一圆绸其上，俗所云打掌是也。于是大臣效之，亦缀一圆绸膝间。"

昔日的皮衣，四缘例有皮毛拖出，名曰出风，道光帝有一袭黑狐端罩，贴边衬缎稍阔，不露出风，令内侍将出，四周添皮，内府呈册，需银千两，乃谕勿添，《清宫遗闻》云，"自是京官衣裘不出风者十有余年"。

公元前二世纪的汉文帝，也以节俭著名，《汉书》说他"身衣弋绨，所幸慎夫人，衣不曳地，帷帐无文绣"。弋绨是黑色的粗缯。又云，

“在位二十三年，宫室苑囿，车骑服御，无所增加”。

历代帝王的内衣，向例只穿一次，不加洗涤，每次换新。承受中国文明的日本，其天皇也依这种习惯，直到二次大战之后，方废除此一制度。我国也有若干帝王穿用洗过的内衣，名曰“服浣衣”，以示俭德，史臣必书之实录，大加颂扬。

也有帝王，或懒于更换内衣，藉此矫揉造作，表示节俭。《明实录》云：“成祖（永乐）所服里衣衣袖敝垢，纳而复出。侍臣有赞圣德者，上叹曰：朕虽日十易新衣，未尝无，但自念当惜福，故每浣濯更进。”

据吴相湘稽清内务府档，乾隆帝于一年之内，更换了二十八件汗衫，平均每件汗衫穿着十三天半。乾隆帝是很修边幅，注意小节的，几乎半个月才换一次内衣，其他懒散的帝王，或许换得更少，所幸中国服装宽袍大袖，内衣的衣领或袖管，可以藏而不露，但在清洁卫生方面恐怕很有问题吧。

溯源于古代宫掖

《韩非子》云：“楚灵王好细腰，而国中多饿人。”可见宫掖妇女的化妆，对社会很有影响力量。今日妇女的若干化妆，很多可以溯源于古代宫掖，这里只举一事，以为谈助：

> 妇女两颊施脂，略带红晕，此俗即是古代宫掖的创始。明徐应秋《玉芝堂谈荟》云：曹操之子丕（魏文帝）宫中有美人薛灵芸，年十七，容貌绝世，文帝选入宫，改灵芸之名曰夜来。一日，文帝尝在灯下吟咏，以七尺水晶屏风障之，夜来不觉，误触屏上，伤处如晓霞将散。自是宫人俱用胭脂仿画，名晓霞妆。

徐氏《谈荟》载有另一类似故事，云孙权（吴大帝）之子和，有宠姬邓氏，“和于月下舞水晶如意，误伤邓氏颊，娇咤弥苦。和命太医合药，医曰：得獭髓杂玉与琥珀屑，当灭此痕。乃合之，膏成，琥珀太多，有赤点如朱，逼而视之，更益其研，诸嬖人欲邀宠，皆以丹脂点颊而进”。

究竟这是魏宫还是吴宫故事，不免两相矛盾，但似乎指出了妇女两颊施朱起源于三国，然汉刘熙《释名》所言，则在三国之前，早有此俗：“古天子诸侯群妾，以次进御，有月事者更不言说，第以丹注面，令女史见之。后人以为两腮之饰。”

今日西洋制妇女假发为饰，极精巧，不料一千两百年前的杨贵妃，也部分以假发为饰。《续博物志》云：“贵妃以假鬓为首饰，曰义髻。”

第十章　书画音乐

三位帝王艺术家

从七世纪到十一世纪的五百年间，中国历史上产生了三位帝王艺术家：唐玄宗（明皇）、南唐后主（李煜）和宋徽宗。三位都是艺术天才，精音乐或法书，绘画，或兼擅其中之二，或三者俱工，卓然成艺术史上一流名家。李后主并以词著，诣微造极，卓绝千古，今日稍稍涉猎古代文学的人，类能知之。

三人境遇，也有相似之处，初则纵情声色，沉缅物欲，后来在变乱或外族侵略中，身亡国破，落一个十分悲惨的结局。

唐玄宗早年，史称其英武多断。其后荒淫召乱，虽未亡国，而安禄山兵叛，国都失陷，仓皇奔蜀，他所宠爱的杨贵妃，缢死马嵬驿，演出了长恨悲剧。李后主当宋兵下江南之时，面缚请命，忍耻投降，亡国后的生活，天天以“眼泪洗面”。宋徽宗为金人所俘，幽死异域。

有人说，艺术家的气质，与所谓管理众人之事的政治工作，是格格不相入的。艺术家为政治领袖，于国无益，于己有损。明陈眉公《论李后主》曰：“天何不使后主现文士身，而必予以天子位？”惋惜中有无限感慨。

鹡鸰颂

《旧唐书》谓玄宗“性英断多艺，尤知音律，善八分书，有非常之表”。他的八分书，今已无传，但台北故宫博物院尚藏有玄宗行书《鹡鸰颂》一卷。首尾共三百余字，论者谓其“结体古厚，骏骨英驰，有超尘轶伦之概”。又谓“无一随意之笔，使转折顿挫之间，清力弥漫，圭棱如削”。

此颂为“左清道率府长史”魏光乘奉敕撰献。鹡鸰是一种水鸟，群居而互相照应，《毛诗·小雅》把它比作急难中互助互救的兄弟。玄宗有二兄二弟，《资治通鉴》说他“素友爱，近世帝王莫能及。初即位，为长枕大被，与兄弟同寝”。

玄宗命魏光乘撰写此文，以鹡鸰为喻，表扬友爱，同时也有些政治作用的。盖玄宗之得位。因他以临淄王平定韦氏乱之功。建储之后，他的姑母太平公主数为流言，以为“太子非长不得立”。玄宗在睿宗五子之中，他是老三，故于景云二年（711年）五月，请让太子位与长兄宋王长器，睿宗不许。及即皇帝位，有人告发太平公主欲作乱。玄宗和其弟歧王范、薛王业，翦除了太平公主的党羽，公主赐死于家。故玄宗初立，家庭中很有纠纷，必须笼络他的哥哥弟弟们。

且不说政治作用，他写的这篇颂，“力透毫茫，动止有法”，却留下了一件美妙的艺术精品。

据说，玄宗亦工画，我国画中之有墨竹，即“肇自明皇”。

羯鼓与作曲

唐玄宗洞晓音律，据宋王谠撰《唐语林》云：“丝管皆造其妙，制作诸曲，随意即成。尤爱羯鼓横笛”。一般人所知道的故事，李白于沉香亭进《清平乐》三章，玄宗命李龟年歌之，而亲自调玉笛以倚曲。羯鼓为西域传来的乐器，如漆桶，下承以牙床，用两杖击之，其声焦杀鸣烈，玄宗称之为“八音领袖”。据明胡震亨《唐音癸签》言羯鼓曲调，“九十二曲帝所亲制”。

《唐语林》又云：尝遇春日初晴，柳杏将吐，玄宗叹曰：“对此景物，岂可不与他判断？”取羯鼓纵击《春光好》一曲。神气自得，及顾柳杏，皆已发拆。指而笑曰：“不唤我作天公可乎？”又制《秋风高》，每至秋空回彻，纤翳不起，奏此曲，远风徐来，庭叶纷下，其神妙如此。

汝阳王琎，玄宗兄宁王之子，“帝爱而以羯鼓授之，琎尝戴砑绢帽打曲，上自摘红槿花一朵，置于帽上，奏舞山香一曲，而花不坠，帝尝夸其能”。盖击羯鼓难在头项不动。宋璟尝与玄宗论此，有句云：“头如青山峰，手如白雨点，山峰取不动，雨点取碎意”。

玄宗所作《紫云回》和《凌波曲》，相传尚有两个神话。宋乐史所撰《杨太真外传》云，“玄宗尝梦仙子十余辈，御卿云而下，各执乐器悬奏之，曲度清越，真仙府之音。有一仙人曰：此神仙紫云回，今传授陛下为正始之音。上喜而传授，寤后余响犹在，旦命玉笛习之，尽得其节奏”。又云，“玄宗在东都，昼梦一女，容貌艳异。梳交心髻，大袖宽衣，拜于床前，上问汝何人？曰：妾是陛下凌波池中龙女，护宫护驾，妾实有功，今陛下洞晓钧天之音，乞赐一曲，以光族类。上于梦中为鼓胡琴，检新旧之曲声，为凌波曲”。二曲既成，曾于清元小殿，举行演奏，“宁王吹玉笛，上羯鼓，妃（杨贵妃）琵琶，马仙期方响，李龟年觱篥，张野狐箜篌，贺怀智拍，自旦至午，欢洽异常”。神话虽不可信，但由此可知，上述两曲是合奏的交响音乐。

杨贵妃的琵琶也是精妙不凡，“诸王郡主妃之姊妹，皆师妃为琵琶弟子”。她有一具精制的琵琶，“妃子琵琶，逻逤檀寺人白季真使蜀还献。其木温润如玉，光耀可鉴，有镂金红文，蹙成双凤。弦乃末诃弥罗国所贡者，渌水蚕丝也，光莹如贯珠琴瑟”。

霓裳羽衣曲

乐和舞盛于唐，《旧唐书·音乐志》和《新唐书·礼乐志》所载唐代的曲名和舞名，今日对多数人是陌生和隔膜的，唯有“霓裳羽衣”曲和舞，因与唐玄宗和杨贵妃哀感顽艳的宫闱恋爱故事发生了关系，后世虽亦失传，而名称尚在一般人心目中，留有印象。

白乐天所作《长恨歌》，咏玄宗及杨妃故事，即有两处提到“霓裳羽衣”，一为叙述安禄山兵叛消息传到长安的时候，“渔阳鞞鼓动地来，惊破霓裳羽衣曲”。在禄山引兵向阙之顷，宫中尚在欣赏此曲。二为贵妃死于马嵬坡之后，玄宗思悼贵妃，在迷离恍惚的梦境中，接触了她的音容，回想到她生前的霓裳羽衣舞，“风吹仙袂飘飘举，犹似霓裳羽衣舞”。

白乐天的友人陈鸿，作《长恨歌传》，弁乐天此歌之首，谓在杨妃初次进见玄宗之时，“奏霓裳羽衣曲以导之”。又谓禄山乱平后，玄宗为太上皇，“就养南宫，迁于西内，时移事去，乐尽悲来。每至春之日，冬之夜，池莲夏开，宫槐秋落，梨园弟子，玉琯发音，闻霓裳羽衣一声，则天颜不怡，左右歔欷”。

此曲的创作，有若干传说。《唐逸史》云:“罗公远多秘术，尝与玄宗至月宫，仙女数百，皆素练霓衣，舞于广廷。问其曲，曰霓裳羽衣。帝默记其音调而还。明日召乐工，依其音调作霓裳羽衣曲。”又云:“开元二十九年（741 年）中秋夜，帝与叶法善游月宫，听诸仙奏曲，遂以玉笛按之，曲名霓裳羽衣。后传于乐部。”

沈括《梦溪笔谈》也有类似的说法，云:“叶法善尝引上（玄宗）入月宫，闻仙乐，及上归，但记其半，遂于笛中写之。全西凉府都督杨敬述进婆罗门曲，与其声调相符，遂以月中所闻为散序，用敬述所进为腔，而名霓裳羽衣曲。”

道士引玄宗游月宫，当然是荒唐无稽的神话，但唐代与西域交通甚盛，所谓婆罗门音调相符之说，也许玄宗创作此曲，采取了印度音乐的作风。

这是一个舞曲，舞时伴奏的音乐。白乐天非常喜爱霓裳曲和舞，集中有好几首涉及霓裳的诗篇，有一曰《霓裳羽衣舞歌》。有句云："磬箫筝笛递相搀，击擫弹吹声逦迤。"自注云："凡法曲之初，众乐不齐，惟金石丝竹，次第发声，霓裳序初亦复如此。"

《梦溪笔谈》曰："霓裳曲凡十二叠，前六叠无拍，至第七叠方谓之叠偏，自此始有拍而舞。"也就是白乐天歌中所谓"散序六奏未动衣，阳台宿云云不飞"，自注云："散序六偏无拍，故不舞也。"

蜀道两曲

安禄山反，王师败绩，关门不守，玄宗幸蜀，次马嵬驿，六军不发，赐贵妃死。在哀痛悼悔、流离蜀道中，曾制两曲，一曰《谪仙怨》，二曰《雨霖铃》。

《唐语林》云，"行至骆谷，上登高平，马上谓（高）力士曰：吾仓黄出狩，不及辞宗庙，此山极高，望见秦川，吾今遥辞陵庙。下马东向再拜，呜咽流涕，左右皆泣。又谓力士曰：吾取张九龄之言，不至于此。及命中使往韶州以太牢祭之。既而取长笛吹自制曲，曲成复流涕，诏乐工录其谱。至成都，乃进谱而请名，上已不记，顾左右曰何也？左右以骆谷望长安，索长笛吹出对之。良久曰，吾省矣，吾因思张九龄，可号为谪仙怨"。

《杨太真外传》云："明皇幸蜀，杨妃死于马嵬。至斜谷口，霖雨涉旬，于栈道雨中，闻铃声，隔山相应，上既悼念贵妃，因采其声为《雨霖铃》曲以寄恨焉。"

书画同体

南唐李后主的词，婉挚清新，凄怆哀怨，传于世者共五十余首，唯其书画，片纸寸楮，今日都已无存，只能从前人的记载中，窥见一斑。

宋代的《宣和书谱》云:“李氏能文，善书画，书作颤笔，樛曲之状，遒劲如寒松霜竹，谓之‘金错刀’。”其作大字不用笔，卷帛而书之，亦能如意。世谓“撮襟书”。又《宣和画谱》云:“江南伪主，字重光，政事之暇，寓意于丹青。颇到妙处。”“画清爽不凡，别为一格，书画同体。”

《皇宋书录》云:“浮休称其（后主）大字如截竹木，小字如聚针钉。山谷观其手改表章，笔力不减柳诚悬。”

《宣和书谱》“金错刀”之说，引自陶穀《清异录》，陶为后主同时代人，以隶书著名，南唐未灭前，尝为宋朝奉使江南，他是亲见后主书法的人，应当是权威的说法，故《宣和书谱》据作论评。大约后主的书法以遒劲胜，不像他为人的软弱。

他且用写字的笔法以入画，所谓书画同体也。黄山谷说他画竹时，“自根至梢，一一钩勒，谓之铁钩锁”。

钟山隐士之说

稍后的沈括，在其《梦溪笔谈》中，谓后主“尤工翎毛”。然沈括的记载，却造成了艺术史上的一个疑案，使五代后晋名画家钟隐所画，与后主作品溷淆。盖后主盛时，江南府库中，藏前人书画极富，尤喜钟隐作品，沈括云:“诸书画中，时有李后主题跋，然未尝题书画人姓名，唯钟隐画皆后主亲笔题钟隐笔三字。或云：凡言钟隐笔者，皆后主自画。后主自号钟山隐士，故晦其名谓之钟隐，非姓钟人也。”

以日理万机的一国之主，号曰“隐士”，不啻自己给自己的一种讽刺。然钟隐实有其人，为后晋天台人，字晦叔，隐居江南，画鸷鸟竹木，师郭乾晖，论者谓深得郭氏之旨，“举笔精绝，时无伦拟”。沈括所称“或云”，初不过传闻疑似之词，沈并云:“今世传钟画（指隐），但无后主亲题者皆非也”。他承认实有钟隐之画。

然《宣和画谱》亦云：“近时米芾论画，言钟隐者，盖南唐李氏道号，为钟山之隐者，固非钟隐也。”

可惜钟、李二人之画，均已无传，不能从作品本身，考订此说的或是或非，书之备存疑而已。

宋徽宗书画

宋徽宗书画皆工。书法笔体劲逸，寓柔美于刚劲之中，后世称之为“瘦金体”。今日台北故宫博物院藏其书画，有卷，有轴，有册页，数量是比较多的。

所藏画中之《豁山秋色》及《文会图》为山水景物，而徽宗尤擅花卉禽鸟，台北故宫所藏者有《桃鸠》、《腊梅山禽》、《红蓼白鹅》等图。论者谓其翎毛多以生漆点睛，隐然豆许，高出纸绢，几欲活动。尝写仙禽之形凡二十，题曰：筠茫纵鹤图，“闲暇之格，清迥之姿，各极其妙”。亦善花石，作墨竹紧细不分浓淡，一色焦墨，从密处微露白道，自成一家，画后押用“天水”二字，或“宣和”、“政和”小玺。

南宋邓桩所作《画继》一书，尝载徽宗一个论画小故事，可见他之图绘翎毛，体察入微，妙合天然。《画继·杂说》云：

> 宣和殿前植荔枝，既结实，喜动天颜，偶孔雀在其下，亟召画院诸史会图之。各极其思，华彩烂然。但孔雀欲升藤墩，先举右脚。上曰：未也。众史愕然莫测。后数日，再呼问之，不知所对。则降旨曰：孔雀升高，必先举左。众史骇服。

徽宗不仅精于丹青，其提倡艺术与保存古艺术品俱有贡献。

历代帝王，奖励画家，以宋为盛。唐以来已置待诏，祇候供奉等画官，及至宋朝，更扩大规模，设翰林图书院。徽宗政和中，仿旧制，设官六级，且提高其官级和地位，以考试取才。

《宣和画谱》一书即以徽宗年号为名，不著撰人名氏，记徽宗朝内府所藏诸画，弁有《宣和庚子御制序》，所载历代画家共二百三十一人，六千三百九十六幅，可见其庋藏之富。

第十一章　耳目之娱

杂要百戏

商纣的酒池肉林，使男女裸逐其间，作长夜饮，帝王的娱乐，有时是荒唐得不可思议的。然万几之暇，必须有怡情遣兴的玩意，何况富有天下，何求而不得，如果把历代帝王的娱乐，一一记述，真所谓擢发难数。其中最普遍的当推歌舞与戏剧。

唐玄宗选“坐部伎”子弟三百，教于“梨园”，号“皇帝梨园子弟”。今日伶人以玄宗为祖师，称优伶为梨园行，然而玄宗当时，尚限于金石丝竹及歌舞的演奏，还不是后世完整形式的戏剧。春秋时代的优施、优孟，秦代的优旃，汉代的郭舍人，全是君主的“弄人”，供调笑戏弄，当然更非合乎严格定义的戏剧表演。

但今日马戏团或夜总会的杂要，唐代宫廷仿佛也有若干类似的演出。唐初把教坊乐部分立、坐二部，上面所说梨园子弟，属于坐部，而演百戏杂要的则为“立部伎”。其演技，虽也传至达官贵人家里，但主要是宫廷供奉，欢娱帝王的。

白乐天《新乐府》，有《立部伎》一章，列举四种杂要，曰：“舞双剑，跳七丸，袅巨索，掉长竿”。汉张衡《西京赋》云：“跳丸剑之挥霍，走索上而相逢”。则丸剑、走索之戏，汉代已有，不自唐始。

舞剑在唐代以公孙大娘最著名，杜甫有《观公孙大娘弟子舞剑器行》，序曰："开元五载，余尚童稚，记于郾城观公孙氏舞剑器'浑脱'，浏漓顿挫，独出冠时。自高头宜春梨园二教坊内人，洎外供奉，晓是舞者，公孙一人而已。"杜诗有句云："先帝侍女八千人，公孙剑器初第一。"描写她的舞姿是："㸌如羿射九日落，矫如群帝骖龙翔，来如雷霆收震怒，罢如江海凝清光。"

杜甫所见，是在宫廷以外的表演，而公孙大娘则来自教坊，为玄宗时的内廷供奉。

"跳七丸"，大约是以七个小球，边掷边接，不断在空中飞舞，如跳如跃。此戏汉代已有，传自西洋。《后汉书·西南夷传》云："永宁元年，掸国王雍由调，复遣使者诣阙朝贺，献乐及幻人，能变化吐火，自支解，易牛马头，又善跳丸，数乃至千。自言我海西人。海西即大秦也。"唯所说数乃至千，不免夸张，或许是传抄笔误。

"袅巨索"，仍为今日马戏团的重要节目，如以机器脚踏车在索上走过，当为现代新花样。唐代除一二人循索行走外，且有数人在绳索上踏肩蹈顶，叠积至三四重的表演。《唐语林》言此事甚详，略云：

> 明皇开元二十四年（736年）八月五日（明皇生日），御楼设绳伎。伎者先引长绳属地，埋鹿卢以系之。鹿卢内数丈立柱以起。绳之直如弦。然后伎女自绳端蹑足而上，往来倏忽之间，望若飞仙。有中路相遇，侧身而过者，有著履而行，从容俯仰者，或以画竿接胫，高六尺，或踏肩蹈顶，至三四重，既而翻身掷倒至绳，往还曾无蹉跌，皆应严鼓之节。

又，《杜阳杂编》云：唐敬宗"上降日，大张音乐，集天下百戏于殿前。时有伎女石火胡，本幽州人也。于百尺竿上张弓弦五条，命五女各居一曲，俯仰来去，赴节如飞，是时观者目眩心怯"。

至于"掉长竿"，《明皇杂录》云："玄宗御勤政殿，罗列百伎。时有王大娘者，善戴百尺竿。"又《独异志》云："德宗朝有戴竿三原妇人王大娘，首戴十八人而行。”

玄宗与德宗相距五六十年，两伎都名王大娘，大约同名而非一人。《朝野佥载》对此戏说得更明白些：

> 幽州人刘交，载长竿高七十尺，自擎上下。有女年十二，甚端正，于竿上置定，跨盘独立。见者不忍，女无惧色。后竟为扑杀。

人的杂耍之外，尚有兽的表演。唐玄宗开元间，宫廷的马戏，训练得十分巧妙，它们会按着音乐的节拍而跳舞。《珊瑚钩诗话》云：

> 唐开元中，教舞马四百蹄，衣以文绣，饰以珠玉，和鸾金勒，星粲雾驳，俯仰赴节，曲尽其妙。每舞藉以巨榻。杜（甫）诗云："斗鸡初赐锦，舞马既登床。"禄山之乱，散徙四方，魏博、田承嗣一日享军，乐作而马不舞，以为妖而斩之。

戏剧承应

宫廷娱乐，后世自以戏剧为正宗。然宋以前，所谓“倡优”的表演，尚限于歌舞音乐，也有滑稽性质的俳谐调笑，而完整的戏剧，成型于宋代杂剧，发展到元明的南北曲，清代的皮黄，不仅成为社会的娱乐，也是宫廷重要的供奉。

清代设升平署，专司“承应戏”的上演。就故宫所藏升平署旧档，计有节令戏、宴戏、开场戏、寿戏、灯戏、大戏等名目。节令戏包括“月令承应”，每月朔、望全有戏剧节目演出，每年元旦、元宵等佳节，更属隆重的庆典。乾隆初，命张文敏（照）制诸本进呈，以备乐部演习。这是当时承应戏脚本的来源。

俞大纲所作《戏剧纵横谈》云：这些承应戏剧本，全出于词臣之手，大致仙佛神道，献瑞接福，场面热闹之戏。有些剧本长达二百折，连续十余日，才能演完。较明代宫廷的“过锦戏”长达一百折者（见刘若愚《酌中志》）篇幅更大。

清代帝后生日，称为万寿节、千秋节，演戏的规模更大，生日前后奏演吉祥戏剧，称为“九九大庆”（见清礼亲王昭梿《啸亭杂录》）。赵翼《檐曝杂记》记乾隆十六年（1751 年）皇太后六十岁万寿节日，乾隆帝举行大庆的情况说：“自西华门至西直门高梁桥，十余里中……每数十步，间一戏台。南腔北调，伲童妙伎，歌扇舞衫，后部未歇，前部已迎，左顾方惊，右盼复眩。”据齐如山所藏当时的《缮清奏单》和大学士傅恒等的奏报，这一次庆典共搭戏台十四座，演出戏班，大班十一班、中班五班、小班四班。从八月一日起到十一月演出前，预演过二十次。全部费用共达银十万两以上。据赵翼说，乾隆朝四次万寿节演戏，三次是皇太后生日，一次是乾隆帝八十生日，上面提到的乾隆十六年那次规模最小，费用最节约，其余三次的盛况可想。

清代于道咸践祚之后，内忧外患，国势已非昔比，然宫廷之爱好戏剧，依然如旧。据升平署道光七年（1827 年）档，王室因争宠优，曾发生不愉快的案件。道光帝（宣宗）有一得意伶人，名苑长清，逃匿在其弟惇亲王府中，引起道光帝的震怒，将此伶人发往“打牲乌拉”赏给官员为奴，惇王也自亲王降为郡王。

英法联军攻陷京师，咸丰帝（文宗）逃至热河之木兰，在颠沛困厄中仍不忘戏剧娱乐。咸丰十年（1860 年）冬，和议渐成，帝仍滞留行在，身体已病，观剧自娱，明年夏，驾崩木兰，可以说是他一生最后的娱乐。吴相湘著《咸丰辛酉政变纪要》，据故宫旧档，记述其事，兹引述其大略如次：

木兰原有离宫二百余所，今（指咸丰年间）完好者尚有七十余。又多藏乾嘉时服玩及梨园行头，尤华好倍南府物（南府即升平署）。而其中演戏之处三：一曰烟波致爽，在澹泊敬诚殿后，常时承应用之；二曰福寿园，在德汇门内勤政殿之前，其规模较圆明园之同乐园中及大内之宁寿宫尚称宏丽，遇万寿大典用之；三曰如意洲，当芝径云堤东北，戏台位置在一片云，系水座，炎夏用之。斯时圆明园已被毁，演剧场所亦以此为最完美者矣。

是年（咸丰十年）孟冬，升平署总管太监安福赴热河请安。奉谕旨，著升平署内外人等分三拨至行宫承应。首拨于十一月初四日启程，到达后即于二十一日在烟波致爽开戏，由老生黄春全唱《饭店》、张三福唱《战潼关》、昆小旦严宝麟唱《游寺》等剧。自后各伶承值或花唱或清唱，甚少闲暇。据台北故宫所藏升平杂项总档及清代伶官传观之，几于每二三日即有戏一次，有时一日上午已花唱，而仍"传旨今日晌午还要清唱"。而每次戏目脚色，亦均由朱笔批定。

斯时在行宫承值之伶人，有嘉庆年间，上过热河当差者，帝召见抚慰之，并尝亲至钱粮处观彼等授太监艺。一日，陈金崔教唱《闻铃·武陵花》曲，至"萧条恁生"句，而陈读"恁"作上声，帝指其非是，金崔答系按旧曲谱之声读者，帝曰："旧谱固已误耳"。帝于戏曲之研心地，类如此。

此次随驾避难木兰的宫眷之中，有懿贵妃那拉氏，即后来的慈禧太后，直接间接掌握朝政历五十年，在她奢靡生活中，观剧自属重要节目。到她晚年，昆弋戏已趋式微，代之而兴的则为皮黄戏，除内廷南府外，多召外班伶人演出，当时享盛名的谭鑫培、孙菊仙、汪桂芬、杨小楼等，都曾先后入宫供奉。

孝钦与观剧

据小横香室主人所辑《清宫遗闻》云：

光绪前，惟遇令节、万寿，内廷始传旨演剧，赐王公大臣共入座。自孝钦（慈禧）柄政，乃大变其例。一月之中，传演多至数次，虽极寒暑靡间。孝钦观剧处名阅是楼，在养心殿右（误，应为养性殿右），距孝钦寝室说数十武。正厅为楹三，孝钦自书额。中设宝座，暖

> 阁覆之。厅前左右有廊，不甚广。凡福晋、命妇蒙特召者，得坐于是间。厅廊之壁，被以金色缎，录《万寿赋》，字如胡桃大，皆南书房翰林手笔。剧台方式，大小与外间同，而华丽过之。剧目孝钦自定，命阉人传知内务府人员，然后以黄纸大书“口传懿旨演某剧”，黏之剧场后。每一出上，必先有内务府司员二人，自幕后出，朝冠补服，分立台左右，谓之“带戏”。出止随下。所演多文戏，如《捉放曹》、《定军山》、《红鸾禧》之类。演毕，内务府照例犒赏，其尤负盛名诸优，则由孝钦另赐以内帑，多寡不定。名优皆至台前谢恩讫，始由内务府人领出散归。

慈禧的儿子同治帝（穆宗）幼年践祚，亦好耳目声色之玩，且有采服习唱须生之说。同治三年（1864 年）五月二十一日上谕有云:“朕奉慈安皇太后、慈禧皇太后懿旨，据御史贾铎奏，风闻内务府有太监演戏，将库存进贡缎匹，裁作戏衣，每演一日，赏费几至千金。请饬速行禁止，用以杜渐防微等语。”按，此时同治帝尚不足十龄，而慈禧垂帘未久，不得不故示尊重清议，故有此谕，当不若后来到光绪朝时，可以彰明较著地赏玩戏剧。然慈禧之喜爱此娱耳悦目之事，素具兴趣，乍煌煌谕文，不便朝令夕改，遂以驾幸惇王及恭王第宅之变相方式，传集梨园，藉娱耳目。然道路传闻，人言藉藉，台谏御史难安缄默，又有疏请停止者，于是不得不颁上谕辟释。同治六年（1867 年）二月初四日上谕云:“前传旨于本月初五日奉两宫皇太后诣惇亲王府第神殿前行礼，所以循旧章而展懿亲，断无传集梨园之理。朕念典方殷，日存寅畏，何至以耳目嗜好为天下先？如惇亲王果有传集梨园之，著即撤去。”虽加否认，然观《东华录》这段时期的记载，屡见“幸惇王第”、“幸恭亲王第”，可见偷偷摸摸，照旧进行。

元夜观灯

上文谈及清宫节令演剧，自必包括元宵佳节。元宵节为举国狂欢佳节，肇始于唐。这一晚，灯彩和杂伎，陈列街头，皇室和百姓分享太平景色，颇有与民同乐之意。《旧唐书·严挺之传》，谓唐玄宗先天二年（713 年）正月望（唐人称之为上元节），“胡僧婆陀请夜开门燃百十灯，睿宗（时为太上皇）御延喜门观乐，凡经四日”。

宋代自冬至夜后，即开始元宵娱乐节目，王明清《挥麈后录》云：宫中设宴，名之为预赏元宵。又据《东京梦华录》云：“冬至后游人已集御街，两廊下奇术异能，歌舞百戏，麟麟相切，乐声嘈杂十余里。”

南渡而后，宋室偏安江南，元夜观灯，盛况尤为历代所仅见。周密《武林旧事》言之甚详。按，周密生于理宗绍定五年（1232 年），所写当系南宋末期，离亡国之期已不甚远，小朝廷苟且玩愒、及时行乐之气象。真所谓：“暖风薰得游人醉，直把杭州作汴州。”

周密云：“禁中自去岁九月赏菊灯之后，迤逦试灯，谓之‘预赏’。一入新正，灯火日盛，皆修内司诸珰分主之。竞出新意，年异而岁不同。……每以‘苏灯’为最，圈片大者径三四尺，皆五色琉璃所成，山川人物，花竹翎毛，种种奇妙。其后福州所进，则纯用白玉，晃耀夺目。……近岁新安所进益奇，虽圈骨悉皆琉璃所为，号‘无骨灯’。禁中尝令作琉璃灯山，其高五丈，人物皆用机关活动。”

又云：“殿堂梁栋窗户，间为湍壁，作诸色故事。……前后设玉栅帘，宝光花影，不可正视。仙韶内人，迭奏新曲，声闻人间。……至二鼓，上乘小辇，幸宣德门，观鳌山。擎辇者皆倒行，以便观赏。……山灯凡数千百种，极其新巧，怪怪奇奇，无所不有，中以五色玉石，簇成‘皇帝万岁’四大字。其上伶官奏乐，其下为大露台，百艺群工，竞呈奇巧……恍然为在广寒清虚府中也。”

降及清代，上元娱乐中多了一种“烟火”的观赏。《清宫遗闻》云：“清晨，先于圆明园宫门，列烟火数十架，药线徐引，燃成界画栏杆五色。每架将完，中复烧出宝塔楼阁之类，并有笼鸽及喜鹊数十，在盒中，乘火飞出者。未申之交，驾至西厂，先有八旗驰马诸戏，或一足立鞍鞻而驰者，或两足立马背而驰者，或扳马鞍步行而驰者，或两人对面驰来，各在马上腾身互换者，或甲腾出、乙在马上戴甲于首而驰者，曲尽马上之奇。日既夕，则楼前舞灯者，三千人列队焉。口唱太平歌，各执采灯，循环进止，各依其缀兆，一转旋，则三千人排成一‘太’字，再转成‘平’字，以次作‘万’字、‘岁’字。舞罢则烟火大发，其声如雷霆，火光烛半空，但见千万红鱼，奋迅跳跃于云海之中，极天下之奇观也。”

《清宫遗闻》一书，不注明资料来源，上文所说，究竟为什么年代，无可稽考。据臆测，大约在圆明园未毁于英法联军之前，其为乾嘉盛世乎？

清宫旧例，并于正月十五日，筵宴外藩于圆明园，放烟火，转龙灯。人持一竿，竿上横一竿，状如“丁”字，横竿两头，系两红灯，控队盘旋，参差高下，如龙之宛转。其制与今日的龙灯，颇有不同。

第十二章　斗鸡击球

斗鸡之戏

《聊斋志异》有一故事，曰《促织》，云："宣德间，宫中尚促织之戏，岁征民间。里胥猾黠，假此科敛丁口，每责一头，辄倾数家之产"。促织即蟋蟀，民间斗蟋蟀之戏，宫廷亦未能免俗。《聊斋志异》作者蒲留仙，生于清初，距明宣德已有二百余载，促织故事，仍留民间，可见其影响之深远。然细察史籍，帝王以动物搏斗，为娱乐工具，当以唐代的斗鸡为最突出。

斗鸡之戏，渊源甚古，《左传》、《墨子》及《史记》都有斗鸡的记载，《列子·黄帝篇》，有"渻子为周宣王养斗鸡"之说，《列子》为后人伪托，然斗鸡盛行于先秦，当无疑义。降及汉魏，曹操的儿子曹植有《斗鸡篇》一诗，描写斗鸡情态。有句云："群雄正翕赫，双翅自飞扬，挥羽激清风，悍目发朱光，嘴落轻毛散，严距往往伤，长鸣入青云，扇翼独翱翔。"

唐代以玄宗癖此最深，《新唐书·五行志》云："玄宗好斗鸡，贵臣外戚皆尚之。"唐陈鸿祖《东城父老传》云："玄宗在藩邸时，乐民间清明节斗鸡戏，及即位，治鸡坊于宫间，索长安雄鸡，金毫、铁距、高冠、昂尾千数，养于鸡坊，选六军小儿五百人，使驯扰教饲。"

专设鸡坊，畜养至于千数，规模之大，可以概见。玄宗并以贾昌为“五百小儿长”，《东城父老传》言之，略云:“帝出游，见昌弄木鸡于云龙门道旁。召入为鸡坊小儿，衣食右龙武军。……举二鸡，鸡畏而驯，使令如人。护鸡坊中谒者王承恩，言于玄宗，召试殿庭，皆中玄宗意。即日为五百小儿长。”又云:“昭成皇后之在相王府，诞圣于八月五日，中兴之后，制为千秋节，赐天下民牛酒乐三日，命之曰酺，以为常也，大合乐于宫中。岁或酺于洛。元会与清明节，率皆在骊山。每至是日，万乐俱举，六宫毕从。昌冠雕翠金花冠，锦袖绣襦袴，执铎拂，道群鸡，叙立于广场，顾盼如神，指挥风生，树毛振翼，砺吻磨距，抑怒待胜，进退有期，随鞭指低昂，不失昌度，胜负既决，强者前，弱者后，随昌雁行，归于鸡坊。”

宫中有鸡坊外，并专建斗鸡楼。《唐两京城坊考》云:“九仙门之外，有斗鸡楼，走马楼。”

唐代诸帝，于斗鸡外，尚多鹰犬之好，鸡坊而外，有雕坊、鹘坊、鹞坊、鹰坊、狗坊等五坊之设，其官卒有五坊宫苑使、五坊小儿等。鸡坊不在五坊之列，管理的官卒名目亦稍异，《东城父老传》所云“护鸡坊谒者”即系鸡坊主管，下为五百小儿，“衣食右龙武军”，待遇大约同于右龙武军军卒。贾昌为五百小儿长，名位虽不高，而与帝相亲近，恩宠甚隆，《东城父老传》云,“当时天下号为鸡神童，时人为之语曰:生儿不用识文字，斗鸡走狗胜读书，贾家小儿年十三，富贵荣华代不如”。

秋狝行围

斗鸡走狗，荒时废业，无益身心，然帝王游乐，也有兼可锻炼体魄，意义若今日之体育运动者，如辽金及清代之“打围”、唐代之“蹴鞠”。

清代帝王，尤其在嘉道以前，康乾两朝，秋季例赴木兰，秋狝行围。木兰在热河承德府北四百里，辽代中京兴中旧地，本属蒙古翁牛特，康熙中，蒙古王公献出，供圣祖搜猎。其地毗连数百里，林木葱郁，水草茂盛，故兽类孳蕃，每岁帝王在此举行秋狝之典。

康熙四十二年（1703 年），并在承德府东北建行宫，号“避暑山庄”。每狩木兰，必驻跸其处，庄周围十六里有奇，左湖右山，山势自北而西，曰梨树峪，曰松林峪，曰榛子峪，曰西峪，回抱如环，径翠晴岚，朝夕异状。湖水迤逦而南，至万树园之阳，净练澄空，沙堤曲径，如意洲在焉。其北千林岛，凌空落影，望不可接。瀑源来自西峪，垂于涌翠岩之巅，玉喷珠跳，晴雷夏雪，汇注湖中。湖岩曲榭斜倚，长桥虹驾，风景宜人。乾隆帝驻驿山庄，尝谓左右曰：“此地气候极清淑，大胜京师，洵无愧避暑山庄也。”

秋狝行围，有合围，有哨鹿。合围则散八旗兵勇射手出围场之后，渐提渐近，使兽不得逸，而帝于围内追逐。哨鹿，则假作鹿鸣，以诱鹿而击之。

清人原精骑射，入主中原，初仍不脱游牧习性，中叶而后，诸帝养尊处优，气质渐趋荏弱，道咸而后，每岁亦有秋狝之举，实仅到山庄避暑而已。康熙、乾隆两帝则孔武有力，打猎俱有精彩表现。康熙帝晚年，尝于行围幄次，谕近御侍卫诸臣曰：“朕自幼到老，凡用鸟枪弓矢，获虎一百三十五，熊二十，豹二十五，猞猁狲十，麋鹿十四，狼九十六，野猪一百三十二，哨获之鹿，凡数百，其余射获诸兽，不胜记矣。又于一日内射兔三百一十八。”

高宗（乾隆帝）亦善猎，前人有记述其哨鹿情况者。据云：“高宗搜猎木兰时，于黎明亲御名骏，命侍卫等导入深山叠嶂中，寻见鹿群，命一侍举假鹿头，作呦呦声，引牝鹿至，急发箭殪毙，取其血饮之。”

有时亦用鹰犬为助，据云，“圣驾行围，猎场先遣侍卫看定，前一夕书绿头签奏明，围中鹰犬，各有专官主之。犬以朱缨金环饰其项，牵者系之于足，见兽出则纵之。鹰以绣花锦帽蒙其目，擎者挽韬于手，见禽乃去其帽放之。每合围，麋鹿数百，他兽无算，上于围中亲射野彘獐獲，矢无虚发。兽逸出围外者，人皆得而射之。”

秋狝巡幸之时，蒙古诸台吉，及四十八部盟长例于出哨之后，恭进筵宴，习武合欢。有所谓“塞宴四事”者，萧一山《清代通史》云:“一曰骗马，选幼孩竞走也。选六七岁以上幼孩，文衣锦襮，衔尾腾骧，散鬣结发，不施鞍辔。而追风逐电，驰骋自如，别树大纛旗于数里外，先至者受上赏，余亦恩赉有差。二曰什榜，番乐也。箕桴苇龠，颇有上古余音，酒半，名王上公，更迭献技，其声容制度，与中土之笙管殊绝，而㑽𩍐侏㒧，亦复自有音奏。三曰布库，相扑为戏也。徒手搏击，分曹角力，伺隙蹈瑕，不专恃匹夫之勇，胜者有卮酒羊臛之赐，立饮无算。四曰教駣，驯名马也。凡达骍之产，初入牧群，不受羁控者，番王子弟，辄执长竿，携采索，或跃而登，超而过，罄控酣呼，疾如风雨，必使调良驯习而后已。逸群奔驰，驭之者愈众，剽悍勇武。颇称壮观”。

蹴鞠与击球之戏

以脚蹋为蹴，鞠即后世之球，《汉书·霍去病传》，颜师古注云，“鞠以皮为之，实之以毛，踏蹵而戏也”。

蹴鞠之戏，古已有之。刘向《别录》云:“蹴鞠，黄帝所造。或谓起于战国。”

刘向《西京杂记》谓“(汉) 成帝好蹴鞠”，帝王好此戏，见于著录者，以此为始。

到了后世，蹴鞠的形制，迭有改变。刘攽《中山诗话》，载唐人作诗嘲皮日休，因鞠为皮制，借以讽之，诗曰:“八片尖皮砌作球，火中燂了水中揉。一包闲气如常在，惹踢招拳卒未休。”

皮球到了唐代，已不再实之以毛，而吹气满之，所以说“一包闲气”，也就是宋人程大昌《演繁露》所云，“气既充满，鞠遂圆实”。球以八片尖皮缝砌而成，实之以气，和今日的形制有些仿佛。而“惹踢招拳”，则玩时手脚并用，几乎与今日的美国式足球相似。

到了隋唐之际，西域的马球（Polo），传到中国，球戏别开生面，唐代帝王，尤多嗜此。这种马球，旧籍的记载，名曰“击球”、“打球”或“击鞠”，与我国固有的“蹴鞠”截然两事。《资治通鉴·唐僖宗纪》载“上好蹴鞠，斗鸡，尤善击球”。击球，马球也。《演繁露》所谓“以杖拂球，使之驰走，而用快马逐之”。唐女诗人鱼玄机《打球诗》，有句云:“坚圆净滑一星流，月杖争敲未拟休”。坚圆净滑，球非皮制，考者谓以薄革裹木而成，杖长数尺，其端如偃月，故曰“月杖”。

唐代皇室或皇族，并喜此戏，而始倡之者，则为太宗。《封氏闻见记》云,“太宗尝御安福门，谓侍臣曰：闻西番人好为打球，皆令习”。至玄宗，其艺尤精绝。《封氏闻见记》云:“景云中，吐蕃遣使迎金城公主，中宗于梨园亭子赐观打球。吐蕃赞咄奏言，臣部曲有善球者，请与汉敌。上令杖内试之，数决，吐蕃皆胜。时玄宗为临淄王，中宗又令与嗣虢王邕、驸马杨慎交、武延秀等四人，敌吐蕃十人。玄宗东西驱突，风回电激，所向无前，吐蕃功不获施。”

风驰电激，这种游戏自然是有危险的。《唐语林》云:“开元天宝中，上数御观打球为事，能者左萦右拂，盘旋宛转，殊有可观。然马或奔逸，时致伤毙。”又云，玄宗尝三殿打球，荣王堕马，闷绝。黄缁绰奏曰:“大家年纪不小，圣体又重，倘马力既极，以至颠踬，天下何望?何不看女婿等诸色人为之。”

玄宗而后，唐代诸帝，大都均好击球，穆宗且因击球得疾，《新唐书》云:“长庆二年（822年）十二月，穆宗因击球，暴得疾。”袁枢《通鉴纪事本末》，亦谓“上与宦官击球于禁中，有宦者堕马，上惊，因得风疾，不能履地。自是人不闻上起居，宰相累乞入见，不报”。

穆宗之子敬宗，且为宦官联络击球将所弑，《通鉴纪事本末》云，“(宝历）二年（826年）夏六月甲子，上御三殿，令左右军教坊内园为击球手搏杂戏。十二月辛丑，上夜还宫，与宦官刘克明、田务澄、许文端及击球将苏佐明、王嘉宪、石从宽、阎惟直等二十八人饮酒。上酒酣，入室更衣，殿上烛忽灭，苏佐明等弑上于室内”。其时敬宗年仅十八岁。

冰上戏球

击球之戏，自唐历五代到宋，仍盛。宋太宗并详定仪制，《宋史·礼志》云：

> 打球，本军中戏，太宗令有司详定其仪。三月，会鞠大明殿。有司除地，竖木东西为球门，高丈余，首刻金龙，下施石莲华座，加以采缋。左右分朋主之，以承旨二人守门，卫士二人持小红旗唱筹，御龙官锦绣衣，持哥舒棒，周卫球场。殿阶下，东西建日月旗。教坊设龟兹部鼓乐于两廊，鼓各五，又于东西球门下，各设鼓五。

至于比赛情形，《宋史》也有记载：

> 天厩院供驯习马并鞍勒。帝乘马出，教坊大合《凉州曲》，诸司使以下前导，从臣奉迎。既御殿，群臣谢，宣召以次上马，马皆结尾，分朋自两厢入。……帝击球，教坊作乐、奏鼓。球既度，飐旗、鸣钲、止鼓。帝回马，从臣奉觞上寿，贡物以贺。赐酒，即列拜，饮毕上骑，帝再击之，始命诸王大臣驰马争击，旗下擂鼓，将及门，逐厢急鼓。球度，杀鼓三通。球门二旁，置绣旗二十四，而设虚架于殿东西阶下。每朋得筹，即插一旗架上以识之。帝得筹，乐少至，从官呼万岁。群臣得筹则唱好，得筹者下马称谢。凡三筹毕，乃御殿，召从臣饮。

降及清代，帝王有欣赏冰上戏球之事，其玩法与唐宋的击球不同，其戏分滑冰抢等、抢球及射球三部分。摘录前人记载如次：

岁十二月，西苑三海，层次坚沍，于是择令长，圣驾御冰床观赏焉。冰鞣以一铁直条，嵌鞣底中，作势一奔，迅如飞羽。始曰“抢等”，去上御之冰床，二三里外，树大纛，众兵咸列。驾既登冰床，鸣一炮，树纛处亦鸣一炮应之。

宣宗（道光帝）《御制观冰嬉应制诗》有句云：“爆竹如雷殷，池冰若砥平。”又云：“坚冰太液镜中边，翠辇行时竹爆宣。”故也有以爆竹代鸣炮的。

鸣炮之后，“抢等”兵丁滑冰疾驰而来。御前侍卫立冰上，“抢等”者驰近御座，则牵而止之。至有先后，分头等二等，赏各有差。

次曰“抢球”，兵分左右队，左衣红，右衣黄，既成列，御前侍卫以一皮球猛踢之。至队中，众兵争抢，得球者复掷，则复抢焉。有此已得球，而彼复夺之者，或坠冰上，复跃起数尺，又遥接之。

复次，有所谓“转龙射球”，走队时按八旗之色，以一人执小旗前导，二人执弓矢随于后。凡执旗者一二百人，执弓矢者倍之。盘旋曲折冰上，远望之蜿蜒如龙。将近御座处设旌门，上悬一球，曰天球。下悬一球，曰地球。转龙之队疾驰至，一射天球，一射地球。中者赏，复折而出，由原路盘旋归队。

《宣宗御制诗》有句云：“彩球连命中，羽苛垒相鸣。”又云：“鸟翔旗色初分队，鱼贯髇声每应弦。”

这种游戏，其意义不只在观赏娱乐，兼有训练军队的作用。清代的冰上嬉球，唐宋的击鞠，今日如能采入电影镜头，一定很可观的。

第十三章　侍御阉人

一刀连根削去

谈帝王生活，不能不谈和帝王日常生活最接近的宦官，宦官俗称太监，古称寺人，寺之言侍，取亲近侍御之义。明崇祯帝到煤山上吊自杀的时候，有太监王承恩死在他旁边。帝王和太监，有时是生死与共的。

宦官亦称阉竖。阉通奄，义谓“精气闭塞”。阉人在进宫服役以前，先要经过一次极不人道的手术，使其失去性机能。《后汉书》云:“体非全气，情志专良，通关中人，易以役养。”这是冠冕堂皇的说法，实际大约为了宫掖之中，女性太多，太监必须不能人道，才不致发生风化问题。

据《后汉书》说：汉兴，仍袭秦制，置中常侍（宦官），然亦“引用士人，以参其选，中兴之初，宦官悉用阉人”。在东汉以前，尚参用未经手术的中常侍，自东汉而后，则全用阉人，一直到清末的帝制废除。

阉人必先受宫刑，古代消毒方法和药剂，尚未发明完善，施行手术后，每有发炎腐烂，故又称腐刑。经过手术的人，切忌受冷，不能吹风，须禁闭于温暖之室，一如蓄火育蚕，故又名“下蚕室”。《后汉书》云:“希附权疆者，皆腐身熏子，以自炫达。”韦昭注曰，“古者腐刑必熏合之。”熏合之义如何，说得不太明白，大约是被割的伤口，须用火熏灼，作此原始的消毒方法，故曰熏合。

宫刑手术，究竟如何做法，笔者非常遗憾，还不曾发现文献记载，也许腹笥寒俭，读书未广。推想起来，阉寺有数千年的历史，应当有详述其手术的文字流传下来。大约未必因为这是一种职业秘密，只凭口头相传，不留片纸只字的纪录吧？

不得已而求其次，记得若干年前看到过一篇清亡之后访问清宫太监的笔记，可惜已忘出处，连作者的姓名也不记得了。

那位被访问的太监，述说他亲身经验：凡是投效做太监的人，起初必被拒绝，一而再，再而三，劝说他本人或父兄，要他另觅生计，放弃这念头，经过几次表示意志坚决，方始接受。

在手术之前，先圈禁一个时期，供给优良的营养食物，甚至补品，培养体力，此时如果决心动摇，还可以改弦易辙。

然后，择日施行手术。用极锋利的一柄小刀，从根底处，自下而上，将两个部分，一刀削去，渗以止血和防腐药剂，再于尿道插进一根约两三寸长的麦杆，以通溲溺，并使生肌结痂之时，免得肌肉长成一片，不留排泄通道而方便无门。

削割下来的两部分，储入一个磁瓶，用石灰渗和，严密封固，外面标明被割者的姓名、籍贯、出生年月。保存起来，到死的时候，连尸身一并入棺，作为全尸之葬。

连根割除后，生理上不再产生男性荷尔蒙，故太监多嗓音尖锐，而没有胡须的。明英宗（正统）时，有一权势显赫的太监王振，生杀予夺，操于一手。工部郎中王祐，以善谄擢侍郎，《明史纪事本末》云，“祐貌美而无须，善伺候振颜色。一日振问曰：王侍郎何无须？祐对曰：老爷所无，儿安敢有！”这些“连根削去”的宦官，应不再有男女之事，然按史册记载，并不尽然。《后汉书·刘瑜疏》云：“常侍黄门，亦广聚妻室。”《侯览传》云：“虏夺良人妻，略妇女。”明代熹宗的乳母客氏，《明史》云，客氏淫而狠，年十八入宫，初与宦者魏朝私，“（魏）忠贤乘间亦通焉”。

难道当初手术并未彻底吗？如细按《后汉书》的记载，可知并非如此。上文所提到的刘瑜之疏，其中且云："中官邪孽，比肩裂土，皆竞立子嗣，继体传爵，或子疏属，或买儿市道。"那么，广聚妻室，并没有实际蕃衍子孙的效果。又《后汉书·左雄疏》云："宦竖皆虚以形势，或夺良家妇女闭之，白首而无配偶。"虚以形势，其意岂谓，并不能"实事求是"，不过心理上的聊以解嘲，无异于同性恋爱而已。

明清两朝铁碑垂戒

清制，内监官职以四品为极限，总数约三千人，乾隆七年（1742年）钦定宫中则例：内监官职，以四品为定，再不加至三品。又上谕，"明代内监多至数万人，我朝合宫中苑囿所司，综计不过三千人"。

高拜石《南湖杂忆》云：清代太监，以河间人为最多，其他县份次之。因太监总数为三千，新陈代谢，随时必需补充，投充者又不得其门，于是有太监经纪行之设。经纪行为合法组织，官府不特豁免其牙税，且有津贴补助。《清会典》注释曰："设召募太监牙行二人，由大兴、宛平两县造册申送。凡有太监投充，均由该牙行报名。太监报名后，取具投状，询明籍贯，如年在二十岁内，及虽在二十岁以外尚可充选者，均分别在内在外当差。若年岁过大，或系外省之人，即奏明给亲王郡王府使用，别将该王府二十岁以内太监，送进当差。"

清世祖顺治十年（1654年）设十三衙门，严禁寺人干政，所颁诏令，言宦官的历史渊源，以及他们干政的起因，分析很为扼要，其言曰：

> 朕稽考官制，唐、虞、夏、商，未用寺人。自周以来，始具其职，所司者不过阍达洒扫使令之役，未尝干预外事。秦汉以后，诸君不能防患，乃诿以事权，加之爵禄，典兵干政，流风无穷，岂其君尽暗哉？缘此辈每以小忠小信，固结主心，日近日亲易致渐持朝政。且

> 其伯叔弟侄，宗族亲戚，实繁有徒，结好缙绅，关通郡县，朋比夤缘，作奸受贿，善窥喜怒，以张威福。当宫廷邃密，深居燕闲，稍露端倪，辄为假托，或欲言而故默，或借公以行私，颠倒贤奸，溷淆邪正，依附者巧致云霄，迕抗者谋沉渊穽。虽或英毅之主，不觉堕其术中，权既旁移，变多中发，历观覆辙，可为鉴戒。

顺治帝作此决定，是由其所宠宦官吴良辅，联合汉满大臣各一人奏请的，真是一个有趣的讽刺。

又于顺治十二年（1655年）立十三衙门铁碑，镌敕谕于其上，严禁宦官干政，敕曰：

> 中官之设，虽自古不废，然任使失宜，遂贻祸乱。近如明朝王振、汪直、曹吉祥、刘瑾、魏忠贤等，专擅威权，干预朝政，开厂缉事，枉杀无辜，出阵典兵，流毒边境，甚至谋为不规，陷害忠良，煽引党类，称功颂德，以致国事日非，覆辙相寻，足为鉴戒。朕今裁定内官衙门及员数执掌，法制甚明，以后但有犯法干政，窃权纳贿，属托内外衙门，交结满汉官员，越分擅奏外事，上言官吏贤否者，即行凌迟处死，定不姑贷。特立此碑，世世遵行。

铸碑垂戒，顺治帝是仿自明太祖的。太祖于洪武十七年（1419年）铸铁碑于宫门，高三尺，文曰："内臣不得干预政事，犯者斩"。可是明宫此碑，到英宗正统年间为干政用事的太监王振盗去，《明史纪事本末》云："宣德时尚存，振盗去也。"

清代的那块铁碑，后代还发生过一些效果，除了清末的李莲英，结好于慈禧太后，贪黩无厌，权重一时，此外，尚少其他宦官闹过大乱子。

夺权斗争要角

寺宦为祸，以东汉及唐、明三代为烈。东汉于公元一世纪和帝崩，邓太后称制，用宦官传达政令，其权渐重，其后安帝、顺帝，以迄桓灵诸朝，在朝廷的夺权斗争中，宦官与亲贵重臣，永远同样是要角，或相倚为奸，或互为火拼。安帝死后，宦官孙程等迎立顺帝，打消了外戚阎显一派及宦官江京、刘安、陈达的另谋拥立，阎显兄弟和江京等都被诛戮。

顺帝死后，外戚梁冀，为顺帝梁后之兄，立冲帝，冲帝崩，又立质帝，质帝为冀所鸩，又援立桓帝，并以梁后之妹为桓帝后，冀身为大将军辅政，两妹一为皇太后，一为皇后，权可震主，而桓帝默与单超等五个宦官定谋，下诏收冀，及宗亲党羽皆诛。

桓帝死后，窦太后与兄窦武策立灵帝。太后临朝，武入居禁中辅政，素恶宦官，欲诛之，兼有太傅陈蕃，和他同心定谋，不料反为宦官曹节、王甫等所杀。

灵帝崩，何太后临朝，立子辩为帝。后兄何进，以大将军辅政，奏诛宦官蹇硕，反为宦官张让、段椭所杀。袁绍、袁术等乘乱杀宦官二千人，无少长皆诛之，宦官之祸，于是结束，但东汉也随之灭亡了。

《后汉书·宦者列传》曾言当时宦官权势之盛和生活的奢侈：“高冠长剑，纡朱怀金者，布满宫闱；苴茅分虎，南面臣人者，盖以十数。府署第馆，棋列于都鄙；子弟支附，过半于州国。南金、和宝、冰纨、雾縠之积，盈仞珍藏；嫱媛、侍儿、歌童、舞女之玩，充备绮室。狗马饰雕文，土木被缇绣。皆剥割萌黎，竞姿奢欲，构害明贤，专树党类。”

掌握军权和政权

赵翼《廿二史札记》云，“至唐则宦官之权，反在人主之上，立君弑君废君，有同儿戏”。自穆宗以后的八代帝王，其中有七代是由宦官所立的。

论史者谓唐代宦官势焰之盛，在制度上有三个原因，便利他们的窃弄威福。一曰监军，朝廷为防止藩镇武人拥兵自专，遂派宦官为监军，意欲监视藩镇，不料藩镇以贿赂与监军的宦官相勾结。而这些外放的监军，又与朝中用事的宦官遥通声气，藩镇赖宦官以巩固其割据，宦官倚藩镇而维持其窃柄，貌似相制相克，实则相辅相成。

这制度在安史之乱以前，已经建立。《新唐书·高力士传》云，中人出使，“使还所获，动钜万计。京师甲第名园，良田美产，占者什六七”。安禄山将反，玄宗使宦官辅璆琳觇之，得厚赂归，言禄山不反，于是禄山益有征缮称兵的从容准备。

看过平剧《贵妃醉酒》的人，谁都熟悉宦官高力士及其当时在朝威望和权势之重。据史书记载:“高力士贵幸时，傲幸者愿一见如天人。肃宗在东宫，亦以兄事之，诸王公主，呼为翁，戚里诸家，尊曰爹。将相大臣，皆由之以进。尝建佛寺道观各一所，钟成，宴公卿，一扣者纳礼钱十万，有至二十扣者。”

至代宗时，置枢密使，职司出纳章奏，以宦官任之，手握权要，凌驾宰相，这是宦官得以专横的第二个原因。

德宗时，开始了宦官擅权的第三个原因：典禁军。禁军是中央武力，有神策、天威等保卫京师的部队，德宗不欲以武臣典禁兵，而置护军中尉、中护军等官，以宦寺窦文场、霍仙鸣等主之。枢密典军，遂为唐代定制。

政权和军权，尽为所操，威震朝廷，挟制中外，所以到了后来，帝王的或废或置，都在他们的掌握之中了。

后妃生命也操在宦官手中

明代亦有宦官监军之制，此外并设东西厂，由宦官主之。掌缉捕、刑狱诸事，一如近代极权国家的特务组织，希特勒的盖世太保

(GESTAPO) 等。明太祖洪武年间原置锦衣卫，缉事以靖奸慝，至永乐中复置东厂，令宦官访缉逆谋，与锦衣卫均权势，至成化间，又以东厂为未足，更置西厂，以太监汪直领之，用以逮捕人犯的警兵，所谓“缇骑”，倍于东厂，势远出卫上。于是不俟奏请，可以捉拿朝臣，诬陷栽赃，任意定罪，气焰熏灼，不可一世，明太祖那块禁宦官不得干政的三尺铁碑，在汪直主西厂以前，不待王振盗去，早已形同虚设了。

清顺治十二年（1655 年）上谕中所列举的五名明代宦官，都是权势最甚，为祸最烈的典型人物，为省篇幅，只略说其中的魏忠贤。

魏忠贤入宫在明神宗末年，到熹宗（天启帝）朝为司礼太监，兼提督东厂，权势最盛时，封为公爵。他原为市井无赖，因与一群恶少赌博不胜，愤而自宫为阉，以宦官魏朝的引进，为先已得势的太监头子王安所任用。入宫后，勾结熹宗的乳妪客氏，客氏初与魏朝私，继与忠贤通，客氏薄朝而爱忠贤，两人深相结合。熹宗立，旬日之内，封客氏为奉圣夫人，客、魏既得志，忌王安持正，嗾言官劾之，矫旨充南海子净军，既至，绝安食，三日犹不死，乃扑杀之。

客、魏之得势，最大原因为熹宗的昏庸愚昧，他对政治似乎很少兴趣，而颇有工艺营造的天才，日亲斧锯、椎凿、髹漆之事。李逊之《三朝野记》云:“虽巧匠不得及，朝夕营造，造成而喜，不久而弃，弃而又成，不厌倦也。”忠贤虽不识字，因客氏故，任司礼监秉笔，出纳王命。每在熹宗引绳削墨、经营工艺的时候，从旁传奏文书，帝不耐，听奏毕，即曰:“你们用心行去，我知道了。”忠贤因此得擅威福。

忠贤陷害忠良，作恶万端，《明史》曰:“客氏为内主。”《纪事本末》亦云，“皆客氏成之”。而他们的惨杀异己，并不限于文武朝臣，宫中后妃的生命，也操在他们手中。据史籍记载，有下列诸事，可为例证：

熹宗之父光宗的选侍赵氏，于天启三年（1623 年），客、魏矫旨赐自尽，赵氏出光宗赐物列于庭，西向礼佛，痛哭自经。

熹宗的裕妃张氏，因忤客、魏，被幽别宫，绝饮食。天雨，妃匍匐承檐溜，饮之而死。皇后张氏有娠，客氏密布心腹宫人，以计堕之，帝因此乏嗣。后父国纪，封太康伯。后性严正，数为帝言客、魏过恶，尝召客氏至，欲绳以法，客、魏交恨，遂诬后非国纪女，买通死囚孙二，自言张后是他所生，非国纪女，于是帝不问。

又于帝郊祀日，掩杀帝所宠之冯贵妃。

范慧妃以谗失宠，李成妃为之乞怜，客、魏知之，亦幽成妃别宫。成妃鉴于过去裕妃饿死，预藏食物壁间，半月不死，斥为宫人。

熹宗在位七年，年三十三而死。思宗（崇祯帝）继位，即整肃客、魏。天启七年 (1627 年) 八月熹宗死，十一月崇祯帝放忠贤于凤阳，中道死，诏磔其尸。客氏则诏籍其家，赴浣衣局掠死，家属无少长皆斩。

第十四章　奉圣夫人

帝王乳母的尊宠

前谈宦官文中，述及明熹宗（天启帝）的乳母客氏，与东厂太监魏忠贤勾结营私，势焰熏灼，内外慄惧，略见帝王的乳母，在宫中专横作恶，亦足以构成王朝的祸害。熹宗死后，由其弟思宗接位，即清除客、魏，并于崇祯十四年（1641年）颁诏，凡宫中乳媪，乳皇子至七岁放出。按明宫旧制，“奶口留用，终其身侍所乳，无复出”。实凛于熹宗乳媪客氏的跋扈宫廷，不得不有此亡羊补牢的措施。

客氏为定兴民侯二之妻，年十八入宫乳熹宗，又二年而嫠，熹宗即位，不出一月，如皇祖神宗封乳母为戴圣夫人例，封客氏为“奉圣夫人”，并荫其子侯国兴，弟客光先为锦衣千户。

帝王乳母及其家属的封以名位或官爵，古已有之，不自明始。

东汉安帝以乳母王氏为“野王君”，顺帝以乳母宋氏为“山阳君”，灵帝以乳母赵娆为“平氏君”。赵娆与宦官曹节、王甫有瓜葛，故论史者有云，“赵娆宠而构曹节、王甫之祸”。明代客、魏之结党为奸，渎乱朝纲，在汉代已有先例。

南北朝的北魏，宫廷有一极不人道的制度，立太子后，其母赐死，大约有鉴于东汉数朝之太后、外戚及太监迭相乱政，为祸甚烈，于是预先杀太子母，杜绝外戚或太监利用皇太后干政。《魏书·明元帝本纪》

载，道武帝（明元之父）将立明元为太子，召而告之曰，“昔汉武将立其子而杀其母，不令妇人预国政也。汝当继统，故吾远同汉武。”明元帝母刘贵人死，自是遂著为令。

可是这却给乳母以尊宠的机会，既无太后，遂转奉乳母为“保太后”。明元帝之子太武帝的保母窦氏，本以夫家坐事没入宫，后太武帝立，尊为保太后，又尊为皇太后。

其下一代的文成帝，因乳母常氏有劬劳之功，文成帝即位，尊为保太后，再进为皇太后。是时文成妃李氏生子洪（即为后来继位的献文帝）将立为太子，那位乳母皇太后常氏依故事，令献文帝之母李氏条记在南兄弟，付托宗族，痛哭而死。

文成又尊封常氏之兄英为辽西王，弟喜为带方公，三妹皆县君，妹夫皆公侯。又追赠常氏之祖为公，父为王，母为王太妃。

乳母有鞠育之恩，稍加恩宠，或许为事理之应有，但北魏的保太后，可掌宫闱之政，且赐死太子之母，赵翼谓之“末世之私恩”，为史所仅见。

到了元朝，不惟乳母得封夫人，并其夫亦得封。元世祖封皇子燕王乳母赵氏为豳国夫人，其夫巩德禄封德育公；成宗封乳母夫寿国公；仁宗封乳母夫杨德荣为云国公；英宗封乳母忽秃台为定襄郡夫人，其夫阿来为定襄郡王。皆见《元史·本纪》。

选用乳媪的办法

宫廷选用乳媪，其苛细慎重，当可想见。形容端正，自然为条件之一，尤需验无隐疾。明代《内廷规制考》一书，述当时选用奶媪的办法，略引如次：

皇城东安门外稍北，有礼仪房，乃选养奶口，以候内廷宣召之所，俗名奶子府。有提督司礼监太监，有掌房，有贴房，俱锦衣卫指挥。每季选奶口四十名，养之于内，谓之坐季奶口。别选八十名，籍于官，谓之点卯奶口，倘坐季者有故，即以补之。先期，宛平、大兴两县，及各衙门，博求军民家，有夫女口，年十五以上，二十以下，夫男俱全，形容端正，第三胎生男女仅三月者，杂选之，仍令稳婆验无隐疾，具结起送，候司礼监请旨，差内官出合各衙门所送奶口会选乃定。

又云："若内廷将有诞喜，先铺月子房，于四十名坐季奶口中，选择数人候之内直房，产男用乳女者，产女用乳男者，初亦杂试，候月余乃留一人。"

上文所说的奉圣夫人客氏，也是经过这种程序而入宫乳熹宗的，挑选的时候，既有"形容端正"的条件，她之颇具姿色，当无问题，所以初与魏朝私，后复与魏忠贤通，史称之为"洽比对食"，"洽比"，为和洽亲比之意。所谓"对食"，应劭《汉书注》曰，"宫人自相与为夫妇，名对食"。

皇帝几乎淹死

天启四年（1623年），杨涟疏参魏忠贤大罪二十四款，有云，"即或内廷奸状败露，又赖有奉圣客氏为之弥缝其罪戾，而遮饰其回邪，故掖廷之内知有忠贤，不知有皇上，都城之内知有忠贤，不知有皇上"。

客、魏当时权势之盛，的确掩盖了那位每日亲斧锯椎凿的熹宗。有一故事云：天启五年（1624年）五月某日，"上（熹宗）祭方泽还宫，即幸西苑。时日已晡，忠贤与客氏乘大舟饮酒欢甚。上独与宦竖二人泛小舟荡漾，上身自刺舟，一粗佐之，相顾笑乐。忽风起舟覆，上及二粗俱堕水中，二粗死焉，上救免。忠贤及客氏相顾错愕而已"。（《明史纪事本末》）

熹宗以天子之尊，闯此大祸是非同小可的，当然由于自己的儿戏。但古昔对于帝王无可伦比的尊重与敬威，决不容客、魏这样"乘大舟饮酒欢甚"，而皇帝在旁荡漾小舟，几乎送命。

这里虽说"几乎送命"，却另有记载说他自此得疾，间接死于此次的意外事件。李逊之《三朝野记》谓此事发生于“六年（1625 年）秋”，“上幸获救，由此不安”。据《明史》，熹宗于是年七月朔不豫，八月甲寅大渐，乙卯崩于乾清宫。如果李逊之所记的时间正确，则距死期不远，其中可能有因果关系。

《三朝野记》在落水故事之后，并述魏党的蓟辽总督霍维华闻讯，尝进“仙方灵露饮”，云“其法，取上号粳大米淘净，入木甑蒸之。甑底中，安长颈大口空银瓶乙个，米渐添，渐熟小，渐熟渐易，不数易而瓶中之露满矣，乃米谷之精也，上饮而甘之，以余沥分赐近侍。久之，传谕不用，而圣体日渐浮肿，医药不效”。

侍从之盛远过圣驾

宫廷乳帝王的奶口，终其身例占恩泽，食报特隆，而明熹宗之恩遇客氏为尤甚。《明史纪事本末》云：

> 客氏在宫中，乘小轿，内官负之，如妃嫔礼，俨然自视为上八母之一。诞日，上必临幸，升座欢饮，赏赉无限，中宫皇贵妃迥不及也。客氏往私宅，内侍王朝忠等数十人著红玉带前驱。客氏盛服倩妆，乘舆由嘉德门经月华门，至乾清宫前亦不下舆。出西下马门，呼殿、侍从之盛，远过圣驾，灯炬簇拥，荧然白昼，衣服鲜华，俨若神仙。

又云：

> 其到私宅，升厅事，自管事至近侍，挨次叩头。老祖太太千岁之声，喧阗震天，各以银币犒答之，钦赐金币无算。每日三时撤御前膳以赐，络绎不绝。在外或住旬日，忠贤促之始入。出入皆以五更。忠贤亦有私第，与客氏居斜对不远。

熹宗临死之前数日，尚传旨：奉圣夫人客氏子侯国兴，封伯爵。及帝宴驾，客氏奉旨出宫.《三朝野记》云，客氏“于五更丧服赴梓宫前，出一小函，用黄色龙袱包裹，皆先帝胎发痘痂，及累年剃发、落齿、指甲等，焚化痛哭而去”。

接着奉崇祯帝旨，籍其家，得宫人有娠者八人，住在她家中。盖熹宗张皇后早年有娠，为客、魏以计堕胎，熹宗至死无嗣，客氏以其家侍媵，以宫人之名，出入掖庭，在外别找男人，播下种子，欲效吕不韦故事。崇祯帝得悉后，大怒，立命将客氏掠死，死后戮尸凌迟。

第十五章　巡游微行

秦始皇游幸

古昔帝王，亲巡天下，周览远方，原有视察民间风俗疾苦的政治意义，但不免也因京师住得厌腻，借此游山玩水，换换环境，作生活上调济的。更有秘密离开宫禁，于六宫嫔娥之外，另觅粉白黛绿，以满足性方面的好奇欲望，此谓"微行"，张晏《史记集解》曰:"若微贱之所为，故曰微行"。

公元前三世纪的秦始皇，是古史巡游甚多的帝王。始皇帝二十六年（前221年）兼并六国，统一告成之后，自二十七年（前220年）一直到三十七年（前210年）死于巡幸途中，几乎每年都有游幸之事。足迹所至，如果以今日的地理区域言，以首都咸阳为中心，北及甘肃、宁夏、河北，东至河南及山东滨海之地，西南至湖北境内，东南至安徽、江苏及浙江。据《史记》的记载，列年游踪，大约如次：

二十七年始皇巡陇西、北地，出鸡头山。

二十八年东行郡县，上邹峄山，至泰山立石封祀，禅梁父，立刻石，登之罘，南登琅琊，在琅琊，"大乐之，乃留三月"，作琅琊台，徙黔首三万户于琅琊台下，并刻石以颂秦德。

二十九年东游，至博浪沙（今河南阳武）张良椎刺未中（《史记》谓"为盗所惊"）。登之罘。

三十一年，始皇为微行咸阳，与武士四人夜出，逢盗兰池。

三十二年至碣石，刻碣石门。

三十七年十月，始皇出游，左丞相李斯从。十一月行至云梦（云梦为跨长江南北两岸的大泽，在今湖北境），望祀虞舜于九疑山。浮江东下，过丹阳，至钱塘，临浙江，上会稽。还过吴，从江乘渡，北至琅琊，自琅琊至荣成山，又到之罘，至平原津（今山东平原）而病，旋崩于沙丘平台（今河北邢台）。丞相斯为上崩在外，恐诸公子及天下有变，乃秘不发丧，丧棺载辒凉车中，行从井陉、九原，遄返咸阳，会暑，辒车臭，从者乃车藏鲍鱼一石，以乱其臭。

始皇一生，数至之罘。之罘在山东东北境，其地东西北三面突入海中，其南沙垠一道，接烟台大陆。这与始皇之海上求长生仙药有关，他屡次访问琅琊，目的也在于此。一百年后的汉武帝东巡海上，也到过此地。以为蓬莱、方丈、瀛洲三仙岛即在之罘海外，神仙之药可得。

汉武帝也是好游幸的帝王，东巡南幸，汉书多有记载。

汴梁名妓

历代帝王，虽多微服狭邪的传说，但公然宿娼而见诸正史者，只有宋徽宗。《宋史》云："政和后，帝多微行，乘小轿子，数内臣导从。置行幸局，局中以帝出日，谓之有排当。"

李师师为徽宗所眷妓，《墨庄漫录》云，"政和间，汴都平康之盛，而李师师、崔念月二妓，名著一时"。《宣和遗事》云："宣和五年（1123年）七月，道君（徽宗）宿李师师家，临别约再会，乃解龙凤绞绡直系为信。"

师师艳名既噪，她与当时文人，多有往来。著名词人秦少游，赠汴妓李师师《生查子》有句云："远山眉黛长，细柳腰肢袅，笑罢立春风，一笑千金少。"又云："看遍颍川花，不似师师好。"另一阕《一丛花》句云："年来今夜见师师，双颊酒红滋，疏帘半卷微灯外，露华上烟袅凉飔，簪髻乱抛，偎人不起，弹泪唱新词。”张子野创新调为师师制一词，名《师师令》。有句云：“香钿宝珥，拂菱花如水，学妆皆道称时宜，粉色有天然春意。”又云：“不须回扇障清歌，唇一点小于朱蕊。”

周邦彦名作《少年游》一词，与宋徽宗及师师有关。《词苑丛谈》等书，言经过甚详，大略如次：

邦彦在李师师家，忽闻徽宗驾到，遂匿床下。徽宗携新橙一枚，云是江南初进。与师师笑语，邦彦悉闻之，隐括成《少年游》一阕，词曰：

> 并刀如水，吴盐胜雪，纤指破新橙。锦幄初温，兽香不断，相对坐调笙。低声问向谁行宿，城上已三更。马滑霜浓，不如休去，直是少人行。

后师师为徽宗歌此词，问是谁作，师师以直对，徽宗大怒，令押邦彦出国门。

越一二日，徽宗复幸师师家，不遇。至更初，师师归，愁眉泪眼，憔悴可怜，徽宗问故，师师奏言：“邦彦得罪去国，略致一杯相别，不知得官家来。”徽宗问：“有词否？”李云：“有《兰陵王》词。”徽宗云，“唱一遍看。”李歌曰：

> 柳阴直，烟里丝丝弄碧。隋堤上，曾见几番，拂水飘绵送行色。登临望故国，谁识，京华倦客？长亭路，年去岁来，应折柔条过千尺。
>
> 闲寻旧踪迹，又酒趁哀弦，灯照离席，梨花榆火催寒食。愁一箭风快，半篙波暖，回头迢递便数驿。望人在天北。
>
> 凄恻，恨堆积！渐别浦萦回，津堠岑寂，斜阳冉冉春无极。念月榭携手，露桥闻笛，沉思前事，似梦里。泪暗滴。

徽宗大喜，复召邦彦为大晟乐正。

始因妒而逐，继又爱才而赐之官，徽宗的人情味是十分浓郁的。

据《浩然斋杂谈》，师师后入宫，封瀛国夫人。靖康之乱，徽宗为金掳去，师师废为庶人，流落民间。唯宋人无名氏《李师师外传》，则称徽宗禅位，师师乞为女冠。金人破汴，主帅闼嫩索师师急，张邦昌得而献之，师师折金簪吞而死云云。

《贵耳录》、《读书敏求记》、《板桥杂记》，都说徽宗北狩，囚于五国城，于颠沛流离中尚执笔撰《李师师小传》。《板桥杂记》的作者余澹心云："盖恐佳人之湮没不传，作此情痴狡狯耳。"

内外"豹房"

今日平剧有《游龙戏凤》一出，演明武宗（正德帝）微行梅龙镇，与酒家当垆女李凤姐调情事，这故事想据民间传说，虽很难找到史料的佐证，但有极大可能性。

明武宗是历代最荒唐的帝王之一，其行为见于记载者，有更盛于梅龙镇者。清毛奇龄参修《明史》，曰："予观于同馆之为史者，其为武宗纪不忍斥言人主之过，凡实录所载诸可鉴事，皆轶而不录。"因以实事比次之，错杂记述，题曰《明武宗外纪》。纪凡万余言，言武宗的微行巡幸及其沉湎女色，钩稽述之如次：

武宗尝游宝和店，令内待设摊，身衣估人衣，历与贸易持簿算，喧询不相下，拥至廊下家，廊下家者，中官住永巷卖酒家也。筝箫琵琶嘈嘈然，坐当垆妇于其中，杂出牵衣，蜂簇而入，护茶之顷，周历诸家，凡市戏跳猿骗马斗鸡逐犬，所至环集。且实宫人于勾栏，扮演侑酒，醉即宿其处，如是累日。

帝大兴营建，构密室于宫旁，勾连栉列，名曰"豹房"，日幸其处，既则歇宿。有言锦衣卫都督同知于永，善房中秘术，遂召入豹房，与语大悦。永，色目人，进言回女晰润而璀粲，大胜中土。时都督吕佐亦色目人，永矫旨索佐家女善西域舞者，得十二人以进，歌舞昼夜，犹以为不足，乃讽上请召诸侯伯中故色目籍家妇人入内，驾言教舞，而择其美者，留不令出。一日，于永侍饮观舞，帝酒酣呼永，使即召其女，时有言永女殊色，故以召。永诈匿其女，饰邻回女充名以人，上以为真，悦之。

帝好武，江彬即以边将得幸入豹房。彬，宣府人，宣府为塞北名城，今河北宣化县。江彬欲挟上自恣，遂诱为西北之行，幸宣府，上居之乐，后尝数至其地，建外豹房于此。

每夜行，见高屋大房即驰入，或索饮，或搜其妇女。帝赴宣府，自京度居庸关，历怀来、保安而至行在，凡车驾所至，近侍先掠良家女以充幸御，至数十车，在道日有死者，且令有司饩廪之，别具女衣首饰为赏赉，远近骚动，所经多逃亡。

初上驻偏头，大索女乐于太原，偶于众妓中，遥见色姣而善歌者，援取之。询其籍，本乐户刘良之女，晋府乐工杨腾妻也。赐之与饮，试其技，大悦。后自榆林还，再召之，遂载以归。至时随行在，宠冠诸女，称美人，饮食起居必与偕，左右或触上怒，阴求之，辄一笑而解。江彬诸近侍，皆呼之曰刘娘娘。

正德十四年（1519年），宁王宸濠反，帝命“总督军务武威大将军总兵官、后军都督府太师镇国公朱寿统兵征剿”。朱寿即武宗姓名，官衔都是他自己封的。宸濠旋为赣抚王守仁所擒，捷闻，匿不使下。御驾仍南行，经保定及临清。

初武宗南征也，移刘美人居通州，约上先行而后迎美人以从。临行，美人脱一簪请上佩之，且令迎者执以为信。过芦桥，帝驰马失簪，大索数日不得，去。及至临清，遣使迎美人。美人曰:“非信，不敢行。”帝乃独乘舸，晨夜疾行，至张家湾亲迎之，并载而南。

过德州、济宁、淮安、清江浦，至扬州。前此太监吴经先驾至扬州，选民居壮丽者，改为都督府，将驻跸焉。又掠处女寡妇，民间汹汹，有女家抢寡男配偶，一夕殆尽。

明年还京，于十五年（1520年）十二月行献俘礼。又明年初，凯旋诣南郊，武宗呕血于地，不能终礼，遂大渐。武宗于十五岁登极，死时年三十一岁。

康熙帝南巡与西幸

巡幸之典，清代圣祖（康熙帝）与高宗（乾隆帝）二帝最盛，为历朝所仅见。康熙帝以黄淮汛滥，视察堤工为名，先后巡幸江南者六次。又北出塞外者四次，西幸五台者三次。乾隆帝循其旧例，凡南巡者六，东巡者四，西巡者五，至于木兰秋狝，或京畿游幸，尚不计在内。兹大体据萧一山《清代通史》，扼要言之：

康熙二十三年（1684年）十月，上幸山东，至泰山，寻至宿迁，阅黄河北岸堤坊，至宝应、高邮，复由扬州至京口，乘船东下，抵苏州，折而至江宁，自江宁至高家堰，视堤工，经泗水东境，幸曲阜，谒孔林，由汶上、德州而返，是为第一次南巡。

二十八年（1689年）正月，复南巡，二月至杭州，渡钱塘，谒禹陵，三月自江宁回京，是为第二次南巡。

三十八年（1699年）二月，奉皇太后南巡，三月渡河，车驾至杭州而还，是为第三次南巡。

四十二年（1703年），复南巡，遍阅高家堰、徐家湾、翟家坝等处堤工，至杭州而还，是为第四次南巡。

四十四年（1705年）至济宁，南幸两浙，是为第五次南巡。

四十六年（1707年）复南巡，阅视河工，四月自杭州还，是为第六次南巡。

康熙帝六次南巡外，尚有塞北及五台山之游幸。出巡塞北，领略边徼风物，亦有震慑蒙古之意。五台之游，萧一山谓，或言系谒福临。福临为康熙帝之父顺治帝，里巷委谈，传说顺治帝以宠妃董鄂氏死后，哀悼逾恒，遁入五台为僧。此说已经近代史家孟心史及吴相湘考定为无稽。则康熙帝之西幸五台，当非省谒其父。

康熙二十二年（1683年），奉太皇太后博尔济吉特氏幸五台。次年，巡幸口外，乘便过乌兰哈等处。三十年（1691年）及三十一年（1692年），复幸边外，三十七年（1698年）及四十一年（1702年）复幸五台。四十二年（1703年），又幸边外，且西巡至太原、洪洞等处而返。谓大学士等曰：

> 前南巡多由舟行，官民群集两岸迎驾。顷西巡，皆由陆路，凡临幸郡邑，官民无不扶老携幼，欢腾道左，每询问及之。又令在乘舆左右，备谘地方之利弊，彼皆抒诚陈奏，是以风俗人情，靡不洞悉。……朕随地谘访，督抚虽有不受馈遗者，然馈藩臬者若干，馈道府者若干，岂可尽云廉吏乎？

康熙帝之巡游，尚不失为轸念民瘼、省察吏治之意。往还供亿，悉发内帑，沿途行宫，不施采缋，每处所费，不过二万金。此与其后夸傲成性之乾隆帝，供亿繁奢，劳民伤财，大不相同。

自知劳民伤财

乾隆帝南巡，幸江浙凡六次，十六年（1751年）、二十二年（1757年）、二十七年（1762年）、三十年（1765年）、四十五年（1780年）、四十九年（1784年）。行踪所至，经山东曲阜、泰安，江苏徐州、淮安、扬州、苏州、江宁、镇江，浙江杭州、海宁，渡钱塘、祭禹陵。每次大率于正月离京，五月还。其中至海宁，视察海塘及观潮，驻跸陈氏安澜园者凡四次，为康熙帝南巡未到之地。

六度南巡之典既成，乾隆帝尝制《南巡记》以纪其事。有云：

> 南巡之事，莫大于河工，而辛未、丁丑两度，不过敕河臣慎守修防，无多指示，亦所谓迟也。至于壬午，始有定清口水志之谕。丙申，

乃有改迁陶庄河之为。庚子遂有改筑浙江石塘之工。今甲辰，更有接筑浙江石塘之谕。至于高堰之增卑易砖，徐州之接筑石堤并山，并无不筹度谘诹得宜而后行。

东巡专程告祭曲阜皇孔庙者凡五次，十三年（1748年）二月、二十一年（1756年）二月、三十六年（1771年）四月、四十一年（1776年）二月、五十五年（1790年）三月。

东巡谒三陵者凡四次，八年（1743年）九月、十九年（1754年）八月、四十三年（1778年）七月、四十八年（1783年）八月。

巡幸中州及近畿凡四次，十五年（1750年）八月幸嵩山开封，五十一年（1786年）三月至正定，五十三年（1788年）二月及五十九年（1794年）三月均幸天津。

每次巡幸所过，官吏办差接驾，务求华美，以取容悦，乾隆帝虽屡谕禁止，不过虚饰具文，浮靡增华，所费较康熙时代，殆十倍之。

清跸所至，戏台、采棚、龙舟、镫舫等物，沿途点缀。水行巨舟千百艘，四围皆侍卫武职，役夫乘势乐威，强向人民勒索，有不与者，以碍皇驾，立毁其宇。运河两岸，并令打纤，谓之“笼须纤”。

舟过扬州，于支港汊河，桥头村口，各设卡兵，禁民舟出入。计纤道每一里，安设站兵三名，令村镇民妇，跪伏瞻仰。于应回避时，令男子退出，不禁妇女。盖以扬州妇女，素有艳名，帝时慕之，欲藉此一餐秀色。

街道尽铺锦毡，周围百十里，而露天蒙以绸缎。其为薪炭商者，令加意供给，材料山积，而顷刻无余。为粪商者，令沿塘遍置盆盎，上加木盖，备纤夫溲溺，每县动辄置千万，御舟一过，即为役夫所破，或御舟重经，则备如故，二者俱名当役。

至两淮盐商，本属富有，捐赀修建行宫，一输每至数十万。

六次南巡之后，侍读学士纪昀尝从容为帝言：“东南财力竭矣，上当思所以救济之”。帝怒叱之曰：“朕以汝文学尚优，故使领四库书馆，实不过倡优畜之，何敢妄谈国事！”

然乾隆帝固亦自知靡费，六十年（1795年）禅位后，尝谓近臣吴熊光曰：“朕临御天下六十年，并无失德，惟六次南巡，劳民伤财，实为作无益害有益。将来皇帝（指嘉庆帝）如南巡，而汝不阻止，汝系朕特简之人，必无以对朕。”

鸦片烟与如意桶

清代乾隆朝而后，已无南巡之语，皇室虽年行热河避暑之典，然甚少远行。奢靡无度，掌政达五十年的慈禧太后，于咸丰十年（1860年）英法联军之役，随夫仓皇北狩，避难热河，此时尚以懿贵妃地位偕行。光绪二十六年（1900年），庚子拳乱，联军陷京津，慈禧挟帝奔西安，虽曰西巡，也完全是逃难性质，与康乾之游幸不同。

唯慈禧曾两度乘火车旅行，为前史所未有，有足述者。近代史家孟心史尝作《记陶兰泉谈清孝钦（慈禧）时事》甚饶趣味。孟文谓光绪二十九年（1903年）癸卯芦汉铁路（即后之平汉路）北段成，平芦间通车，且由高碑店至易县泰陵有支线。三月，慈禧以恭谒西陵为名，试行新路。“车中备铁床茵褥枕被，花车原有卧榻不用，计吸鸦片烟，非此不适故耳”。

世多论述清季慈禧宫闱故实之文字，而言其染阿芙蓉癖者则甚少见。尝闻谈清宫掌故者持此说。慈禧一生穷奢极欲，因而里巷委谈，或不免有此渲染之语，初以为未必尽可置信。英人濮兰德作《慈禧外纪》，言辛丑八国联军之役和议成，慈禧回都，自正定乘火车至永定门，太后卧车，设西式床榻，且有鸦片烟具。与孟文所记，虽非一事，而前后相合，至少慈禧晚年之必有鸦片烟癖，确凿无疑，非齐东野语也。

为孟心史述说故事之陶兰泉，尝为慈禧办颐和园电灯，此时任职芦汉路京事务局，参与办差之人，所言当可信。

慈禧太后谒西陵，由北平循平汉线南行，再循支线而西。北洋大臣袁世凯为地主，芦汉路督办，乃会办商务大臣盛宣怀所兼。“两大臣祇候，竞挥霍以买宠”。承旨办差者，即述此故事之陶兰泉。

车中床横置，面窗，以幔围之。床身购诸肆，嫌柱稍高，截其脚而移高其床面。当时我国尚无抽水刷厕之法，其设备堪称异想天开：“床侧一门，启之即如意桶，如意桶者，便溺器也。底贮黄沙，上注水银，粪落水银中，没入无迹，外施宫锦绒缎为套，成一绣墩”。

孟文曰：“凡伺候孝钦起居，须得总管太监李莲英指授，袁盛辈均能承李颜色，是以尊显盖一时。”

车中陈设，古玩、玉器、法书、名画皆备。为防车行动摇，陈设必须牢固。摒挡既有绪，两大臣先来视察。袁见古董挂屏，烂然满目，哗谓盛曰：“点景甚佳，东行震动，稍有倾跌，即大不敬罪名，何人敢当？”盛谓：“请公来试最快之车，如有移动，再想别法。”

即由西站开至定兴，往返两小时，快行二百里，满车陈设，浑然如一体生成。袁大称赞。又问多珍何由猝办？盛谓取之内铺，袁称得窍。

未几，李总管先来阅车，入厢见铁床，曰晓事。视周围物色讫，曰：“惟登车法欠妥贴”。李去，立造彩毯铺垫之桥道，由月台平抬入厢，扶阑而过，不踏车旁铁级矣。

文中又谓，宣怀制黄签，偏标珍物，文曰“臣盛某某恭进”。太后见签慰盛曰：“何可如此？”盛磕头言家藏旧物，非由价购，恳求赏收，太后颔之。盛问价于内铺，开单十四万金。

途中，太后停车进膳。“皇上（光绪帝）同桌，侍食于下，后妃立侍于后。传菜从东南门进，即撤一菜从西北门出，如是川流不息，至膳毕止。太后下箸，皇上亦下箸。太后以空碗分赐后妃，但见后妃就碗食之不已，不知其果否下咽，太后箸止亦止。自皇上以下，侍太后食，手中若机械之相应，想宫中无日不然，难乎其为日用饮食矣。太后时撤一馔传宣赐某官，即嗷然曰：庆亲王谢恩，袁世凯谢恩，盛宣怀谢恩，某某谢恩，车上传呼，车下拜跪，一时纷然”。

事后有上谕:“盛宣怀承办一切，甚属周妥，著交部从优议叙。”

此次短途旅行，费百姓多少汗血姑不置论。而清末大吏为邀恩固宠，其逢迎体贴之巧妙入微，可鄙亦复可笑。

第十六章　蒙尘屈辱

形态不一而足

人类喜欢支配别人，不喜欢被别人支配，也许是本能之一，扩而充之，有权支配一切的帝王名位，就永远有人觊觎，倘护权保位，遭遇失败，就有改朝易代之事。次之，外族凌侵，驱驰中原，南面称帝，也造成了历史上不少命运悲惨的末代帝王。或朝代虽不更易，如西晋亡后之有东晋，北宋亡后之有南宋，然怀、愍、徽、钦之受辱失位，还是一样的。

历朝帝王，到了兵败国亡，末日降临之时，或身殉，或投降，或被俘，或辱戮，或在敌人治下，忍耻苟安，度其残生，形态不一而足，悲惨故事，这里只能选择若干事例来谈谈。

所谓悲惨，也有别人看来觉得悲惨，受难的帝王，自己却并不觉得悲惨的。蜀汉昭烈帝（刘备）之子禅（蜀汉后主），即有“乐不思蜀”的故事。

蜀汉亡，魏封禅为安乐公，子孙及群臣封侯者五十余人。亡国之君，被新朝封官拜爵，这是历史上的通例。也许新朝天子，预见到兴衰更迭，无万世一系的王朝，为将来的亡国子孙着想，遂有优遇前朝末帝的措施。不过，蜀汉虽亡于魏，其时魏的政权，实已操于司马氏之手，而孙吴还在，其优遇蜀汉君臣，也许还有对孙吴的“统战”作用。

一日，晋王司马昭与禅宴，故意为他表演蜀伎，旁人皆感凄怆，而禅喜笑自若。王谓贾充曰："人之无情，乃至于此。虽使诸葛亮在，不能辅之久全，况姜维耶？"他日，王问禅曰："颇思蜀否？"禅曰："此间乐，不思蜀也。"郤正闻之谓禅曰："若王复问，宜泣而答曰，先人坟墓，远在岷蜀，乃心西悲，无日不思。"会王复问，禅对如前。王曰："何乃似郤正语耶？"禅惊视曰："诚如尊命。"左右皆笑。

青衣行酒

晋武帝司马炎篡魏后，一传而至惠帝。惠帝不仅昏庸，而且愚昧接近白痴。相传惠帝为太子时，出闻虾蟆声，问人是为官虾蟆、私虾蟆？侍臣贾充对曰："在官地为官虾蟆，在私地为私虾蟆。"太子曰："若官虾蟆，可给廪。"

惠帝时的"八王之乱"，生灵版荡，社稷丘墟，死后其弟怀帝继位，匈奴人刘渊之子聪，即生觊觎中土之心，兴兵入侵，开始了五胡乱华之局。

先是，刘渊以匈奴人冒汉姓，晋惠帝时受命为匈奴五部大都督，及八王乱，在左国城即大单于位，称汉王，后攻陷太原，进据河东，怀帝永嘉二年（308 年），僭即皇帝位，明年徙都平阳（今山西临汾），南进欲寇晋都洛阳，又明年死，其子聪，弑兄和自立。聪继父志于永嘉五年（311 年）五月，遣从弟刘曜及将王弥、石勒率兵分道寇洛川，晋军前后十二败，死者三万余人。此时洛阳饥甚，人相食，百官流亡者十有八九。怀帝欲离都避难，将行，而警卫不备，乃令具舟洛水。朝士数十人导从帝步西掖门，至铜驼街，为盗所掠，不得进而还。

六月，敌兵入洛阳，刘曜等纵兵大掠，悉收宫人及珍宝，怀帝开华林园门，欲奔长安，为敌兵所追及。曜等遂焚烧宫庙，逼辱帝后，杀太子诠、吴孝王晏、竟陵王楙、左仆射馥、尚书阎丘冲、河南尹刘默等，百官士庶死者三万余人。

曜纳惠帝羊皇后，怀帝之嫂也。迁怀帝及六玺于平阳。开始他的俘虏生活。刘聪以怀帝为特进左光禄大夫，封平河公。六年（312 年）三月，聪封帝为会稽郡公，加仪同三司。从容谓帝曰：卿为豫章王时，朕与王武子相造，武子示朕于卿，卿言闻其名久矣。……赠朕柘弓、银研，卿颇记否？帝曰：大汉应乾受历，故为陛下自相驱除，此殆天意，非人事也。且臣家若能奉武帝之业，九族敦睦，陛下何由得之。聪喜，以小刘贵人妻帝，曰：此名公之孙也，卿善遇之。

七年（313 年）春正月，聪宴群臣于光极殿，使怀帝著青衣行酒。二月，怀帝遇害，时年三十。

愍帝为武帝孙吴王晏之子，永嘉二年（308 年），拜散骑常侍抚军将军。洛阳倾覆，避难于荥阳密县，臣下奉归工安。永嘉七年（313 年）四月，奉怀帝崩问，举哀成礼，即皇帝位，改元建兴。

建兴四年（316 年）八月，汉大司马刘曜逼长安。时天下崩离，长安城中，户口稀少，墙宇颓毁，蒿棘成林，朝廷无车马章服，唯桑版署号而已。众唯一旅，有车四乘，器械多阙，运馈不继。

九月刘曜攻陷长安外城。领军将军麴允及安东将军索綝，奉帝退守小城以自固。城中饥甚，斗米金二两，人相食，死者太半。太仓有麴数十饼，麴允屑为粥，以供帝，至是复尽。冬十一月，帝泣谓允曰：今窘厄如此，外无援，死于社稷，是朕事也。然念将士暴罹斯酷，当忍耻出降，庶令黎元免屠烂之苦。使侍中宋敞送笺于曜，帝乘羊车，肉袒衔璧，舆榇出降，群臣号泣，执帝之手，帝亦悲不自胜。

曜焚榇受璧，旋迁帝于平阳。汉主刘聪临光极殿，帝稽首于前，聪以帝为光禄大夫，封怀安侯。明年十月，刘聪出猎，令帝行车骑将军，戎服执戟为导，百姓聚而观之。聪后因大会，使帝行酒，洗爵，反而更衣，又使帝执盖。屈辱备至。十二月，聪阴行鸩毒，帝因食心闷，欲见旧臣侍中许肃，肃驰至，帝已不复能言。肃曰："不审陛下尚识臣否？"帝犹能执肃手流涕，肃歔欷登床，帝遂殂于扶抱之中，年四十。

牵机药疑案

南唐李氏，在五代原不过是割据群雄之一，因系唐宗室之后，在江南也建国号称帝。元宗李璟死后，传至后主李煜，宋室已兴，太祖渐次削平群雄，后主曾改称江南国主，向宋廷纳贡修藩臣之礼。宋开宝七年（974年），太祖遣曹彬伐江南，八年二月宋师薄金陵，十一月城陷，后主出降。曹彬俘后主归汴，在一大群俘虏中，有后主的继后周氏，后世记载，称之为“小周后”。

小周是后主原配周娥皇之妹，娥皇死后，谥“昭惠后”，而小周之名已不可考。她们都是广陵人司徒周宗之女。娥皇是否真系昭惠之名，也很有怀疑余地。昔舜有二妃，长曰娥皇，次曰女英，是一对姊妹，岂因后主先后有姊妹二后，其姊的名字亦不传，而治史者托之于娥皇，因为此名是不见于正史的。

后主与娥皇结婚，是在南唐元宗保大十二年（954年），时年十八岁。娥皇比后主长一岁，是位才貌双绝的女子，尤擅音律。病死于宋太祖乾德二年（964年），隔了四年，后主正式册小周为后。小周比她姊姊小好多岁，美慧不逊其姊。在昭惠病时，入宫开始与后主恋爱，马令《南唐书·继室周后传》云：

> 后主继室周后，昭惠之母弟也。警敏有才思，神采端静。昭惠感疾，后尝出入卧内，而昭惠未之知也。一日，因立帐前，昭惠惊曰：“妹在此耶?”后幼未识嫌疑，即以实告，曰：“既数日矣”。昭惠恶之，返卧不复顾。

返卧不顾，显出昭惠愤懑的醋意。

后主偕小周降宋，在汴期间，据宋王性之《默记》，曾发生宋太宗逼幸小周后的屈辱之事。《默记》云：“李国主小周后，随后主归朝，封郑国夫人，例随命妇入宫。每一入辄数日而出，必大泣，骂后主，声闻于外，后主多宛转避之。”

后来元代画家尝有一幅《太宗逼幸小周后图》。明沈德符在其《万历野获编》，对此图有所描述：“太宗戴幞头，面黔黑而体肥，器具甚伟；周后肢体纤弱，数宫人抱持之，周有蹙额不能胜之状”。

随后主赴汴者，另有一妃王氏，闽人王某女，号“小花蕊”，入宋宫，太祖嬖之。褚稼轩《坚瓠集》云：“一日游苑中，使奉晋王酒，晋王故不饮，曰：必得夫人手摘一花来乃饮。太祖命之，甫至树下，晋王从后射杀之。太祖欢饮如故。”

晋王太祖弟，后继位为宋太宗。

按诸书所载，花蕊夫人有三。三位花蕊夫人，俱为十世纪兵戈扰攘的五代时人，也都是当时割据一隅，称王称帝者宫中宠爱，才貌卓绝。一为前蜀主王衍妃，花蕊随蜀主降于后唐。二为后蜀主孟昶妃，姓徐氏，亦有一说为费氏，尝作宫词百首，咏蜀宫琐事，蜀灭，随孟昶归汴。三即上述南唐后主妃王氏。三人均有花蕊之号。

所奇者，后蜀花蕊与南唐花蕊一样，据记载，亦为晋王所射杀。《铁围山丛谈》云：“夫人入宫，昌陵（太祖）惑之，尝造毒，屡为患，不能遂。太宗在晋邸时，数谏昌陵而未克去。一日，从上猎苑中，夫人在侧。晋邸方调弓矢，引满拟走兽，忽回射夫人而死。”

宋统一天下，后蜀先亡，南唐稍后，何以两花蕊之死，事同一辙？也许两人都有花蕊之称，遂发生混淆之传说，未必可信，复据《菽园杂记》云：“小花蕊，南唐宫人，墓在闽之崇安。”如所言可靠，则连入宋之说，也可怀疑了。

李后主归宋后，不足三年死，小周后不久亦卒。后主之死，据王性之《默记》，为太宗命秦王以“牵机药”所毒毙。“牵机药者，服之，前却数十回，头足相就如牵机状也”。但据与后主一同投降的旧臣徐铉所撰后主墓志，则曰“构疾卒”。龙衮《江南野史》亦曰：“太平兴国三年（978年）秋，后主因疾作，上（太宗）宣翰林医视药，中使慰谕者数四，翌日而卒。”《南唐书》亦云：“三年，公病，中使慰谕者数四，翌日而卒。"

精审的史家，都以为"牵机药"之说为不可信。牵机药毒性既烈，服后不应隔日方死，而宋初对诸国降王，都很宽大。正如赵翼《廿二史札记》所云："角力而灭其国，角力而臣其人，未有不猜防疑忌而至于杀戮者，独宋初不然。……统计诸降王及诸降臣，无一不保全者。"

太祖命曹彬将兵伐江南之初，谕曹彬曰："李煜一门，不可加害。"太宗于开宝九年（976年）十月继位，次月即将后主"违命侯"封号，晋为"陇西郡公"，明年二月，又增给后主月俸。后主优柔文弱，虽有思念故国的吟咏，但无复国的野心与能力，似乎用不着猜忌鸩杀，"牵机药"之说，未必是事实。

"昏德公"与"重昏侯"

宋徽宗宣和七年（1125年）十月，金遣粘没喝和斡离不两将，分道南侵，粘没喝（亦称粘罕）主西路，围太原，斡离不主东路，以汴京为目标，沿途州县皆陷落。金人倾国远至，其锋不可当，徽宗因于是年十二月下诏禅位于太子桓，自称道君皇帝。明年正月改元"靖康"，徽宗南幸避敌，而斡离不军已抵达都城西北。

帝（钦宗）召群臣议，李邦彦力请割地求和，李纲则主张抵抗。帝从邦彦，遣使赴金营议和。

斡离不提出的议和条件是十分苛刻的：输金五百万两，银五千万两，牛马万头，表缎百万匹。尊金帝为伯父，归燕云之人在汉者，割中山、太原、河间三镇之地，而以宰相亲王为质。

李邦彦等竭力劝钦宗接受条件。于是括借都城金银和倡优家财，得金二十万两，银四百万两，而民间已空。作誓书，称伯大金皇帝、侄大宋皇帝，一一依议，遣使持誓书先往，并携带三镇地图。

钦宗为人庸懦多变，其时朝中李纲等仍主战，而勤王之师亦渐集，帝遂生悔和欲战之心。一直到明年十一月汴京陷落，乍和乍战，经过若干反覆，李纲亦乍罢乍用。勤王之兵，战多不利，稍急则恐惧言和，稍缓则又变其初衷。汹汹多变，和战之计，始终不一。

靖康元年（1126年）二月间，斡离不得割地诏书，就不待金币数足，退兵北去，并挟为质的皇弟肃王枢同行。粘没喝攻太原不下，及闻斡离不议和，饱载而去，亦遣使前来索赂。宰臣以勤王之兵大集，拘其使而却其要索。粘没喝大怒，分兵下南，兵衅又开。

太上皇（徽宗）南行到镇江府，四月返回京师。九月，粘没喝陷太原，十月斡离不陷真定，以索割地为名，两路大军，咸趋汴京。金人至城下，斡离不屯于刘家寺，粘没喝屯于青城。和议不得要领，金兵攻城，京师陷，时为十一月。金人宣言议和退师，索金一千万锭，银二千万锭，缣帛如银之数。闰十一月底钦宗应敌人之邀赴青城金营，旋放还。十二月金人索金币急，遣使致书，邀钦宗再往金营。明年正月初往，自此即被扣留，不复返。二月，邀上皇徽宗出城，赴军前。上皇迟疑，欲饮药，为臣下所夺，且逼上皇与太后御犊车出宫，郓王楷及诸妃、公主、驸马、六宫有位号者皆行。四月，金人以二帝及太妃、太子、宗戚三千人北去。

先是，金主吴乞买得宋降表，废帝及太上皇为庶人，立张邦昌为楚帝。上皇离青城，金人以牛车数百乘载诸王及后宫。达燕都，金主封徽宗为昏德公，钦宗为重昏侯。

《南烬余闻》

徽钦北狩后的情况，正史仅有简略记载，谓徽宗于南宋高宗绍兴五年（1135年）四月崩于五国城，而绍兴三十一年（1161年）五月，钦宗崩讯至。

五国城在今黑龙江省依兰县地区，吉林省之扶余。世传《南烬余闻》一书，南宋时黄冀之撰。记徽钦二帝举旋北狩的经过，自靖康元年（1126年），迄绍兴三十年（1160年），数十年间，二帝在北，迁徙无常处，所受金人的凌辱，生活的苦痛，分条系以年月日，叙述甚详。另有《窃愤录》，署辛弃疾撰，及不署作者姓名之《北狩蒙尘录》，二书内容及文字，与《南烬余闻》相同，实为一书。

《南烬余闻》作者黄冀之生平无可考，书末附《阿计替本末》一文，言所记资料，得自当时押送二帝的差官阿计替。阿计替，河北隶州人，靖康中，金人攻陷州城，时为州吏，金将铁立炽，以其貌似铁之兄阿计替，即以兄名名之，授以微职。其后奉派押送徽钦二帝及眷属。本末一文，述阿计替之言曰：先至燕京，“又移安静军、云州、五国城、西江州、筠从州、凉源州等处，往来六七千里。又从少帝（钦宗）复从源昌州回燕京，几十年周旋”。

黄冀之云：“金阜昌七年，阿计替手持所纪上皇、少帝、郑朱二后生死诸事实录授予，盖予与阿计替姻侄也。”又云：“予不忍没阿计替之苦心，故直书其事于前，又志其本末于后。倘有心之士，能传至江南，庶几阿计替之忠肝义胆，不终埋没也。今两朝以黄河为界，有张氏者南归，予乃手录其实迹以予之，令带之南渡。”

自上述著书缘起看来，此书是从当时敌后沦陷区传至江南的。如果非出伪造，应是可贵资料，然此书的真实性，极为可疑。

细按书中所记金朝年号，每有谬误，如上述“阜昌”，为伪齐刘豫年号，金无阜昌的纪元。果系敌后传来的资料，对金朝年号，不应错误。次之，书中所记之事，尤多诡异不近事理，大有可疑，如记徽宗之死于五国城，曰：

> 天眷三年，即南宋绍兴六年（1136年），（按《宋史》，徽宗于绍兴五年崩于五国城。绍兴五年为金天会十三年。此云天眷三年，则为绍兴十年，纪年不侔，所差甚多。）或日，早，少帝自土坑出视太上，则疆踣死矣。号啕大哭。阿计替曰：可就此中掩埋，后具申文。土人云：此间无埋葬事，凡死者必火烧其尸，及半，即葬之州北石坑中，由是此水可以作灯也。语未竟，即有数人入室中，以木棒共架太上而

出，少帝从之。北至石坑，架尸于上，用荼郁木焚之，焦烂将半，复以水灭之，用大木贯其残骨，曳弃坑中，坠入坑底，沉没不见。

以死尸为火油，为事理所不可通。

书中谓徽宗之妃韦氏，到金后嫁盖天大王为夫人，亦属可疑。“或日，阿计替引帝至庭中，有紫衣番人上坐，呼帝曰：识我否？帝曰：不识。曰：我盖天大王也，乃四太子之伯父。良久，自屏后呼一妇人出，帝熟视之，乃韦妃也。太上见之低头不敢仰视”。

按韦贤妃，即南渡接帝位的高宗生母，妃与徽宗同时北去。《宋史·后妃列传》载徽宗死后，高宗曰：“宣和皇后（建炎改元，遥尊韦妃为宣和皇后）春秋高，朕思之不遑宁处”。谓春秋高，可见韦妃已非少艾。《韦妃传》云，妃于绍兴十二年（1143年）为金人放归临安，十九年（1149年）行七十庆寿礼。据此推算，韦妃初到金国，已是五十左右之老媪。所谓盖天大三者，很少娶此老媪的可能。

书中不合情理之记载甚多，而作者黄冀之及阿计替是否果有其人，亦无旁证可寻。故此书为当时或后人托名伪造，当可断言。书中言宋室妇女受辱之事甚多，如绎利乘醉，当徽宗之面，淫其孙女，丑不堪闻。故也有人推断，当时不得志于宋室之人，故弄玄虚，撰此泄忿。

亡国之君，在敌人铁掌管制下，苦难和屈辱是必然的。《南烬余闻》的来源未必可信，然其中摭拾的当时传闻，也许并非完全捕风捉影，书之以广异闻。

第十七章　宫室苑囿

阿房与迷楼

帝王统治万民，富有天下，宫室苑囿的宏伟富丽，略带政治性的观瞻和震慑作用，不仅为了皇家的欢娱，更超过了简单的居住需要。

秦始皇灭六国，统一天下而后，尝曰:“周文王都丰，武王都镐，丰镐之间，乃帝王之都也”，乃营作朝宫渭南上林苑中，先作前殿阿房，东西五百步，南北五十丈，上可以坐万人，下可以建五丈旗。阿房一殿，不过阿房宫中整个营建的一小部分，其后继续兴修，到始皇死后，二世继位之时，整个计划，尚未全部完成。始皇命方士求不死之药，卢生说始皇曰:“愿上所居宫，毋令人知，然后不死之药，殆可得也”。始皇乃令于咸阳之旁，二百里内，建宫观二百七十，复道甬道相连，帷帐钟鼓，美人充之。始皇之广建宫室，还有神妙的迷信动机。

七世纪初，弑父自立的隋炀帝，亦以营建宫室园囿著名。史称炀帝自长安到江都，置离宫四十余所。虽多，久而益厌，每游幸，左右顾瞩，无可意者，不知所适，仍备责天下山川之图，躬自历览，以求胜地，可置宫苑者，遂又有晋阳、汾阳诸宫之营建。

炀帝的宫室，不仅多，而且精奇。其著者，如显仁宫、西苑及迷楼。

《隋书·炀帝纪》：大业元年（605 年）三月，又于皂涧营显仁宫，采海内奇禽、异兽、草木之类，以实园苑。

《资治通鉴·隋纪》：大业元年（605年）五月，筑西苑，周二百里，其内为海，周十余里。为蓬莱、方丈、瀛洲诸山，高出水百余尺。台观殿阁，罗络山上，向背如神。北有龙鳞渠，萦纡注海内，缘渠作十六院，门皆临渠，穷极华丽。

迷楼在江都，为炀帝晚年所建。唐韩渥撰有《迷楼记》。炀帝苦宫殿显敞，而无曲房小室，近侍荐浙人项升，能构宫室，先进图本，帝览大悦。役夫数万，经岁而成。幽房曲室，玉栏朱楯，互相连属，千门万户，人误入者，终日不能出。帝幸之大喜，顾左右曰："使真仙游其中，亦当自迷，可命之为迷楼"。选后宫女数千居其中。不久隋亡，为唐军所焚毁，火经月不灭。

寿山艮岳

宫室园囿之营建，可与炀帝媲美的，当推宋徽宗。宋徽宗登极之初，皇嗣未广，有方士言："京城（汴京）东北隅，地协堪舆，但形势稍下，傥少增高之，则皇嗣繁衍矣"。帝遂命土培其冈阜，使稍加于旧，而果有多男之应。自后益留意于宫殿苑囿，于政和七年（1117年），即其地，大兴工役筑山，号艮岳。

先于政和四年（1114年），建延福宫，侈丽高广，不类尘境，殿阁亭台相望，凿池为海，疏泉为湖，怪石岩壑，幽胜宛若天成。

政和七年建寿山，又名艮岳，亦称之为华阳宫，周十余里，峰壑林池，亭台楼阁，引川流，造复道，土木华丽，穷极巧妙，其后年年添筑。徽宗御制《艮岳记》，略云：

> 按图度地，庀徒潺工，累土积石，设洞庭、湖口、丝溪、仇池之深渊，与泗滨、林卢、灵壁、芙蓉之诸山，最瑰奇特异瑶琨之石，即姑苏、武林、明越之壤，荆楚、江湘、南粤之野，移枇杷、橙柚、橘

> 柑、荔枝之木，金峨、玉羞、虎耳、凤尾、素馨、渠那、茉莉、含笑之草，不以土地之殊，风气之异，悉生成长养于雕兰曲槛，而穿石出罅，冈连阜属，东西相望，前后相续，左山而右水，沿溪而傍陇，连绵而弥满，吞山怀谷。

蜀僧祖秀稍后作《华阳宫记》，言园中怪石林立，最高者名“神运峰”，此石“广百围，高六仞，锡爵盘固侯，居道中，束石为亭，以庇之，高五十尺，御制记文亲书，建三丈碑，附于石之东南陬。其余石，或若群臣入侍帷幄，正容凛若不可犯，或战栗若敬天威，或奋然而趋，又若伛偻趋进，其怪状余态，娱人者多矣”。

此所谓神运峰等怪石，以及园中的奇花异木，皆搜自远方，运至京师，名曰“花石纲”，这是扰民最甚之举。《宋史纪事本末》略云：

> 帝（徽宗）垂意花名，（蔡）京讽（朱）冲密取浙中珍异以进，初致黄杨三本，帝嘉之。后岁岁召贡五六品，至是渐盛。舳舻相衔于淮汴，号“花石纲”。置应奉局于苏州，命（朱）勔（冲子）总其事。勔洁取内帑为囊中物，每取以数十百万计。于是搜岩剔薮，幽隐不置。凡士庶之家，一石一木稍堪玩者，即领健卒，直入其家，用黄封表识，指为御前之物，使护视之，微不谨，即被以大不恭罪。及发行，必撤屋抉墙以出。人不幸有一物小异，共指为不详。惟恐芟夷之不速。民预是役者，中家破产，或鬻卖子女，以供其须。铲山辇石，程督惨刻，虽在江湖不测之渊，必得乃止。

又云：“朱勔于太湖取石，高广数丈，载以大舟，挽以千夫，凿城断桥，数月乃至。”

然而寿山艮岳的寿命甚短，至靖康元年（1126年），距政和七年（1117年）只有九个年头，汴梁陷于金，再隔一年，靖康二年（1127年），徽宗及其子钦宗为金人俘虏北去，北宋沦亡。当时此寿山艮岳的际遇，祖秀的《华阳宫记》，感慨言之，云："靖康元年闰十一月，大梁陷，都人相与排墙，避虏于寿山艮岳之颠，时大雪新霁，邱壑林塘，粲若画本，凡天下之美，古今之胜在焉。祖秀周览累日，咨嗟惊愕，信天下之杰观，而天造有所未尽也。明年春，复游华阳宫，而民废之矣。"

再隔一百余年，到南宋理宗绍定六年（1123 年），元兵攻金人所占的汴京，金人以寿山艮岳的山石为炮弹抵抗。《纪事本末》曰："蒙古兵并力进攻，金龙德宫造炮石，取艮岳太湖灵璧假山为之，大小各有斤重，其圆如灯球之状。"

那些"凿城断桥"、"挽以千夫"而来的"神运昭功"之石，此后也就不再存在了。

清代诸园

北京在辽为南都，金为中都，元为大都，明永乐中迁南都于北，北京之名自此始，清代仍之。自辽圣宗开泰以还，历代帝王恒喜于北京近郊及燕北胜区，营建离宫，以便游息。清代园囿宫室之盛，踵事增华，甲于历代。

清顺治帝（世祖）入关而后，初仅因明南海子之旧，略事修葺。康熙帝（圣祖）嗣位，自二十三（1684 年）至二十八年（1689 年）两度南巡，乐江南湖山之美，因命于京师海淀西丹陵，明武清侯李伟的清华园故址筑畅春园，其时约在康熙二十九年（1690 年）。继复改玉泉山澄心园为静明园，建香山行宫为静宜园，与畅春园鼎足而三。

雍正帝（世宗）在潜邸时，圣祖命于畅春园附近辟地筑室，为世宗藩邸，赐名圆明。及雍正帝践祚，复加扩拓，崇墉复殿，为夏日避暑之所。

乾隆初以畅春园奉太后，而自居圆明园，其时八方无事，海宇殷阗，专饰园居，穷治土木。十六年（1751 年）复拓水村为长春园，其后且仿意大利诸法建远瀛观、海晏堂等于长春园北部，开中国园庭建筑之创举。又于圆明园东南包万春园于内，号称三园，统辖于圆明园总管大臣。同时复拓静明、静宜二园，因瓮山金海之胜筑清漪园，谓之三山。

乾隆帝南巡所至，江南名园，辄图画以归，若海宁安澜园、江宁瞻园、苏州狮子林、钱塘小有天，皆仿其制，增饰御园，月榭风亭，离宫别馆，务极观游之胜。高宗御制《圆明园记》中，谓采椽栝柱，素甓板扉，不斫不枅，不施丹雘者，殊非实录。即当时西洋传教士，贻书域外，亦称圆明园为“万园之园”。

嘉庆年间，复于圆明园大事扩拓，规模益宏。道光帝即位，以俭名天下，撤三山陈设，罢热河避暑，木兰秋狝，然圆明、长春二园筑建，仍无虚日。

清代诸帝，经营园囿，既如此不余遗力，且清宫祖制，兴居有时，饮食服御有常度，帝恒苦其束缚。故自康熙四十年（1701年）后，熙春盛暑，大都驻跸诸园。雍正朝以降，更习为风尚。自新正郊礼毕即移居园宫，冬至大祀前夕始还大内，一岁之中，除夏幸热河，园居几三分之一，盖视大内为举行典礼之所，事毕即行。自康熙至咸丰六帝，死于宫内者，止乾隆一帝。康熙帝死于畅春园，雍正帝、道光帝死于圆明园，咸丰帝死于热河避暑山庄，唯乾隆帝于嘉庆三年（1798年）冬还宫，明年正月初三死于大内。

咸丰帝践祚，内难外患交迫，帝心焦灼，移驻圆明园，并时幸三山，略复乾嘉旧制，三山土木之役，尤不绝于书。清帝移跸园居，后暨妃嫔皇子咸侍。咸丰朝时，且有汉女承宠，分居圆明园亭馆，所谓杏花春、武陵春、牡丹春、海棠春是也。

咸丰七年（1857年），英法联军事起，清廷依违于和战之间，局势或紧或松，迄咸丰十年（1860年）六月，联军兵舰，突入渤海湾，和议未成，塘沽天津相继失守，帝于八月初三日离圆明园，在园中同道堂早餐后，仓皇启程北狩，避难热河，自此即与京师永别，明年七月驾崩于避暑山庄，为时尚不足一年。

联军既陷京师，时为八月二十三日，法人首入圆明园大劫，次日英军继至，土匪随机附和。二十五日联军撤离，诸园仍由清兵接收。嗣因英人欲泄愤，初议彻毁诸园，虽法人反对，卒于九月初五日以骑兵赴园，据正大光明殿为临时发施号令之所，派兵四出纵火，初六日，正大光明殿与大宫门最后亦付一炬。同时清漪、静明、静宜三园亦俱遭浩劫。于是清代经营五世，历二百年之名园，顿成瓦砾焦土。

劫后修复

以上清代园囿沿革掌故，部分取材于吴相湘所著《圆明园与同治帝》，吴文并述及后此慈禧母子在同治年间重修圆明园经过，大略如次：同治十二年（1873年）春，亲政、大婚二典相继告成，明年又值慈禧太后四十万寿之期，同治帝左右宦官，遂乘机劝帝兴修御园，以孝思奉亲、颐养两宫太后为名，于九月二十七日，遣内务府司员至四代承办园工之雷思起家索取三园全图御览，翌日即谕饬兴修。

除修复圆明园外，尚援先朝旧例，修万春园为太后驻跸之地。万春园原为圆明园东南之一部分。就圆明园中路一区言，咸丰十年（1860年）火后，仅存西南隅敬事房九间，此次重修计划于原有殿宇房屋六百五十六间中，先建四百三十七间。改慎德堂（原道光帝居所）为四卷殿，易同道堂（原咸丰帝居所）为福寿仁恩殿。移天地一家春于万春园，易其地为承恩堂。天地一家春系圆明园中路旧名，此次重修，移其名于万春园旧日永春堂、敷春堂故址，建四卷殿，东西辟两院，绕以游廊，并改其北之问月楼为澄光榭，东部为看戏殿、戏台、扮戏房及附丽诸屋，以备慈禧太后之起居游息。

慈禧太后本人，对兴修园房，兴致亦复不浅，据故宫内务府及雷思起所留旧档，天下一家春殿宇装修图样，多出太后亲笔绘样。同治帝于兴工后，屡次亲临看视。而大臣、师傅及亲王，以民穷已极，天下未靖为理由，纷纷奏请停工，同治帝刚愎倔强，置于不顾，召见内务府司员，谕以“同乐园改三层戏台，看戏殿改楼二层，楼板与中层戏台平”。

按，同乐园为圆明园演戏台之最大者，乾隆时新正酬节、万寿称庆、赐宴听戏，均在于此，戏台匾曰“清音阁”，凡三层，下设机轴，神祇仙佛自上缒下，鬼魅升自下层，其南附扮戏房五间，北为看戏殿五楹。园工初兴，原未计及此，缘天地一家春、福寿仁恩殿，均有戏台备太后及皇帝娱乐。同治帝既传谕重修，样式房为顾及工费，原拟改作二层，而帝必欲复乾隆朝之旧。

同治十三年（1874年）七月，恭王再疏请速停园工，继以激烈廷争，始回转帝意，遂定停止圆明园工，而以重修三海为交换条件。三海又名西苍，由玉泉山之水下注潴成，上有桥，桥以北称北海，以南称中海，瀛台以南称南海。

是年十一月，同治帝病殁。光绪帝嗣位后，圆明园表面虽告停工，其管理事务大臣及所辖工程员司奉职如旧，仍不断有小规模之兴修。慈禧太后并就清漪园旧址，以海军经费三千万两，营建颐和园。至光绪二十年（1894年），慈禧太后又图大修圆明园，特命自全国土药厘金中拨若干万两以供圆明园工程，所有土药厘金，原已命令以全数提归颐和园工程处为每年建筑及维持之费。

竭天下黎庶之膏脂，供一人之怡逸，此时距清祚覆亡，已不甚远，滥施园工，不能不说为其原因之一。

第十八章　断袖分桃

变态的性生活

今年（1967年）七月合众国际社伦敦电，谓四日英国下院以九十九对十四票通过法案，成年男子的同性恋爱，成为合法。英国成年男子间的同性恋，甚为流行，这个所谓开发国家，在性生活方面已开发到“不毛之地”，而为法律所承认，这是开发中国家和未开发国家所望尘莫及的。

大约自有人类以来，即有这种畸形的性关系。不过承认它合法化，却是旷古所未有。我国古代若干帝王，在这方面竟也未能免俗，流传着不少有趣故事。据心理学者的分析，同性恋大都发生在隔绝异性的生活环境里，如僧尼修道院等。或是由于一种变态心理，羞涩或畏怯，不敢与异性接触，遂有此畸行的性爱发展，然自帝王言，这两种心理都很少可能。三宫六院，宫掖之中，女性只嫌过剩，那里会有隔绝的问题？次之，南面称尊，要什么有什么，只有变态的优越心理，如何会有羞怯的自卑感？所以，如欲分析帝王同性恋的发生原因，尚待心理学家进一步研究推敲。

就史籍的记载看，我国帝王的同性恋，大都发生在春秋、战国及汉代，汉以后较为少见。至于民间，也许不如英国之盛，而古今一辙，无绝迹可能。在谈古代帝王同性恋故事之前，清末士大夫的“狎优”与

“男色”，虽属题外之文，也许值得先附带一谈，以明古昔帝王这种变态的闲情逸致，后世未尝没有衣钵相传的发展。

清代禁官吏挟妓，于是转其柔情，以向伶人。在清末拳乱之前，京师尚无女伶，那些面目姣好的年轻男伶，浓妆艳抹，修饰容貌，眉听目语，易弁为钗，称为“像姑”，音讹俗呼为“相公”，其接客的寓所，称“相公堂子”。狎优既为法律所不禁，于是朝贵名公，不相避忌，赏心乐事，互成习惯。每逢宴饮，可招“相公”侑酒，一如民初上海的长三姑娘，今日台湾的酒家佳丽。在酒酣耳热之下，难免作些猥亵行为。李慈铭《越缦堂日记》有云:“丁兰谷邀饮福兴居，招芷秋、心兰数郎。丁士彬丑秽之状，更不可堪，至与心兰互脱其袴，相为以手出精，地狱变相，乃止于此。”又云:“都中士夫，风气扫地，深可叹也。”

然而越缦本人，也未尝不好此道，其日记中所记之优伶名字，上述者外，更有钱秋蓤、时琴香、梅蕙仙诸人。高拜石《古春风楼琐记》:说他“自说自话，肉麻之极，他自赞心犹五尺之童”。

梅蕙仙名巧玲，蕙仙其字。他是梅兰芳博士的祖父。巧玲艺名早著，艳丽亦为当时狎客所倾倒。蕙仙二子，长名大琐（字竹芬），次为二琐（字筱芬），二琐为梅博士之父，早死。沈南野《宣南零梦录》记其招大琐侑酒，说他“既至则敛襟默坐，沉静端庄，类大家闺秀，肥白如匏，双靥红润，若傅脂粉，同人拟以荷露粉垂，杏花烟润八字，谓其神似薛宝钗也”。

弥子瑕与龙阳君

两雄相悦，大约因为龌龊无聊，古人作文，说到此事，往往引用典故为代名词，曰分桃，曰龙阳之癖，曰断袖，三者都是帝王同性爱的故实，先谈分桃。

公元前五世纪，春秋时代卫国之君卫灵公，宠爱幸臣弥子瑕，他是卫灵公男色的对象。一天，弥子瑕伴君游果园，食桃而甘，以半啖君，君曰:“爱我哉，忘其口味，以啖寡人”。

照卫国的法律，窃驾君车者罪刖，子瑕母病，矫驾君车以出，君闻而贤之，曰:“孝哉，为母之故，忘刖罪”。

弥子瑕后来色衰爱弛，灵公远之。但又有一说，灵公之绝弥子瑕，为接受了史鱿临终的谏劝。史鱿亦作史鱼。《孔子家语》云：

> 史鱼病将卒，命其子曰:“吾在卫朝，不能进蘧伯玉，退弥子瑕，是吾为臣不能正君也。生而不能正君，则死无以成礼。我死，汝置尸牖下，于我毕矣。”其子从之。灵公吊焉，怪而问焉，其子以其父言告公，公愕然失容曰：是寡人之罪也。于是命之殡于客位，进蘧伯玉而用之，退弥子瑕而远之。

卫灵公而后百余年，到了战国时代，有魏王与龙阳君的故事。龙阳为魏王男宠，《战国策》书其事，曰：

> 魏王与龙阳君共船而钓，龙阳君得十余鱼而涕下。王曰:“有所不安乎，如是何不相告也?”对曰:“臣无敢不安也。”王曰:“然则何为涕出?”曰:“臣为王之所得鱼也。”王曰:“何谓也?”对曰:“臣之始得鱼也，臣甚喜，后得又益大，今臣直欲弃臣前之所得矣。今以臣凶恶而得为王拂枕席，今臣爵至人君，走人于庭，辟人于途。四海之内，美人亦甚多矣，闻臣之得幸于王也，必褰裳而趋王，臣亦犹曩臣之前所得鱼也，臣亦将弃矣，臣安能无涕乎?”魏王曰:“误有是心也，何不相告也!”于是布令于四境之内，曰:“有敢言美人者族。”

龙阳君的忸怩作态，欲宠专房，魏王竟也接受他的要求，体贴肉麻，可鄙亦复可笑。

与上同卧起

司马迁《史记·佞幸列传》云,“谚曰：力田不如逢年，善仕不如遇合。固无虚言，非独女以色媚，而仕宦亦有之。昔以色幸者多矣。至汉兴，高祖至暴抗也，然籍孺以佞幸，孝惠时有闳孺，此两人非有材能，徒以婉佞贵幸，与上卧起”。

和男人同卧起，“暴抗”如汉高祖，亦所不免。“暴抗”义为暴猛抗直。男宠似成汉代世传家法，所以高祖的子孙溺于此道者不一其人，《汉书·佞幸传》言之甚悉，摭述其要。

文帝时有邓通，初以濯船为黄头郎。濯船言持濯行船，意即宫掖池中撑篙摇船的小吏。刺船之郎，皆戴黄帽，故曰黄头郎。

一晚，文帝尝梦欲上天，而不能。有一黄头郎推之上天。顾见黄头郎衣裾后幅，穿有一孔。醒后，帝阴求此推者郎。见邓通其衣后穿，与梦中所见合。

召问其名姓，姓邓名通，邓犹登也，文帝甚悦，宠幸之日日异。通亦愿谨不好外交，虽赐以休沐假日，亦不愿出宫，于是文帝赏赐通钜万，以十数次。官至上大夫。文帝时幸通家游戏。然通无他技能，独自谨身以媚上而已。

上使善相人相通，曰:“当贫饿死”。上曰:“能富通者在我，何说贫!”于是赐通蜀严道铜山，得自铸钱，邓氏钱布天下，其富如此。

文帝病痈，邓通尝为上嗽吮之。上不乐，从容问曰:“天下谁最爱我者乎?”通曰:“宜莫若太子。”太子入问疾，使太子龊痈，太子龊痈而色难之。已而闻通尝为上龊之，太子惭，由是心恨通。

及文帝崩，景帝立，免通家居。后因案为人告发，尽没家产，竟不得名一钱，寄死人家。

武帝朝有男宠韩嫣。武帝为胶东王时，嫣与上学书相爱，及上为太子，愈益亲嫣。上即位，官至上大夫，尝赐拟邓通。常与上共卧起。

董贤为“断袖”故事的主角，初以太子舍人给事掖庭，为人美丽自喜，汉哀帝望见，悦其仪貌，识而问之曰:“是舍人董贤耶?”因引与上语，拜为黄门郎，由是始幸。既而宠爱日甚，为驸马都尉侍中，出则参乘，入御左右，旬月间赏赐钜万，贵震朝廷。

贤常与上卧起，尝昼寝，偏籍上袖，上欲起，贤未觉，不欲动贤，乃断袖而起，其恩爱如此。

贤亦性柔和便辟，善为媚以自固，每赐洗沐不肯出。上以贤难归，诏令贤妻得通引籍殿中止贤庐。又召贤女弟以为昭仪，位次皇后，更名其舍为椒风，以配椒房。盖皇后所居殿曰椒房，故名椒风以配之。昭仪及贤与妻，旦夕上下，并侍左右。

迁贤父为少府，赐爵关内侯。又以贤妻父为将作大匠，弟为执金吾。诏将作大匠为贤起大第北阙下，重殿洞门，木土之功，穷极技巧，柱槛衣以绨锦。又令将作为贤起冢茔义陵，旁内为便房，刚柏题凑，外为徼道，周垣数里，门阙罘罳甚盛。

旋下诏封贤为高安侯，继又官拜大司马，是时贤年二十二。匈奴单于来朝宴，见贤位在群臣前。单于怪贤年少，以问译人，上令译报曰:“大司马年少，以大贤居位”。单于乃起，拜贺汉得贤臣。

及哀帝崩，太后指使尚书劾贤，继以太后诏，收大司马印绶，罢归，即日贤与妻皆自杀。

这些汉代帝王的男宠，结果大都悲惨，班固《汉书·佞幸列传》尝赞曰:“柔曼之倾意，非独女德，盖亦有男色焉。”又云:“然进不由道，位过其任，莫能有终，所谓爱之适足以害之也。”汉代这位大史家，用“进不由道”一语，似可作双关的解释，无意中给后世读者留下了一个幽默印象。

貌与妃相似

清高宗（乾隆帝）有权臣曰和珅，宠眷无比，相传他们的关系亦如汉哀与董贤故事。乾隆六十年（1795年），高宗禅位之时，珅官至大学士，以军机大臣管理吏、户、刑三部，其子丰绅殷德尚高宗第十女和孝公主。

仁宗（嘉庆帝）受禅，高宗以太上皇尚在世，嘉庆帝有去珅之心，而仍不露圭角，待之甚厚，遇有奏高宗之事，皆珅代白。至嘉庆四年（1799年），太上皇崩，朝臣觇嘉庆帝意，纷劾和珅诸不法状，立予革职拿问。

案结定罪，嘉庆帝诏云："和珅种种悖妄专擅，罪大恶极，于法实无丝毫可贷。因思圣祖仁皇帝之诛鳌拜，世宗宪皇帝之诛年羹尧，皇考之诛讷亲，此三人分位与和珅相等，而和珅之罪，尤为过之。从前办理鳌拜、年羹尧，皆蒙恩赐令自尽，讷亲则因贻误军务，于军前正法。今就和珅罪状而论，其压搁军报，有心欺隐……贻误军国，情罪尤为重大，即不照大逆凌迟，亦应照讷亲之例，立正典刑，此事若于一二年后办理，断难宽其一线。惟现当皇考大事之时，即将和珅处决，在伊固为情真罪当，而朕心究有所不忍，且伊罪虽浮于讷亲，究未身在军营，与讷亲稍异，国家本有议亲议贵之条，以和珅丧心昧良，不齿人类，原难援引入议，量从末减。姑念其曾任首辅大臣，于万无可贷之中，免其肆市，和珅著加恩赐令自尽。"

和珅伏辜，所抄没的家产，至今流传着一份清单，即以金、银、钱三库言，共折值银五千四百余万两，其余珍宝，不可计数。

和珅的结局，不下于汉朝的董贤，也许更惨。据传和珅得高宗之宠，其中有一段神话化的因缘，小横香室主人的《清宫遗闻》载之，但是否可信，无确证可寻，节录之以广谈助：

当雍正帝（高宗之父）时，世宗有一妃，貌姣艳。高宗年将冠，以事入宫，过妃侧，见妃方对镜理发，遽自后以两手掩其目，盖与之戏耳。妃不知为太子，大惊，遂持梳向后击之，中高宗额，遂舍去。

翌日月朔，高宗往谒后，后瞥见其额有伤痕，问之，隐不言，严诘之，始具以对。后大怒，疑妃之调太子也，立赐妃死。

高宗大骇，欲白其冤，逡巡不敢发。乃亟返书斋，筹思再三，不得策。乃以指染朱迅往妃所，则妃已缳帛，气垂绝。乘间以指朱印妃颈，且曰："我害尔矣，魂而有灵，俟二十年后，其复与吾相聚乎？"言已，惨伤而返。

迨乾隆中叶，和珅以满洲官学生在銮仪卫造舁御舆。一日驾将出，仓猝求黄盖不得。高宗云："是谁之过欤？"和珅应声曰："典守者不得辞其责。"高宗闻而视之，则似曾相识者，骤思之，于何处相遇，竟不可得，然心终不能忘。

回宫后，追忆自少至壮事，恍然于和珅之貌，与妃相似。因密召珅入，令跪近御座，俯视其颈，指痕宛在，因默认为妃之后身，倍加怜惜，遂如汉哀之爱董贤矣。

第十九章　骨肉斗争

狗之争骨

两只狗争取一块骨头，狺狺狂吠，甚或打架。宫廷之中有时争夺皇位，父子兄弟叔侄之间，必须拼一个你死我活，两狗争骨，仅止于打架，尚可共存，政治斗争有绝对的排他性，帝王权位，如果发生争夺，不论文斗或武斗，决不取共存之途，纵或一方已获胜利，仍恐失败的一方反扑，必须用似乎正当的理由，斩草除根，将敌手诛灭。人之异于禽兽者在此，也许很难说，人不如狗呢，还是狗不如人？

历史上发生过不少宫廷夺位斗争，造成家庭骨肉间的流血惨剧。然而这究竟不是光荣的玩意，那些为帝王所雇佣的史家，对这类事往往用冠冕堂皇的曲笔，甚至完全加以讳饰，于是若干在政治斗争中牺牲生命的帝王或其子弟，究竟如何死法，成了“千古不决之疑”。本书前章言帝王之死，还缺少此一角度的叙说，值得把这些五花八门夺位斗争的拼命故事，分数章加以补充。

烛影斧声

先说宋太祖和太宗之间传位问题及其后的杀戮与伦常灭裂。

宋太祖临终禅位于弟光义（太宗），相传是夜有“烛影斧声”之事。

稗官野史传说甚多，而为正史所不书。《宋史纪事本末》记之，曰：

> 开宝九年（976年）冬十月，帝（太祖）有疾。壬午夜，大雪。帝召晋王光义，属以后事。左右皆不得闻。但遥见烛影下晋王时或离席，若有逊避之状。既而，上引柱斧戳地，大声谓晋王曰："好为之"。俄而帝崩。

太祖传位于弟，据《宋史》记载，是遵母杜太后遗训。《杜太后传》云：

> 建隆二年（961年）太后不豫，太祖侍乐饵不离左右。疾亟，召赵普入，受遗命。太后因问太祖曰："汝知所以得天下乎？"太祖呜噎不能对。太后固问之。太祖曰："臣所以得天下者，皆祖考及太后之积庆也。"太后曰："不然，正由周世宗使幼儿主天下耳。使周氏有长君，天下岂为汝有乎？汝百岁后，当传位于汝弟。……"帝顿首泣曰："敢不如教。"太后顾谓普曰："尔同记吾言，不可违也。"命普于榻前为约誓书，藏之金匮。

《宋史纪事本末》述此事，文字略同。唯于"汝百岁后"尚多数语，曰："当传位光义，光义传光美，光美传德昭"。德昭为太祖子，光美后改名廷美，太祖弟。太祖行二，光义行三，光美行四。

上引《纪事本末》言"烛斧"事，语甚隐约。就文义及事理推敲，太祖传位于弟，临终对母命或有悔意，持斧欲杀光义而传位于子；病中力弱，在光义"逊避"之下，斫而不中，不得已掷斧作罢。当时容有一番争持。

为明真相，史料既隐约难作判断，还须从别的方面去找寻旁证，假定"烛斧"之事为不实，而传位于弟确是太祖遵守母命的自己意旨，则先从太祖生前与太宗的情谊去看，似乎过去二人甚为融洽，而且早有传位光义之意。

《宋史》云："帝（太祖）友爱光义，数幸其第，恩礼甚厚。光义尝有疾，亲为灼艾，光义觉痛，帝亦取艾自灸。每对近臣言，光义龙行虎步，他日必为太平天子，福德非我所及也。"

蔡惇《夔州直笔》云："太祖以晋王（太宗）尹京，对罢，宣谕曰：久不见汝所乘何马，牵来一观。遂传呼至殿陛下御马台，敕令晋王对御上马。太宗惶惧，逊辞。乃密谕曰：他日汝自合常在此上下马，何辞焉？太宗骇汗趋出，命近侍挽留送上马。遂再拜，上马驰走，回旋于殿廷而出。太祖示继及之意也。"

上面两段说明太祖不仅友爱，且弟之继位，胸中似早有成竹。

从建隆二年（961 年）的客观形势去看，杜太后的所谓"金匮誓书"立长之命，不仅正确，而且有其必要。其时海内割据群雄，尚未降服，后蜀、南汉、南唐、吴越、北汉均负固一隅，而北方之契丹、西北之夏，又窥伺侵扰，环境如此，使无英毅年长之主，宋之基业，能否隐固，确成问题。故不能说太祖没有立长传弟之意，而后来数年，心中也一向把太宗视为皇位的继承人。

然而到太祖死的时候，距建隆二年（961 年）已隔十五个年头，国家逐渐统一，环境已变，而其长子德昭亦已长成。当时德昭有多大年纪史无明文，然据近人汪伯琴的考证："太祖长子德昭，于（太宗）太平兴国二年（978 年）自杀，其生年若干，史未叙明，然其弟德芳死于太平兴国六年（981 年），年二十三岁，及太宗北征时，德昭与廷美（太祖幼弟）已皆从征两事以为推测，其生年亦当在二十岁左右。"换句话说，太平兴国二年距太祖死时，仅一年或一年余（太宗继位，不逾年即改元），故此时德昭不能说尚未成年，已无当初立幼的顾虑。

从另一角度解析

帝王的私心，究竟子亲于弟，到了后来，改变初衷，自有可能。

这里有一插曲，或可旁证太祖有改悔当年立弟之意。

李焘《续资治通鉴长编》云："(开宝九年冬十月）癸丑，上（太祖）崩于万岁殿。时夜已四鼓，宋皇后使王继恩出召贵州防御使德芳。继恩以太祖传国晋王（太宗）之志素定，乃不诣德芳，径趋开封府召晋王。……后闻继恩至，问曰：德芳来耶？继恩曰：晋王至矣。后见王，愕然，遽呼官家，曰：吾母子之命，皆托于官家。王泣曰：共保富贵，勿忧也。"

据此，可知太祖初崩，宋皇后意欲召德芳入继帝位。亲莫如夫妇，太祖生前，或曾向皇后透露过传子不传弟之意，皇后此举，未必完全出于妇人爱子之情，而事前曾受太祖的暗示。

但皇后何以不召长子德昭，而召次子德芳？论者以为或因德昭时不在京，或因非宋皇后亲生之故。而王继恩违命召晋王，或许晋王之觊觎大位，早有豫谋，勾结太祖近侍，布置好了的。

太宗承诺"共保富贵"，然据凌扬藻《蠡勺编》，谓以后宋皇后疾革，太宗迁之于故燕国公主第，崩乃权厝于普济佛舍，不为之发丧。当年召子之恨，仍久蓄心中。

至于太宗有没有夺位之心。汪伯琴曾就宋创业背境，作过一番分析，其言略曰：

> 宋之创业，虽始于陈桥兵变，实出于预谋篡夺。然首先起意的，疑非太祖而为太宗。当时太宗所以不自出面的原因，大概是他在周代所任供奉官都知一职，不如乃兄殿前都检点之尊。换句话说，太祖号召力强，推他出而谋举大事，较易成功，故自己宁愿隐藏幕后，由乃兄先来领导，等到大功已成，国基渐定，太宗自必取而代之，以满足自己初时欲望，就因这种原故，于是有人怀疑太宗因久不及待而作弑兄之事，即所谓"烛影斧声"的疑案。

他并引明史论家张溥的论断，互为发明："太宗虎视大物，不踸之名，推兄居之，徐取纳坏，直忘久假。”

汪氏的说法，虽系推测，但很中肯。如此说来，太祖崩时的“烛影斧声”，并非太祖之欲杀弟，而是太宗之弑兄，当时无别人在室，当然暧昧难明。如果取《宋史纪事本末》之说，于“烛影斧声”之后，接着“俄而帝崩”。“俄而”两字，表示时间上的间隔不多，但按《续资治通鉴长编》的记载，“独影斧声”之后，太宗曾退出宫中，故有宋皇后使王继恩召德芳而违命召晋王（太宗）之事，则烛斧到帝崩，中间尚有一段时间，太宗岂于弑兄后再匆匆离去，还是宋皇后发现惨案后，而命人召德芳的呢？这真所谓“千古不决之疑”了。

次之，历代帝王易位，嗣君继统，改元大都踰年行之，但太祖死于十月而太宗接位后，于同年十二月即改为太平兴国，有违常例，论者也以为这是太宗得位非由正道的疑窦之一。刘定之《宋论》云：

> 十二月，宋主（太宗）御乾元殿受朝，大赦，改是年为太平兴国元年。太宗即位，至是越两月，又越一月，则明年正旦矣，而不肯少待，遽改残年为元年，汲汲于削去其兄之年号，早一日则快一日之志也。且号其年也，谓之兴国，言创业由我也，谓之太平，言致治由我也；所谓至尊之殊号，极美之大名，无非欲跨越其兄而已。自昔以崩年改元，为乱世之事，太宗袭用乱世之事而不避，徒以其兄之未尝明以大业授己，而致己自取，故汲汲削去之，跨越之，然不虞天下后世因此窥见己之戕其兄矣。

迫死弟侄

所谓“金匮誓书”，是太宗继承皇位的合法根据，论情理应当在太祖死后，即以昭示廷臣，名正言顺的继承大统，以服众心，然而不然，直到太平兴国六年（981 年）柴禹锡告秦王廷美（原名光美）骄恣，将有阴谋窍发时，赵普才备言杜太后顾命，及先朝自愬之事，然后太宗乃于宫中访得普前所上书，并发金匮得誓书。

论者以为此一誓书，乃太宗与赵普利用杜太后口头说过“传弟”、“传长”之语而伪托写成，当初杜太后未必真有顾命赵普“书之于纸，藏之金匮”之事。

这还不要说它，太宗继承大统之后，逐年将太祖的二子德昭、德芳及其弟廷美，次第迫害，更可显出他得位之非由正道。

《宋史·燕王德昭传》云:“(太平兴国) 四年 (979 年)，(德昭) 从征幽州。军中尝夜惊，不知上 (太宗) 所在，有谋立德昭者，上闻，不悦。及归，以北征不利，久不行太原之赏。德昭以为言，上大怒曰：待汝自为之，实未晚也。德昭退而自刎。”可见两人平时嫌隙甚深，未尝与当年“烛斧”事无关，而部下且有拥戴德昭的迹象。太宗“待汝自为之”一语，透露了对德昭的疑惧，而德昭也明白，太宗有此疑心，自己生命终难保全，不如一死了之，否则一语之责，何至自杀？

此后，太祖另一子德芳，亦“相继夭没”，史未详如何死法。而太宗之弟廷美，即杜太后所欲光义（太宗）传位于他的光美，则以交通卢多逊，密谋“为乱”，一再贬迁，结果谪赴房州，“怨望不悔过”，忧悸成疾，卒于该地。兹摘述毕沅《续资治通鉴》，以明廷美一步紧一步被迫害的经过：

一、太平兴国七年（982 年）三月，金明池水心殿成，帝将泛舟往游，或告秦王欲乘间窃发。癸卯，罢廷美开封尹，授西京留守。

二、四月，会（赵）普廉得（卢）多逊与秦王廷美交通事，遂以闻，帝怒。敕廷美归私第。

三、己卯，诏秦王廷美男女，并发遣往西京，就廷美安泊。

四、丙辰，降封廷美为涪陵县公，房州安置。

五、雍熙元年（984 年）正月，涪陵县公廷美至房州，忧悸成疾卒。

在廷美谪迁房州之初，朝廷派了两个地方官，命崇仪副使阎彦进为房州知州，监察御史袁廓通判军州事，赴任时，各赐白金三百两。

这两位地方官吏，自然奉有密旨，收拾廷美，迫廷美忧悸成疾卒，达成他们白金三百两所付的任务。

廷美既死，太宗尚装出假惺惺的姿态，涕泣谕朝臣曰:“廷美自小刚愎，长益凶恶，朕以同气至亲，不忍置之于法，俾居房陵，冀其思过，方欲推恩复旧，遽兹陨逝，伤痛如何。”

至此，当年杜太后所定帝位程序中的人选，都已肃清，日后使太宗得放心将皇位传给自己的儿子——真宗赵恒。

昔张溥论曰:“烛斧之疑，事所必无，然君子姑存者，恶太宗之忍也。”张溥没有举出“必无”的佐证。在廷美被罗织成罪之前，“帝(太宗)以传国意，访之赵普，普对曰：太祖已误，陛下岂容再误?”赵普是迎合太宗心理。帝皇宝座，兄终弟及，史有成例，然以无后的帝皇为多；至于有后者，一般心理，都要传之于子，俗语云，血浓于水，然而同样是血，浓的程度，也有厚薄之分，太宗如此，太祖未必例外，则烛影之事，何尝无可能?所不可知者，究竟兄欲杀弟，抑弟之弑兄乎?

第二十章　杀兄屠弟

同产不能无倾夺

前章谈“烛影斧声”故事，本章言唐初的“玄武门之变”，以及后面要谈的明初“靖难之役”，这三个王室骨肉相残争夺大位事件，都是发生在王朝创业的第二代，这是巧合吗，还是有其特殊原因？

王船山《读通鉴论》，曾经对此一问题，给出过答案，他并且追溯到远古的商周，“商始兴而太甲放，周始兴而成王危，秦并天下而扶苏自杀，汉有天下而惠帝弗嗣，唐则建成死于刃，宋则德昭不令其终，讫乎建文之变，而憯尤烈”。何以故？“天下初定，人心未靖”。

他的答案，似乎笼统了一点，如果异姓造反，夺取皇位，则尚可说人心未靖。而以上三案，都是祸起骨肉之间，与天下人心，甚少牵涉。大约因为夺位的人，都曾目睹或参与上一代所谓“开国之君”的取得皇位，都是篡夺而来，不论他们的篡夺，如何顺天应人，有异乎寻常的理由。下一代的篡夺者记忆犹新，以为皇位是可以用文斗或武斗来抢夺的，就是没有理由也要制造一些冠冕堂皇的理由。

权力是人类本能之祈欲，而帝位是权力的极峰，宋太祖曰:“天位者，众欲居之尔。”因此一如司马光所说:“虽同产至亲，不能无相倾夺。”

唐代创业之君李渊，是晋末西凉王李暠七世孙，隋大业十三年(617年)以太原留守起兵，时隋炀帝南狩扬州，入长安后，遥尊炀帝为太上皇，奉代王侑为隋帝（恭帝），以示他是为隋室“勤王”，而非篡夺，明年炀帝为宇文化及所杀，遂代隋即帝位，史称“受恭帝禅”。次年，恭帝卒，死状史书皆未载，恭帝死的时候，仅十四岁，极可能并非毕其自然生命的。

唐高祖登位时，年已五十三。他有二十二个儿子，嫡室窦皇后所生者，为建成、世民、玄霸与元吉。玄霸早死，其余三人都是夺位惨剧中的要角。元吉党建成，不过是一个重要配角，而主角是建成与世民，结果世民胜利，成为唐太宗，建成和元吉均被杀，据《旧唐书》，元吉之妃，且“没入宫中为太宗妃”。

高祖取得隋祚后的武德元年（618 年）六月，立建成为太子，封世民为秦王，将来皇位的继承，早有预定之局。在此以前，兄弟之间，情谊似很融洽。高祖任太原留守，尝携世民于左右，而留建成于河东。及将起兵，高祖密遣人招建成，及至，高祖命其与世民同取西河。高祖建立大将军府之后，任建成为左领军大都督，世民为右领军大都督，嗣自太原出发，西取长安，两人职责，大致相似，军中亦以大郎、二郎呼之，高祖视之如左右手。除渡河以后，建成屯永丰仓，世民攻渭北一度分别外，大都追随着高祖，以克长安，高祖进封唐王，即帝位，可以说父子兄弟，为了建立新朝，很能密切合作的。

当代历史学者李树桐，尝作《玄武门之变及其对政治的影响》一文，论述唐初此一夺位斗争，颇有新见解，本篇颇采撷其说，上面一节分析夺权斗争开始以前的背境，即本李说。

事前谋略

史称建成性颇仁厚（《通鉴》），世民聪睿果断（《旧唐书》）。到建成立为太子之后，兄弟间嫌隙渐成，各有部队，各立军功，各结人才，渐渐缔成两个派系，元吉与建成结成一党，和世民为敌。高祖窥见了兄弟间的成见日深，采取将他们分地任职的策略，以缓和磨擦，并让他们各建勋功，世民于武德四年（621年）讨平了王世充，继又擒获窦建德，在这些战役中，为唐室拓地更广，而自己也获得了更多的佐命人才，于是有了夺嫡的决心。然而建成曾镇蒲州，以防止王世充与突厥的连合，其后且擒斩刘黑闼，所建军功，与世民并无轩轾，在这方面甚难造成废立太子的局势，于是只能诉之谋略了。

武德七年（624年）六月，高祖诣仁智宫，世民、元吉同行，留建成守京师。天策府兵曹杜淹先使人告皇太子潜搆异端，高祖未予理会，及杨文干反，伏诛，杜淹又使人告建成与杨文干同谋。高祖召建成至仁智宫，仅以兄弟不和责之。杜淹的告发，显然是世民幕后的阴谋。

《通鉴》武德七年记云，“初齐王元吉劝太子建成除秦王世民，曰：当为兄手刃之。世民从上幸元吉第，元吉伏护军宇文宝于寝内，欲刺世民。建成性颇仁厚，遽止之”。后来又有“建成夜召世民饮酒而鸩之，世民暴心痛，吐血数升，淮安王神通扶之还西宫。上幸西宫问世民疾，敕建成曰：秦王素不能饮，自今无得夜饮”。

其后世民夺嫡成功，身登大宝后，因自觉夺位非正，曾令臣下删减高祖及其本人实录，夸大建成罪状。上面这些谋害记载，也许出于捏造，未必事实，而后来的新、旧《唐书》及《资治通鉴》等史书，都是取材于实录的。且不论建成一派是否有谋害世民之事，但双方斗争，渐成短兵相接，无可缓和的了。

斗争的另一谋略，乃是互相分化和收买对方部下的重要干部。世民手下的大将尉迟敬德，就有过拒绝建成、元吉收买之事。《旧唐书》云，“敬德寻以启闻，太宗（世民）曰：公之素心，郁如山岳，积金至斗，知公情不可移，送来但取，宁无虑也。若不然，恐公身不安，且知彼谋计，足为良策。”

为国者不顾小节

武德八年（625年），世民为建树和扩张地方实力，派张亮携军队赴洛阳，厚结山东豪杰，元吉告张亮谋为不轨，高祖将张亮捕回长安审讯。世民欲出镇洛阳，又被元吉破坏阻止，也就是元吉所谓“留之长安，则一匹夫耳，取之易矣”。

局势的发展，已引起世民部下间的不安，《旧唐书·房玄龄传》云：

> 府中（指秦王府）震骇，计无所出。玄龄因谓（长孙）无忌曰：今嫌隙已成，祸机将发，天下恂恂，人怀异志，变端一作，大乱必兴，非直祸及府朝，正恐倾危社稷。此之际会，安可不深思也？仆有愚计，莫若遵周公之事，外宁区夏，内安宗社，申孝养之礼。古人有云：“为国者不顾小节。此之谓欤？孰若家国沦亡，身名俱灭乎？”无忌曰：“久怀此意，未敢披露，公今所说，深会宿心。”无忌乃入白之。太宗（世民）召玄龄谓曰：“阽危之兆，其迹已见，将若之何？”对曰：“国家患难，古今何殊。自非睿圣钦明，不能安辑。大王功盖天地，神赞所在，匪藉人谋。”因与府属杜如晦同心戮力。

尉迟敬德的话，说得还要率真，前书《旧唐书·尉迟敬德传》云：“以臣愚诚，请先诛之（建成、元吉）。王若不从敬德言，请奔亡逃命，不能交手受戮”。

世民以武力夺嫡的大计，此时已与部属商定。高祖当然亦略有所闻，然而对于自己的儿子，总期两全。在先，《旧唐书》云：元吉因密请加害太宗（世民），“高祖曰：是有定四海之功，罪迹未见，一旦欲杀，何以为辞？元吉曰：秦王常违诏敕，初平东都之日，偃蹇顾望，不即还京，分散钱帛，以树私惠。违戾如此，岂非反逆？但须速杀，何患无辞？高祖不对”。

高祖只是致力于消极防止，用釜底抽薪的办法，惩处世民的重要将领，欲剪除其羽翼，消祸于无形。房玄龄、杜如晦同被斥逐出秦府。《旧唐书》云：“元吉乃谮敬德于高祖，下诏狱讯验，将杀之，太宗固谏得释。”

世民虽受高祖的监视，但高祖之释尉迟敬德，表示他不愿做得太过分，而世民则仍作秘密的活动。

《旧唐书·敬德传》云，“房玄龄、杜如晦皆被高祖斥出秦府，不得复入。太宗令长孙无忌密召之。玄龄等报曰：有敕不许更事王，今若私谒，必至诛灭，不敢奉命。太宗大怒，谓敬德曰：玄龄、如晦岂背我耶？取所佩刀授敬德曰：公且往，观其无来心，可并斩其首持来也。敬德又与无忌语曰：王已决计克日平贼，公宜即入筹之。我等四人不宜群行在道”。据同书《房玄龄传》，他与如晦是衣道士服潜入秦府计事的。这大约在武德九年（626年）六月初四日玄武门之变前不久，此时行动计划均已策划就绪。

血溅玄武门

玄武门为唐宫城正北面的城门，按唐律，不应入而入宫门者，徒二年。于是第一步先要伏兵玄武门内，方利事变的发动。世民乃利诱屯守玄武门的常何，常何为建成旧部，利诱竟获成功，这是胜利的重要关键。

陈寅恪论曰：

> 太宗之所以得胜，建成元吉之所以致败，俱由一得以兵据玄武门，即宫城之北门，一不得以兵据玄武门故也。然则玄武门为武德九年六月四日事变成败之关键，至为明显。但此中实有未发之覆，即玄武门地势之重要，建成、元吉岂有不知，必应早有防卫，何能令太宗死党得先隐伏据此要害之地乎？今得见巴黎图书馆所藏敦煌写本常何墓志铭，然后知太宗与建成、元吉两方皆诱致敌对之勇将，常何旧曾隶属建成而为太宗所利诱，当武德九年六月四日常何实任屯守玄武门之职，故建成不以致疑，而太宗因之窃发。

一切部署既定，世民于六月初三上书密奏建成等淫乱后宫之罪，高祖不明世民的密谋，以为仍不过如以前的兄弟不睦，互相告讦，只要双方加以训饬告诫，即可无事的。于是定“明日当勘问”。

那天，宫中有一张婕妤，“窃知世民表意，驰语建成”。元吉主张“宜勒宫府兵，托病不朝，以观形势”。建成曰：“兵备已严，当与弟入参，自问消息。”建成和元吉之兵，都布置在玄武门之外，而估计玄武门以内是法定无人可以擅入的安全地带。于是兄弟两人“趋入玄武门”而不疑。

> 迟明，乘马至玄武门，秦王先至，以勇士九人自卫。……建成、元吉至临湖殿，觉变，遽反走，秦王随呼之，元吉引弓欲射，不能彀者三。秦王射建成即死，元吉中矢走，敬德追杀之。俄而，东宫、齐府兵三千攻玄武门，闭不得入。接战久之，矢及殿屋。（秦）王左右数百骑至，合击之，众遂溃。（《新唐书·隐太子传》）
>
> 是时，高祖泛舟于海池，太宗命敬德侍卫高祖。敬德擐甲持矛直至高祖所，高祖大惊，问曰：“今日作乱者谁？卿来此何也？”对曰：“秦王以太子、齐王作乱，举兵诛之，恐陛下惊动，遣臣来宿卫。”高祖意乃安。南衙、北门兵及二宫左右犹相拒战，敬德奏请降手敕，令诸军兵并授秦王处分，于是内外遂定。（《旧唐书·尉迟敬德传》）

所谓“宿卫”，实系武装胁迫，手敕令诸军授秦王处分，高祖不得不从。六月初七日，诏立秦王为皇太子，八月初九日即皇帝位。明年改元“贞观”。贞观三年，徙高祖于宏义宫。

此一事变，太宗不仅胜利而登皇帝宝座，并且杀尽了建成、元吉的儿子。《旧唐书·建成传》云：“建成死时年三十八，长子太原王承宗早卒，次子安陵王承道、河东王承德、武安王承训、汝南王承明、钜鹿王承义并坐诛。”《旧唐书·元吉传》云：“元吉死时二十四，有五子，梁王承业、渔阳王承鸾、普安王承奖、江夏王承裕、义阳王承度并坐诛。”

第二十一章　靖难之变

祸起削藩

明成祖（永乐帝）于建文元年（1399年）七月，自北平起兵反，累战至四年（1402年）六月，南都陷，篡夺了其侄惠帝（建文帝）的帝位。

成祖名棣，为太祖第四子，原封燕王。太祖立嗣，以嫡以长，在没有推翻元朝，自为吴王的时候，即立长子标为世子，登帝位后，标为皇太子，标薨死于洪武二十五年（1392年）四月，谥曰懿文太子。是年九月，立太子第二子允炆为皇太孙，以长孙幼殇，允炆以伦序当立。三十一年（1398年）五月太祖崩，太孙即皇帝位，以明年为建文元年。

太祖在世之时，封建诸子，屏藩王室，且以元遣兵未戢，边塞之地，不能无事，因是沿边诸王，皆拥重兵。成祖于洪武三年（1370年）封燕王。十三年（1380年）之藩北平。

惠帝的性格，史称其“仁柔乐善，实为守文令主，但英断不足”。生而额颅稍偏，太祖抚之曰，“半边儿月”，意不怿，然性聪颖善读书。为皇太孙时，诸王挟叔父之尊，多不逊服，常以为忧。

太祖尝语太孙曰：“朕以御虏付诸王，可令边尘不动，贻汝以安。”太孙曰：“虏不靖，诸王御之。诸王不靖，孰御之？”太祖默然，良久曰：“汝意如何？”太孙曰：“以德怀之，以礼制之，不可则削其地，又不可变置其人，又其甚，则举兵伐之。”太祖曰：“是也，无以易此矣。”

有黄子澄者，以修撰为东宫伴，据《明史·黄子澄传》，惠帝为皇太孙时，尝坐东角门，谓子澄曰：“诸王尊属拥重兵，多不法，奈何？”对曰：“诸王护卫兵，才足自守。倘有变，临以六师，其谁能支？汉七国，非不强，卒底灭亡，大小强弱势不同，而顺逆之理异也。”太孙是其言。

惠帝在未即位之前，即以干弱枝强为忧，而有削藩的打算。

建文帝即位后，命黄子澄兼翰林学士，与另一力主削藩的齐泰同参国政。帝谓黄子澄曰：“先生忆昔东角门之言乎？”子澄顿首曰：“不敢忘。”退而与泰谋，泰欲先图燕。子澄曰：“不然。周、齐、湘、代、岷诸王，在先帝时，尚多不法，削之有名。今欲问罪，宜先周。周王，燕之母弟，削周，是翦其手足也。”

谋定，明日入白帝，会有言周王橚不法者，遂命李景隆帅兵袭执之。时为洪武三十一年（1398 年）五月，即太祖甫崩之月，至八月，帝欲释之，泰与子澄争久之，乃废为庶人，徒蒙化。又逮岷王楩、代王桂、齐王榑，明年四月，湘王柏，“未著罪状，惧无以自明而自焚”。是月，齐王、代王废为庶人，六月，岷王废为庶人。

黄子澄继又进言：“今所虑者，独燕王耳。宜因其称病袭之。”帝犹豫曰：“朕即位未久，连黜诸王，若又削燕，何以自解于天下？”子澄对曰：“先人者制人，毋为人制。”帝曰：“燕王智勇善用兵，虽病恐难卒图。”乃止。

武斗开始

燕王于明年七月反，但在削藩之前，已有谋逆准备。《明史·姚广孝传》：“成祖意益决，阴选将校，勾军卒，收材勇异能之士。燕邸，故元宫也，深邃。道衍练兵后苑中，穴地作重屋，缭以厚垣，密町瓴甋瓶缶，日夜铸军器，畜鹅鸭乱其声。”

而惠帝对他，也有一番布置。即位之年（洪武三十一年）冬十一月，命工部侍郎张昺为北平布政使，谢贵、张信掌北平都指挥使司，暗中监视燕王动静。建文元年（1399年）三月，都督宋忠、徐凯、耿瓛，帅兵三万，屯开平、临清、山海关，复调北平、永清二卫军于彰德、润德。

四月，太祖小祥，先是燕世子高炽及其弟高煦、高燧入临，至是燕王忧惧称病笃，乞三子归。齐泰欲收之。子澄曰："不若遣归，示彼不疑，乃可袭而取也。"竟遣还。燕王喜曰："吾父子复得相聚，天赞我也。"

六月，燕山护卫百户倪谅，告燕官校于谅、周铎等阴谋为变，逮系至京，皆戮之，并有诏责燕王。

燕王佯狂称疾，走呼市中，夺酒食，语多妄乱，或卧土壤，弥日不苏。张昺、谢贵入问疾，燕王盛夏围炉，摇颤曰寒甚。宫中亦杖而行。长史葛诚密告昺、贵曰："燕王本无恙，公等勿懈。"葛诚是以燕府官属而秘密投靠中央的，负有"内应"的使命。

此时燕王使护卫百户邓庸到南京奏事，齐泰请执讯之，具言燕王将举兵状，泰即发符往逮燕府官属，密令谢贵、张昺图燕，使约长史葛诚，指挥卢振为内应。以张信为燕王旧所信任，密敕之，使执燕王。

不料张信又叛附燕王，以情告，王令护卫指挥张玉、朱能等，率壮士八百人入卫。及逮官属诏至，谢贵、张昺督诸卫士皆甲，围府第索所逮诸官属。燕王称疾愈，御东殿，伏壮士左右，召贵、昺，佯称付所逮者，贵、昺入，王曳杖坐，赐宴行酒。忽怒詈曰："编户齐民，兄弟宗族尚相恤，身为天子亲属，旦夕莫必其命，待我如此，天下何事不可为乎？"护卫擒贵、昺，捽卢振、葛诚等下殿，皆斩之。

燕王命张玉等乘夜出，攻夺九门，黎明尽克。是日为七月初五。即日誓师，以讨齐泰、黄子澄为名，去建文年号，仍称洪武三十二年。师以"靖难"为名，意指朝廷削夺宗藩，造成国家大难。

南京闻讯，遂削燕王属籍，以伐燕布告天下，拜长兴侯耿炳文为大将军，驸马都尉李坚、都督宁忠为副将军，帅师分道并进。

燕兵在朝廷军尚未北上之前，先肃清北平附近诸地，通州、居庸关、怀来、遵化、密云等地先后或陷或降。

耿炳文师出，惠帝诫将士，“毋使有杀叔父名”。八月，与燕兵战于滹沱河北，败绩。朝廷有易将之议，黄子澄荐李景隆可大任，遂以景隆代炳文。

四年血战

时江阴侯吴高奉朝命与杨文、耿瓛帅辽东之师围永平，燕王救永平，且撤芦沟桥之防，以诱景隆来攻北平。既解永平之围，又直趋大宁，劫宁王与其妃妾世子皆南行，收其所属精锐，大宁师还，与守北平之军夹击，景隆大败。

景隆遁还德州，建文二年（1400年）四月，又败于白沟河，自德州奔济南。燕军入德州，收军库，获粮百余万。山东参政铁铉，督饷赴景隆军，会师溃，沿路收溃亡守济南，景隆奔就之，燕师追及，景隆六十万众尚存万余人，燕师击之，景隆复大败。

燕师围济南，铁铉竭力捍御，朝廷升铉为山东布政使，召景隆还，再易统帅，以左都督盛庸为大将军。

燕王围济南三月，不下，决水灌城。铉佯约降，迎王入城，及门，下铁板，伤王马首，未中，仍为逸去。铉复募壮士，突击破燕军，王乃撤围还，盛庸乘势复德州，兵势大振。九月，庸总讨燕诸军北伐。十月，燕兵袭沧州，克之，至东昌，遇庸、铉等战，燕师大败，阵斩燕悍将张玉。

三年（1401年）二月，燕再出师。三月，与盛庸遇于夹河，斩燕将谭渊。燕军殊死战，庸师少却。会日暮各敛兵入营，燕王以十余骑逼庸营野宿，及明起视，已在围中，乃从容引马而去，诸将以天子有诏，无使负杀叔父名，仓卒相顾，不敢发一矢。

嗣后，互有胜败。朝廷先后别令真定之兵自南入，大同之兵自西入，辽东之兵自东入，转战于今河北境内。北平、保定几濒于危，若干重要城邑，再三易手，所惜者朝廷各种军旅，期会参差，各被击，辄败退，终无成效。

会诏有司整治宦官在外奉使不法者，多逃入燕军，具言京师可取状，燕王乃慨然思临江一决，不复返顾，定南下批亢捣虚之计。

四年（1402年）正月，燕王由馆陶渡河，侵徐州，朝廷军队，自北来蹑，铁铉等皆败。四月，燕师置淮安不顾，直趋扬州。惠帝遣庆成郡王至军中，许割地议和，不听。六月，江防都督陈瑄以舟师叛附于燕，遂自瓜州渡江，盛庸以海艘迎战，败绩。既下镇江，遂次龙潭。惠帝复遣大臣议割地，诸王继至，皆不应。至金川门，谷王穗及李景隆等开门迎降，都城遂陷。

惠帝下落

城破后惠帝下落，相传有二说，一说谓："都城陷，宫中火起，帝不知所终。燕王遣中使出帝后尸于火中，越八日葬之"（《明史》）。又一说谓：帝出亡为僧，其后滇、黔、巴、蜀，皆传有帝为僧时往来之迹（《明史纪事本末》）。

二说执是，为明清以来论者所聚讼。主焚死说者，最早系出《永乐实录》，实录云："四年六月乙丑，上至金川门，时诸王分守京城门，谷王穗守金川门，穗登城望上至，即开门迎，上遂按兵而入，诸王文武郡臣父老人等皆来朝。建文君欲出迎，左右悉散，惟内侍数人而已，乃叹曰，我何面目相见耶！遂阖宫自焚。上望见宫中烟起，急遣中使往救，至已不及，中使出其尸于火中。"

《明史》既云"不知所终"，继又谓出尸火中，两相矛盾，至为可疑，盖于火中得尸，已有着落，何得谓不知所终？论者以为成祖（燕王）急欲以建文已死，杜绝人望，故命史官著之实录。

至主出亡说者，大都以史仲彬《致身录》及程济《从亡随笔》为主要依据，《明史纪事本末》言惠帝出亡事，从文字之近似观之，亦本史、程二记。《纪事本末》略云：帝（建文）知金川门失守，长吁欲自杀，翰林院编修程济曰："不如出亡。"少监王钺跪进曰："昔高帝升遐时有遗箧，曰'临大难当发，谨收藏奉先殿之左'。"群臣齐言急出之。俄而舁一红箧至，四围俱固以铁，帝见而大恸，急命举火，皇后马氏赴火死。程济碎箧，得度牒三张，一名应文，一名应能，一名应贤，袈裟帽鞋剃刀俱备，白金十锭。朱书箧内，"应文从鬼门出，余从水关御沟而行，薄暮会于神乐观之西房"。帝曰："数也。"程济即为帝祝发。

九人从帝至鬼门，而一舟舣岸，为神乐观道士王升，见帝叩头称万岁，曰："吾固知陛下之来也，畴昔高皇帝见梦，令臣至此耳。"乃乘舟至太平门，升导至观，已薄暮矣。

程济为当时亲历之人，所言似可信，然钱谦益、李清及潘柽章已考定史、程二书为伪托。王鸿绪《明史稿·史例议》，有数语指出此说之由来："皆心恶成祖诛夷忠烈之惨，而不忍建文之遽殒，故诡言刘基之秘箧，程济之幻术，以神奇其说耳。"钱谦益为建文年谱作序云："若吴下流传诸录，其伪历然著明。信固当传，疑亦可恤，过而存之，不忍废也。"

出亡为僧之佐证

史、程二录固不可取信，然主"出亡"说者，尚别有所据。《明史·姚广孝传》云：

> 永乐十六年（1418年）三月入觐，年八十四矣，病甚不能朝，仍居庆寿寺。车驾临视者再，语甚欢，赐以金唾壶。广孝曰："僧溥洽系久，愿赦之。"溥洽者，建文帝主录僧也。初，帝（永乐帝）入南京，有言建文帝为僧遁去，溥洽知状，或言匿溥洽所。帝乃以他事禁溥洽，而命给事中胡濙等遍物色建文帝，久之不可得。溥洽坐系十余年。至

是帝以广孝言，即命出之。广孝顿首谢，寻卒。

又，《胡濙传》云:“惠帝之崩于火，或言遁去，诸旧臣多从者，帝(永乐帝）疑之。五年（1407年）遣濙颁御制诸书，并访仙人张邋遢(张三丰)，遍行天下州郡乡邑，隐察建文安在。濙以故在外最久，至十四年（1416年）乃还。所至亦间以民隐闻。母丧乞归，不许，擢礼部左侍郎。十七年（1419年）复出巡江、浙、湖、湘诸府。二十一年(1423年）还朝，驰谒帝于宣府。帝已就寝，闻濙至，急起召入。濙悉以所闻对，漏下四鼓乃出。先濙未至，传言建文帝蹈海去，帝分遣内臣郑和数辈，浮海下西洋。至是疑始释。”《郑和传》云:“成祖疑惠帝出亡海外，欲踪迹之，遂派郑和七下西洋。”

成祖既命中使出惠帝尸于火，验明的系建文帝，始以礼葬，则何必疑于人言，分遣胡濙、郑和辈，海内海外，遍行大索，至二十余年之久？孟心史曰:“濙还朝必驰赴宣府行在，为有确讯可报也；帝已寝而急起召入，为知濙此来必有所报，而不能稍延也；所云至是疑始释，必已得建文之确实表示，不与争国，而后心乃安也。”

孟心史于故宫发现乾隆四十二年（1777年）重修《明史·本纪》刻本，此书并未明诏颁行，为外界所不知，《建文纪》早有改定，其末云，“棣（成祖）遣中使出后尸于火，诡云帝尸”。因之且发现四库本之明本纪，亦早用此添改文字，孟氏云，“缘四库系写本，当时刻本未成，遂未行世。四库本人不易见，即能读中秘书者，亦留心于外间所无之书，无人料明史有异同，遂疑误至今。以为官修正史，于明建文竟定为焚死，其实四库定本早已改定”。

第二十二章　皇子夺位

太子废立

清圣祖（康熙帝）临御六十一年，文治武功，彪炳称盛，而其身后皇位继承问题，发生了不少波折。太子胤礽立而复废者再，皇八子胤禩辈阴谋夺嫡，未遂所愿，到圣祖宾天，皇四子胤禛运用机谋，取得大位，是为世宗（雍正帝）。在圣祖生前极力营谋夺嫡的皇子，结果反为他人拾取而去，因忿极而多不逊之言行，遂开世宗剪灭诸弟之端，造成人伦惨变。这故事自康熙十四年（1675 年）第一次立胤礽为皇太子起，一直到雍正七年（1729 年），世宗借曾静逆书案，刊布《大义觉迷录》，自述自辟当时关于嗣统的流言，历时半个世纪，圣祖皇位继承一案，方告结束。其间经过，可分上面所说：太子立废，夺嫡，世宗继统，屠戮诸弟等若干阶段。

论史者谓圣祖诸皇子狠戾残酷，其根本症结在于圣祖之对诸皇子，“纵之太过，教之太疏”。

圣祖有子三十五人，嫡而长者为二阿哥胤礽（圣祖诸子之名，以“胤”字排行，后为避世宗胤禛讳，而改以“允”。故世宗继位后所修之书，止见“允”。下文行文尊重史实用“胤”，引文中之“允”不改。）圣祖于康熙三年（1665 年）立后，元后孝诚有子，殇其一，长大者一，即胤礽，后更无嫡出子，直郡王胤禔最长，然非嫡出，故于康熙十四年

(1675年) 十二月立胤礽为皇太子，是时太子年仅二岁。

及长，太子以骄纵及暱比匪人，失圣祖欢，综合《东华录》及《清史稿》等记载，引述如次：

《清史稿·索额图传》云："上谕廷臣曰，昔允礽立为皇太子时，索额图怀私，倡议皇太子服御诸物俱用黄色，一切仪制，几与朕相似。骄纵之渐，实由于此。索额图实本朝第一罪人也。"索额图官至保和殿大学士。

《清史稿·理密亲王允礽传》：（康熙）二十九年（1690年）七月，上亲征噶尔丹，遘疾，召太子及皇三子胤祉至行宫，"太子侍疾无忧色，上不怿"。

传又云，三十六年（1697年），"上行兵宁夏，仍命太子居守。有为蜚语上闻者，谓太子暱比匪人，素行遂变。上还京师，录太子左右用事者置于法，自此眷爱渐替"。

《东华录》云，四十七年（1708年）九月，次布尔哈苏台，召太子，集诸王大臣，谕曰："允礽不法祖德，不遵朕训，惟肆恶虐众，暴戾淫乱，难出诸口。朕包容二十年矣，乃其恶愈张，僇辱廷臣，专擅威权，鸠聚党羽，窥伺朕躬起居动作。"

又云：皇十八子抱病，胤礽乃亲兄，绝无友爱之意。朕以此责让，伊反忿然发怒。每夜逼近布城裂缝窥视。从前索额图欲谋大事，朕知而诛之。今胤礽欲为复仇，朕不卜今日被鸩，明日遇害，昼夜戒慎不宁，似此不孝不仁，太祖、太宗、世祖所缔造，朕所治平之天下，断不可付此人。上且谕且泣，至于仆地。

所谓"索额图欲谋大事"、"胤礽欲为复仇"等语，也许是废黜太子的最大关键，可能因为索额图助太子谋逆弑父，早取大位，故有欲为复仇之说。索额图正法于四十二年（1703年），此案早发觉于五年之前，圣祖日日在防范之中，胤礽被废之祸，酝酿已非一日。

再立而再废

既废太子，圣祖愤懑不已，《东华录》谓："六夕不安寝，召扈从诸臣涕泣言之，诸臣皆呜咽。既又谕诸臣，谓观允礽行事与人大不同，类狂易之疾，似有鬼物凭之者。及还京，设毡帐上驷院侧，令允礽居焉。"

此为第一次废太子，所言"似有鬼物凭之"一语，遂开三皇子胤祉首告皇长子胤禔"魇胜"事，后竟查有实据，《东华录》记之甚详，大略曰：

太子既废，上谕："诸皇子中，如有谋为太子者，即国之贼，法所不宥。"诸皇子中，皇八子胤禩谋最力，上知之，命执付议政大臣议罪，削贝勒。（四十七年）十月，皇三子胤祉举发喇嘛巴汉格隆，为皇长子胤禔密作胤礽魇事，上令侍卫发胤禔所居室，得魇胜物十余事。上幸南苑行围，遘疾还宫，召胤礽入见，使居咸安宫。上谕诸近臣曰："朕召见允礽，询问前事，竟有全不知者，是其诸恶，皆被魇魅而然，果蒙天佑，狂疾顿除，改而为善，朕自有裁夺。"

过了两天，圣祖复召胤礽及诸大臣入见，命释胤礽，且曰："览古史册，太子既废，常不得其死，人君靡不悔者。所执胤礽，朕日不释于怀，自今召见一次，胸中乃疏快一次。今事已明白，明日为始，朕当霍然矣。"

明日，诸大臣奏请复立胤礽为太子，疏留中未下。四十八年（1709年）正月，诸大臣再疏请，上许之，三月，复立胤礽为皇太子。

逾二年，至五十一年（1712年）十月，又行废黜，圣祖召诸王大臣谕曰："前因允礽行事乖戾，曾经禁锢，发则朕躬抱疾，念父子之恩，从宽免宥，朕在众前，曾言似能悛改。乃自释放之日，乖戾之心，即行显露，数年以来，狂易之疾，仍然未除，是非莫辨，大失人心。朕今年已六旬，知后日有几，况天下乃太祖太宗世祖所创之业传至朕躬，如此狂易之人，岂可付托乎？故将允礽，仍行废黜禁锢"。

至于胤礽的具体罪状，《朝鲜肃宗实录》记录中朝情报，云："太子经变之后，皇帝操切甚严，使不得须臾离侧，而诸弟在外般游，故恨自己之拘检，猜诸弟之闲逸，怨恨之言，及于帝躬。而皇帝出往热河，则太子沉酗酒色，常习未悛。分遣私人于十三省富饶之处，勒征货赂，责纳美妹，小不如意，诉谗褫罢。皇帝虽知其非，不得已勉从。而近则上自内阁，下至部院，随事请托，必循其私而后已。”

营谋夺嫡

胤礽忽废忽立，立而再废，在立废之间，皇子中觊觎大位，阴谋活动最剧烈者为八皇子胤禩。孟心史《清代史》谓：“度允禩笼络人心，其术必有大过人者。诸兄弟皆为尽力，宗藩贵戚，满汉大臣，必多预其谋。”所以世宗（胤禛）后来得位之后，以胤禩为大敌，整肃也最惨，但此时胤禛尚未露面，本故事主角的出场，还在后面呢。

《清史稿·允禩传》，言其营谋夺嫡之事，兹摘要如下：

> 允禩，圣祖第八子。康熙三十七年（1698年）三月，封贝勒。四十七年（1708年）九月，署内务府总管事。
>
> 太子允礽既废，允禩谋代立，诸皇子允禟、允䄉、允禵，诸大臣阿灵阿、鄂伦岱、揆叙、王鸿绪等，皆附允禩。允禔言于上，谓相士张明德言：允禩后必大贵，上大怒。会内务府总管凌普以附太子得罪，籍其家，允禩颇庇之，上以责允禩。谕曰：“凌普贪婪巨富，所籍未尽。允禩每妄博虚名，凡朕所施恩泽，俱归功于己，是又一太子矣。如有人誉允禩，必杀无赦。”
>
> 翌日，召诸皇子入，谕曰：“当废允礽时，朕即谕诸皇子，有钻营为太子者，即国之贼，法所不容。允禩柔奸性成，妄蓄大志，党羽相结，谋害允礽。今其事皆败露，即锁系，交议政处审理。”
>
> 允禟语允禵，入为允禩营救。上怒，出佩刀将诛允禵。允祺跪抱劝止，上怒少解。仍谕诸皇子、议政大臣等，毋得宽允禩罪。逮相士

张明德会鞫……张明德坐凌迟处死……允禩亦夺贝勒，为闲散宗室。

以上所述为胤礽第一次废立后事，《清史稿》还有一段记载，云：

上幸南苑，遘疾，还宫，召允禩入见，并召太子居咸安宫。未几，上命诸大臣于诸皇子中，举可为太子者，阿灵阿等私示意诸大臣举允禩，上曰："允禩未更事，且罹罪，其母亦微贱，宜别举。"上释允礽，亦复允禩贝勒。四十八年（1709年）正月，上召诸大臣，问倡举允禩为太子者，诸臣不敢质言。上以大学士马齐先言众欲举允禩，因谴马齐，不复深诘。

布置与灭口

到太子二次复立，胤禩夺嫡事已绝望。太子再废，圣祖忧思愤懑，不再言立储事，群臣以是请者，往往迁怒获罪。康熙五十七年（1718年）十月，诏以皇十四子固山贝子胤禵为抚远大将军，视师青海。当时诸大臣默喻圣祖之意欲其先立军功，为日后付托神器之准备。及圣祖驾崩，世宗（雍正帝）入继大统，论者以为篡夺胤禵之位。胤禵行十四，为世宗同母弟，世宗行四，所谓"亲承末命时，以圣祖传十四皇子之语，改十字为于字而夺之"。此语见数年后世宗自述自辟之《大义觉迷录》，详后文。

世宗阴狠而胸有城府。先是，他对皇位自然是有兴趣的，但在圣祖生时，丝毫不露声色，而暗中先作周密布置。

布置中的两个重要关键，一为在内笼络隆科多，在外结好年羹尧。隆科多为佟国维之子，国维在圣祖朝以太后之弟，皇后之父，外戚隆重，封一等公。隆科多，在名份上为世宗之元舅也。而隆科多于康熙五十年（1711年）授提督九门步军巡捕三营统领，五十九年（1720年），擢理藩院尚书，仍管步军统领事。所辖武装部队约二万人，如果世宗嗣统，而诸皇子在京有变，则有此实力便于掌握。

年羹尧任陕西、四川总督，在西陲掌有重兵，与世宗暗相结好，即用以箝制抚远大将军十四皇子胤禵。

隆科多及年羹尧，在世宗登极之初，均特赐优宠。接位之翌日，诏隆科多袭一等公世爵，雍正元年（1723年）三月，封年羹尧为三等公，九月，继胤禵为抚远大将军，明年（1724年）三月，晋封为一等公。然不旋踵间两人均先后得罪，三年（1725年）四月免抚远大将军年羹尧职，补授杭州将军，后以九十二大罪，赐自尽。同年七月，诏除隆科多太保职衔，未几诏夺世爵，其罪状为恃宠骄恣，且与年羹尧密谋废立。雍正五年（1727年）十月，逮隆科多下狱，永远禁锢，坐以大罪四十款，幽之于畅春园禁狱，是年冬，瘐死狱中。

论者以为世宗将隆、年二人之忽而加膝，倏又坠渊，有酬庸与灭口两种用意，所谓酬庸，酬二人之助己阴谋得位，灭口则恐泄漏机密。可知世宗之嗣统，其中实有不可告人之隐秘在焉。隆、年之被整肃，为后来的发展，现在追述世宗之继统经过及其如何处置若干心怀不服的兄弟。

世宗得位经纬

王氏《东华录》记述世宗得位之由，系本《圣祖实录》，大要谓：康熙六十一年（1722年）十一月戊子（初七日）“上不豫，自南苑回驻畅春园”。庚寅（初九日）“上因圣躬不豫，十五日南郊大祀，特命皇四子和硕雍亲王（胤禛）恭代”。辛卯（初十）、壬辰（十一日）、癸巳（十二日）皇四子遣护卫太监至畅春园候请圣安。“甲午（十三日）丑刻，上疾大渐，命趣召皇四子于斋所，谕令速至，南郊祀典著派吴尔占恭代。寅刻，召皇三子诚亲王允祉、皇七子淳郡王允祐、皇八子贝勒允禩、皇九子贝子允禟、皇十子敦郡王允䄉、皇十二子允祹、皇十三子允祥、理藩院尚书隆科多，至御榻谕曰：皇四子人品贵重，深肖朕躬，必能克承大统，著继朕登基，即皇帝位。皇四子闻召驰至，巳刻，趋进寝宫，上告以病势日增之故。是日，皇四子三次进见问安。戌刻，上崩于寝宫”。

世宗数年后有一谕旨，自述当日经过，大致与上文相同，所不同者，有一点甚为重要，即传位的遗命，指明系由隆科多所传述。云：“及朕驰至问安，皇考告以病势日增之故，朕含泪劝慰，其夜戌时龙驭上宾。朕哀痛号呼，实不欲生。隆科多乃述皇考遗诏，朕闻之惊恸，昏仆于地。”

综上述两段记载，论者以为有若干可疑之处。传位遗诏，世宗于圣祖驾崩之后，始由隆科多述而知之。而隆与诸皇子同以是日寅刻受诏，在世宗未至寝宫之前。何以既至以后，圣祖能缕述病势日增之故，非病革不能发言情状，然对世宗何以不一及付托之意？是日世宗三次进见问安，则舒缓如平时之微恙护视，圣祖可以自达其意之机会甚宽，而竟以大位相授一事，遗忘不语乎？抑未绝之顷，犹守秘密而不告受位者本人乎？若云秘之，则先到诸皇子知之矣，隆科多知之矣，独不使受位之人得知，此岂合乎情理？

然据传说，事实与上述者大相剌谬。当时之传说，世宗所自述自辟之《大义觉迷录》言之最详，在未言传说内容之前，先言此文件之由来。

湖南人曾静，服膺浙人吕留良“内中国、外夷狄”、“思故明、雠满洲”之民族思想，手制“逆书”，指斥世宗罪状，遣其徒张熙，持谒川陕总督岳钟琪，劝其反。钟琪虚与委蛇，密告朝廷，遂构成谋逆大案。世宗一见曾静之逆书，其中所言之事，已通国流闻，确信非曾静所能捏造，于是穷追谣诼之本。并于雍正七年（1729年）九月，刊刻《大义觉迷录》，自以为济之以雄辩，广之以刊版，列之于庠序，以宣传辟谣救事实，以释天下之疑，明自己之无此过咎。

《大义觉迷录》所透露世宗得位之情况，外界所流传者如次：

讯据逆贼耿精忠之孙耿六格供称，伊先充发在三姓地方，时于八宝家中，有太监于义、何玉柱向八宝女人谈论圣祖皇帝原传十四阿哥允禵天下，皇上将十字改为于字。又云，圣祖皇帝在畅春园病重，皇上就进一碗人参汤，圣祖皇帝就崩了驾，皇上就登了位。

弑兄屠弟

世宗登位后，陆续整肃诸弟，即所谓弑兄屠弟之说，印鸾章《清鉴》有扼要的叙述，引其大略：

帝（世宗）之嗣位也，诸弟多不服。因相与散布谣言，谓帝之嗣位，实非先帝之真意，用权谋窃据而得。

“帝接位之初，虽竭力宽和，以收人心，然终不能使诸王满意。雍正二年（1724年）废太子允礽，忽死于幽禁之所。诸王睹此惨剧，不能无所感触。顾皇位既为雄猜刚毅之帝所得，彼等不能不谋自树立。于是各树党羽，以自植声势”。

又云，诸弟之中，“八王允禩，声势尤盛，一时允禟、允䄉、允禵皆附焉。帝以其才望隆盛，颇难遽加以罪，初封允禩为廉亲王，与怡亲王同理政务，而安置允禟于西宁，以孤其势”。

“已而允禟在西宁，以西洋人穆经远为谋主，造新体字为密书，与允禩相往复。令允禩、允禵及舅舅隆科多等谋之于内，而已与年羹尧等应之于外。内外盘结，势且不测。帝遂为先发制人计，削隆科多职，杀年羹尧，降允禵王爵，复下诏宣布允禩、允禟罪恶，并历数其陷害废太子及结党营私之密谋，布告中外，命王大臣命议处置。诏改允禩名为阿其那，允禟名为塞思黑，俱削籍离宗，革去黄带子。阿其那、塞思黑，皆满洲语，译言为狗、猪之义，盖恶之甚也”。

“是年（雍正四年）六月，王大臣连署奏允禩罪状四十款，允禟二十八款，允禵十四款，请骈诛之。帝念手足之谊，不忍置之死，命革爵圈禁。禁置允禩于宗人府，允禟于保定，俱圈禁高墙。未几，允禩、允禟，俱由禁所病故。允禵初禁马兰峪，旋撤回，禁锢寿皇殿”。

第二十三章　光绪之死

承统到幽禁

清穆宗于同治十三年（1874年）崩，无嗣，慈禧太后命以醇亲王奕譞之子载湉，承继文宗显皇帝为子，入承大统，为嗣皇帝。文宗（咸丰帝）为太后之夫，亦即同治帝之父。醇亲王为道光帝第七子，咸丰帝之弟，其子载湉，为同治帝之堂弟，其时仅四岁，他的母亲为慈禧胞妹。

此一安排，慈禧的主要目的，为立幼可以掌握政权，且为其妹所生，与自己有血亲关系，将来长大之后，必较易控制。载湉即位后，明年改元光绪，诸王大臣，奏请两宫太后，再垂帘听政，诏从之。其时慈安皇太后尚在世，慈安在同治初，与慈禧同听政，悉以政权让慈禧，晚年尤谦让，务自韬晦。名为两宫垂帘，实系慈禧一人掌政。

光绪十五年（1889年）二月归政，奉太后懿旨，谓“皇帝甫经亲政，决疑定策，不能不遇事提撕，勉允臣工之请，训政两年”。光绪帝并于是年正月行大婚礼，册立副都统桂祥女为皇后，慈禧之侄女也。同时封侍郎长叙之长女为瑾嫔，次女为珍嫔。

德宗（光绪帝）自幼在慈禧严威管教之下，畏太后甚，素口吃，遇责问，辄战栗不能发一语，唯有听命，从来不知反抗，虚器寄位而已。可是到光绪二十四年（1898年）采纳了康有为上书请变法，毅然下“定国是”之诏，开始与太后决裂。

变法之举，不仅为太后所不悦，亦为亲贵大臣所反对，于是朝班有新党、旧党之分，后党、帝党之别。其时后党内有总管太监李莲英，外则军机大臣孙毓汶，皆太后耳目，每遇帝召见群臣，辄令内监窃听。李莲英日进谗言。是年七月，太后因与直隶总督荣禄密谋废帝，时荣禄总督直隶，节制北洋三军，谋于九月共胁帝至天津阅兵，以兵威废立。

七月底，帝微有所闻，因谓庆亲王奕劻曰:“朕誓死不往天津。”又密谕康有为等，谓“朕维时局艰难，非变法不足以救中国，而皇太后不以为然，今朕位几不保，汝等可与诸同志，妥速密筹，设法相救”。

时帝手无寸柄，直隶诸将中唯袁世凯久使朝鲜，谙中外之故，新党谭嗣同，因密与联络，且奏请破格擢世凯，冀缓急可救助，帝从之，即召见世凯，特赏侍郎。世凯机诈反覆，密报荣禄，遂有八月六日之变，史称戊戌政变。

是日，荣禄自天津至京，上禀于太后，谓帝信康有为等逆谋，将围颐和园，不利于太后。太后怒，下诏称帝有病，不能视事，复垂帘听政。初七日，太后命将帝置之南海瀛台。南海者，大内之离宫，瀛台在海之中心，四面环水，仅有板桥通出入。既送帝至瀛台，太后亲往监视，安置既毕而后出，随将板桥撤去，以杜绝交通，命亲信太监监守。又将帝所宠珍妃，撤去簪珥，施以刑杖。

戊戌八月政变以后，内外籍籍，谓将废立。太后每日命医士造脉案药方，传示各衙门，并电各省督抚，案询废立意见，两江总督刘坤一覆电，谓“君臣之分已定，中外之口难防”。太后又令大臣探问各国使臣，各使臣均表反对。太后谋之荣禄，荣禄曰:“上春秋已盛，无皇子，不如择宗室近支子，建为大阿哥，为上嗣，兼祧穆宗，育之宫中，徐承大统。”太后采其言，于光绪二十五年（1899年）十二月二十四日诏立端郡王载漪之子溥儁为大阿哥。

自戊戌而后，德宗除了二十六年（1900年）七月，八国联军陷京师，太后挈之避难西狩，明年八月回銮的一年外，一直幽闭于瀛台。而西狩濒行，太后命将珍妃投之于井，帝虽痛之，无如何也。

先太后而死

德宗崩于光绪三十四年（1908 年）十月二十一日，二十二日太后崩，相去仅一日，即较太后早死一日。另一说，谓光绪帝死于二十日，早太后两天。当时已传说纷纭，谓德宗死于非命，是遭人毒毙的，成一宫闱疑案。

毒毙的谋主，有二说，一说谓出于慈禧，盖自“戊戌变法”，太后之痛恨德宗，已非一日，欲废立而未果，庚子西奔，曾有“不意为皇帝所笑”之语。所立大阿哥，又因失德而撤销名号。三十四年秋，太后患泄泻，十月初十日万寿后转痢，病况加剧，据传太后病殆时，有“吾不能先彼死”之语。

一说谓出于袁世凯的阴谋，世凯于戊戌密报邀宠，使光绪帝幽闭十年，眼看太后病重，一旦宴驾，困龙复起，自己必无侥幸之理，遂有先下手为强之毒计。假手下毒者为太后心腹李莲英。

康有为最先揭出袁世凯为下毒谋主，有为于德宗死后，曾撰《讨毒弑圣主之逆贼袁世凯檄》。其言曰：“彼知训政耄期，长秋老病，西山将薄，冰山难久，则复辟非遥，予袂犹在，患失日生。在大行皇帝，或大度而忘射钩，在袁世凯则惧罪而思捣药。”又云：“冬来后病奄奄，人命危机，宫车宴驾，不日不时，袁世凯遂铤而走险，力荐学西医者速发毒谋。”

康有为是变法首要，失败后流亡在外，远隔京师，他之所言，或摭自传闻，且不免有政治作用的动机，也许是猜测疑似之词，未必定可采信。

然而光绪帝之死于毒药，则有史料可资参考。高拜石《古春风楼琐记》博引当时为光绪帝诊病诸医的著述和谈话，光绪帝之死于非命，其中实有不少蛛丝马迹可寻。

在戊戌幽禁之初，太后虽诏告中外，称帝有病，不能视事，征京内外名医诊治。其实此时．光绪帝并无疾病，前人笔记云："诊脉时，帝以双手仰置御案，默不出一言。或有所问，辄大怒，或指为虚损，则尤怒。入诊者，佥云六脉平和，无病也"。

《德宗请脉记》

辛丑回銮之后，德宗真有病了，然亦时病时愈，并不十分严重，宫中广征各省名医，分班诊治。在光绪三十四年（1908 年）这一年，各省督抚所荐医士，先后在御前供奉者多人，其中有杜钟骏者，著有《德宗请脉记》，刊布于清亡之后。杜为江苏人，以知县在浙江候补，因精于医术，由浙江巡抚冯汝骙所荐。《古春风楼琐记》引此《请脉记》甚详，高氏并将其文字译成语体。

杜医于七月入京，七月十六日所记略云：

随内务府大臣继禄到仁寿殿，帘外站有两个太监。继禄向我招手，遂入帘走进殿中。皇太后西向坐，皇帝南向。我先向皇太后一跪三叩首，又向皇帝一跪三叩首。御案大如半桌，皇帝以两手仰置案上，我用两手按之。那时我因走得紧了，又行了觐见礼，气息紧促，屏息半时，皇帝似不耐烦，问："你瞧我的脉怎样了？"我答："皇上的脉，左边尺脉弱，右边关脉弦。左尺弱，是先天肾水不足，右关弦，是后天脾土失调。"

杜医用药，谓"先天不足，要用二至丸，后天失调，要用归芍六君汤"。

到八月初八日，杜记对光绪先后病况有综合记述。其言曰："知皇上病初起时，不过头晕，继则胸满，再继则腹胀，其后则便溏、遗精、腰酸脚弱。"

德宗大约是一种虚弱之症，正在壮年，从常识推断，并无急遽死亡的危险，可是在十月十七夜，忽有剧变。杜记云："十月十六日，皇帝还召见臣工。十七日夜，内务府忽派人来说，皇帝病重，快去请脉。”

所说十六日尚召见臣工，与傅增湘所记合，传云：“戊申（光绪三十四年）十月十六，余以新简直隶提学史请训赴任，蒙召见于西苑勤政殿，当时光绪只垂询数语，余皆孝钦（慈禧）问。太后神殊惫，闻是日病已不支。上天颜癯晦，玉音低微，座中掖以数枕，强自支持。翌日即辍外朝，又五日即以升遐闻。召见臣工，以余为殿，亦可谓亲承未命矣。”

杜医于十七夜往瀛台诊视，仍据高拜石语体译文，所记略云：

皇帝坐炕上右端，面前放一半桌，一手托腮，一手仰放桌上。我即上前切脉，切了很久。皇帝气促口臭，带着哭声说：“头班的药，吃了全然无效。问起他们，他们回话又没有决断，你有什么方救我？”我回道：“臣两个月没有来请脉，皇上大便如何？”皇上说：“九天了没有大解，痰多，气急，心空。”我说：“皇上的病，实实虚虚，心空气怯，当用人参，痰多便结，当用枳实，但都很难着手，待下去细细斟酌。”退出后，随到军机处拟方，我的脉案中，有“实实虚虚，恐有猝脱”。

次日上午仍请脉，皇帝卧在左首之房，靠窗炕上，喘息不定，切他的脉，比前更疾动而细，毫无转机。

杜记又云：到十月十九夜，我和同事诸人，皆被促起。第二天，早上六点钟，宫门开了，我仍在军机处伺候，但没有什么消息，只见太监们走来走去，好像有什么大事似的，未敢动问。到日头将午，继禄来说：“诸位老爷久候了，待我到奏事处探探消息，到底几时请脉”。但不久有两个太监传请脉，我便和周景焘、施焕、吕用宾四人同入，我走在前头。

皇帝卧榻上，合眼静卧。我的手刚按他的脉，他瞿然惊寤，口耳鼻一时皆动，这是肝风之象。我见了很骇怕，怕他一晕而绝，立即退出。

脉案只好写“危在旦夕，拟生脉散”。但药尚未进，皇帝已于申时死了。

吐血在床乱滚

谷虚所作《清宫琐记》，述周景焘当日所见光绪帝弥留情况，周即杜记所言同赴瀛台诊病之人。云："据周景焘语人，当光绪宾天之晨，入内看脉，见帝东床仰卧，瞪目指口，意欲得食，而其时内监只余一人。宫中器皿，皆被奄人盗窃殆尽，只余一玉鼎。正徬徨间，复见光绪转侧，见医在，招手使前，而无一言，俄倾忽吐血盈床，跪近视之，无少声息。"

杜、周皆中医，为德宗诊病者尚有一西医屈桂庭，屈广东人，为庆亲王、张之洞、袁世凯等所荐。清亡后，至民国二十余年健在，其婿黄新彦笔录其口述当年为光绪诊病情况，刊《逸经》杂志，节其大略云：

> 九月十四日屈医赴颐和园之正大光明殿，首次为光绪诊病。"按状：帝患遗泄，头痛发热，胃口不进，面色苍白，脉弱脊痛，肺似有痨，但因未验，无法断定。余开方后，注意病人饮食，光绪虽不轻服中药方药，而颇能从余之言，故病有起色。无何，冬风起，帝与太后同返三海，余亦每晨改到南海之勤政殿，照常诊病。"

又云：

> 十月十八日，余到瀛台诊病，见帝正患腹痛，在床乱滚。见余至，呼曰：肚子病的了不得！时中医俱去，左右只余内侍一二人。宫中因太后病重，乱如散沙。余此时诊帝病状：心跳，面黑，神衰，舌黄焦，便结，夜不能睡，各症虽无异状，而最可怪者，莫若腹痛，盖此与前病，固绝少关连者。

中西三医所记述，周曰："瞠目指口，吐血盈床。"杜曰："口目鼻俱动，肝风之象。”屈曰：“帝正患腹痛，在床乱滚。”又曰：“最可怪者，莫若腹痛，此与前病固绝少关连者。”

高拜石曰：“综合勘察，是否中毒，不难窥测。”

究竟何人下毒，慈禧的心腹李莲英是最大嫌疑，可能是密奉慈禧之命，也可能与袁世凯勾串密谋，也可能出于他本人的主动。盖太后已病危，太后死而光绪帝复掌大政，则李莲英过去与帝所结的深仇渴怨，报复起来，自己必难逃一死。

恽毓鼎所著《崇陵传信录》，记光绪帝之死，所述虽用曲笔，但暗示了李莲英的嫌疑，曰：

> 二十一日，皇后始省上于寝宫，不知何时气绝，哭而出奔告，太后长叹而已。以吉祥轿舁帝尸至西华门，皇后披发，群阉执香哭随之。甫至乾清门，有告太后病危，皇后率侍阉踉跄回西苑。李莲英睹帝尸委殿中，意良不忍，语小阉云：盍先殓乎？乃草草纳诸梓宫。时礼臣持殓祭仪注泣入东华门，门者拒不纳，迨回部具文书来，则殓事久毕矣。

论者以为李莲英于太后病危时，不在太后左右侍候，竟来视光绪帝之尸，盖恐毒毙之后，尸身露出恶相，故草草纳殓入棺，以掩其迹，东华门又有拒礼官入宫之布置，蛛丝马迹，足可寻味也。

第二十四章　避难出奔

杀掠焚烧京师大乱

上章言清德宗被慈禧太后幽闭的十年之中，其间有一年时光，因拳匪之乱，八国联军陷京师，太后曾仓皇挟帝奔西安避难。末路王朝到了敌人兵临城下的时候，皇室奔逃，原是历史上常见的现象，这异于本书前谈“巡游微行”的赏心乐事，其中有不少忧惧凄苦的成分。八国联军虽没有使清祚覆亡，然距辛亥革命只有十一个年头，而养尊处优的慈禧太后，继咸丰十年庚申（1860 年）英法联军之役，随夫文宗（咸丰帝）避难热河，相隔四十年，而此次第二度的出奔，窘迫艰辛之状，有更甚于庚申者。

八国联军起于拳匪之乱，而拳匪之乱及京师，怂恿肇祸者实慈禧主持之。太后以戊戌政变之首要人物康有为，英人庇之，得自上海、香港而远遁海外，大恨。光绪二十五年（1899 年）冬，太后谋废立，先立端郡王载漪之子溥儁为大阿哥，载漪使人请各国公使入贺。各公使不听，且有违言，载漪愤甚，日夜谋报复。会义和团起，以扶清灭洋为帜，载漪大喜，乃言于太后，力谓义民起，国家之福。义和团时已窜扰近畿，乃命刑部尚书赵舒翘、大学士刚毅先后出京，导之入京师，至者数万人。时为光绪二十六年（1900 年）五月初。

拳匪中不乏幼年儿童，唐晏《庚子西行记事》云：“闻人言，义和拳已入城，百余人为三队，一队执刀，一队执矛，一队执铛，皆以红巾裹头，年纪大都十二三岁，大者不及二十也。”

义和团初称“神拳”，以降神召众，其神皆流俗所传小说人物，洪钧老祖、梨山圣母、孙悟空、猪八戒、黄飞虎、黄三泰等。义和拳既入京师，遍设坛场，朝贵奉之者十之七八。千百成群，呼啸周衢，谓铁路电线皆洋人所藉以祸中国，遂毁铁路，拆电线。称教民为二毛子，捕得杀无赦，纵火焚教堂，西式建筑皆所不免，甚至携带洋货者亦被杀戮。

载漪原掌武卫军之虎神营驻京师，复调近畿甘军之董福祥部入京。董以剿甘陕回部有功，历保至提督。刚毅力誉于太后，慈禧召见奖之。福祥对曰：“臣无他能，惟能杀洋人耳。”董骄横，所部尤无纪律，于是兵与拳匪合，京师大乱。

日人佐原笃介辑《拳乱纪闻》云：“先是，董军屯南苑，端邸、刚相以城内空虚，请调董入都。初四召见董，是日董军入都，其先锋差弁，持令箭入城，宣言现已奉太后命，剿灭洋人，命义和团为先锋，我军为接应。”

联军直薄京师

五月十五日，董军杀日使馆书记生杉山彬，十七日武卫军杀德公使克林德。各国以清廷助匪仇洋，使馆危迫，先已分召水师泊大沽口，将联军入援。载漪等昌言以兵围攻使馆，尽歼使臣。

据罗惇曧《庚子国变记》，太后连日迭召大学士六部九卿议，诸臣中亦有明事理，力言“拳匪不可恃，外衅不可开，杀使臣，悖公法者”。光绪帝自戊戌幽闭后，每见臣工，恒循例三两言而止，此时突峻词力辩，因载漪有“人心不可失”之语。帝曰：“人心何足恃，徒滋乱耳。士大夫喜谈兵，朝鲜一役，朝议争主战，卒至大挫。今诸国之强，十倍日本，若遍启衅，必无幸全。”载漪言：“董福祥善战，剿回大著劳绩，夷虏不足戮也。”帝曰：“福祥骄而难驭，各国器利而兵精，非回部之比。”

光绪帝又云："我国积弱至此，兵不足战。用乱民以侥幸求胜，庸足恃乎？"载漪曰："义民攄忠愤以卫国家，不因而用之以雪国耻，乃目为乱民而诛之，人心失，将不可以为国。"帝曰："乱民皆乌合耳，各国兵利，乱民岂足以当之，奈何以民命为戏！"

然太后决意启衅，五月二十五日下诏宣战，褒拳匪为义民，给内帑十万两。载漪于邸中设坛，晨夕虔拜，太后亦祠于禁中。命董福祥及武卫中军攻各国使馆所在之东交民巷，炮声日夜不绝。拳匪助之，披发禹步，升屋而号者数万人，声动天地。洋兵仅四百，筑坚垣，严拒守，董部万人，攻之不能下，洋兵死者无几，而董军及匪徒骸骼，枕籍于东交民巷口。

宣战之后，并传檄各省，一致排外。山东巡抚袁世凯、两江总督刘坤一、湖广总督张之洞、两广总督李鸿章，皆以传檄为伪，相约不奉诏。刘坤一与张之洞联衔，派员与上海各领事接洽，申明各不相犯，订立互保约章，东南各省，赖此以安。

英、俄、日、法、德、美、奥、意八国联军，先于五月二十一日陷大沽炮台，遂合军舰四十七艘，军士三万人，齐集大沽，推德将瓦德西为统帅，进攻天津。直隶提督聂士成督兵苦战二十余日，死之，天津陷。联军分路北进，七月十七日破通州，清军各路皆败，联军直薄京师，七月二十日，京师城破，联军自广渠、朝阳、东便三门入，禁军皆溃，董福祥出走彰仪门，纵兵大掠而西。

先数日，举朝震动，皆莫出一谋。十六日太后已有西巡之旨，以车辆未备，迟迟未行，至城破之次晨，方仓猝出宫。

二日仅食鸡蛋三枚

拳乱后之第三年，壬寅（光绪二十八年，1902年），上海刊有《西巡回銮始末记》一书，为恐触犯当时忌讳，托名为"日本横滨吉田太郎口译，大清吴郡咏楼主人笔述"。述慈禧挈光绪帝西狩，甚为详尽。撷取大要，言之如次：

（七月）十九晚，城外大炮隆隆不绝。二十日，喜雀胡同一带，更落炮子如雨，至下午喧传天安门及西长安门已失守。然以相隔遥远，内廷尚不得真消息。是日，王文韶中堂，共召见五次，末次时已亥刻，见面只刚相（毅）、赵尚书（舒翘）二人。太后云："只剩尔等三人在此，其余均回家去，丢我母子二人不管，尔三人务须随驾同行。"然当时尚言不即起驾。至翌晨七点钟，王文韶乘坐小轿进城，方知两宫已于黎明启行。

是日为二十一日，太后皇上均坐车出德胜门。行至贯市，始由光裕驼行孝敬驼轿三乘。皇上与贝子溥伦同坐一乘，两宫皇后及大阿哥始均坐轿。因仓猝出宫，太后仅穿蓝布夏衫，头尚未梳。皇上则仅穿黑纱长衫及黑布战裙两条而已。铺盖行李，一切均未及随带出京。在贯市，夜间只睡火炕，既无被褥，复无替换衣服，仅有小米粥充饥。妃嫔及宫女等均未带出，太监虽有随驾者，数亦寥寥。诸王贝勒随扈者只端郡王等数人，堂官则有刚毅、赵舒翘等及部院司员十余人，王文韶随后赶来。另有虎神营兵千余人护驾。沿途各铺户均闭门逃遁，到处无从购物。

二十三日傍晚，行抵怀来县，两宫临幸县署，署中人皆不知，县令吴永仓卒出迎，驾已入署矣。即于大堂朝见两宫，温谕有加。吴令退，以其夫人之房赶紧收拾，请太后入内憩息，皇后则安置于其媳正房，皇上则暂在签押房驻跸。时太后饥甚，手拍梳桌，命进食物，盖出京二日，仅食鸡蛋三枚也。并即自行启奁，取梳梳头。

二十五日起銮西行，自是始由沿途地方官陆续进奉，两宫寝食稍安。

自此西行，经太原至西安，沿途或稍憩息、历时两月有余。《西巡回銮始末记》将沿途驻跸情形，自出京日起，备录少阙漏，略云：

七月二十一日，驻贯市，宿清真寺，进面饭，小米粥，蔬菜。二十二日，驻岔道。辰刻大雨，行抵关沟，山水涨发，銮舆冲水而过。午间过居庸关尖站，内监向二民索得粗磁茶碗，进凉水一盏。延庆州秦牧奎良进蓝呢轿，是处无供给，苦甚。二十三日，驻怀来县，驻跸二日，怀来县吴令进燕席，并汉装女衣。二十七日，驻宣化县城，驻跸四日，驻上谷公所，供张稍好。

八月初一日，自宣化启銮，驻怀安县属之左卫原，行宫狭隘。初二日，驻怀安县城，供张草率。

另据当时任怀安县文昌书院讲席之唐晏所著《庚子西行记》，谓两宫未到怀安之前，即已传知宣化迎驾情形。云:“御膳用上八八酒宴，加一品锅一个，早膳则黄糕一碟、杏仁茶一碗而已。王公大臣通用一品锅，加菜四色。”此与《西巡始末记》云“供张稍好”合。唐为当时亲见之人，所言当可信，并谓到怀安后，即以书院为行宫。唐记云:“是日余到行中，见其门帘褥垫，皆以黄布为之，门悬黄布，屋亦不加修饰，大有采椽茅茨之风。”又云:“至晚御膳甫上，厨房即为众太监抢掠一空，诸王大臣至于竟夜不得食。《西巡始末记》所说供张草率之原因，即在此乎？

各赏人参糖一枚

初三日，入山西天镇县境，在枳儿岭尖站，毫无预备。陕抚岑中丞春煊进荷包鸡蛋，甚蒙褒奖。至天镇县城，典史杨守性供给，视尖站稍周。初四日驻聚乐堡，阳高县界。初六日，驻大同府城，在镇台衙门驻跸，凡四日，供张稍觉周备。初十日，由大同启銮，驻怀仁县。十一日，驻山阴县之岱兵镇。十二日，驻代州之广武县。

十三日，驻阳明堡，代州属。过雁门关，慈舆在关上稍停游览。岑中丞进野黄花一握。慈圣慰劳之，并赏乳茶。十四日，驻原平镇。行宫系民房，知县王令失于觉察，内有旧存空棺数具，经岑中丞查出，驰马回奏，奉慈圣天恩高厚，谓“可移则移，如不在紧要地方，不移亦可”。驾到时，部郎俞启元已督同兵丁移出。

十五日，驻忻州城。是日，在二十里铺换黄轿三乘，绿轿二乘。十六日，驻黄土寨，阳曲县属。十七日，抵太原府城，驻抚署。一切供张，陈设仪物，均系纯皇帝（乾隆帝）幸五台时旧物，灿然如新，极为可观。慈圣谓为宫中所未有。

自此遂在太原驻跸兼旬。继因某大臣奏，联军将掠保定而西。复明降谕旨，于闰八月初八日起驾南行。

在太原期间，诏以庆亲王奕劻及两广总督李鸿章与联军议和。太后西幸时，以帝名义曾下“罪己诏”，并命奕劻留守京师，与各国商和约。而各国宣言，非李鸿章来京，不能言和。初，鸿章于甲午战败后，引咎罢职。光绪二十五年（1899 年）始起为两广总督，至是因各国要求，乃诏调鸿章为直隶总督兼北洋大臣，与奕劻同任议和全权大臣，与联军妥商和议，并诏刘坤一、张之洞会商办理。

闰八月初八日，两宫自太原启驾，一路地方官供给周至。至二十六日，銮辂始入潼关。

是日，两宫渡河，乘御舟三只，均以锦绣饰之。太后因欲至华山拈香，遂召襄办皇差之地方官黄璠询华山情形，何处可以拈香。黄奏，山路险峻，已派兵一营修路。太后又问：驻跸一日可修竣否？黄奏请至华阴驻一日，或可赶修稍平。嗣因军情吃紧，传旨不登山，即至华岳庙拈香，灏灵殿行六叩礼，圣祖龙牌前行九叩礼。太后礼毕，泪下沾襟。又登万寿楼，王大臣等再三请乘舆，不允。由内侍扶挟，曲折登三丈梯第一层。太后率皇上、皇后、妃嫔、大阿哥、王大臣等凭眺良久。太后更上一层，岑春煊、黄璠等于楼门跪接，太后于手巾中拈出人参糖，各赏一枚。

次日，黄璠进呈螃蟹、蛋、虾仁、鼻烟等物，均经赏收。

迨九月初四日未初，圣驾至西安，由长乐门大路直抵行宫。御道甚长，皆黄土铺垫，各商铺悬灯结彩，居民等更跪迎道左。办事大臣亦纷纷随至。经派定侍卫二百五十人，日夜轮班。

西安行宫

行宫先驻南院，后移北院。南院是总督行台，北院是抚台衙门。先驻南院者，因署外广阔，后移北院者，因署内轩敞。本来预备南北行宫，听两宫旨意。两处墙壁皆一色全红。南院自经慈圣驻跸后，正门遂封闭不开，奉旨作为抚署，而由便门甬道出入。北院一切装饰亦全红色，“东辕门”、“西辕门”字亦红漆涂装盖，辕门不开，周围以十字叉拦之，如京师大清门式。正门上竖立直匾，写“行宫”两字。中门、左门皆不开，由右门出入。入门有侍卫及一切仪仗，旁有军机处朝房、六部九卿朝房、抚藩臬各员朝房、侍卫处种种名目，则贴红纸条而已。

大堂全无一物，左房为内朝房，右房为退息处。至銮阁中有六扇屏门，中开二门，设宝座一张，上盖黄布。至二堂，又设宝座一张，亦盖黄布。左有一房，为召见处，右有一房，为亲王办事处。三堂中又有宝座一张，左右房为太后宫室。二堂之东，有三间，为皇上寝宫。后又有三间，为皇后寝宫。三堂之西，屋三间，为大阿哥居住。行宫内皆用洋灯，后来俱换大保险灯及洋烛，因贡物已到，是以顿增华丽。

两宫到行在后，太后常有胃痛之疾，不服水土，夜不成寐，辄哭，时命数太监捶背，日夜不休。太后、皇上御膳费，每日约两百余两，由岑中丞定准。太后谓岑中丞曰：“向来在京膳费，何止数倍，今可谓省用。”岑奏曰：“尚可再省。”每晚先由太监呈上菜单一百余种，亦不过鸡鱼鸭肉之类。其后贡物燕窝海参都至，御食乃丰。皇上喜食黄芽菜，并不多用荤。太后喜食面筋，亦不多食他品。

以上皆摘自《西巡回銮始末记》，作者虽未透露真姓名，观其描写之细到，或系出自当时亲见亲闻者之手。

李鸿章奉诏为和议大臣，前已言之。鸿章北上，于闰八月至天津，旋即入都，与各国公使开议。联军于提议和约之前，首先要求加重惩治罪魁，自端郡王载漪以下凡数十人。鸿章屡与磋磨，联军统帅瓦德西曰：“吾所列罪魁，皆其从者，为全中国体面，其罪首尚未提出也。此而不允，吾将索其为首者。”意指太后也。鸿章亟电告行在，太后不得已，允严惩。遂诏端郡王载漪革职，与载勋、载滢同交宗人府圈禁。载濂革爵，载澜、英年降调。赵舒翘革职留任。毓贤革职，发往极边，充当苦差。

联军尚不满意，以为太轻，不得已于光绪二十七年（1901 年）正月再颁朝命：载漪、载澜均定监斩候罪名，加恩贷其一死，发往极边新疆，永远监禁。载勋、英年、赵舒翘均定赐令自尽。毓贤、启秀、徐承煜均定为即行正法。刚毅、徐桐、李秉衡均已身故，追夺原官，即行革职。又将甘肃提督董福祥革职，俟应得罪名定谳惩办。外人坚主重治董福祥，廷议以其拥重兵，恐反，乃以革职而再定谳惩办，敷衍外人。

据前人笔记，赵舒翘赐令自尽，派岑春煊监视，舒翘犹以为必有后命，吞金少许，逾三时不死，春煊迫于复命，乃更进鸦片烟，两时仍不死，再进砒霜，始偃卧而呻，夜半犹未绝，乃以厚纸蘸热酒，蔽其七窍，乃绝。

太后于舒翘之死，最所惋惜。尝曰：“上年载勋、载澜诸人，自夸系近支，说大清国不能送与鬼子，其情形横暴已极，几将御案掀翻。惟赵舒翘，我看尚不是他们一派，死得甚为可怜。”言至此，并为落泪。

是年七月，奕劻、李鸿章与各国联军，签订《辛丑条约》十二款。约成，太后于八月由西安启銮还都，十月达开封，十一月自开封启行，由柳园渡河，至正定，改乘火车入京，沿途供张之费达一千数百万两，不像来时那样狼狈了。

第二十五章　谋杀亲夫

大逆不道的罪恶

子弑父，妻杀夫，在最重伦常的我国，一向为大逆不道的罪恶。本章拟一谈六世纪初隋炀帝的弑父继位，以及七世纪初唐韦后毒毙其夫中宗而临朝称制，二者都是历史上少见的宫闱逆伦大案。

隋炀帝之父文帝，史称其“猜忌苛察，信受谗言，功臣故旧，无始终保全者，乃至子弟，皆如仇敌”。初立长子勇为太子，后废。先是，“文帝之猜防太子勇也，屏去东宫之勇健者”。

废勇之后，立次子晋王广（炀帝）为太子。至仁寿四年（604年），文帝六十四岁，衰老寝疾，据《资治通鉴》的记载，太子广虑上有不讳，预作准备，手自为书，封出问杨素，杨素是他素所勾结的文帝重臣。太子宫人误送给病榻上的文帝，文帝览而大怒。

当时还发生一个插曲，文帝的姬妾陈夫人，平旦出更衣，为太子所逼，拒之，得免。归于帝所，怪其神色有异，问其故，夫人泣曰：“太子无礼”。文帝大恚，抵床曰：“畜生，何足付大事，独孤（后）误我。”乃呼柳述、元严曰：“召我儿！”述等呼太子，上曰：“广也！”

文帝盛怒之下，不承认广为太子，透露了废黜之意。于是太子矫诏执柳述、元严系大理狱，令右庶子张衡入寝殿侍疾，尽遣后宫，出就别室，俄而文帝崩。《资治通鉴考异》并引赵毅《大业略记》云：“进毒药崩。”

帝崩，太子广自立，明年改元大业。

《隋书》不书炀帝弑父之事，但唐韦后的杀夫，则正史新、旧《唐书》俱有记载，以下谈韦后故事，资料采自《新唐书》。

本书前章言四世纪东晋孝武帝，因一句戏言，引起宠妃张贵人的妒和怒，乘其醉卧，使婢以被蒙帝面弑之。南面称王的大丈夫，竟为后或妃所杀，其为人必有异常的缺点。孝武帝是个酒糊涂，终日醉时多，醒时少。而唐代为韦后毒毙的中宗，其庸懦也很少伦比，甚至韦后与臣下发生暧昧私情，他不仅处之泰然，并且还能在旁凑趣。

中宗是高宗第七子，武则天所生，但则天雄鸷阴狠的个性，没有遗传给他。永隆元年（680 年）立为太子，高宗死于弘道元年（683 年），太子即位，尊则天为皇太后，太后临朝称制。明年改元嗣圣，仅有一个多月，太后废之为庐陵王，徙居均州，立皇弟旦（睿宗，高宗第八子），改元光宅，仍由太后临朝。又明年，太后再徙中宗于房州。

两个著名人物

中宗为英王时，以父命聘赵氏为妃。但赵氏为武后则天所不喜，被幽囚于内侍省。《新唐书》云:“妃既囚，扃键牢谨，日给饲料。卫者候其烟突烟数日不出，披户视之，死腐矣。”她有皇后名号，是死后追赠的。赵氏自被囚至死，中宗悉听其母武后处分，始终没有表示过任何态度。

本故事的主角韦氏，中宗在东宫时，被选为妃，及即位，立为皇后。中宗黜居房州，十余年与韦氏共度艰难恐惧的生活。“每（朝廷）使至，帝辄恐，欲自杀。后止曰：‘祸福何常，早晚等死耳，无遽。’”

在这段幽废期间，相传中宗与后约，“一朝见天日，不相制”。所以后来复位后，韦后胡作非为，和别人私通，似乎是双方早有默契的。

中宗幽废达十五年，而则天称帝改国号曰周，亦已数年，到圣历元年（698 年），中宗自房州召还东都，复立为太子。又隔了七年，到神龙元年（705 年），则天老且病，张柬之举兵，迎中宗复位，反周为唐。是年十一月，则天死。

唐朝两代紧接着发生女祸，武则天死后，韦后继之。《旧唐书》曰：中宗之生还，“庸非己力，洎滁除金虎，再握璇衡，不能罪己以谢万方，而更漫游以豂八政。纵艳妻之煽党，信妖女以揽权”。

则天死后，留给中宗两个著名人物，一为上官婉儿，一为武三思。婉儿因父罪，自幼随母配掖廷，天性韶敏，善文章。年十四，武后召见，有所制作，敏疾若素构。武后称帝后，掌诏命，掞丽可喜，是位出色的女秘书。

婉儿尝忤旨当诛，武后惜其才，黥而不杀，而群臣奏议及天下事，仍旧交她参办。中宗接位，大被信任，进位昭容。婉儿初通武三思，三思之为韦后所宠，而有暖昧关系，乃因婉儿的推介。

婉儿外宅，有富丽的园囿，穿沼筑岩，穷饰胜趣，中宗有时引侍臣宴其所，是时宫中规制，凡左右内职，皆可自由外出。婉儿既营外宅，那些热心登龙的人，争趋门下，因以求取官职。崔湜因与婉儿乱，遂引知政事。

武三思是武则天的内侄，当则天掌握朝政的时候，诸武多显贵，三思累进夏官、春官尚书，监修国史，爵为王。性倾谀善迎主意，钩探隐微，故颇得则天的信任。则天方以张昌宗兄弟为狎玩，三思倡言昌宗为王子晋后身，引公卿歌咏，靦然媚人，不以为耻。日与二张扈侍驰骋，窃威福自私。

中宗朝，其子崇训尚中宗与韦后所生的幼女安乐公主，为驸马都尉。三思进位司空，开府仪同三司。三思既因上官昭容而与韦后通，尝与后共御床博戏，中宗在旁典筹，不以为忤。

三思奸乱窃国，其忌阻正人特甚，尝曰：“我不知何等名善人，唯与我者殆是哉！”朝臣中违反其意旨的正人君子，难免于斥逐或杀戮。

男女关系十分混乱

韦后时代，宫中的男女关系是十分混乱的。韦后通三思之外，常侍马秦客善医，光禄少卿杨均精烹调，皆引入掖廷，而秦客与均，皆淫于后，他们侍候主人，食、性医药各个方面，都要兼顾。而尤可怪异的是，淫乱对象不问伦常和辈份关系。安乐公主的丈夫武崇训，有宗兄延秀，初与安乐燕昵，后崇训死，即再嫁延秀，此人在名份上是韦后的女婿，然韦后亦与之私。

安乐公主为中宗迁房州时所生，姝秀辩敏，韦后尤爱之。帝复位后，光艳动天下，侯王柄臣多出其门，尝作诏书置帝前，请帝署可，中宗笑从之。她以公主开府，官属甚滥，纳钱即可得官。主营第，尝请昆明池为私沼。中宗曰："先帝未有以与人者。"主不悦，自凿定昆池，延广数里。司农卿赵履温为缮治园囿，累石肖华山。

三思之党，尚有两个权臣，一为宗楚客，一为纪处纳，俱得韦后的信任。楚客于武后朝已被任用，中宗复位，三思引为兵部尚书。处纳为人魁岸，须长数尺，其妻为三思妇之姊，纵之使通三思，以此进太府卿。

中宗有四子，韦后所出，只重润一人，武后朝已立为皇太孙。张易之兄弟得幸武后之时，有人谮于武后，谓重润与其女弟永泰郡主及主婿，窃议武后失德，后怒，杖杀之。自是韦后无亲生子。中宗复位后，立后宫所生的第三子重俊为太子。重俊非韦出，韦党、武三思等忌之。安乐公主常呼之为奴，或劝公主请中宗废重俊为王，自立为皇太女，重俊不胜忿恨。

景龙元年（707 年），重俊率李多祚等若干太子党的将领，矫发左羽林及千骑兵，围武三思第，杀三思，并崇训斩之，诛其党十余人。重俊率兵趋肃章门斩关入，索韦后、安乐公主、上官昭容所在。韦后挟帝升玄武门，宗楚客、纪处纳等统兵二千人守太极殿。

中宗召右羽林将军刘仁景率飞骑拒敌。李多祚之兵不得进。帝在城楼据栏语千骑兵曰:“尔等乃我爪牙，忽为乱，能斩贼者有赏。”于是士卒倒戈，斩多祚，余党溃。太子亡入终南山，欲奔突厥。宗楚客遣将追之，重俊憩于野，为左右所杀。

然而自此而后，同情太子、不齿韦后、不畏权势、抗直反对的人并未绝迹。景龙四年（710年）四月，定州人郎岌上言，谓韦后、宗楚客将为逆乱。韦后白帝，杖杀之。五月，司兵参军燕钦融复上言，谓皇后淫乱，干预国政，宗族强盛；安乐公主、武延秀、宗楚客，图危社稷。中宗诏钦融面诘，钦融顿首抗言，神色不挠。帝默然。宗楚客矫诏令飞骑扑杀之，投于殿廷石上，折项而死。楚客大呼称快。帝虽不穷问，意颇怏怏不悦。

韦后及其党大约觉察到中宗的忍耐，也许将到限度，于是忧惧起来。尤以安乐公主欲韦后临朝，自为皇太女，俾日后得取政权。由是韦党合谋，毒弑中宗。

是年六月，韦后等于饼馅中阴置毒进，中宗食后崩。初韦后秘不发丧，次日立中宗第四子温王重茂为太子，集百官发丧，韦后临朝称制。太子旋即位，改元唐隆。未几，临淄王隆基（玄宗）起兵，叩关入宫，韦后遁，为乱兵所杀，斩武延秀、安乐公主，分捕诸韦、诸武与其支党，悉诛之。

第二十六章　太后再嫁

一团乱麻的婚媾关系

本书前曾谈唐玄宗的杨贵妃，本是他儿子寿王之妃，翁媳而为匹偶，这种婚媾关系，殊乖伦常，在民间尚为人所不齿，堂堂帝王，更有些难以为情。然而后世清代王室，尤其在入关之前，婚姻根本没有伦常观念，更不论行辈的尊卑，可略举若干事例言之。

清太祖既娶乌喇部布占泰的侄女，而布占泰又以太祖第四女，叔岳而变成女婿，上下三辈。太祖的次子阿敏以亲女嫁蒙古塞特尔，自己又娶塞特尔之女，两人互为翁婿。太祖第四子皇太极（太宗）其两后，孝端和孝庄原是姑侄，辈分有别，但先后都嫁给了太宗。佐世祖（顺治帝）入关的睿亲王多尔衮，他与豪格是叔侄关系，盖豪格为其兄太宗的长子，而两人娶于桑阿尔寨之姊妹两女，叔侄而成连襟。顺治帝的静妃，为孝庄太后侄女，表兄妹婚配。静妃原为皇后，婚后三载，因与顺治帝不协，降而为妃。

清太祖第五子莽古尔泰死，将其妻妾分给从子豪格和岳托，第十子德格类死，其妻给其弟阿济格。睿亲王多尔衮入关后，恃功骄矜，逼死其侄肃亲王豪格，而纳其妃。

这种一团乱麻的婚媾关系，要到稍后熏陶了中国文化的伦常观念，其风始杀。在初期，正如郑毅生在其《满洲入关前后几种礼俗之变迁》

文中指出：

> 汉人文化上所谓外亲妻亲的尊卑，在满洲旧俗根本没有这个观念，所以缔婚只注意本人，而不注意其他。

顺治帝继太宗登位，年仅六岁，其叔多尔衮佐之入关，为摄政王，尚有两位母后在堂。因为清初的男女关系原与汉族的伦常观念大异其趣，于是发生了“太后下嫁摄政王”的流言。此一流言，经孟心史考定，是没有事实根据的。

虽无下嫁之事，太后于摄政王却并非绝无暧昧瓜葛，当留待下文叙说。顺治朝尊为皇太后者有二人，一为太宗元后孝端，一为太宗庄妃，因生顺治帝，母以子贵，尊为孝庄太后。两太后之中，所谓下嫁，究竟是那一位太后呢？孝端死于顺治六年（1649 年），年五十一岁。摄政王死于顺治七年（1650 年），年三十九。以此比较推算，孝端长于摄政王十三岁，顺治元年入关至六年，这六个年头孝端的年龄为四十六至五十一，若说她和比她小十三岁的摄政王有什么暧昧瓜葛，可能性极少。

顺治帝的生母孝庄，死于康熙二十六年（1687 年），年七十五，计其年小于摄政王两岁，顺治初年又是三十余岁的年轻寡妇，与摄政王年相若，如果真有下嫁或暧昧之事，当属孝庄。

传说的两个因由

世之传太后下嫁摄政王者，有两个因由，孟心史《太后下嫁考实》略云：

> 清世虽不敢言朝廷所讳言之事，然谓清世祖（顺治帝）之太后下嫁摄政王，则无南北、无老幼、无男妇，凡爱述故老传说者，无不能言之，求其明文则无有也。清末禁书渐流行，有张煌言《苍水诗集》

出版，中有句云：春官昨进新仪注，大礼恭逢太后婚。此则言之凿凿矣。然远道之传闻，邻敌之口语，未敢据此孤证为论定。

张苍水于南明弘光亡后，与钱肃乐奉鲁王监国，屡抗清兵，后又与郑成功，海陆并进，攻取南京，事虽不成，忠义昭于日月，身在敌国，或因远道有此传闻，著之于诗，挟有雠意，说不定还有些宣传作用。心史云："苍水自必有成见，且诗之为物，尤可以兴到挥洒，不负传信之责。"

至于"春官"、"仪注"云云，或谓春官指的是礼部尚书钱谦益，"仪注"是他领衔奏定的。近人吴相湘据史实驳此说为无稽，其言曰：

细考史实，则可发现谦益任礼部尚书是明弘光时事，清初部院长官不用汉人，至顺治五年（1648年）七月乃设部院长官汉缺，其领衔尚不得由汉尚书；而谦益之入清受官，在顺治三年（1646年）正月，以礼部侍郎官秘书院事，充修《明史》副总裁，六月即因病乞假回籍，未再出仕；清初政制和谦益的动止如此，可见文人学士之妄为张诗笺注的无稽了。

第二个因由，孟心史述曰：革命以后，教育部首先发旧礼部所积压科殿试册，于抬写皇上处，加抬写摄政王，而摄政王之上，或冠以"皇叔父"，或冠以"皇父"字，亦不一律。一时轰然，以为"皇父"之称，必是摄政王妻世祖（顺治帝）之母，而后尊之为父。

但孟氏以为"父"之为称，古有"尚父"、"仲父"，皆君所以尊臣，仍不能指为太后下嫁之确据。胡适对此表示不能满意，致函孟心史云：

鄙意决非轻信传说，终嫌皇父之称，似不能视为与尚父、仲父一例。下嫁之传说，已无证据可凭，而皇父之称自是史实。

心史答云：

既以皇父之称诏天下，如果因得婚太后之故而自尊异，则必以太后下嫁明告天下，而后知有其实，故据其名。因其公然称皇父，必不讳太后下嫁，惟其无下嫁之事，则坦然称皇父，以仲父、尚父自居，则亦无嫌，故有皇父之称。

亲到皇宫内院

郑毅生熟于清初掌故，更自其制度渊源，详考“皇父”之称，不足证明下嫁之说。吴相湘作《紫禁城秘谭》，引郑氏之文，其言略云：

“皇父”之称，与“叔父摄政王”、“辅政王”，同为清初亲贵之爵秩，而非伦常之称谓。其源盖出于族中旧俗，建国伊始，典制未备，二三功高懿亲，位登极爵，莫可更晋，乃加称谓于封号，用示尊异，未暇计及体制当否。顺治元年（1644 年）四月，加封多尔衮称“叔父王”，济尔哈朗称“叔王”，盖以二人同辅政，且封亲王久，多尔衮又有入关功，非他人所可比拟，乃别加“叔”、“叔父”之字以尊之，非家人通称也。“叔父王”、“叔王”为爵秩专称，与“皇叔父”、“皇叔”之通称有别。顺治四年（1647 年），甘肃巡抚张向曾以题报本内仅称“皇叔父”，遗“摄政王”三字，革职拟罪，亦以此也。

叔王之制盖仿于太宗时，时代善（太宗兄）为“和硕兄礼亲王”。叔王之为尊爵，其阶上亲王一等，不以齿，不以尊，亦不以亲，尤非家人之通称，盖为亲王建大勋者始封之。

就仪制言，叔王与亲王差异极显，而叔王与叔父王亦有别。顺治初，摄政王与辅政王以“叔父”与“叔”分冠之，尊卑秩序却极显然。

多尔衮以叔父摄政王专政久，勋绩甚懋，而爵无可尊，就家人行辈言之，亲尊于伯叔者唯父耳。左右献谀，乃以“皇父摄政王”之称进。摄政示尊于国，皇父示尊于家。

多尔衮初摄政尚守臣节，朝贺赐予皆修臣礼，逮执政稍久，渐恣放自擅。顺治二年（1645 年）五月，礼部议定摄政王称号及仪注。于是摄政王之体制，视诸王益崇，而文武百官之于摄政王亦犹于皇上，然此仅示尊于群臣，尚未疏略礼注于世祖（顺治帝）也。顺治四年（1647 年）十二月丙申，辅政王豫亲王多铎与大学士范文程等启王，以王体有风病，不胜跪拜，恐勉强行礼，形体过劳，国政有误，请停王对皇帝朝贺跪拜。王从其言，自是而朝会燕飨不复跪拜。其时君威隆肃，揆之臣仪微嫌亏略，欲弥其缺，唯以皇帝所尊者称之，于是乃有“皇父”之号。

“皇父摄政王”乃当时之最高爵秩，多尔衮之称“皇父摄政王”，复由左右之希旨阿谀，且其称源于旧俗，故决无其他不可告人之隐晦原因在焉。

多尔衮和太后无婚嫁之事，但是否有暧昧关系？这里有一点疑似的迹象：

顺治八年（1651 年）多尔衮死后，顺治帝亲政，朝政反覆，尽夺多尔衮的爵位称号，诏书宣布多尔衮罪状，有“亲到皇宫内院”一语，古礼叔嫂不通问，而亲到皇宫内院之所以成为罪状，其中也许和太后有私通的秘密。观于清初宫中男女关系的混乱，太后年轻守寡，又与多尔衮年相若，这就很难说了。然而“亲到皇宫内院”，如有暧昧，不能断定对象是何人，可能是太后，也可能是宫中别的女性。

第二十七章　儿女情长

一位年轻的嫠妇

前谈清初宫廷婚媾，有时混乱得绝不顾及伦常和行辈，本章故事，再可提供一证。世祖（顺治帝）最宠爱的皇贵妃董鄂氏，原来是他的弟媳妇。

此一发现，归功于近代史家陈援庵氏，陈氏根据的是耶稣教士汤若望（Jean Von Bell）所作之《回忆录》。若望于明季来中国，入清后，甚得顺治帝宠眷，时常引与长谈，乐闻其言，授若望钦天监监正，加太常寺少卿衔。出入顺治宫廷，回忆中记述若干亲眼目睹的事，当属可信。

《汤若望回忆录》有一节记载，述及董鄂妃的入宫来历，陈氏译文云：

> 顺治皇帝对于一位满籍军人之夫人，起了火热爱恋。当这军人因此申斥他的夫人时，竟被对于他申斥一事有所闻知的天子，亲手打了一个极怪异的耳光。这军人乃因愤致死，或许竟是自杀而死。皇帝遂即将这位军人的未亡人收入宫中，封为贵妃。这位贵妃于一千六百五十七年，产生一子，是皇帝原规定他为将来的皇太子的。但数星期后，这位皇子竟而去世，而其母于其后不久亦薨逝。

我们如再检阅冯承钧译费赖之（Aloys Pfister）所作《汤若望传》，也有类似记载，云："不幸帝宠爱一年轻婺妇逾常。此妇诱其不信正教，不理国政，而迷信佛说。此妇有一子，帝许此子将来承继大位，不意此子夭殇，而此妇亦逾年死。顺治帝悲甚，已而发热甚剧，至于大渐"。

西方传教士的记载，没有指出此年轻婺妇为谁，但按诸《东华录》和董鄂妃死后顺治帝为其御制行状所述的事实，加以对比，与董鄂妃事迹和年份大体相符，如董鄂妃生子荣亲王为顺治十四年十月，与汤若望所云 1657 年是吻合的。荣亲王死于次年正月，与所说数星期后夭折，大体相同。董鄂妃死于顺治十七年（1660 年）八月，顺治帝死于十八年（1661 年）正月，与汤记"其母不久病逝"与费传"顺治帝悲甚，至于大渐"，叙说均大体不误。

至于所谓"火热爱恋"，"爱一年轻婺妇逾常"，正是本章所要叙说的主题，详下文，此处不赘。

费赖之所作《汤若望传》有一点错误，顺治帝和董鄂妃后来都信佛法，顺治帝先信，然后劝董鄂妃也崇奉三宝，顺治帝御制行状，言之甚悉，费赖之谓"此妇诱其迷信佛说"，则不免倒因为果了。

然而汤若望所说的一位满籍军人，究竟是谁呢？陈援庵推定为顺治之弟襄亲王博穆博果尔。襄亲王卒于顺治十三年（1656 年）七月初三日，服满即为八月，董鄂以八月册贵妃，陈氏曰："其时日适符也。"

《东华录》：顺治十三年（1656 年）七月己酉"和硕襄亲王博穆博果尔薨，年十六"。董鄂妃是年为十八岁，比前夫大两岁，而顺治帝也是十八岁，正是年轻人不顾其他，一心火热恋爱的时会，家庭间发生此一悲喜剧，当是情理之中的可能现象。

爱情美满缠绵

吴梅村有《清凉山赞佛诗》五古四首，即咏董鄂妃事，程穆衡笺注云:“为皇贵妃董氏咏。”诗中有句:“王母携双成,终节云中来。”又云:“可怜千里草,萎落无颜色。”双成用董姓之典,千里草亦暗藏董字。盖汉人“董”姓与满人之“董鄂”氏混淆而未加分别,并未辨明满人之“董鄂”,绝非汉姓之“董”。于是世俗有一传说,误吴诗系咏董小宛事,而强诬董小宛曾入宫为顺治帝宠爱,此说之无稽,孟心史氏于民初作《董小宛考》,详辟其妄。且于吴诗细加推考,重加笺绎,事事皆与董鄂妃合,而与小宛无关。

董小宛,明末秦淮名妓,后为冒辟疆妾,心史云:“当小宛艳帜高张之日,正世祖(顺治帝)呱呱堕地之年。小宛死于顺治辛卯(1651年),辟疆同人集中,海内名流以诗词相吊者无数。时世祖尚只十四岁,小宛则二十八岁,所谓年长以倍者也”。且小宛行踪,一生没有到过黄河以北,遑论晋京入宫。时间空间,都不可能与顺治帝有何关系。

董鄂妃,内大臣鄂硕女。《清史稿·后妃传》云:“年十八入侍,上眷之特厚,宠冠后宫。顺治十三年(1656年)八月,立为贤妃。十二月,进皇贵妃。……鄂硕本以军功授一等精奇尼哈番,进三等伯。十七年(1660年)八月,薨,上辍朝五日,追谥‘孝献庄和至德宣仁温惠端敬皇后’。”恩宠之骤与隆,甚为突出少见。顺治帝御撰行状数千言,力言妃之贤惠端淑,而透露了顺治帝与她爱情生活的美满缠绵,摘其片段如次:

> 后婉静循礼,事皇太后,奉养甚至,左右趋走,皇太后安之。事朕晨夕候兴居,视饮食服御,曲体罔不悉。朕返跸晏,必迎问寒暑,或意少乱,则曰:“朕下归晚,体得毋倦耶?”趣具餐,躬进之,命共餐则辞。
>
> 朕值庆典,举数觞,必诫侍者。室无过燠,中夜憾憾起视。朕省封事,夜分未尝不侍侧。诸曹循例章报,朕辄置之,后曰:“此虽奉行成法,安知无当更张,或有他故,奈何忽之?”令同阅,起谢:“不敢干政。”

览廷谳疏，握笔未忍下，后问是疏安所云。朕谕之，则泣曰："诸辟皆愚无知，岂尽无冤，宜求可矜宥者全活之。"大臣偶得罪，朕或不乐，后辄请霁威详察。朕偶免朝，则谏毋倦勤。

日讲后，与言章句大义，辄喜。偶遗忘，则谏："当服膺默识。"搜狩，亲骑射。则谏："毋以万邦仰庇之身，轻于驰骤。"偶有未称旨，朕或加谯让，始犹自明无过，及闻姜后脱簪事，即有宜辩者，但引咎自责而已。

后至节俭，不用金玉。诵四书及《易》，已卒业。习书，未久即精。朕喻以禅学，参究若有所省。

后初病，皇太后使问安否，必对曰"安"。疾甚，朕及今后、诸妃嫔环视之，后曰："吾殆将不起，此中澄定亦无所苦，独不及酬皇太后暨陛下万恩。妾殁，陛下宜自爱。惟皇太后必伤悼，奈何！"

董鄂生一子，百余日而殇，名尚未命，例不得有封号，因爱妃而特封之为和硕荣亲王，是为皇四子，皇三子即圣祖（康熙帝）也。《东华录》云：顺治十四年（1657 年）十月丙子，皇第四子生。十五年（1658 年）正月己未，皇第四子薨，盖百零四日。

顺治帝于董鄂妃生前的恩情，如此隆厚，所以死后更悲悼哀伤，超乎常情。《汤若望回忆录》云，"贵妃薨逝，皇帝陡为哀痛所攻，竟至寻死觅活，一切不顾。人们不得不昼夜守着他，使他不得自杀。三十名太监与宫中女官，悉行赐死。免得皇妃在她世界中缺乏服侍的人。全国均须服丧：官吏一月，百姓三日，为殡葬事务，曾耗费极巨量国帑"。

顺治帝并无出家之事

汤若望所言，大体属实，董鄂死后，殡葬之奢，曾杂焚珍宝。吴梅村《赞佛诗》亦有句云："瑟瑟大秦珠，珊瑚高八尺。持来付一炬，泉路谁能识？"

顺治帝命词臣撰拟董鄂妃祭文，数易稿均不称旨，最后由中书舍人张宸属草，方加采纳。张宸有记云，“端敬皇后丧，中堂命余辈撰御祭文。山阴学士曰：吾辈凡再呈稿矣，再不允。须尽才情，极哀悼之致。予具稿，中堂极叹赏。末联：渺兹五夜之箴，永巷之闻何日？去我十臣之佐，邑姜之后谁人？上阅之，亦为堕泪”。

端敬死后，顺治帝推董鄂旧恩于其堂妹贞妃。明年顺治帝崩，贞妃且自杀殉葬，张宸记顺治帝出殡情状，有云：“梓宫后为贞妃柩，上用紫花缎袱，盖贞妃者从先帝死，故赐号贞妃，或曰即端敬皇后之妹也。”

上述《清凉山赞佛诗》，引起后世董小宛之说，且诗以赞佛为题，而有“以此护金轮，法海无波澜”、“色空两不住，收拾宗风里”等句，又发生顺治帝行遁五台山，出家为僧的流言。五台山即清凉山，这是不错的。《五台山志》谓此山岁积坚冰，夏仍飞雪，曾无炎暑，故又名清凉山。董鄂妃死后，顺治帝曾命在该山僧院建道场追荐，诗题赞佛之来源如此。《程穆衡笺》云：“五台山大塔宝院寺，明万历戊寅，孝定皇太后重建有阿育王所置佛舍利塔，文殊发塔。知历来后妃皆有布造，贵妃（董鄂）上所爱幸，薨后，命五台山大喇嘛建道场。”原无顺治帝悼亡厌世，行遁此山之说。

顺治帝于十八年（1661 年）正月初七日因痘（天花）崩于大内，证据确凿，详后。他崇信佛法，也是事实，但并未出家，先言其信佛之事。

读上引顺治帝《御制董鄂妃行状》，有云：“朕喻以禅学，参究若有所省”，可知他不仅自己信，且曾劝董鄂信。董鄂临终说，“吾殆将不起，此中澄定亦无苦”，似乎也颇得其中三昧。

顺治帝好佛，入禅宗，延高僧入禁中，尊礼甚至，时有木陈、玉林二禅师，皆顺治帝所敬事。而玉林尤为本师，为取法名曰“行痴”。“行”字在龙池祖法派中，为“通”字之下一辈，玉林名“通琇”，其弟子皆“行”字排也。《玉林国师年谱》载，顺治十六年（1659 年）己亥，有云，“世宗（顺治）请师起名，师辞让。固谓师曰：要用丑些的字眼。师书十余字进览，世宗自择痴字，上则用龙池祖法派中行字。后凡请师说戒等御札，悉称弟子某某，即玺章亦有痴道人之称”。

顺治帝之崩于大内，《玉林国师年谱》记载，历历可考，云：“顺治十八年（1661年）正月初三，中使马公二次奉旨至万善殿云：圣躬少安。师（玉林）集众展礼御赐金字楞严经，绕持大士名一千。为上保安。初四，李近侍言，圣躬不安之甚，初七亥刻驾崩。初八日，皇太后慈旨，请师率众即刻入宫，大行皇帝前说法。初九寅刻，新天子登位矣。二月初二，奉旨到景山，为世祖安位。”

更多的确据

《东华录》曰：“顺治十八年（1661年）辛丑春正月辛亥朔，越七日丁巳夜子刻，世祖章皇帝宾天。先五日壬子，世祖不豫。丙辰，遂大渐。召原任学士麻勒吉、学士王熙到养心殿，降旨一一自责。”所记顺治帝的死日和病期，均与《玉林年谱》大体相合。而亲受末命的王熙，在其自编年谱中，记顺治帝病证及晏驾之事极明，云：

辛丑（十八年），三十四岁。元旦因不行庆贺礼，黎明入内，恭请圣安，召入养心殿，赐坐，赐茶而退。翌日，入内请安，晚始出。初三日，召入养心殿，上坐御榻，命至榻前论讲移时。……初六日三鼓，奉召入养心殿，谕：朕患痘，势将不起，尔可详听朕言，速撰诏书，即就榻前书写。恭聆天语，五内崩摧，泪不能止，奏对不成语。蒙谕：朕平日待尔如何优渥，训尔如何详切，今事已至此，皆有定数，君臣遇合，缘尽则离，尔不必如此悲痛。此何时，尚可迁延从事，致误大事！遂勉强拭泪吞声，就御榻前书就诏书首段。随奏明恐过劳圣体，容臣奉过面谕，详细拟就进呈。遂出至乾清门下西围屏内撰拟，凡三次进览，三蒙钦定，日入时始完。至夜，圣驾宾天，泣血哀恸。

此外，更有中书舍人张宸之记，其言曰：

辛丑年正月，世宗皇帝宾天。予守制禁中，凡二十七日。先是正月初二日，上幸悯忠寺，观内粃吴良辅祝发。初四日，九卿大臣问安，始知上不豫。初五日，又问安，见宫殿各门所悬门神对联尽去。一中贵向各大臣耳语，甚怆惶。初七晚，释刑狱。传谕民间毋炒豆、毋燃灯，始知上疾为出痘。初八日，各衙门开印，予黎明盥漱毕，具朝服将入署。长班遽止之曰：门启复闭，止传中堂暨礼部三堂入，入即摘帽缨，百官今散矣。予错愕久之。盖本朝制度，有大丧则去缨。讵上春秋富，有此变耶？早膳后出门问讯，则人复讯予，无确音。时外城门俱闭，列卒戒严，九衢寂寂，惶骇甚。……二鼓余，宣遗诏，凄风飒飒，阴云欲冻，气极幽惨，不自知其呜咽失声矣。

孟心史作《世宗出家事考实》，都数万言，顺治帝无出家行遁之实，经其考定，上述论证多撷自孟文焉。

第二十八章　宗教信仰

佛法入华及其鼎盛

历代帝王或王室，信仰宗教者并不乏人。上述清世祖崇佛法，入禅宗，并非稀罕之例。释、道、基督三教，在我国与中朝皇室的关系，都各有其历史渊源。在某一朝代，帝王信奉或提倡某一宗教，如南北朝之佛法，唐及元代的道教，往往成为此一宗教在此一时代流行鼎盛的原因之一。

因为佛教入中国较早，历代帝王之崇奉宗教者，比较言之，亦以佛教为多。一世纪东汉明帝永平年中，遣使往西域求法，为我国向所公认佛教入中国之始。东汉末，牟子作《理惑论》，凡三十七章，其第二十章，述汉地始闻佛道，其中虽羼杂着难以置信的神话，然一般认为言中国佛教之始，以此为最早的记载，其文曰：

昔孝明皇帝，梦见神人，身有日光，飞在殿前，欣然悦之。明日，博问群臣，此为何神？有通人传毅曰："臣闻天竺有得道者，号之曰佛，飞行虚空，身有日光，殆将其神也。"于是上悟，遣使者中郎蔡愔、羽林郎中秦景、博士弟子王遵等十二人，于大月氏写佛经四十二章，藏在兰台石室第十四间，时于洛阳城西雍门外起佛寺，于其壁画千乘万骑绕塔三匝。又于南宫清凉台及开阳城门上作佛像。明帝存时，

> 预修造寿陵，陵曰显节，亦于其上作佛图像，时国丰民宁，远夷慕义，学者自此而兹。

《理惑论》言明帝遣使大月氏求法，未载确在何年。《较理惑》论晚出之《化胡经》，谓永平七年（64年）遣使，十八年（75年）还。《法本内传》作三年感梦。隋费长房《三宝记》作七年感梦，十年还汉。历来各说不一。

前往求经之大月氏，原为敦煌祁连间一民族，汉初为匈奴侵攻，西迁，其后在印度恒河流域、克什米尔、阿富汗及葱岭东南之地，立国称大月氏。与佛教发源地为接近，先得佛法，在我国西汉哀帝时，其族已皈依三宝，此明帝以大月氏为求法目的地的原因所在。

然而自西汉武帝建元中遣使通西域后，中国与西陲民族已有接触，佛法亦因之而早已传入中土。《后汉书》谓永平八年（65年）楚王英为沙门伊蒲塞设盛馔。八年正明帝遣使而尚未返国之时，可见中土已有外国僧人之踪迹，而为皇族所礼遇。且就《理惑论》本身言，传毅已知天竺有佛陀之教，即可证明中朝士大夫已闻佛法。故《理惑论》的传说，只能据以论断中国帝王遣使求法，以明帝永平为始，而佛教之流入中土或更早于此时。

自明帝而后，东汉诸帝以至三国魏晋，建寺译经，西僧之来华，日趋鼎盛。其后北朝之北魏、南朝之梁，信佛最盛。《南史》谓梁武帝四度舍身同泰寺。舍身非出家，其意为入佛寺服劳役，为奉法持戒的一种修行方式。舍身期满，尚须以大宗财帛捐献佛寺赎身。近人著《汉魏两晋南北朝佛教史》有云：

> 南朝佛教势力之推广，至梁武帝可谓盛极。盖以外象言之，其时京师寺刹，多至七百。而同泰寺之壮丽，爱敬寺之庄严，剡溪石像之伟大，前此未有。以僧众言之，则名僧众多，缙豪归附，讲筵如市，听者如林。宫内华林园为讲经之所，宫外同泰寺为帝王舍身之区，中

> 大通元年（529年）设四部无遮大会，道俗会者五万余人。京外西极岷蜀，东至会稽，南至广州，同弘佛法。

又云："僧人之威力，更出帝王之上。武帝之给使洗濯烦秽，稍有不洽，则可上正殿踞法座抗议。"给使洗濯，即是舍身时所服劳役之谓。

唐代道教与公主出家

唐太宗时，三藏法师玄奘，周游天竺，求取佛典，以所获梵本六百五十七部献于朝，太宗命于弘福寺翻译群经，高宗时以玉华宫为寺，使玄奘居之，共译经、论七十五部，三百余卷。

俗所谓唐僧取经之得到当时帝王优礼，佛法的流传，自然因之得到鼓励，然而唐代诸帝却更重道教。

道教为我国国产宗教，东汉时沛人张道陵，永平初拜江州令，后弃官隐居，入江西龙虎山习炼丹符咒之术，从学者甚众，逐渐演变而为道教，龙虎山也成了道教发源圣地。

道教崇拜老子，老子姓李，唐室也姓李，且以老子为始祖，因之道教也成了唐代的国教。唐初尊老子为玄元皇帝，两京有玄元皇帝庙，名太清宫。又有太微宫、升仙馆、崇玄馆等奉祀老子的庙宇。肃宗及玄宗朝屡加玄元皇帝尊号。玄宗注释《道德经》，颁行天下，并追号庄子、列子、庚桑子、文子为真人。京师及节镇各地，道观林立，道教之盛，为历代所仅见。

唐代帝王不仅本身信奉道教，公主且多出家为"女冠"者，"女冠"即女道士。如高宗和皇后武则天所生的太平公主，也曾做过女冠。《新唐书》说她"方额广颡，多阴谋"。历中宗、睿宗朝，声势赫奕，权震天下，后以谋反赐死。她嫁过两次，在未嫁以前，曾出家为女冠。《新唐书·诸公主列传》云："太平公主，则天皇后所生，后爱之倾诸女。荣国夫人死，后丐主为道士，以幸冥福。仪凤中，吐蕃请主下嫁，后不欲弃之夷，乃真筑宫，如方士薰戒，以拒和亲。”

另一著名人物杨贵妃，高力士于寿王邸物色到了这稀世美人，入宫为唐玄宗妃子之前，曾假托她自己意志，丐籍为女道士，“太真”即出家的道号。

自太平公主以后，唐代公主出家为女冠者，历朝皆有其人。据《新唐书》，睿宗女有金仙、玉真二公主，玄宗女万安公主，另一女楚国公主嫁而请为道，代宗女华阳公主、宪宗女永嘉公主、穆宗女义昌及安康公主，先后凡十余人。

公主入道，宫女亦多效尤。有的为了陪伴公主，有的出于自动请求，也有经宫中大批放出的，如《旧唐书·本纪》云，文宗开成三年(838年)“六月辛酉，出宫人四百八十，送两街寺观安置”。

每逢公主出家，大都专建宏丽的道观，以供修道。其著者，如睿宗为二女所建的金仙、玉真二观，代宗女华阳公主的华阳观。《新唐书》谓，“金仙、玉真两公主筑观京师，作者日万人”。规模之大，可以想见。

道教为帝王信奉，到后来蒙古人统治的元代，还有一度兴盛时期。今日大家知道道教有天师名号，还是元顺帝时封张道陵的后裔张宗演为“辅汉天师”而来的。

基督教与中国宫廷

基督教于何时入中国，甚难确定，明熹宗天启五年（1625年）西安附近“大秦景教流行中国碑”出土，碑云：唐太宗贞观九年（635年），西域人名阿罗本者将景教输入中国。后至德宗建中二年（781年）有司译宁恕者建立此碑。景教为基督教之一派，至少指明唐太宗时景教已入中国。

据费赖之《入华耶稣会士列传》，言此碑形制云：

当时有人在此城（西安）附近建屋，工人掘地得一石，长九掌（合190公分），宽四掌（合84公分），厚一掌有奇，其一端作三尖塔形，上刻十字架，下刻百合花形，与宗徒圣多默墓上所刻者无异。石上全勒碑文，且勒有若干时人尚未认识之外国文字。

太宗而后，至武则天称帝，于东都洛阳，集番商胡客之钱百亿万，建造八棱铜柱，高九十尺，径一丈二尺，金彩荧煌，光侔日月，名之曰："大周万国颂德天枢"。竣工于延载二年（694年）四月。此役由武三思主持，印度人毛婆罗督工，而波斯国大酋长阿罗憾亦参与其事。阿即太宗时传景教至中国之阿罗本，"憾"、"本"音相近，想系传译之歧异，阿罗憾亦有作罗含者。计算此人在延载二年天枢落成之时，其来中国已垂六十年。景教当时颇受佛道二教之攻击排挤，日本史家石田乾之助曰："依据碑文（大秦景教流行中国碑），武后圣历年间在洛阳，佛教徒一律攻击景教，此陆路僧首（景教）罗含与大德及烈（Gabriel）或为远方贵绪，物外高僧，共振玄纲，俱维绝纽。想起来景教之能无若干衰颓，至少因鉴于罗含勤于天枢建造之大役，浴有武后恩宠，以致景教教运，未被消灭，显然为值得注意者矣。"

以上所谈，仅能说明唐代已有基督教传来中国，但不能指出与帝王有什么密切关系。到十六世纪明万历年间开始，欧洲耶稣会教士陆续来华活动，他们传布教义，并且做了不少沟通中西文化的工作，也逐渐与宫廷发生了关系。

这种关系，当自崇祯朝方见显著，然在中国载籍中几无迹可寻，不得已求诸西教士的记载。费赖之《汤若望传》有云：

有老中官名若瑟者（若瑟系教名，其中文姓名已不可考。）曾经若望授洗，若望赖其力，获入宫禁，举行一次弥撒。崇祯五年（1632年），重要中官受洗者，中有庞天寿，教名亚基楼（Achilēe），后以忠勇辅明末诸王，见称于世。

"先是，Baviere国诸公爵，曾将《天主事迹图》一册赠金尼阁神甫

(Nicolas Trigaulf) 携来中国，至是若望用汉文附以说明进呈皇帝，又附蜡质慕阁王 (Rois Mges) 朝觐像一座，外施彩色甚丽。崇祯皇帝爱之甚，置诸御几，许后妃临视。中官若瑟乘机为诸后妃解释，有数人感动，因欲入教，若望许若瑟代为授洗。入教者有三人居后妃位。崇祯十三年 (1640 年)，宫中有信教妇女五十人，中官四十余人，皇家信教者一百四十人。当时朝野以为崇祯帝亦有信心，特未敢入教耳。”

太后受洗礼

明崇祯十六年 (1643 年) 北都覆亡，福王明年即位于南京，改元弘光。意大利教士毕方济 (Francois Sambiase) 时在南京，弘光帝命其为使臣赴澳门求援，方济但求事成之后，允许传教，并许教徒建设教堂，应允成行。在途闻南京不守，弘光帝奔逃，死于芜湖附近江中，然仍行赴澳门，居若干时，会唐王立于福州，年号隆武。唐王初识方济于江南，至是作书召之，其书略曰：

> 臣民强我监国，汝识我已二十年。我誓恢复祖业而竭力为吾民谋幸福。盼我老友速来以备谘询。我作书召汝已三次，今欲任汝为武职大员，然后任汝为使臣，愿汝有以慰我。隆武元年 (1645 年) 正月初四日。

方济既至，隆武帝信任甚切。时隆武帝位颇危，方济劝之信教，隆武帝许其建教堂及居宅一所于福州。已而方济偕太监庞天寿同奉使至澳门。1646 年 (隆武二年，清顺治三年)，唐王被执，桂王即位于肇庆，明年改元永历，奔桂林。

是年葡萄牙军统帅尼各老番利略 (Nicolas Ferrira) 率兵三百，助守桂林，以抗清兵，皆方济之力也。

毕方济死于 1649 年。葡萄牙军中有一随军牧师瞿纱微 (Andreas

Xavier Kaffler)，中文名亦作瞿安德，日尔曼人，留在中国，而宫廷眷属渐信奉天主，受洗入教者其一为永历帝嫡母太后王氏，教名烈纳（Hen-lene)，其一永历帝生母皇太后马氏，教名玛利亚（Maria)，一为皇后王氏，教名亚纳，其一为皇太子，教名亚当，而永历帝自身则未受洗礼。

以上采自费赖之《入华耶稣会士列传》，以下综合伯希和（P.Pel-liot）《晚明卜弥格奉使罗马事略》及沙不烈（Robert Chabrie）《卜弥格传》，不另分别注明出处。

王太后之奉教，太监庞天寿劝导最力，西教士所记载之故事云：某夜，烈纳太后（王太后）得一梦，见圣子耶稣手持之十字架忽变为矛，语后云："汝若不从吾法，汝将死。"时太后尚未见瞿安德献帝之图也。越数日见图，知梦中所见者即是圣母怀抱之圣子，所持之矛，即十字架。因之感甚，请于帝，愿领洗入教。召天寿以己意告瞿安德。顾中国礼法，男女不亲授受，安德如何能入宫中。且事若公开，朝中群臣必有反对者。天霆以后语转告安德。安德命禀太后，欲求赎必须领洗，据教中习惯，必须在一司铎前领洗。太后疑而不决者凡十七日。最后经庞天寿力劝，烈纳太后与宫中其他后妃乃延瞿安德神甫至宫中，举行洗礼。次日，永历帝入宫，太后命拜天主像。

奉使罗马乞援

此时，在中国南方传教之耶稣会教士尚有葡萄牙人曾德昭（Alvare de Semedo)，曾举荐波兰人卜弥格神甫（Michel Pierre Boym）至永历帝行在。而奉使罗马为残明乞援教廷者，即卜弥格其人。

此行动机发于天主教士，不尽由于永历宫廷。盖自太后及太子等相继受洗后，耶稣会士颇存奢望，以为明室若能中兴，其教不难盛行于中国。永历二年、三年（1648~1649年)，清军虽锐进，而永历国势稍振，不难有复兴之望，于是乞师欧洲，挽此残局，教士心目中无不存此愿望。然明室诸臣未必尽怀此意，故卜氏此行，不特永历帝无所表示，廷臣中均未参预谋划，其所怀挟西行者，仅皇太后烈纳及太监庞天寿之书札。

皇太后致教皇谕，致耶稣会长老札，所署日期均为永历四年(1650年)十一月四日；庞天寿奉教皇书，致耶稣会长老札，均署同年十一月一日。太后致教皇谕，至今珍藏于梵蒂冈图书馆，其文曰：

大明宁圣慈肃皇太后烈纳致谕于因诺曾爵，代天主耶稣在世总帅，公教皇主，圣父座前:窃念烈纳本中国女子，忝处皇宫，惟知阃中之礼，未识域外之教。赖有耶稣会士瞿纱微在我皇朝，敷扬圣教，传闻自外，予始知之，遂尔信心，敬领圣洗。使皇太后玛利亚，中宫皇后亚纳，及皇太子当定，并请入教领圣洗，三年于兹矣。虽知沥血披诚，未获涓埃答报。每思恭诣圣父座前，亲领圣诲，兹远国难臻，仰风徒切。伏乞圣父向天主前，怜我等罪人，去世之时，赐罪罚全赦。更望圣父与圣而公一教之会，代求天主保佑我国中兴太平。俾我大明第十八代帝，太祖第十二世孙，主君等悉知敬真主耶稣。更冀圣父多遣耶稣会士来，广传圣教。如斯诸事，俱惟怜念，种种眷慕，非口所宣。今有耶稣会士卜弥格，知我中国事情，即令回国致言我之差圣父前，彼能详述鄙意也。俟太平之时，即遣使官来到圣伯多禄，圣保禄台前致仪行礼。伏望圣慈览兹愚悃。特谕。永历四年十一月四日。

西行之计既决，卜弥格奉命整装，庞天寿派二华人伴行，其一沈某，教名恩特赉(Andre)，世家子也，授以游击衔。其一陆某，教名若瑟(Josephe)，中途患病，后遂折返。卜氏于永历五年(1651年，清顺治八年)一月一日启程，经澳门、印度之卧亚、意大利之威尼斯，中途备经困难，一再滞留，历三年方抵罗马，教廷经三载开会讨论之结果，乃于永历九年(1655年)十二月十八日，勉覆烈纳太后一敕，未作任何具体援助之表示，时距太后之崩已四载，而永历帝已踏上最后的流亡道路，明亡亦仅后此数年间事耳。

续　篇

第一章　整肃权臣

政治手腕高明

清仁宗（嘉庆帝）于太上皇（乾隆帝）死后，数日之内，立刻将他父亲的宠臣和珅整肃，为清代一大案。和珅赐死，而其被抄没的家产，折合银两，数字之大，不仅空前，而且绝后，因此这一案，为当时及后世所瞩目。嘉庆帝之应付与处理此事，其政治手腕的灵活与高明，初而忍，继而明决，把握时机与舆情，丝丝入扣，有分有寸、面面俱到，做得恰及好处，众心悦服，这似乎更值得读史者注意，本章拟以此为谈说重点。

乾隆朝为清代极盛时期，满人入关之初，未遑文治，经康熙六十一年之建设，以宽大培国脉，雍正十三年之整饬，以严竣戢官邪，遂蔚成乾隆一朝太平之治。乾隆帝于政治武功，虽也有他的贡献，而夸傲成性，凡事粉饰铺张，晚年宠任和珅，掊克聚敛，搜刮民间脂膏，国家元气断丧殆尽。和珅虽经嘉庆帝整肃，然清代之治，乾隆朝已届顶峰，清祚此后虽尚有百余年的历史，然已踏上了下坡的路程。

和珅，满洲正红旗人，由文生员于乾隆三十七年（1772 年）授三等侍卫，四十年（1775 年）闰十月迁乾清门侍卫，十一月擢御前侍卫，四十一年（1776 年）授总管内务府大臣，其后历官户部、刑部尚书，其子赐名丰绅殷德，尚高宗（乾隆帝）第十女和孝公主。和珅最后官至大学士，军机大臣，晋封公爵，得高宗宠信者二十余年。

高宗之初识和珅，在也任乾清门侍卫时期，本书前编，曾引昔人里巷委谈，谓两人的关系，有如汉哀帝与董贤故事，这是难以稽考证实的说法，然在一个月间由乾清门侍卫立刻擢御前侍卫，一见相得，倖幸之遭逢，实有不可思议的因缘。

高宗于乾隆六十年（1795年）禅位于仁宗（嘉庆帝），但并没有放弃政权，其时已届八十六高龄，以和珅为出纳帝命之人，这更增加了和珅揽权用事的机会。《朝鲜正宗实录》云："二十一年（即嘉庆二年，1797年）三月二十二日，冬至书状官洪乐游，进闻见别单，中云，太上皇容貌气力，不甚衰耄，但善忘比剧，昨日之事，今日辄忘，早间所行，晚或不省。故侍御左右眩于举行，而和珅之专权甚于前日，人皆侧目，莫敢谁何。"

朝鲜以屏藩小邦，对于中朝动定，留意及于纤毫，其来华使者，有所见闻，必向国内报告，这种报告且载入国王实录。若干史实，有时在国内的记载，因避忌而讳隐不言，但见之于朝鲜实录，此所以为一种可靠的客观资料，本章言嘉庆帝与和珅故事，下文还有不少引述。

太上老瞶，和珅跋扈，在后来嘉庆帝把和珅革职拿问所宣布的二十大罪中有一款说："皇考力疾披章，批谕字画，间有未真，和珅胆敢口称不如撕去，另行拟旨"（《清史稿·和珅传》）。

忍心动性韬光养晦

嘉庆帝虽居天子之名，上有太上皇"训政"，旁有和珅专权，不过是挂名虚位，形同傀儡而已。内心的恚愤，自在意想之中。

据传嘉庆帝御撰有《唐代宗论》，有云："代宗虽为太子，亦如燕巢于幕，其不为（李）辅国所谗者几希。及即位，若明正辅国之罪，肆诸市朝，一武夫耳，乃舍此不为。以天子之尊，行盗贼之计，可愧甚矣。"

李辅国为代宗之父肃宗朝的功臣，代宗为太子时，辅国权势甚盛，及代宗即位，进位司空，尊为尚父，专权用事，势侵人主，后帝遣人刺杀之。嘉庆帝此论，讥其不能及早明决，最后用行刺方法，所谓盗贼之行，并不光明。嘉庆帝借古讽今，流露了自己胸臆，所以他之整肃和珅，心中早有决策的。

然而时机未到成熟，他动心忍性，丝毫不露圭角，《朝鲜正宗实录》云："二十年（即嘉庆元年，1796年），三月十二日戊午，召见回还进贺使李秉模等。上曰，太上筋力康宁乎？秉模曰，然矣。上曰，新皇帝仁孝诚勤，誉闻远播，然否？秉模曰，状貌和平洒落，终日宴戏，初不游目，侍坐太上皇，上皇喜则亦喜，笑则亦笑，于此亦有可知者矣。"

全神贯注于太上皇之喜怒，韬晦之程度可知。上述朝鲜进贺使向国王的报告，还有下面一段记载，"正月十九日平明，因礼部知会，诣圆明园。午后，与冬至正副使入山高水长阁。太上皇帝出御阁内后，入参内班。礼部尚书德明引臣等及冬至正副使至御榻前跪叩，太上皇帝使阁老和珅宣旨曰：朕虽然归政，大事还是我办。你们回国问国王平安。道路遥远，不和差人来谢恩"。

外国使节，尚由和珅传达帝命，一切对内政务，出于和珅独揽，由此可想。小横香室主人所辑《清宫遗闻》云，"仁宗（嘉庆帝）既受禅，和珅以拥戴自居。仁宗待之甚厚。遇有奏高宗（太上皇）者，皆珅代白，左右有非之者，仁宗曰：朕方倚相公理四海，何可轻也"。

嘉庆帝操心虑患，不预政事，《朝鲜正宗实录》，据使臣的报告，有所记载云，"新皇帝自丙辰即位以来，不欲事事。和珅或以政令奏请皇旨，则辄不省，曰：惟王爷处分，朕何敢预焉"。

朝鲜正宗二十一年（1797年），书状官洪乐游所进闻见别单云："皇帝（嘉庆帝）平居与临朝，沉默持重，喜怒不形，及开经筵，引接不倦，虚己听受。故筵臣之敷奏文义者，俱得尽意。阁老刘墉之言，最多采纳。皇上眷注，异于诸臣。盖墉夙负朝野之望，为人正直，独不阿附于和珅云。"

这说明了嘉庆帝的韬光免祸，仅止不预正事，暗中却在结纳正直的朝臣，困心衡虑，俟机而动，有所积极部署，而在和珅方面，对于附帝而不附他的人，也未尽加倾陷，故孟心史论和珅“亦非大奸慝，惟乘太上之耄昏而专擅，未尝顾及后祸”。也许和珅眩于一时的得意，忘了后患，从政治手腕言，实比嘉庆帝棋差一着。

如意转不如意

和珅之不存戒心，实由于嘉庆帝韬晦的作为，使之毫无疑虑。有人说，嘉庆帝得位，和珅有拥戴之功，这说法是没有事实根据的。

高宗（乾隆帝）遵其父世宗（雍正帝）家法，不立太子，唯密定皇储，缄名于乾清宫正大光明匾额之后。始于乾隆元年（1736年）密定元后孝贤皇后所生皇二子永琏为太子，三年殇，追赠为皇太子，时仁宗（嘉庆帝）未生。至三十八年（1773年），仁宗十四岁，被密建为太子。至六十年（1795年）九月初三，集王公百官御勤政殿启密缄，立为太子。

乾隆三十八年（1773年），和珅初被擢用，高宗尚未寄以心腹，密建仁宗为皇储，他未必有建言地位。到六十年九月初三日启密封，册立皇太子的时候，和珅已势焰熏灼，也许他从高宗处，先得消息，故初二日有向嘉庆帝先递如意之事，后来成了二十大罪的第一款。嘉庆四年（1799年）正月十一日，宣布和珅罪状的上谕有云：

> 朕于乾隆六十年九月初三日，蒙皇考册封皇太子，尚未宣布谕旨，而和珅于初二日，即在朕前先递如意，漏泄机密，居然以拥戴为功。

这是和珅的乖巧处，意欲笼络未来新帝，冀邀倾注，而嘉庆帝在当时也默然若予承受，使其安心。和珅把嘉庆帝的深沉，看作了庸懦，故彼此相安至四年（1799年）亲政之日，待整肃时机既到，“如意”

一事，成了和珅大罪之一。

“如意”本为微物，满洲旧俗，凡值年节，王公大臣等，必进如意于朝，以取兆吉祥。入关后，仍沿其旧，未之革也。其后嘉庆帝于处理和珅一案完毕后，乃有禁止进如意之谕，曰：“诸臣以为如意，在朕观之，转不如意也。”亦可见当年痛恨和珅之深，久久不释于怀。

高宗（乾隆帝）崩于嘉庆四年（1799年）正月初三日卯时。上年冬腊，太上皇已感头眩，正月初一日受朝臣贺年未能临御外殿。《朝鲜实录》据使臣报告，记载云：“本年正月初一日五更，臣等诣乾清门外等候，天明，皇帝率三品以上行贺礼于太上皇帝。殿庭狭窄，诸王、贝勒门内行礼，三品官及外国使臣门外行礼。礼毕，臣等由右上门至太和殿庭。少顷，皇帝出御太和殿受贺。三品以上官及外国使臣，行三拜九叩礼，一如太上皇帝前贺仪。盖太上自昨冬有时昏眩，不能如前临朝云。”

行动开始到赐帛自尽

太上皇死后，嘉庆帝整肃和珅行动开始于何日，我国记载与《朝鲜实录》所云，略有出入。《朝鲜实录》云：“正月初四日，既褫和珅军机大臣、九门提督等衔，仍命与福长安昼夜守直殡殿，不得任意出入。又召大学士刘墉，吏部尚书朱珪；珪则为珅中伤，方巡抚江南。乃于初八日下珅于刑部狱，数珅二十大罪，布示中外。”

《东华录》不书免和珅两职事，至初八日，乃书以科道列款纠劾，夺大学士和珅、户部尚书福长安职，下于狱。至于数和珅罪状，稽故宫博物院所刊《史料旬刊》所录上谕，最初则为正月十一日之事。《史料旬刊》所载正月初九日上谕云：“和珅、福长安已革职拿交刑部，在京家产，均经查抄。”则下狱在初八，当系事实。

初四日，即太上皇崩后第二天，先夺和珅两职，可见行动的迅速，《朝鲜实录》可补我国记载之略。《清史稿·和珅传》谓“四年正月三日，高宗纯皇帝升遐，仁宗睿皇帝令和珅总理丧仪”云云，事实是昼夜守值殡殿，不得任意出入，先加软禁而已，总理丧仪之说是不确的。

嘉庆帝于父皇死后，立刻对和珅作紧急处置，为协舆请，不得不有所说明，正月十一日上谕云：

> 和珅受大行太上皇考特恩，由侍卫拔擢至大学士，在军机处行走多年，叨沐殊施，在廷诸臣，无有其比，朕亲承付托之重，兹猝遭皇考大故，苫块之中，每思《论语》所云，三年无改之义。如我皇考敬天法祖，勤政爱民，实心实政，薄海内外，咸所闻知，方将垂示万年，永为家法，何至三年无改！至皇考（所）简用（之）重臣，朕岂（“岂”字改“断不”）肯轻为更易，即（有）获罪（者，若）稍有可原，犹未尝不思保全，此实朕之本衷，自必仰蒙昭鉴。今和珅罪情重大，并经臣工（“臣工”二字改“科道诸臣”）列款参奏，实有难以刻贷者，是以朕于恭颁遗诏日，（即）将和珅革职拿问，胪列罪状。

上节括号中文字，皆系嘉庆帝就原稿用朱笔添改者。据故宫博物院文献馆所印《史料旬刊》。下文所引嘉庆帝上谕，均据此同一来源。

此一上谕接着就列举和珅罪状，最后结论谓：“今和珅罪状已著，其得罪我皇考之处，擢发难数，亦百喙难辞。朕若置之不办，何以仰对皇考在天之灵，此不得已之苦衷，尔封疆大臣等，以为何如？除交在京五大臣会审定拟外，著通谕各督抚，将指出和珅各款，应如何拟罪，并此外有何款迹，各行据实迅速覆奏，钦此。”

于是内外臣工，交章弹奏，正月十六日发出另一上谕，确定二十大罪。此为一般史书所详，本书可不具录，除两款已见上文引述外，其他各款，总之为丧心昧良，目无君上，弄权舞弊，僭妄不法，贪婪无厌，蠹国肥家等罪。

据直隶总督胡季堂所奏拟的处分，为“请依大逆凌迟处死”。据说嘉庆帝也是意欲处以死刑的，但当时发生了一个小小曲折，后以“赐帛自尽”定谳。《朝鲜实录》记之，云：

书状官徐有闻进见别单云:“其（指和珅）子之尚公主者，其婿之为郡王者，及婢妾奴仆，并时囚系，封门拿籍而使第八王按其事。珅之别业又在西山之海甸，亦令皇孙一人按而籍之。珅之京第，宝玩山积，过于王府，皇帝初欲剐杀之，皇妹之为珅之婿者，涕泣请全肢体，屡恳不止。大臣董诰、刘墉亦乘间言曾任朝大臣，请从次律。正月十八日，赐帛自尽。”

正月十八日的上谕说，“今就和珅罪状而论……即不照大逆凌迟，亦应……立正典刑。此事若于一二年后办理，断难宽其一线，惟现当皇考大事之时，即将和珅处决，在伊固为情真罪当，而朕心究有所不忍。……国家本有议亲议贵之条，以和珅之丧心昧良，不齿人类，原难援引入议，量从末减，姑念其曾任首辅大臣，于万无可贷之中，免其肆市，和珅著加恩赐令自尽，此朕为国体起见，非为和珅也。”

两个配角

同时革职下狱的户部尚书福长安，十八日上谕亦有定谳，云:“和珅现已从宽赐令自尽，福长安亦著从宽改为应斩监候，秋后处决。并著监提福长安前往和珅监所，跪视和珅自尽后，再押回本狱监禁。”九卿科道原奏福长安的罪名为“照朋党律拟斩，请即正法”。

到秋后，福长安并未斩决，再宽一线，同年八月十九日，上谕有云:“因念福长安蒙皇考豢养二十余年，即使伊冥顽不灵，不念恩遇，而朕方当触目成哀之时，即当年御用器物犬马，犹不忍弃置，况如福长安之稍有趋走微劳，譬诸小犬之曾蒙驯饲禁中者乎？今届奉移山陵之期，福长安稍有人心，自必以身获重罪，不能叩送梓宫，痛心涕泣，深自愧悔，纵伊无此心，而朕心究竟有所不忍。福长安著加恩释放，伊平日在皇考前常有捧茶之职事，今著前往裕陵，永远充供茶房”。

至于对和珅之子丰绅殷德的处分，尤属从宽。正月十八日的上谕云:“丰绅殷德系固伦额附，且公主平日最为皇考所钟爱，自应仰体恩慈，曲加体恤，若此时将丰绅殷德职衔斥革，齿于齐民，于体制亦觉未协，和珅公爵，系拿获王三槐所得，应照议革去，著加恩仍留伊伯爵，即令丰绅殷德承袭，在家闲住，不许出外滋事。”

事隔月余，因定亲王绵恩查抄和珅家产，查出正朝珠一挂的牵连，丰绅殷德的伯爵，还是被革。二月二十七日上谕云：

据绵恩等查出正珠朝珠一挂呈览，朕视之殊为骇异，正珠朝珠为乘舆服用珍物，岂臣下所应收藏？若云贡献所需，则绦辫何以皆用香色，其非预备呈进明甚。因询绵恩称，曾讯之和珅家人，供称和珅日间不敢带用，往往于灯下无人时，私自悬挂，临镜徘徊，对影谈笑，其语言声息甚低，即家人亦不得闻悉。此种情状，竟有谋为不轨之意。若此事败露于正月十八日以前，即不照叛逆凌迟处死，亦当予以大辟，今已赐令自尽，幸逃显戮，姑免磔尸。至伊子丰绅殷德，若知有此物，不行举发，即当照大逆缘坐律办理，今经绵恩等再四询究，实不知情。著加恩免其追问，但不应仍叨世袭伯爵，丰绅殷德著革去伯爵，停其世袭，赏给散秩大臣衔，当差行走。

嘉庆帝欲去者为和珅一人，并不株连太甚，福长安和丰绅殷德的处分，均从宽厚，适可而至，不为已甚，岂亦嘉庆帝政治手腕的高明乎？

岂以朕为好货之主

查抄和珅家产，自下狱之时开始，历时数月方告结束。清查而后没收的财物，有各处房地产，包括官邸房屋、花园、别业；在金库、银库、钱库及地窖、夹墙，抄出的现金，有赤金、银元宝和制钱等。珍宝古玩，金银用具，以及洋货、绸缎、皮张、衣物，构成一张极长的单子。又有所设的银号当铺等，田地更以数千顷计。

在珍宝方面，尤其令人注目的，上文所述正珠朝珠外，“珍珠手串二百余，较大内多至数倍，并有大珠较御用冠顶尤大”。构成二十大罪之一，大映红宝石十块，计重二百八十斤，珊瑚树七支，高三尺六寸，又四支，高三尺四寸……这不过举其要者。和珅籍没清册，故宫曾据存档印专册，不具引。

白玉马一匹，长四尺三寸，高二尺八寸，洁白温润，后人笔记，谓“高宗平回部时，命将军采自和阗，藏于大内，经和珅盗出，以与爱妾，浴时坐其上以逞淫乐，至是亦抄出，置圆明园，迨文宗（咸丰帝）立，此马遂为孝钦后（慈禧）浴时跨坐之具。庚申英法军至，全园俱付一炬，此马被英人取去”。

没入的财产，究值多少，说者不一，或谓“凡一百零九号，已估值者只二十六号，值二百二十三兆余（即银二亿二千三百余万两），未估价者尚有八十三号，以三倍半为比例算之，当得八百兆（八亿余万两）有奇，可抵甲午、庚子两次赔款总额，斯亦巨矣”。

这个数字，也许有些夸张，但和珅贪渎所得，其数额之大，必然是无可否认的事实。印鸾章《清鉴》曰：“天下可骇之事，孰有过于此者耶？然亦可见当时中国物力之厚，实有足供其挥霍者。不然，虽以法王路易十四之强暴，史家言其私产，折值不过二千余万两，不及和珅四十分之一。”

当时外间有“和珅跌倒，嘉庆吃饱”之语，大约嘉庆帝亦微有所闻，必须驳斥以自明。恰好副都统萨彬图，奏称和珅家产，不止查出之数，于是给了嘉庆帝一个宣传机会，以煌煌上谕，申说自己并非好货，这篇上谕，写得情文并茂，引录其大要如次，括弧内文字，都是嘉庆帝朱笔添加的。

嘉庆四年（1799年）四月二十五日，内阁奉上谕：前据萨彬图奏，和珅财产甚多，断不止查出之数，（必有埋藏寄顿，侵蚀挪移等项情弊），刑部查审时，司员等意存含混，应请密派大臣，研讯追究等语。朕以其言不足取，当即详加开导，（不必苛求）。

昨又据萨彬图具奏，向伊亲戚问出，和珅家掌管金银内账使女四名，请交伊一人，（至慎刑司）提讯，所言更属乖谬。

萨彬图系副都统，并非原派籍没和珅之员，乃忽思越俎，欲以一人独讯数女子，且开具使女之名，形之奏牍，达于朕前，实为从来未有之事。

朕若即加驳饬，转恐不足以服其心，是以特派怡亲王永琅，尚书布彦达赉，同萨彬图提集使女，再三究讯，仍无指实，果不出朕之所料。永琅、布彦达赉，素称公正和平，萨彬图，亦会同研鞫，更有何人为之徇隐，（岂伊尚不凭信，必使朕廷讯使女乎?）是萨彬图无知妄渎之罪，百喙难辞矣。

朕所以办理和珅者，原因其蠹国殃民，专擅狂悖，和珅一日不除，则纲纪一日不肃．是以即于正月初八日将和珅革职拿问，宣示罪状，用申国宪，犹念其在皇考前扶掖奔走微劳，不忍肆诸市朝，前降谕旨甚明，天下臣民，自必咸知朕意。自办理此案后，军机王大臣及大臣中如朱粫等，从未于朕前奏及和珅家产隐寄，乃萨彬图屡以为言，竟似利其所有者，岂萨彬图以朕为好货之主，敢以此尝试乎？（或伊必欲陷朕等于唐之德宗，伊亦未必有此伎俩也！）

向来治罪之员，多有应行查抄者，况和珅获罪重大，焉有不抄籍之理？自古有籍没之例，所以惩籍贪黩，初不计多寡，而事株连。……朕方以办理此案，为日已久，（已觉过当，是以）谕令速结，不为已甚，而无识之徒，鳃鳃计较和珅财产，不惟不知政体，实太不知仰体朕之本意矣。……

萨彬图著交部严加议处，先将副都统开缺另简。……嗣后大小臣工，不得再以和珅赀产，妄行渎奏，将此通谕知之。

第二章　末路王孙

明裔的代表名称

历代新兴朝代，对亡国君王及其子孙，例有优待，所谓杞宋之礼，而不予诛戮。即以少数民族入主中原的元朝，将南宋最末一代的帝显封为瀛国公，苟全生命，为僧白塔寺。唯清室入关之后，崇祯帝遗胤，莫不翦除净尽，为振古所未有。

顺治十八年（1661年），南明最后一代的永历帝势穷力蹙，逃亡到缅甸。清廷命平西王吴三桂以兵力威胁缅人，缅人执永历帝送三桂军前。康熙元年（1662年）四月，斩帝及太子于滇城篦子坡，时太子仅为十二岁的童稚。然为统一区宇，杀之犹有话说，而其后数十年（康熙四十七年，1708年），发现了皇四子朱慈焕，隐姓埋名，秘密匿迹民间，年已七十六岁，无一兵一卒之抵抗力，仍不为清廷所容，连子孙一一惨杀。恩礼前朝，既为中国之传统，清廷又不得不故作种种涂饰，制造理由，欺掩天下后世耳目。

此案主角在当时及后世流传为“朱三太子”，然非“朱三”而是“朱四”，在叙说此凶残故事之前，先将此点辨明。

“朱三太子”为顺康间人追思明裔的一种代表名称，当时叛清者，每伪托拥戴朱三太子。朱慈焕被逮以前，叛清者以朱三太子为号召者，尚有多起。《东华录》自康熙十二年（1673年）始，屡破获朱三太子干连犯案，叛清者用其名以眷念明裔，维系人心，未必真指朱三其人，康熙四十七年（1708 年）上谕亦云："匪类称朱三者甚多。"

三太子究系何人，先从崇祯帝亡国时所存诸子考之，只有三人，太子为长，定王为次，永王为三。以兄弟之次第言，则崇祯帝第二子怀隐王早殇，定王为第三子，永王乃第四子。崇祯帝共有七子，其第五、六、七子皆殇。

甲申之变，崇祯帝于自缢之前，使太子及定、永二王出宫，各投外家，梅村野史（即吴梅村）《鹿樵纪闻》云："太子年十八，上命避成国公府，而定、永二王分投周、田两皇亲，及出宫，仓猝奔散。已而周奎献二王，自成许待以杞宋之礼。帝后梓宫出城，二王青衣拜送，独太子不知何在。"

这是定、永二王最早踪迹的记载。《鹿樵纪闻》又云："崇祯帝三子，周后生太子慈烺及幼子定王慈炤，田妃生次子永王慈炤。"然按诸《明史》，"庄烈帝（崇祯帝）七子，周皇后生太子慈烺，怀隐王慈烜，定王慈炯，田贵妃生永王慈炤，悼灵王慈焕，悼怀王及皇七子。"

二者所举永王及定王名，显不一致。究竟哪一种记载是正确的呢？答案是：两说都有部分错误。永王非名慈炤，悼灵王非名慈焕，定王亦非名慈炯。何以言之？

《明史》于崇祯一朝，甚少正确史料，实录固未修，记注亦未整理，崇祯帝诸子之名，各书所记，互相牴牾者颇多。《明史》于崇祯帝诸子名，多据孙承泽所作《山书》。孙承泽于崇祯朝为兵部及刑部给事中，入清后官兵、吏等部侍郎，所著《山书》，于康熙七年（1668 年）征入史馆，补崇祯朝纪录之阙，修《明史》诸臣，自必多所取材，故《明史》所记崇祯帝皇子名最与《山书》相符。然《山书》记述未尽得实。《山书》未记永王之名，可知其阙漏，《明史》除永王之名误作慈炤，别有所据外，其余各皇子名，均从《山书》，而言定王名慈炯，五子悼灵王名慈焕，均误。

孟心史《明烈皇殉国后记》曰：所称"皇五子名慈焕，亦承泽所著于《山书》者，而《明史》从之。夫皇五子五岁而殇，以母田贵妃之宠，谥为悼灵王之后，又追赠为孺孝悼灵王、通玄显应真君，礼部争之，以为非制，乃去真君之号。礼部疏文，但称悼灵王，《烈皇小识》亦称皇五子悼灵王（而不名）。盖未必命名，与皇六子、皇七子，史所云名俱无考者等也。慈焕直是皇四子永王之名，而定王则名慈烺”。

这个论断是正确的。他据顾苓《金陵野钞》云，“弘光元年（1644年）二月甲寅朔甲子，谥皇太子慈烺曰‘献愍’，皇三子定王慈灿曰‘哀’，皇四子慈焕曰悼”。顾苓于弘光时方在南京，撮朝事钞报，撰纂此书，南都赠谥，举二王之名，自属切实可靠。事实上，当时三人均尚在世。

本文主角皇四子永王慈焕于康熙四十七年（1708年）被捕后，在济南初审，济南府同知高铁录有供单，由巡抚赵弘燮上奏朝廷，此一奏章，故宫《史料旬刊》刊之。供单云:“我原姓朱，是明朝后裔，排行第四，名叫慈焕。我三哥哥早死了。我与三哥哥同岁，自十岁上就离开了。我三哥是甲戌年死的。他有儿无儿，我不知道。”

这更足以证明捕获者为皇四子慈焕，而非皇三子慈灿。甲戌为康熙三十三年（1694年），据此且知当时流闻人间，为叛清者利用名义的朱三太子，早已死了。

化名教书度日

朱慈焕一案，除上述故宫所遗《赵弘燮奏折》（以下简称《赵折》）外，于民国初年，更出现了一篇当时案中重要人物李方远所撰《张先生传》（以下简称《李传》）。张先生为朱慈焕的化名。于是此案的曲折真相大白。兹钩稽这两种资料，撮要述之如次。

《李传》见于魏声和所著《鸡林旧闻录》。魏序此文云:“辛亥冬，友人传君，在新城（吉林境）得一手钞本，纸色黯晦，题曰《张先生传》，为清初李方远（字朋来）所著，李与崇祯三子定王为友（三子定王为四子永王之误，当时朱三太子之名流闻甚广，即官文书亦多误为朱三者)。王变姓名，自称张姓。案发，李以株连谪戍新城，乃有此著。”魏氏于传尾加按语有云，“此本纸色灰旧，边塞追录，言之独详，弥可宝贵”。

民初于清代掌故，禁纲初解，人间嗜奇访异，每不乏伪托珍闻之写述，然此传与故宫所遗之《赵折》，所涉之人与事，大体一一不谬，时《赵折》尚未公开于世，故知此传非假，正如魏氏所言，弥可宝贵也。

《赵折》录李朋来供，云:“犯人名方远，号朋来，原做过饶阳县知县，因住居北周村，与东平州张坦洲相隔只五六里路，所以二十一年(1682年）同席就会了这张老先生，并不知道他姓王。因他学问好，会写字下棋，就与他相与。给过铜钱一千文，一千文给过他有一二十次。这小先生（慈焕之子）是去年到我家，就留他父子在我家教书。我实在不知他的底里，只求问他父子就明白了。若早知他姓王、姓朱，我家里有五个儿子，九个孙子，早已分居，不是没身家的人，焉敢留他住呢?”

《李传》述二人认识和延其在家教读的经过云，“张先生者，初不知其何如人也。癸亥春（癸亥为康熙二十二年，1683年，与《赵折》供词，有一年之差，极可能为李作传时所误记)，得晤于路氏筵上。见其丰标秀整，议论风生。因私询其从来,主人曰：姓张，浙中名士也。学问渊博，写作兼优，且工手谈，精音律。今为张氏西席，敬邀相会，共春酒欢。”

“是日也，宾朋杂集，觥筹交错，先生独向余言款，情意殷殷，若素相识者。越二日，即投刺赐顾，惠绫子诗扇，彼此往来，为笔墨文字之交者约半载余。先生忽一日过余云：欲附舟南行，两月即归，兹来告别。家有数口，米薪系出自东家，但每月须钱千文，为果菜资，不得不向知己告也。余曰唯唯，遂按月遣送”。

“如是者又半载余，适余有山右之行，拟赴长安，入乙丑（1685年）春闱。后抵家，知先生已携眷南行矣。自此不相问者十余年。及余授饶阳县，兼署平山，时值鞑尔鞑作反两县军需，朝夕措筹，日无宁晷。先生曾到饶邑，匆匆赠赆而别，从此又杳然无音矣”。

“不意于丙戌（四十五年，1706年）季冬时，余已解任家居，且遭鼓盆之戚，而先生偕二子至，曰：江左连岁水荒，粟贵如金，不得已就食山左敝门人张岱霖之家，敬投尊府，求荐一馆以糊口。予曰：岁云暮矣，来年之馆，久已聘定。余有孙数人，皆童蒙，幸为不屑之教，可乎？先生曰善，因留居焉”。

隔了两年，四十七年（1708年）捕获大岚山贼张念一。二月，察审此案的侍郎穆丹接上谕：“即将贼首所供朱三太子及其子等，作速追拿。”朱三为当时拥戴之明裔代表名称，前已言之。时崇祯帝诸子，在世者仅朱四慈焕一人，访得慈焕，即不分青红皂白，把他当作朱三捕之，而上谕及官文书都称之为朱三，李方远不明慈焕底细，故《张先生传》中述慈焕供词，也把他误作皇三子定王，传云：“吾乃先朝皇子朱慈焕，原封定王，事到今日，不得不说实情。”然参稽赵奏，虽也把此案主角称之为朱三太子，但供词仅说：“我原姓朱，是明朝后裔，排行第四，名叫慈焕。”没有原封定王之说。

将他父子锁拿

《李传》所记四十七年（1708年）被捕一幕，对于李朋来是突如其来的，但按赵奏所记供词，可知在四十五年（1706年）慈焕投李家教读，官方追捕“朱三”已急，并不待张念一之牵供，所以他第二度携二子投奔山东，是脱逃出来的。赵奏录慈焕供云：“四十五年七月里，我把家眷搬至湖州府长兴县，因宁波府及镇海县两处俱查拿，一步一步挨查，于十一月间查拿紧了，我妻女六人所以都吊死了。把我三个儿子，一个孙子，俱拿去收监，也不知道他们的死活。”

慈焕家属多少人，亦可于赵奏所录供词知之，云：“有六个儿子，大儿子和珗，现在这里。第二个儿子叫和宝，现被浙江拿了。第三个儿子死了。第四个儿子叫和壬，现在这里。第五个儿子叫和在，第六个儿子叫和堃，一个孙子叫曾裔，都也被浙江拿了。还有三个女儿，一妻，一妾，一个大儿媳，都吊死了。”

明朝帝系字辈排行，曰：“高瞻祁见祐，厚载翊常由，慈和怡伯仲，简靖迪先猷。”慈字下为和字，所以慈焕的儿子，以和字排行。唯孙名曾裕，非怡字排行，论者以为或系乳名，年幼尚未正式定名尔。

《李传》言被逮经过云：孰知前年初夏，盖戊子（四十七年，1708年）四月初三日也。予方与先生在书房，陈黑白子以相娱，忽有军厅高公、邑令张公，率营兵宫役，将先生父子同余锁拿，予茫然不知其何故也。星发电驰，解赴省城。抚军坐后堂，左右列藩臬两司，旁无一役。

先问余曰：你是李某，曾做过饶阳县官么？

予曰：是。

（问：）你既读书为官，当知理法，为何窝藏朱某，为不轨事？

予曰：予家只知读书，门外之事亦不与闻，不知谁为朱某，从不敢做犯法事。

抚君曰：你家教书先生是何人？

予曰：先生姓张，名用观，系南方人。于二十年前，在东平州张家设教，曾认识。后于前年十二月，伊父子来至吾家，谆言寻馆度日。予有孙数人，从他读书。至于朱某不法事，并不晓的。

抚君曰：他在南方姓王，山东姓张，你不知么？

余曰：一毫不知。

在审问的供词中，慈焕招供了他当初出宫和数十年流亡民间的经历，据李传，其言略云：

崇祯十七年（1644年）流贼围困京城，先皇帝交于王内官，往民间藏匿。及城破，王内官献之闯贼，闯贼又交于杜将军。未几，吴三桂同清兵杀败流贼，各自奔逃。贼中有一毛将军，带吾至河南地方，弃马买牛，种地年余。清朝查捕流贼紧急，伊遂抛吾而逃，时吾年甫十三，自往南行。至凤阳，遇一老乡绅王姓者，曾为先朝谏垣，细询根由，执手悲泣，留在伊家，余遂改姓王，偕伊子同学读书。

又数年而王官病故，吾年十八九，乃从江而南，举目无亲，茕茕莫告。到一禅林，大士前削发为僧，苟延岁月，偷生度日。后游于浙，止一古刹中。有胡姓者，余姚人也，亦明时宦裔，俱来寺中，与我谈经论文，愕然大诧曰：子有如此才学，何为流于空门？乃延至其家，改换衣帽，劝吾蓄发。伊居室之旁，有小园半亩，茅屋数间，俾吾住其中，后又以女妻焉。此吾所以为浙人而王某也。

著凌迟处死

山东审讯毕，巡抚谓“江南有两处叛案，皆声称扶你为君，恢复明室”，故须解到浙江审问。到了杭州，有六位官宪坐堂严鞫。六官者：钦差侍郎穆旦，杭州将军，两江总督，浙闽总督，江苏巡抚及浙江巡抚。鞫询问答，据《李传》如次：

问：你是王士元么？

朱答：吾本姓朱，名慈焕，改名王士元是实。

问：你既姓朱，朝廷待汝不薄，何为谋反呢？

答：吾数十年改姓易名，冀以避祸耳。今上有三大恩于前朝，吾感戴不忘，何尝谋反。

问：什么三大恩？

答：流贼乱我国家，今上诛灭流贼，与我家报仇，一也。凡我先朝子孙，从不杀害，二也。吾家祖宗坟墓，今上躬行祭奠，令人洒扫，三也。况吾今七十五岁（官文书皆作七十六岁，《李传》或有误记），血气已衰，鬓发皆白，乃不作反于三藩叛乱之时，而反于清宁无事之日乎？且所谓谋反者，必占据城池，积草屯粮，招兵买马，打造盔甲，吾曾有一于此乎？吾因年荒米贵，在山东教书度日，居近通衢，密迩京师，尚敢有谋反之事乎？

官曰：现在大岚山叛贼张某，口称保你，何得强辩？

把张某带至堂上，问曰：你认谁是朱某？

张熟视曰：都不认的。

又问曰：你前供扶助朱某，如何今日又称不认得呢？

张曰：原是假他名色，以鼓动人，委实不认识他。

慈焕无造反的供词和证据，仅系明裔皇子，处以死刑，似乎理由并不充分，于是另加以假冒王子的罪名。

《东华录》是年十月丁未载云：先是奉差审察大岚山贼，吏部侍郎穆丹，押解贼犯朱三即王士元等父子六人至京，下九卿科道会审。至是，九卿等覆奏："朱三供伊系崇祯四子，查崇祯第四子已于崇祯十四年（1641 年）身故。又遵旨传唤明代年老太监，俱不认识，朱三系假冒，朱三父子应凌迟处死。"得旨："朱三即王士元，著凌迟处死，伊子朱㻱、朱坣、朱壬、朱在、朱坤、伊孙朱钰宝俱著立斩。"

明清两朝官私记载，均无言四皇子死于崇祯十四年（1641 年）者。至以年老太监俱不认识，尤为欺人牵强之谈。盖崇祯帝殉国，至康熙四十七年（1708 年）已越六十四年，慈焕遭国变时，年十二岁，今已七十六，须发皓然，即有当时旧太监，尚何能辨其面目？清廷欲置此明裔于死地，何患无词。

所谓"窝藏"慈焕的李方远，则以远戍伯都讷（伯都讷即后之新城）结案。他之未处死刑，缘于清圣祖事前一谕。是年四月戊午，上谕大学士等："山东巡抚赵世显（弘燮），拿获朱三父子，解往浙江，交穆丹处。朱三者，乃明代宗室，今已七十六岁。伊父子游行教书，寄食人家。若尽拿容留伊等之人，恐株连太多，可传谕穆丹知之。"

斩绝明裔是目的，此外不妨网开一面也。

第三章　真假太子

崇祯帝其他两皇子

上章“末路王孙”言明崇祯帝第四子永王慈焕，康熙四十七年(1708年)以七十六高龄，得旨凌迟处死，至此崇祯帝嫡裔，已为清廷所斩除净尽。崇祯帝七子，四人幼殇，甲申之变，存世者三人，为皇太子慈烺，皇三子定王慈灿，皇四子永王慈焕。除已将慈焕之死，有所述说外，皇太子和皇三子的下落，似亦有交代的必要。

先谈皇三子慈灿，此即江湖拥戴其名的朱三太子。

《东华录》云:“康熙十八年(1679年)十二月甲戌，定远平寇大将军安亲王岳乐，奏擒获伪太子朱慈灿，或在军前正法，或解送京师。上谕：朕以此事问之在内旧太监，彼时朱慈灿年甚小，必不能逸出，大约是假。朕思历年已久，至今始出，自然近伪，但事迹未明，不便即在军前完结。今王不日还京，可将朱慈灿带来，俟到日请旨定夺。”

安亲王岳乐于康熙十三年(1674年)十月，为定远大将军，剿吴三桂及耿精忠之乱。十九年(1680年)三月凯旋，俘朱慈灿到京。《清史稿·宗室王公传》云:“十八年(1679年)秋，王驻营枫木岭，土人首擒伪军师戴必显，无为教姚文明，因获朱慈灿于新化县僧寺。”又云:“慈灿诉已系崇祯帝长子，十二岁遭闯难，出奔南京，并未再至北京，福王由崧会置诸狱，释为民，即往河南，随朽木和尚为僧，流落江南十余年。

因病还俗，往来永州、宝庆。欲声讨吴三桂悖逆反覆，不忠不孝不义诸罪，商之戴必显、姚文明，招兵散札一年，因三桂死，中止。

“王疏陈献词，因言前此屡有冒明太子事，朱慈灿虽云欲讨吴逆，招兵散札，但当大军复宝庆时，不即自首，应与戴必显、姚文明并论斩。其曾受伪札人，已示许自首，续缴伪札，销毁免罪。慈灿既自称真系明裔，当械至京辨识。得旨：朱慈灿等著王带来，俟到日再议。”

到京后，移送法司审询，以其造印散札，与戴必显、妙文明谋乱属实，皆拟凌迟如律，诏并改为处斩。

此为康熙十九年（1680 年）之事，与朱慈焕在济南府的供词所云：“传闻说，我三哥哥是甲戌年（1694 年）死的”（详上章）显不符合。

慈焕谓据传闻，传闻可能有误，然观岳乐所奏谳词，谓“慈灿诉己系崇祯长子”，事实非长子，又谓“福王由崧置诸狱，释为民”之说，亦未见其他记载，难以采信。当时冒名明裔为号召的江湖志士，不在少数，故岳乐所擒的朱慈灿，也可能假冒。

慈灿下落，既其他文献可征，究竟如何，只能付之阙疑，然在其弟慈焕被逮正法的一年，已不在人世，当可断言。

至于太子慈烺，《明史》云:“京师陷，贼获太子，伪封宋王，及贼败西走，太子不知所终。”甲申崇祯帝自杀后，明立福王由崧于南京，清则继明正位于北都。唯顺治元、二年间，即南明弘光间，南北各见太子踪迹，或言其真，或言其假。孟心史曰:“两太子南北均见，时虽稍有先后，而审问系狱，相同之时日甚多。且北太子较先见，被杀于北，决不能复南来。两者文中，若有一真，必有一伪，今为较其踪迹，则北太子不能不信为真，即南太子自显其为伪。”这论断是正确的。

几个卖主求荣的小人

两太子案，清初明遗民所撰野史，大都均有记述，兹据吴伟业《鹿樵纪闻》先就北太子事，言其大要如次：

是岁（顺治元年，1644年）之冬，北都先有一男子投周奎家，自称太子。言“出宫时不及至公府，匿东厂门，暮出投一豆腐店，店主人为易敝衣，送崇文门外尼庵，又转匿一内侍常进节家。今闻公主在，故来相看”。

奎首于官，执送刑部会勘。时进节及故阉王化澄，皆言非伪。

又严审周奎家奴，供称：男子初至，奎侄绎即引见公主，兄妹相向大哭。奎饭之，居家行君臣礼，至晚别去。公主赠以锦袍，戒勿再至。不数日又来，绎便留宿，谓云：“若毋言太子，第自称姓刘，说书生理，可以免祸。”男子坚执不从，乃逐之门外，随为逻卒执去。

于是刑部主事钱凤览责绎负主背恩，曾下阶挥绎一拳。满尚书不能决，命且收监。

诘朝，周奎具疏闻之朝，即日廷勘，且召晋王及旧锦衣曾侍太子者十人质之。十人一见，齐跪曰：“此真太子”。而晋王不谓然，王化澄亦改词。

男子曰：“我来看公主，非有他图。今为周奎叔侄所卖，真与伪等死耳，何必更辩？”于是收常进节于狱。

凤览上疏言：“昨周奎言，即以真为伪，亦为国家除患。此语真情已露，请覆讯。”

乃再召晋王及旧侍讲谢鸖廷质。晋王终不言是，鸖亦力证其非。男子乃呼鸖曰：“谢先生，前时某日，先生在某殿讲某书言某事，犹忆之乎？”鸖不得已，始一揖而退，默不复语。

唯一内官诘其额上有瘢，男子云：“出宫时有白须老人以手抹余额，遂失此瘢。”谳者以语荒唐，乃送之狱。

时京城士庶纷纷上书，为太子辩，抑且痛骂谢鸖。疏上，辄收系狱，而言者不已。

摄政王乃坐便殿，亲询群臣。凤览与赵开心独争之烈，且言人各为其主。王怒曰：“真假且不必争，朝廷自有处分。但晋王胜国王子，谢鸖亦前朝大臣，而凤览不逊晋王，百姓毁骂大臣，皆为无上。除伪太子外，凤览、开心及先后系狱者悉斩之。”廷臣为开心乞生，乃特赦之，而凤览改绞。

太子之非假，灼然可见。周奎明封嘉定伯，为崇祯帝周后之父，太子外祖，如太子非真，相见岂有贸然献食，行君臣礼之理？且公主与太子，非幼少无知，而相见哭泣，认识必确。周奎首于官，视其“即以真为伪，亦为国家除患”之语，非仅惧祸，实有忍心负明，求媚清朝之意。

周奎虽为皇亲，实一自私无耻小人，王汝南《续补明纪编年》有一段记载，可以证之。崇祯十七年（1644年）二月，李自成长驱东来，京师危急。“上（崇祯帝）按籍令勋戚、大珰助饷。遣太监徐高谕嘉定伯周奎为倡，奎谢无有。高泣谕再三，奎漫词以对。高怫然起曰：外戚如此，国事去矣，多金何益！奎不得已，奏捐万金。上少之，勒其二万。奎密告皇后求助，后勉应以五千金，奎匿二千金，仅输三千金。”周奎并非无钱，同一记载云，闯贼进京后，拷勒明官，“周奎抄现银五十二万”。

在国家危难之时，这种人是常有的。无耻至此，卖主求媚，自然是必有之事。

《鹿樵纪闻》所记，指太子为伪者，还有晋王及谢鸥二人。晋王为李自成自晋携京，本非生长宫中，虽属宗藩，未必能辨太子面貌。此人闯至则降闯。随攻帝都，闯去又降清，证太子为伪，以媚新朝，自属此辈一贯伎俩。谢鸥，崇祯时宦至大学士，戴名世《南山集》云，“鸥，崇祯中位至宰相，予告家居。弘光时加升上柱国少师兼太子太师礼部尚书，而鸥已北行矣”。

南明欲予之官以匆匆北行，其决心投靠可知，力证太子为非，亦为卖主求荣而已。

至于一内官询其额上有瘢，答以白须老人抹额失瘢云云，确是荒诞不足凭信的。然此点未见别家笔记及官文书的记载，《鹿樵纪闻》可能摭拾传闻，未能核实。也可能太子额上原无瘢痕，朝廷必欲以之为伪，买通宦竖小人，提出此一莫须有的问题，而太子内心忿恨，乃以幽默语答荒唐之问。

却有一个假贵妃

摄政王云:“真假不必争，朝廷自有处分”，其意朝廷已有决策，不论真伪，都将处以死刑。然为遮掩天下后世耳目，虽真亦必涂饰其伪。上述数人阿意承旨力指太子为伪外，另有一个伪证人：袁贵妃，亦指以为假。

北太子案，《明史》只字不提，唯《清世祖实录》及《东华录》记之。袁贵妃的作证，《东华录》云：

> 顺治元年（1644年）十二月辛巳（十五日），有刘姓者，自称明崇祯太子。内监杨玉为易服，送至故明周后父周奎家。时崇祯公主亦在奎所，相见掩面泣，奎跪献酒食，既而疑其伪，具奏以闻。随令内院传故明贵妃袁氏及东宫官属、内监等辨识，皆不识。问以宫中旧事，亦不能对。袁氏等皆以为伪。惟花园内监常进节、指挥李时荫等执以为真。吏部侍郎沈惟炳、御史赵开心、给事中朱徽等多言事关重大，宜加详审。因下法司复勘，得假冒状。杨玉、李时荫等十五人皆弃市。以开心奏中有“太子若存，明朝之幸”一语，亦论死，因系言官，免罪，罚俸三个月。仍令内院传谕内外，有以真太子来告者，太子必加恩养，其来告之人亦给优赏。

《东华录》系据实录所撰，为官方记载，其中特别指明袁贵妃指太子为伪。袁贵妃亲侍崇祯帝，自应得识太子，所言似属可信。然而此一袁贵妃是冒充的，真的袁贵妃已死于甲申国变之时，孟心史曾举实证之。

《东华录》:“顺治元年（1644年）五月己酉，以礼葬明崇祯帝后及妃袁氏，两公主，并天启后张氏，万历妃刘氏，仍造陵墓如制。”

《清史稿·世祖本纪》云:“顺治元年五月己酉，葬故明庄烈帝（崇祯帝)，后周氏，妃袁氏，熹宗后张氏，神宗妃刘氏，并如制。”

袁氏早已不在人间，证太子为假冒的袁妃，本人乃假冒也。然而《明史》则别设政治性的曲证，《庄烈帝愍皇后传》云:“后遂先帝崩。帝又命袁贵妃自缢。系绝，久之苏，帝拔剑砍其肩，又砍所御妃嫔数人，袁妃卒不殊。”如无《东华录》留袁妃死于国变之真相，几令人信袁妃于国变后尚存。而与《东华录》顺治元年（1644年）五月与十二月之记载，实相矛盾。史官修史，歪曲事实，往往顾此而失彼，留下漏洞，未必能处处弥缝补苴，此读史者所不能不察者也。

然冒充袁氏者何人？孟心史以为熹宗（天启）妃任氏可能性最大。任氏为魏忠贤所进之养女，《菊隐纪闻》云:“当魏忠贤秉国时，有养女任氏，美而姣，进之熹宗，立为贵妃，及贼入宫，任讹曰：我天启皇后也。”当时有一内监王永寿从旁窃窥之，曰:“此任贵妃也。贵妃睨永寿，面发赧，旋闭目如不闻见者。”此可见任氏之来历龌龊，而且是假冒专家。

更有一事，证明任氏之媚清丑态。《东华录》:“顺治元年九月初七日壬辰，明贵妃嫔任氏等差内员张朝弼等启：恭闻圣驾将至（时摄政王将迎顺治入京），氏等叨豢养深恩，理合差官张朝弼等祗迎圣驾。奉令旨：览奏，具见恪恭。差官迎驾不必行。”

孟心史曰:“是年十二月故太子之狱，所证太子非真者，必即任氏等为之。”清廷以任妃等为崇祯以前历朝故妃，分疏地隔，不足预于辨识太子之真伪，一时假袁妃之名以欺国人。”又云:“任妃本为忠贤养女，入清后求媚新朝，何所不至。决不足以证太子之假冒，而其假冒袁妃，则无疑也。”

清廷处死太子，据南朝史可法奏弘光云:“三月中自北来者云，摄政将认太子诸人皆杀死，百姓不平，集内院之前而噪。”又云:“其在刑部之假太子，已勒死矣。都人言及，无不哀恸。”

做了三天真皇帝

南太子事，黄宗羲《弘光实录钞》记之，摘其大要：

> （弘光）二年（即清顺治二年，1645年）三月丙申，会审太子真伪，先是正月内，鸿胪寺少卿一奴穆虎自北至，同一少年，密谓梦箕曰："此先帝太子也。"梦箕留之，不肯。即令虎伴之至浙。

顷之，梦箕以闻于帝（弘光），帝使阉人追之得于汤溪，召国公朱国弼，阁臣马士英、王铎，翰林刘正宗、李景濂等至武英殿，谓曰："有稚子自称皇太子，内臣李承芳、卢九德，审视回奏，皆云面貌不对，语言闪烁。卿等会同府部大小九卿科道讲读官，前去辨认其真伪。"

据《鹿樵纪闻》，会审共三次，纪曰：

三月六日，会审于大明门。弘光召刘正宗、李景濂至内殿，谕之曰："太子若真，将何以处朕。卿等皆旧日讲官，宜细认的确"。两人解意。至谳所，少年东向踞坐，随问置对。刘正宗更多设端以诘之。少年怒曰："汝以为王昺侄耳。且若辈不尝立皇考朝乎，何一旦蒙面至此！"诸臣有赧者，有怒者。以穆虎亡命未获，仍送之狱。

士英复请召旧讲官方拱乾辨之。初八日再讯，既集午门，少年仍前据坐。众簇拱乾至，少年一见即曰："方先生尚无恙。"拱乾不敢应，退入众后，亦不言真伪。

十五日三讯，高梦箕、高成、穆虎皆提到。审官首呼王之明，少年曰："何不呼明之王？"

会鞫结果，刑部侍郎奏，《弘光实录》钞载其文，曰：

> 审得王之明供称：年十八岁，三月十六日生，保定高阳县人。伯祖王昺，尚延庆公主，祖王晟，父王元纯，嫡母刘氏，生母徐氏，父母皆故。止有一妹，嫁与举人张廷录子问成。

齐驸马之叔行四者，同陈洪范自南而北，故住之明之屋。语以南方乐土，之明买驴一头，随一仆王元出走。行至山东，王元逃失。邂逅穆虎及长班张应达，遂结伴同行

穆虎、张应达胁之明冒充皇太子。至南京，留梦箕家四日，随送汤溪潜住。

又供：武公名下一小内竖，教之明，皇后是周，东宫是田，西宫是袁，又与一单，细注历代祖宗、各省藩府，令之明牢记。

又讯：方讲官汝何故识之？之明供：有人语我，多髯而方冠者，方拱乾也。

臣等会看得王之明，即汉史所云：夏阳男子假冒卫太子之故智也。

审讯王之明假冒太子得实，而朝廷有所顾忌，不敢加害，仍置之于狱。盖当时湖广总督何腾蛟、江楚总督袁继咸、宁南侯左良玉，各镇拥兵大员皆上疏与廷议相抗，杀之恐激变也。而靖南侯黄得功一奏，大约也颇使朝廷动心的。奏云："是非真假，日久自明，此时唯以多方保护，庶几天下共见无他。万一稍有瞻顾之心，卒逢雾露病死，即真奸伪，天下亦疑为真东宫矣。"

然而这个系在狱中的假太子，后来却做过三天真皇帝。

弘光二年（1645 年）五月十一日，清兵南下，自京口渡江将入南京，弘光帝及马士英等百官先已纷纷逃窜。

据邹漪《明季遗闻》及王汝南《续补明纪编年》云：

是日午刻，有监生赵某率市人百众，出王之明于狱，拥入宫中，登殿鸣钟。仓卒无备，冠服俱取诸戏厢中。遂于武英殿登座，群呼万岁，各部署寺官，俱行四拜礼。

王之明居然也发表了古色古香的登基诏书："先皇帝丕承大鼎，惟兹臣庶，同其甘苦；胡天不祐，惨罹奇祸。凡有血气，裂眦痛心。泣予

小子，分宜殉国，思以君父大仇，不共戴天，皇祖基业，汗血匪易，忍垢匿避，图雪国耻。幸文武先臣，迎立福藩。予惟先帝之哀，奔投南都，实欲哭陈大义。不意巨奸障蔽，至攫桎梏，予虽幽狱，无日不痛绝也。福王闻兵远遁，先失民望，其如高皇帝之陵寝何！泣予小子，父老人民围抱出狱，拥入皇宫。予身负重冤，岂称尊南面之日乎？谨以布告，在京勋旧文武先臣，士庶人等，念此痛怀，勿惜会议，予当恭听。勿以前日有不识予之嫌，惜尔经纶之教也。”

十四日，清帅豫王已薄都城，王之明出降，豫王加之龙兴国公，赐金镫鞍马，貂裘宝帽，设牛酒军中宴之。

据《鹿樵纪闻》云：后来“豫王挟之至（北）京，不知所终”。

第四章　英雄美人

金屋藏娇

假冒太子，在公元前一世纪的西汉时代也曾发生过，南明会鞠王之明后，刑部因奏云，此汉史夏阳男子冒卫太子故智也。卫太子即汉武帝与卫后所生之太子，名据，死后谥为戾太子。武帝晚年，宫中起了巫蛊之祸，太子被江充所诬，被迫先杀江充，继即造反，失败后出亡，东至湖。《汉书·颜师古注》：湖，县名。后来被发觉行踪，“吏围捕太子，太子自度不得脱，入室距户自经”。

可是数年后到了昭帝始元五年（公元前82年），突有一男子，黄衣黄帽，乘黄犊车，自称卫太子，至京城未央宫北门下，举朝疑骇。后来审问明白，这男子姓张名延年，湖县人，以卜筮为业，貌似太子，穷极无赖，想入非非，冒充太子企图诈骗。结果以诬罔之罪，腰斩于市。

汉武帝是一代英主，《汉书》赞之为雄才大略，不仅卫、霍立功，扬威匈奴，武事称盛，而罢黜百家，表章六经，在文化上亦给后世甚大影响，可是他在位五十四年，宫闱之中，却发生了不少喜剧和悲剧，上面所说卫后和卫太子，不过其中的一部分。谈汉武帝一生英雄美人的故事，可先自他最初的配偶陈后说起。

本章故事叙述，十之八九据自《汉书》，余或采《西京杂记》及《汉武外传》，皆不另注明出处。武帝幼时，甚得其父景帝钟爱，四岁立为胶东王。景帝之姊刘嫖，嫁陈婴之孙堂邑侯陈午。刘嫖称馆陶长公主，在亲戚关系上，武帝之姑也，生女名阿娇。

一日，长公主抱幼年的武帝，置于膝上，戏问曰:“儿欲得妇否?”并指阿娇:“好否?”帝笑对曰:“若得阿娇，当以金屋贮之。”公主大笑。后世“金屋藏娇”之典，即起源于此。

长公主即向景帝进言，定下婚事，以阿娇许配为胶东王之妃。景帝有妃曰栗姬，生子荣，原已立为太子，长公主联络武帝的生母王夫人，排挤栗姬与太子荣，先后并废，于是立王夫人为后，武帝为皇太子，时武帝年七岁。为太子十年而景帝崩，即位为汉武帝。

武帝母王皇后，景帝为太子时，入宫以前，曾嫁金王孙，生有一女，留在民间，盖讳之也。武帝即立，王皇后尊为太后。幸臣韩嫣以太后与前夫所生女白之。帝曰，“何为不早言?”乃车驾自往迎之。其家在长陵小市，直至其门，使左右入求之。家人惊恐，女逃匿，扶之出拜，帝下车立曰:“大姊何藏之深也?”载至长乐宫，与俱谒太后，太后垂涕，女亦悲泣。武帝奉酒上寿，献钱千万，又赐汤沐邑，封修成君。

女子改嫁，为我国古代礼法所许可。从一而终之说，始于宋儒的提倡，宋而后，把女子改嫁，视为不道。汉代宫嫔，公然纳已婚女子，但前夫生子而讳，大约也认为不太体面吧。

武帝与陈阿娇，婚后初虽恩爱，但陈阿娇擅宠娇纵，十余年而无子。武帝另有一姊平阳公主，与帝情感甚笃，于是把握陈阿娇不生儿子的机会，阴有布置，盖帝王而没有儿子，是宫廷一件了不起的大事。平阳公主说不定还有一些邀宠的政治目的。

平阳公主求良家女十余人饰置家，建元二年（公元前139年）三月上巳，武帝祓霸上，还过平阳公主府第，尽出所储美女，既饮，帝独悦讴者卫子夫（讴者是唱曲的歌女）。

席间帝起欲更衣，公主使子夫侍之，轩中得幸，还坐欢甚，赐平阳公主金千斤，因奏送子夫入宫。子夫上车，公主拊其背曰:“行矣，即贵，愿无相忘。”

不料子夫入宫岁余不复幸。时武帝择宫人之不中用者，放出宫外。子夫不耐一年多的冷漠生活，得见帝，涕泣请出。帝见子夫楚楚可怜之状，似曾相识，也许想起了从前更衣得幸的旧情。

于是武帝把子夫留下，从此恩爱异常，后子夫生三女，元朔元年（公元前 128 年）生子据，立为皇后。以子夫之弟卫青为将军，击匈奴有功，封长平侯。子夫姊子霍去病，亦以军功为冠军侯。皇后立七年，而男据立为太子。母子二人，即前所说的卫后和卫太子。

爱情难于专一

上面所说，是以后的发展。先是，武帝那一位幼年订婚，名阿娇的陈皇后，擅宠亦达十余年，当初武帝之立，陈后母馆陶长公主为了说动景帝，曾经出过力。武帝登位后，母女二人居功要索，阿娇更恃宠娇纵，渐渐引起武帝不悦，且武帝年事渐长，宠遇日多，加以阿娇并无生育，种种原因，与武帝情感日疏。及卫子夫承宠，嫉妒怨怒，更难忍受，《汉书》曰，“几死者数矣”，大约在忧愤中不免寻死觅活，上愈怒后。

阿娇想尽种种方法，争取武帝的重拾坠欢，找到女巫楚服，她自称挟有媚术，可使男子回心转意。方法神秘，每到深夜，服药祭神。楚服又作男子装，与皇后同寝处，行为诡秘。

元光五年（公元前 130 年）武帝闻而穷治之。楚服坐为皇后巫蛊、祠祭、咒诅，大逆无道，株连诛及三百余人，楚服枭首于市。使有司赐皇后策曰:“皇后失序，惑于巫祝，不可以承天命，其上玺绶，罢退居长门宫。”

陈阿娇幽居长门宫之后，凄怨不难想见。旋闻武帝爱好司马相如的文章，因以重金托相如为文，以感悟武帝。

相如作《长门赋》，序曰:“孝武皇帝陈皇后，时得幸，颇妒，别在长门宫，愁闷悲思。闻蜀郡成都司马相如，天下工为文，奉黄金百斤，为相如文君取酒，因于解悲愁之辞，而相如为文以悟主上，皇后复得亲幸。”

《长门赋》传诵到今，写陈皇后的幽怨，哀婉可怜，长夜无眠，徬徨悒郁，一字一泪，确是一篇殚思竭虑的名作，如云：“日黄昏而望绝兮，怅独托于空堂。悬明月以自照兮，徂清夜于洞房。”又云：“左右悲而垂泪兮，涕流离而纵横。舒息悒而增欷兮，蹝履起而彷徨，长袂以自翳兮，数昔日之諐殃。无面目之可顾兮，遂颓思而就床。抟芬若以为枕兮，席荃兰而茝香。忽寝寐而梦想兮，魂若君之在旁。惕寤觉而无见兮，魂迋迋若有亡。众鸡鸣而愁予兮，起视月之精光。观众星之行列兮，毕昴出于东方。望中庭之蔼蔼兮，若季秋之降霜。夜曼曼其若岁兮，怀郁郁其不可再更。澹偃蹇而待曙兮，荒亭亭而复明。妾人窃自悲兮，究年岁而不敢忘。”

然而这篇好文章，没有得到感悟武帝的效果，序文“皇后复得亲幸”云云，并非事实，观其文义，序文是后人所加的。

自古英雄爱美人，汉武帝内宠既多，爱情难于专一。陈阿娇废居长门，卫子夫后来也年长色衰，步了阿娇后尘，继子夫获宠的，最著名的是李夫人。

李夫人之兄李延年，身及父母兄弟，皆故倡也。延年坐法腐刑，给事狗监，性知音，善歌舞。每制新曲，听者无不动容，于是进幸武帝左右。一日，延年侍座，起舞而歌曰：

> 北方有佳人，绝世而独立。一顾倾人城，再顾倾人国。宁不知倾城与倾国，佳人难再得。

上叹息曰：“善，世岂有此人乎？”

平阳公主因言延年有女弟，上乃召见之，妙丽善舞，由是得幸。生一男，是为昌邑哀王。

李夫人娇弱多病，少而早卒。初，夫人病笃，帝亲临视之。

夫人蒙被谢曰:“妾久寝病，形貌毁坏，不可以见帝。愿以王（昌邑王）及兄弟为托。”

上曰:“夫人病甚，殆将不起，一见我，属托王及兄弟，岂不快哉!”

夫人曰:“妇人貌不修饰，不见君父，妾不敢以燕媠见帝。”

上曰:“夫人但一见我，将加赐千金，而予兄弟尊官。”

夫人曰:“尊官在帝，不在一见。”

上复言欲必见之，夫人遂转向觑欷而不复言。

欢乐极兮哀情多

李夫人临终不肯见帝，很难得到别人的谅解，但她却有一番道理。夫人姊妹让之曰:“贵人独不可一见上，属托兄弟邪？何为恨上如此？”

夫人曰:“所以不欲见帝者，乃欲以深托兄弟也。我以容貌之好，得从微贱爱幸于上。夫以色事人者，色衰而爱弛，爱弛则恩绝。上所以挛挛顾我者，乃以平生容貌也，今见我毁坏颜色非故，必畏恶吐弃我，意尚肯复追思悯录其兄弟哉？”

及李夫人卒，帝以后礼葬。其后，上以夫人兄李广利为贰师将军，封海西侯，延年为协律都尉。

武帝思念李夫人不已，方士齐人少翁，言能致其魂魄。乃夜张灯烛，设帷帐，陈酒肉，而令上居他帐，遥望见好女如李夫人之貌，姗姗走到帐中，却又看不真切，恍惚又没，帝愈益相思悲切，作诗曰：

是邪非邪？立而望之，偏何姗姗其来迟！

令乐府配音乐歌之。帝且作赋以伤悼夫人，哀感顽艳，文长不具录。继作落叶哀蝉之曲，其辞曰：

罗袂兮无声，玉墀兮生尘，虚房冷而寂寞，落叶依于重扃。望彼美之女兮，安得感余心之未宁！

李夫人死后，武帝郁郁寡欢，后来总算又得了尹夫人和邢夫人，聊慰寂寞，同时并宠。然而岁月易逝，人事弥定，尹、邢二夫人擅宠承欢，亦不甚久，而武帝则渐渐步入老年，行幸河东时，感慨岁华，好景不长，作《秋风辞》，曰：

秋风起兮白云飞，草木黄落兮雁南归。兰有秀兮菊有芳，怀佳人兮不能忘。泛楼船兮济汾河，横中流兮杨素波，箫鼓鸣兮发棹歌。欢乐极兮哀情多，少壮几时兮奈老何！

天汉年间，武帝年近六十，巡狩过河间，望气者言，此间有奇女子。天子亟使人召之，赵其姓，生有殊色。既至，女两手皆拳，上自擘之，随擘而开，由是得幸，号曰拳夫人。拳夫人进为婕妤，居钩弋宫，大有宠。太始三年（公元前 94 年）生一子，宫中称钩弋子，后取名弗陵，即为继武帝大统的汉昭帝。

钩弋子，其母怀胎十四个月而生，上曰："昔尧十四月而生，今钩弋亦然。"乃命其所生门曰尧母门。

此时卫子夫虽失宠，仍居皇后名分，而卫太子虽不得武帝欢心，依然是皇太子。不久，巫蛊祸起，牵连皇后及太子，太子造反，事败出亡自经，于是宫中发生了立储的问题。武帝诸子之中，燕王旦、广陵王胥多过失，王夫人男齐怀王，李夫人男昌邑哀王，皆早死。只有这个晚年所生的钩弋子，年虽幼而壮大多知，上常言类我，又感其生与众异，甚爱之，心欲立焉。

忽一日，钩弋夫人从幸甘泉宫，武帝突然无缘无故，发起怒来，命左右将夫人送掖廷狱，是夜，钩弋夫人死在狱中。因葬云阳。既爱其子，又杀其母，这不是当时朝臣所能了解的。但汉武帝却有他的用意，他以为大凡幼主在位，母后年轻，不免骄淫乱政，杀母所以先除后患。

武帝杀死了钩弋夫人，心中仍有不忍，后于甘泉宫筑通灵之台，以悼望之。

后元二年（公元前 87 年）二月，正式立弗陵（钩弋子）为皇太子，即在当月，武帝驾崩五柞宫。

然而这些事故，都是后来的发展。在先，征和元、二年（公元前 92 年–公元前 91 年）间，宫中发生了巫蛊之祸，不仅牵连及卫后及卫太子，坐巫蛊死者数以万计，此一轩然大波，必须在下面补加叙说。

心理变态精神恍惚

武帝信方士，求神仙，左右多牛鬼蛇神之辈，此一风气，且流行于高官贵戚之家。方士之外，且有许多巫妇，左道旁门，出入于宫掖王府，教导宫人贵妇以迷信的祈禳之术，如于地下埋木人，藉以求福或诅咒他人。这些宫廷妇女，生活圈子小，心地狭隘，寂寞忌妒，于是藉此种邪术，陷害他人，互相诅咒，发泄怨怒，即所谓巫蛊之术。

而武帝晚年，精神不正常，心理变态，疑神疑鬼，喜怒无常，时时忧虑别人暗算。精神恍惚之中，有时看见有似刺客的歹徒，带剑至其左右，忽又不见。有时梦中见无数木人，以木槌从四面打来，一身冷汗，突然惊醒。

征和元年（公元前 92 年）十一月，发三辅骑士大搜上林，闭长安城门十一日搜索奸人，汹然大举。

其时丞相为公孙贺，贺妻乃卫后之姊，生子敬声为太仆。敬声因赃下狱，又有人控告，敬声与阳石公主（卫后所生女）私通。并咒诅武帝，牵连及于丞相，公孙贺亦下狱案验，父子俱死狱中。明年，诸邑公主（亦卫后所生女）、阳石公主及卫后之侄长平侯卫伉，俱坐巫蛊之罪处斩。

武帝以江充为直指绣衣使者，严搜巫蛊，穷治其事。江充本是一个心狠手辣，善于逢迎的小人。为人魁岸，容貌甚壮，颇得武帝信任。

江充言上疾，祟在巫蛊。武帝即命江充为治蛊的使者，他率领着若干胡妇，到处掘地求蛊，捉到嫌疑人犯，用火钳烙铁，种种酷刑，拷讯迫供，受刑的熬不过，便辗转攀诬，皆以大逆论罪，坐而死者前后数万人。

是时武帝春秋高，病榻缠绵，疑心生暗鬼，以为左右皆作蛊咒诅。江充平日与太子嫌隙甚深，因恐武帝一朝晏驾，为太子所诛，既知上意，因言宫中有蛊气，先治后宫希幸夫人，以次及皇后，继到太子宫掘蛊，果于地下掘得埋有桐木人。

太子惶惧，召少傅石德问计，德惧为师傅并诛，因谓太子曰：

> 前丞相父子、两公主及卫氏皆坐死，今巫与使者掘地得征验，不知巫置之邪，将实有也？无以自明。可矫以节收捕充等系狱，穷治其奸诈。且上疾在甘泉，皇后及家吏请问皆不报，上存亡未可知，而奸臣如此，太子将不念秦扶苏事耶？

太子在急迫情况下，依石德之计。征和二年（公元前 91 年）七月壬午，使人诈作天子使者，收捕江充及其同党按道侯韩说等。韩说疑有诈，拒捕不肯受诏，被使者格杀。太子使人持节夜入未央宫，因长御倚华急白皇后，皇后命发中廄车，载射士，出武库兵器，又调发长乐宫卫卒，告令百官曰："江充反！"乃斩充以徇，炙胡妇上林中。

武帝养疴甘泉宫，有人奏禀太子反，上闻变大怒，急问丞相刘屈氂何为？左右对曰："丞相秘之，未敢发兵。"上怒曰："事籍籍如此，何谓秘也！丞相无周公之风矣。周公不诛管蔡乎？"乃赐丞相玺书，令捕反者，坚闭城门，毋令反者得出。

太子既诛充，宣言天子病困，奸臣作乱，武帝乃扶病幸城西建章宫，诏发三辅近县兵，统由丞相指挥。太子矫诏发长安囚徒、胡骑，令少傅石德等率领，又使人持节发北军兵。这些武装军队及市民数万众，行至长乐宫西，遇丞相兵，大战五日，死者数万人。

太子军败，南奔出覆盎门而逃，出亡以至自经，已见本章之首，不再重复。太子亡走后，诏遣宗正刘正乐，执金吾刘敢，奉策收皇后玺绶。皇后哀伤惶恐，宛转自杀而死。卫子夫自建元二年（公元年 139 年）尚衣得幸，在宫中四十八年，祸福穷通，真所谓历尽沧桑，而武帝一生，为了那些宠幸的美人，也制造了不少喜怒哀乐，可歌可叹的故事。

第五章　金轮皇帝

生理和心理变态

改唐为周，南面称帝的武则天（武曌），为历史上一位杰出女性，本书前编，曾叙说其一生，仅在梗概处落墨，这不平凡的“金轮皇帝”多彩多姿的生活，可以补充的故事自然还有很多。

俞大纲教授为本书前编作序，云：“武曌与佛教的关系，陈寅恪先生曾举李义山纪宜都内人的话，解释她外宠之多，是以男性皇帝自居。这一思想，渊源于印度佛教教义中佛无女性，这是旧史新诠的卓绝见解。”认为这是本书值得补充的。

感谢大纲兄给我很大的启发。则天与佛教的关系，当于下文述说，先谈这女皇帝，心理和生理两方面，都有些不寻常，或可名之为“变态”。

她以六十高龄的老妪，宠纳美男子为男妾，如承宠的张易之、昌宗兄弟，傅粉施朱，衣锦绣服，淫乱宫中，我们不必看《控鹤监秘记》等书的色情描写，若翻检正史，即可发现则天许多燕昵羞秽记载。长史侯阳自荐曰：“阳道壮伟，堪充宸内供奉。”则天的男宠，不仅供调笑戏弄，而是“实事求是”，一点不含糊的。此生理之变态也。

她心理方面的变态，确以男性皇帝自居，以美男子装作女性，供她玩弄，即是心理变态的表现。她虽信佛，但是男宠并不渊源于佛无女性之说，宜都内人劝说则天的，就是要她放弃男宠。以为放弃了男宠，则刚亢明烈，男性益削，女性益专，多男宠则“阴求阳也，阳胜而阴亦微”。

笔者提出此一看法，目的在与大纲商榷，不敢说另持别见。大纲寥数语，对陈寅恪的原意，没有发挥的机会。也许和笔者所见并没有多少出入。

李义山那篇《宜都内人》的文章，见其文集，内人即宫人，也是女性，她对发展女权，助长则天以女为男的变态心理，另有一番理论基础。义山此文篇幅不长，兹据《唐文粹》录之如次：

> 武后篡既久，颇放纵，耽内习，不敬宗庙，四方日有叛逆，防御不暇。宜都内人以唾壶进，思有以谏者。后坐帷下，倚檀儿与语，问四方事。宜都内人曰：大家知古女卑于男耶？后曰：知。内人曰：古有女娲，亦不正是天子？佐伏羲，理九州耳。后世娘姥有越出房阁断天下事者，皆不得其正，多是辅昏主，不然抱小儿。独大家革天性，改去钗钏，袭服冠冕，符瑞日至，大臣不敢动，真天子也。然今内之弄臣狎人，朝夕进御者久未屏去，妾疑此未当天意。后曰：何？内人曰：女阴也，男阳也，阳尊而阴卑。虽大家以阴主事天，然宜体取刚亢明烈，以消群阳，阳消然后阴得志也。今狎弄日至，处大家夫宫尊位，其势阴求阳也，阳胜而阴亦微，不可久也。大家始今日，能屏去男妾，独立天下，则阳之刚亢明烈可有矣。如是过万万岁，男子益削，女子益专，妾之愿在此。后虽不能尽用，即日下令诛作明堂者。

所云诛作明堂者，系指薛怀义。怀义初得幸于千金公主侍儿，公主上言可入侍，武后召与之私，他是武后较早的嬖幸。怀义曾督造明堂，后因骄倨而宠衰，武后密诏系杀之。武后之杀怀义，并非如李义山所记，采纳了宜都内人之谏。

宜都扩张女权，压倒男子的理论，是能投则天所好的，然而这位袭服冠冕，改去钗钏的女皇帝，装束上的改变，固可满足她以女为男的变态心理，但若屏男妾而用女宠，则无法“实事求是”，在生理与心理两种变态的冲突结果，只能叫张易之兄弟傅粉施朱，外形上聊充女性，宜都之谏所以不能尽用，症结或许在此。

因为生理上的变态，除已有男宠之外，专设奉宸院，广征美男子。应选者不乏其人。诗人宋之问，亦为奉宸内供奉，此人诗才绝妙，可惜人品不高，他媚附易之。易之为奉宸令，《新唐书》云，“至为易之奉溺器”。他自然也想亲近则天，可是他有口臭之病，则天对男宠选剔甚严，虽爱他诗才，床笫之间是轮不到他的，只有他上殿奏事的份。因此颁赐近臣，凡是上殿奏事者，嘴里必须含一片“鸡舌香”。

用佛经为称帝符谶

则天信佛，为其母家家庭环境熏习而来。其母杨氏，及则天为皇后，封代国夫人，后改封荣国夫人，为隋宗室始安侯杨达之女。陈寅恪曰:“南北朝诸皇室中，与佛教关系最深切者，南朝为萧梁，北朝则杨隋两家而已。”

则天母荣国夫人，笃信佛法，陈寅恪《武曌与佛教》一文，引唐释彦悰所编之《集沙门不应拜俗等事》，载龙朔二年（661年）四月二十七日，西明寺道宣等上荣国夫人杨氏，《请论沙门不合拜俗启》一首，下注云:“夫人帝后之母也，敬崇正化，大建福门。造像书经，架筑相续。出入宫禁，荣问莫加，僧等诣门致书云尔。”

僧徒欲借其力，保存不拜俗之佛教教规，则荣国夫人之崇佛可知。而则天之信佛教，实得其母之影响。

则天改唐为周，登极为帝，即利用佛教教义为符谶作宣传。

中国儒家经典，不许女子干国政，如《尚书·牧誓》云，“牝鸡司晨，惟家之索”。妇人干预外事，谓之牝鸡司晨，是政治上的不祥现象。则天以女身而称帝，在中国传统为未有之创局，如欲在宣传上证明其此举为合理，绝不能在儒家经典中找到根据，必求之于她所信仰的佛教教义，而竟然被她找到了。

陈寅恪论曰："考佛陀原始教义，本亦轻贱女身，后来演变，渐易初旨。末流至于大乘急进派之经典，其中乃有以女身受记为转轮圣王成佛之教义。"则天所颁行天下以为受命符谶的《大云经》，即属此大乘急进派的经典。

《旧唐书·则天皇后纪》云："载初元年（690年）有沙门十人伪撰《大云经》，表上之，盛言神皇受命之事。制颁于天下，令诸州各置大云寺。"

又《薛怀义传》："怀义与法明等造大云经，陈符命，言（则天）是弥勒佛下生，作阎浮提主，唐氏合微。故则天革命称周，怀义与法明等并封县公，赐物有差，皆赐紫袈裟、银龟袋，其伪《大云经》，颁于天下，寺各藏一本。"

薛怀义与则天私，初欲掩其迹，便于出入禁中，曾度为僧，故此次亦有紫袈裟之赐。

载初元年（690年）九月改元天授，载初与天授其实是同一年，怀义等表上《大云经》到改周称帝，是紧接发生的，这是事前有计划的一套作法，绝非偶然。

然而《大云经》为天竺原有，并非临时伪造。此经中土于晋代已译，所传有两种译本，一、后凉昙无谶所译，名《大方等大云经》；二、竺法念译《大云无想经》。

近代于敦煌石室发现《大云经疏》残卷（现藏伦敦博物馆），王国维为文跋之，有云："今观此卷所引经文，皆与凉译无甚差池。"故陈寅恪曰："其原本实出自天竺，非支那所伪造也。"又云："薛怀义等当时即取旧译之本，附以新疏，巧为附会。"

《大云经》载有两个印度故事，一谓女身当王国土，二言王女继承王位。陈寅恪引《大云经》中这两个故事云：

佛告净光天女言：汝于彼佛暂一闻大涅槃经。以是因缘，今得天身。值我出世，复闻深义。舍是天形，即以女身当王国土，得转轮王所统领处四分之一。（中略）汝于尔时实是菩萨，为化众生，现受女身”此转轮王之说，所以则天称为“金轮皇帝”也。

又引别章云：“我涅槃已七百年后，是南天竺有一小国，名曰无明。彼国有河，名曰黑暗。南岸有城，名曰谷熟。其城有王，名曰等乘。其王，夫人产育一女，名曰增长。……其王未免忽然崩亡。尔时诸臣即奉此女以继王嗣。女既承正，威伏天下。阎浮提中所有国土悉来承奉，无拒违者。”

故事说，前一女为菩萨所化，当王国土，后一女继承王位，威伏天下。则天以女身称帝，既不能于儒家经典中得一合理之证明，自不得不转求之佛教经典，以作女主之符谶，宣传此女子可为国王的历史根据。

则天的宣传是大规模的，把《大云经》颁于天下，令各州置大云寺，寺各藏一本，且由僧伽升座讲说。

她在利用佛教，附会称帝之前，信仰原甚驳杂，同时亦用道教的方士。《新唐书》云：“麟德初，后召方士郭行真入禁中为蛊祝。”称帝之后，天授二年（691 年）三月，颁“释教宜在道法之上”制，曰：“大云阐奥，明王国之祯符，方等发扬，显自在之丕业”。又曰：“自今已后，释教宜在道法之上，缁服出黄冠之前。”

被缁服不在太宗始崩之时

则天于贞观十三年（639 年），十四岁，被太宗召入宫为才人。《新唐书》云，“太宗闻士彟女美，召为才人，方十四，母杨恸泣与诀，后（则天）独自如，曰：见天子庸知非福，何儿女悲乎？母韪其意，止泣。既见帝，赐号武媚。及帝崩，与嫔御皆为比丘尼。高宗为太子时，入侍悦之。王皇后（高宗之后）久无子，萧淑妃方幸，后阴不悦。它日帝（高宗）过佛庐，才人见且泣，帝感动。后廉知状，引纳后宫，以挠（萧）妃宠”。

《旧唐书》和《资治通鉴》的记载大体相同，《资治通鉴》特别指明为尼的地点，是感业寺。因《资治通鉴》将则天为尼召入宫为高宗昭仪一事，系于永徽五年（654年）三月，于是一般读史者，咸以为则天于太宗死后，曾入寺为尼，后再入宫为昭仪，其时为永徽五年，这是错误的。《通鉴》的记述，“初王皇后无子”，“初”字表示这是补叙过去的事情。

则天于永徽三年（652年）曾生子弘，弘死于二十四岁，谥孝敬皇帝。《唐大诏令集孝敬皇帝哀册文》称："维上元二年（675年）夏四月己亥，皇太子弘薨于合璧宫之绮云殿，年二十四。”据此推算，弘当生于永徽三年。

据李树桐教授之考证，则天于太宗死后，根本没有入寺为尼之事。而高宗纳为昭仪早在贞观末，亦即其父亲死的当年。

《新唐书·高宗废后王氏传》云，“武才人，贞观末以先帝宫人召为昭仪。”太宗死于贞观二十三年（649年）五月，则武氏为昭仪是在当年五月以后，年底之前，非永徽五年（654年）。

父死即以其才人纳为昭仪，此于礼法不合，于是写实录的史官，遂捏造则天于太宗死后，曾入寺为尼的故事，摆脱与太宗的关系，作此曲笔。太宗及高宗实录，今已不存，但修纂《旧唐书》及《资治通鉴》之时，书未失传，故据实录有此叙述。

《资治通鉴》既有“上之为太子也，入侍太宗，见才人武氏悦之”之语，且高宗立武后诏云："朕昔在储贰，特荷先慈，常得侍从，弗离朝夕”。则高宗之接近武才人，非一朝一夕之事。李树桐论曰：

> 素多智计的武才人，看到太宗皇帝年老多病，而又常常他幸京外，太子受皇帝依托日重，而又歧嶷端审，宽仁孝友，很是她将来依

靠利用的对象，在所谓弗离朝夕的接近生活下，便发生骆宾王所谓秽乱春宫的事情。

则天在太宗死后之入寺为尼，固非事实。但她十四岁未入宫之前，因母杨氏之虔信佛教，确有正式或非正式的出家之事。

敦煌写本《大云经疏》有一语云：“伏承神皇（指则天）幼小时，已被缁服。”陈寅恪曰：“若依（司马）君实之考定，武曌既于贞观十一年（637年），年十四岁入宫，则贞观二十三年（649年）太宗崩后，（若）出居感业寺为尼时，其年已二十七岁。以二十七岁之年，古人决不以为幼小，故幼小之语，显指武曌年十四岁未入宫以前而言。然则武曌幼时，即已一度正式或非正式为沙弥尼。其受母氏佛教信仰影响之深，得此一事更可认明矣。”

第六章　阴鸷权诈

鸟尽弓藏兔死狗烹

古昔集权帝王，他们的意向就是法律，臣下的爱憎荣辱，生死予夺，操之一手，决定于他们的喜怒之间。曾国藩给他九弟国荃的家书中说，汉唐以来，立大功的名将，得善终者仅郭子仪一人。为了使其弟有所警惕，这话说得也许有些夸张，然而国藩是深知君臣相处之道的，为了自保安全，获军功后，谨慎小心，忧谗畏讥，如临深渊，如履薄冰，时时恐惧着祸之将临。我们翻开历史来看，名将名臣，遇到权诈之主，虽有大功，到利用价值告终，还是兔死狗烹，落一个悲惨结局。曾国藩的顾虑，决非杞人忧天。

本书前编，曾谈清世宗（雍正帝）的权谋夺位，约略说过暗中得隆科多和年羹尧之助。隆科多是宣布圣祖（康熙帝）传位遗诏的人，所传将“十四皇子”的“十”字改为“于”字之说，虽不能找到确实证据，而隆科多时任九门提督，掌握京师武装部队，世宗继统后，凡是觊觎大位，心怀不服的诸皇子如有变乱，则镇压有余。年羹尧为川陕总督，在西陲掌有重兵，足以钳制视师青海的抚远大将军十四皇子胤禵。盖圣祖于康熙五十七年（1718 年）诏派胤禵之督师边陲，当时朝中诸臣默喻圣祖意欲其先立军功，为日后付托神器之准备。

世宗阴谋继统后，内外均无反侧，隆科多与年羹尧之功不为不大，故雍正帝初即位，即将隆、年二人加官晋爵，然数年间均遭整肃，隆科多瘐死狱中，年羹尧以九十二大罪赐自尽。论者以为雍正帝将隆、年二人之忽而加膝，倏又坠渊，有酬庸与灭口两种用意，酬二人之助己得位，灭口则恐机密泄漏。鸟尽弓藏，兔死狗烹，原为历史常例，何况阴鸷权诈的雍正帝。

隆科多是比较聪明的，他对自己的命运，事先似乎有所觉悟，他被定四十款大罪中，有一款为“妄拟诸葛亮，奏称，白帝城受命之时，即死期已至之日”。暗示机密，而且也许想以此邀世宗的怜宠，但这话在机心莫测的世宗听来，如何能予容忍，何况以皇帝比作刘阿斗，早就制定了他的悲惨结局。

年羹尧是个粗鲁庸才，丝毫不知世宗的胸中城府，恃宠而骄，岂有不速取灭亡的道理。1912 年之后，故宫博物院文献馆将清宫存档，陆续以《掌故丛编》等书公开发表，年羹尧与世宗的关系，在这些文件中，透露了不少有趣的曲折，值得专章加以叙说，以补前编仅述世宗夺位，对此丝毫没有触及的阙漏。

康熙五十六、五十七年（1717—1718 年）间，正是太子胤礽再废之后的数年，圣祖为诸皇子暗中争夺储位，忧思愤懑，不言立储之事，群臣以是请者，往往迁怒获罪。世宗时以四皇子雍亲王的地位，对储位有极大野心，然而丝毫不露圭角，笼络年羹尧，此时已密有部署。这个机密，如果为圣祖所知，不仅破坏了世宗异日成功的机会，且有生命危险，而年羹尧这个草包，此时竟写了一信给世宗，表示自己忠诚，丝毫没有考虑到暗示机密的不当。但世宗明察秋毫，复书对年羹尧严厉斥责，其言曰：

> 尚敢说“今日之不负皇上（指圣祖），即异日之不负我（世宗自称）者，是何言欤？”以无法无天之谈，而诱余以不安分之举也。岂封疆大臣之所当言者？“异日”两字足可以诛年羹尧全家。

世宗日后之必诛年羹尧，此时实已伏下根底。然而年羹尧尚有利用价值，必须以最大的忍耐，加以羁縻。

絮絮道家常

年羹尧为汉军镶黄旗人，康熙三十八年（1699 年）中进士，入翰林院为庶吉士。四十八年（1709 年）二月世宗主镶黄旗，与年之关系开始于此。羹尧于同年九月，出任四川巡抚，才能出众，渐为圣祖赏识。康熙五十七年（1718 年）十月，皇十四子胤禵奉诏任抚远大将军，征准噶尔，而羹尧亦升任四川总督。后二年，西陲乱平，胤禵军功卓著，年亦因功授平西将军，翌年赴热河觐见圣祖，旋擢川陕总督。

世宗在雍邸时，尝纳羹尧一妹为妃，所以他们还有姻亲关系。康熙六十一年（1722 年），世宗夺位成功。最初一二年间，与他争夺皇位的诸弟，胤禩、胤禟、胤禵和他们的党羽尚未剪除，世宗地位亦未稳固，年羹尧为西陲统辖军权之大将，尚有依仗之必要。为了利用和酬庸夺位阴谋的合作，雍正元年（1723 年）三月，封羹尧为三等公，九月，继胤禵为抚远大将军，次年（1724 年）三月封一等公。

这还不过官位的擢升，如读故宫文献，更可发现世宗之羁縻羹尧，无所不用其极，赏赐的频繁，奏章批语的亲昵，有时娓娓絮话，宛若家人父子，超过了一般君臣关系。

自元年正月起，一直到次年九月止，从年羹尧的谢恩折看，御赐物品之多，往往月有数起，其中有鲜荔枝、三鸠砚、诗扇、鹿尾、茶叶、袍褂、荷包、自鸣表、西洋规矩、珐琅杯、枷楠香、平安丸、天王补心丹、手巾、鼻烟、鸟枪，等等，不胜枚举。

世宗夺位之利用隆科多与年羹尧，当初两人各不相知，用的也就是今日情报术语所谓“单线领导”。隆、年二人最初尚有小小摩擦，世宗即位后，即着手撮合年、隆二人的关系，盖当时政敌诸皇子尚未肃清，正需要隆、年的合作和协力。雍正元年（1723 年）正月初二日，年有“会陈军务事情请先具稿密陈折”，世宗朱批云：

> 朕安，朕原不欲尔来，为地方要紧。今览尔所奏，尔若不见朕，原有些难处，难处者军务总事结局处。舅舅隆科多奏，必得你来同商酌商酌。地方情形汝可以来得，乘驿速来。再舅舅隆科多，此人朕与尔先前不但不深知他，真正大错了。此人真圣祖皇考忠臣，朕之功臣，国家良臣，真正当代第一超群拔类之希有大臣也。其余见你之面，再细细问你。

此为撮合之始。羹尧之子年兴，随父进京，世宗授为三等侍卫，令侍直内廷。另一子年熙，由世宗做主，过继于隆科多，再作进一步之撮合。羹尧于雍正二年（1724年）有“谢赐诗扇折”，朱批云：

> 朕已谕将年熙过继与舅舅隆科多作子矣。年熙自今春病只管添，形气甚危，忽轻忽重，各样调治，幸皆有应，而不甚效。因此朕思此子非如此完的人，近日着人看他的命，目下并非坏运，而且下运数十年上好的运。但你目下运中言刑尅长子，所以朕动此机，连你父（羹尧父遐龄，时居住在京）亦不曾商量，择好日即发旨矣。此子总不与你相干了。舅舅已更名得住，从此自然痊愈健壮矣。年熙病，先前即当通知你，但你在数千里外，徒烦心虑，毫无益处。但朕亦不曾欺你，去岁字中，皆谕你知老幼平安之言。自夏春来，惟谕尔父健康，并未道及此谕也。朕实不忍欺你一字也。尔此时闻之，自然感喜。将来看得住功名世业，必有口中生津时也。舅舅闻命，此种喜色，朕亦难全谕。舅舅说：“我两人若少作两个人看，就是负皇上矣。况我命中应有三子，如今只有两个，皇上之赐，即是上天赐的一样，今合其数。大将军（指羹尧）应尅者已尅，臣命应得者又得，从此得住自然痊愈，将来必大受皇上恩典者。”尔父传进宣旨，亦甚感喜，但祖孙天性，未免有些眷恋也。特谕你知。

絮絮道家常，不但自古群臣所无，即布衣父子昆弟亦少如此绵绵情话。

既甘且媚的羁縻

雍正二年（1724年）七月初二，在羹尧“谢赐珐琅鼻烟壶折”中，世宗旁批：“真奇才，如不悲失一年熙，贺舅舅添一得住之句，朕实欣赏，嘉服之至，非锦心秀手，何能如此令人快心悦目。”此折之后，复加朱批，有云：“览卿奏谢二折，朕甚嘉赏，皆从真如三昧中得来，非泛泛口笔之章句也。朕躬甚安，卿足疼可痊愈否？得住近日又好些，总不与卿有干之事，一点放在心上也使不得。写一柄闲扇赐卿，如此等者，不必具本奏。”

是年秋，年熙病殁，羹尧于九月初六日有“谢蒙慰诲折”，中言“九月初三日，恭接圣谕，唯恐臣因年熙之事，致有过伤，谆谆慰诲”。

此类笼络羁縻之朱批，既甘且媚，多不胜引，姑再录数则如次：

二年（1724年）正月初二日，羹尧“奏谢赐貂皮褂等物”，朱批云：

> 实未酬尔之心劳功忠四字也。我君臣分中不必言此些小，朕不为出色的皇帝，不能酬赏尔之待朕；尔不为超群之大臣，不能答应朕之知遇。唯将互相（蚀去一字）勉在念，做个千古榜样人物也。

同年三月十八日，朱批“羹尧奏谢赐自鸣表折”：“览卿奏谢，知道了。从来君臣之遇合，私意相得者有之，但未必得如我二人之人耳。尔之庆幸固不必言矣，朕之欣喜亦莫可伦比。总之，我二人做个千古君臣知遇榜样，令天下后世钦慕流涎就是矣。朕实实心畅神怡，感天地神明赐佑之至。”

同年闰四月初一日，在“谢赐枷楠暖手折”中朱批云：“实在是块好香，做四件玩器，赐怡亲王、舅舅两块，给你带一块来，朕留一块，现今不时把握。”

同年六月初六日，在“谢赐手巾鼻烟壶折”中朱批云：“览卿奏谢，知道了，今有新进三种小规矩甚如意，寄赐与卿以为玩具，卿之感固一日不能忘，而朕之怜实不能一时不念也。我君臣努力措天下于至理，赖圣祖遗恩，我君臣庆辞烦劳心力也。其勉之。”

世宗出乎常情的亲热，年羹尧丝毫不觉其中所包含的莫测机心，竟谬托知己，对那握有无限权力，阴险机诈的帝王，认为布衣刎颈之交。得意忘形的心情，每流露于奏章之中，而世宗对于这些奏章，佯作优容之态，而批语的字里行间，也不免露出锋芒，有时还带着恳切警告和教训之意，似乎欲其免蹈杀身惨祸，可惜羹尧始终不觉悟，此孟心史之所以论年羹尧为蠢材也。

近代都市交通，有一标语曰，“保持距离，以策安全”。这道理，在古代极权政治的圈子里，处处埋伏着杀机，未尝没有用处，俗语所谓“伴君如伴虎”，可惜非年羹尧所能了解。

一点不察锋芒

年羹尧的愚昧，世宗在朱批中所露的锋芒，亦可举若干实例言之。据此可知即无夺位密谋的灭口之事，羹尧所造成的语言文字之隙，也足召杀身之祸而有余。

故宫藏羹尧真迹奏折中，有一件无年份，奏云：“今年三月，臣将《陆宣公奏议》一部恭进，蒙圣恩许赐序文，臣踊跃感激，不知所云。伏念万几无暇，恭劝节劳颐养，何敢以此上烦圣心，不揣固陋，代拟一序，倘得宸翰挥洒颁发，（句旁朱批：得暇好好写来赏你，定不得日期。）臣之荣耀永永无极”。

世宗朱批云：“朕览此奏，比是什么更喜欢，这才是。即此一片真诚，必感上苍之永佑。凡百就是如此对朕，朕再不肯好而不知其恶，少有不合朕意处，朕自然说给你，放心为之。”

元年（1723 年）八月十五日，羹尧有“谢御书陆贽奏议序文折”，则可知上折为元年三月以后，八月以前之事。

许赐序文，而并未令其代作，公然拟上，这是大违君臣体制的。朱批明示已知其恶，又云：“不合朕意处，自然说给你。”虽仍应其所请而写了给他，世宗本性，明察秋毫，最讲边幅，心中是不高兴的，这种含意深沉的外交辞令，年羹尧毫无所悟，且亦无动于衷。

是年中秋节前十日，世宗赏赐羹尧月饼水果及御书诗扇两柄，羹尧于谢折中奏云：“奖励过优，臣既当之有愧，而两月以来，边阅邸抄，圣主行仁敷政，洞烛隐微，为善日强，种福无量，臣敢不益加警惕，仰佐高深。”

世宗心中有夺嫡的隐咎，“为善日强”，也可作反面解释：过去没有为善，或为善而尚有不足，故须求之日强。近人吴相湘《中秋词与年羹尧》一文论曰：“雍正帝看到‘为善日强’四字，心中就不免有异样感觉，这可于折尾的朱批看到‘实赖尔等中外协力赞襄，大家劝免，以成全皇考体面也’。羹尧粗材，竟没有体味到这几句话的醋意，九月十五日更又奏道：‘且圣躬安健异常，为善日强四字，臣能言之，圣主能行之。然后知上帝垂慈，圣主默佑。’满心以为‘为善日强’四字说得好，殊不知雍正帝这时却把它作反面文章看，认为羹尧是有意的讽刺。”

二年（1724 年）三月十二日，羹尧“谢赐珐琅双眼翎折”，有云：“更恳圣慈，如有新制珐琅物件，赏赐一二，以满臣之贪念，臣无任悚惶之至。朱批：珐琅之物，尚未暇精制，将来必造可观。今将现有数件赐你，但你若不用此一贪字，一件亦不给你，得此数物，皆一字之力也”。羹尧以“贪”字作轻狂戏谑之不敬表示，朱批亦以佻达指出之，意示尔之不敬，在我洞鉴之中。然而这也没有提高羹尧的觉悟。

隔了半个月，青海军事已告平定，羹尧自恃劳苦功高，三月二十九日奏“谢赐鹿尾折”，有颂世宗“战胜不骄，功成不满”语。朱批云：

> 朕实无心作不骄不满之念，出于至诚，唯天可表。此一番事，若言朕不福大，岂有此理，上天见怜，朕即福人矣。但就事而言，实皆圣祖之功。自你以下，哪一个不是皇父用的人？哪一个兵不是数十年教养的兵？前西海势涌，正当危急之时，朕原存一念，即便事不能善结，朕不肯认此大过。何也？当不起原系圣祖所遗之事。今如此出于望外，就此将奇勋自己认起来，实实面愧心惭之至。朕身即圣祖之身，然到底是父子君臣，良心上过不去。所以各陵告祭皆如例篆文，另拟祭文，以告景陵。将文稿发来你看毕，即知朕之真心也。尔等此一番效力，是成全朕君父未了之事之功。据理而言，皆朕之功臣，据情而言，自你以下，以至兵将，凡实心用命效力者，皆朕之恩人也。言虽粗鄙失理，尔等不敢听受，但朕实实居如此心，作如此想。朕之私庆者，真正造化大福人则可矣。唯以手加额，将此心对越上帝以祈始终成全，自己亦时时警惕，不移此志耳。

羹尧只看见"恩人"等轻佻用语，没有觉察世宗其实正告以国家平此一地，自是有所凭借，皆圣祖遗烈，非将帅所能自任。而最后"时时警惕，不移此志"的警告，更非羹尧所能领会。

揭露真面目

是年中秋节前，世宗又亲书苏东坡《中秋词》一幅及饼果等物特赐羹尧，另颁朱谕，有云，"中秋节届，将数种食物与你，但愿人常好，千里共婵娟之意。"人常好，明明有善保晚节的警告之意，而八月十五日羹尧复奏谢恩，其中有云，"臣惟仰祝从此人长好，万里共婵娟，如是足矣"。世宗在句旁朱批云："览卿奏，知道了。"

东坡词"千里共婵娟"原文如此，世宗书赐羹尧者亦如此，而羹尧偏要自作聪明，改"千里"为"万里"，按君臣体制，这是大不敬。此处朱批"知道了"明告羹尧，一字之微，亦难逃洞鉴。

恰好此时，羹尧又附折求入觐，世宗立即批准，意欲借此当面观察羹尧言行。《中秋词与年羹尧》一文云，“谁知十月初旬，羹尧到京后，仍是那一套‘为善日强’、‘治己求治’、‘安己求安’的话，使雍正帝大大生气说：‘凡人修身行事，是即是矣，好即好矣，若好上再求好，是上更觅是，不免过犹不及。治己求治，安己求安之论，到底是未治未安也。朕生平不为过头事，不存不足心，毋必毋执，听天由命，从来行之似觉有效，但未知收原结果如何耳。’因之君臣不欢而散”。

羹尧入觐，骄纵之态，不仅世宗所不喜，且为王公大臣及百官所忌恶。《清史稿·年羹尧传》云：“入觐，令总督李维钧、巡抚范时捷跪道送迎。至京师，行驰道，王公大臣郊迎不为礼，蒙古诸王公见，必跪。”

世宗态度之变，揭露真面目，可于朱批四川巡抚王景灏的奏折见之。朱批雍正二年（1724年）十一月初二日奏折云：“凡尔川省属员，须尔自出藻鉴，甄别优劣，不可全听年羹尧之指挥，以定去留也。”又同日朱批另奏云：“年羹尧今来陛见，甚觉乖张，朕有许多不取处。不知其精神颓败所致，抑或功高志满而然。”

十二月廿一日朱批王景灏奏折有云：“再者，多有人言尔为年羹尧之鹰犬，朕思断不肯为此等无耻之行，而年羹尧亦不应居此等无理之心。至隆科多、年羹尧二人，朕初看伊等具有聪明见解，能知大体，受恩深重，自循谦退，岂肯趋蹈危险，以玷朕名而招天下后世之议论，朕作如此想，所以迩年来，言听计从，任用之而不疑。不料今岁年羹尧陛见，二人皆被朕看破，均非无瑕之器。于奏对之间，错乱悖谬，举止乖张，大露擅作威福，市恩揽权情状，朕随深加训诲，曲示保全之道。”

羹尧此次入觐，对世宗之意，亦有所捉摸，十月回任后，即于十二月十二日上奏“谢蒙陛见奏折”，有云，“奔走御座之前三十余日，毫无裨于高深，祇自增其愆谬”。世宗的朱批，已无过去的亲热口气，冷冰冰地说了一番“功臣相时见机，不肯蹈险辙”的大道理，其言曰：

> 据此不足以报君恩父德，必能保全始终，不令一身至于危，方可谓忠臣孝子也。凡人臣图功易，成功难；成功易，守功难；守功易，终功难。为君者施恩易，当恩难；当恩易，保恩难；保恩易，全恩难。若倚功造过，必致返恩为仇，此从来人情常有者。尔等功臣，一、赖人主防微杜渐，不令至于危地；二、在尔等相时见机，不肯蹈于险辙；三、则大小臣工避嫌远疑，不送尔等至于绝路。三者缺一不可，而其枢要，在尔等功臣自招感也。

此后羹尧续有谢恩之奏，表示悔罪乞怜之意，然而为时已迟，再也无法挽回世宗的决心。

雍正三年（1725 年）二月初二日发生日月合璧、五星联珠之天象，封疆大吏具本奏贺，羹尧表中将“朝乾夕惕”，倒成“夕惕朝乾”，构成了大不敬之罪。世宗并不于朱批申斥，而于三月二十三日，由内阁宣达上谕，其中有云：

> 年羹尧本内字画潦草，且将“朝乾夕惕”，写作“夕惕朝乾”。年羹尧非粗心办事之人，直不欲以“朝乾夕惕”四字归之于朕耳。年羹尧既不以“朝乾夕惕”许朕，则年羹尧青海之功，亦在朕许与不许之间而未定也。

委曲矜全莫大之恩

雍正三年（1725 年）四月十八日，诏调年羹尧任杭州将军。

羹尧赶忙具折谢恩，云，“遵旨起程离陕，于仪征县恭候纶旨”。朱批云：“自此受宠若惊，方可法古大臣之万一，不然，我二人为千古大笑话矣。”然而世宗欲置之死地的决心，并没有动摇，又云：“看你这光景是顾你臣节，不管朕之君道，行事总是讥讽文章、口是心非口气，加朕以听谗言、怪功臣之语，朕亦只得顾君道，而管不得你臣节也。只得天下后世，朕先站一个是字了”。

先是，世宗整肃羹尧，已有定见，已培植好岳钟琪接替兵权，无虑羹尧叛变，然犹恐舆论讥议他的不容功臣，乃秘密授意甚或逼迫封疆大吏出面参劾年羹尧，造成非除不可之情势，借刀以杀之。

直隶总督李维钧对此似有犹豫，雍正三年（1725年）二月初一日之奏折，建议用潜移默化，离散隆、年党羽，使“自知循分谨守”，“仍祈皇上录其微功，示之以恩，时加赉予，既凛天威，更沐矜全”。以免其反生疑畏，则难以力理事务，而“君臣上下，未免有所间隔”。世宗朱批云：“朕自有定见，不必过虑，隆科多、年羹尧岂能逃朕之范围也。”

李维钧不能迎合世宗意旨，到八月间，遭革职逮鞫之处分。

是年夏秋迄冬，参劾羹尧者，计有江苏巡抚张楷，两广总督孔毓珣，浙江巡抚傅敏，四川巡抚王景灏等。十二月，三法司及九卿会鞫，构成年羹尧九十二大罪。十一日上谕赐自尽。上谕有云：

“谕年羹尧：尔亦读书之人，历观史书所载，曾有悖逆不法，如尔之甚者乎？自古不法之臣有之，然当未曾破露之先，尚皆假饰勉强，伪守臣节，如尔之公行不法，全无忌讳，古来曾有其人乎？朕待尔之恩如天高地厚，尔扪心自思，朕之恩尚忍负乎？”

“尔应服极刑及立斩者共有三十余条，朕览之不禁坠泪。朕统御万方，必赏罚分明，方足以治天下，若如尔之悖逆不臣至此，要朕枉法宽宥，则何以彰国家之宪典，服天下之人心乎？即尔苟活人世，自思负恩悖逆至此，尚可以对天地鬼神，腼颜与古人相见乎？”

“今宽尔殊死之罪，令尔自裁，又赦尔父兄子孙伯叔等多人死罪，此皆朕委曲矜全，莫大之恩，尔非草木，虽死当亦感涕。”

“大凡狂悖之人，生前执迷，死后或当醒悟。若尔自尽后，稍有含怨之意，则佛书所谓永坠地狱者，虽历劫亦不能息汝罪孽也。”

羹尧临死尚有哀求折云，“臣今日一万分知道自己的罪了。若是主子天恩，怜臣悔罪，求主子饶了臣。臣年纪不老，留作犬马自效，慢慢的给主子效力”。

世宗视此蔑如，也许只博得他的一声冷笑而已。

第七章　垂帘听政

历史的奇迹

清以太祖努尔哈赤为开国之君，太祖婚于叶赫纳喇氏，生子皇太极，即太宗皇帝，太宗建年号天聪后，尊其母为辅圣高皇后。叶赫又作夜黑，纳喇又作那拉，皆满洲语汉译音异，原为蒙古部族，其部族之主，初亦称王。太祖婚纳喇氏为明万历十六年（1588 年）之事。

至万历二十一年（1593 年），叶赫与女真及蒙古九部落合兵仇太祖，《清实录》谓之九国之师。而叶赫部主卿家奴之子布戒（后改布寨，明记载作卜寨），马触木而倒，为太祖部卒所杀，九部之师皆溃。战事既终，叶赫请归卜寨之尸，太祖剖其半与之，遂成不解之仇。

而后四年，万历二十五年（1597 年），叶赫与太祖媾和，卜寨之子布扬古许以妹归太祖，旋又悔婚，留女而不遣嫁。按太祖之后，生皇太极者，为卿家奴之女，卜寨之姊，此女之姑。

叶赫悔此第二度的婚姻，遂成太祖最大口实，卒灭叶赫，清兵既定叶赫，颇扬威屠戮，恽毓鼎《崇陵传信录》云：男丁罕免者。布扬古临死愤曰：

> 吾子孙虽存一女子，亦必覆满洲。

这不过布扬古气愤之言，但清廷是迷信谶言的，于是嗣后宫中不选叶赫氏为妃嫔，定为祖制。所谓祖制，亦不过一种不成文的传统，隔了七代，到文宗（咸丰帝）之时，竟把此一祖制忘了，纳惠征之女为懿贵妃，即后之慈禧太后，掌政四十八年，骄蹇恣肆，造成亡清之局，惠征即出之叶赫那拉之族。慈禧又选其侄女为光绪帝之隆裕后，完成清室逊国之事。清以叶赫那拉氏为开国皇后，又以两那拉氏结束两百余年的统治，可谓巧合，而当年布扬古的谶言，亦竟如响斯应，真有些不可思议，也许是历史的奇迹吧。

慈禧故事，本书前编所言已多。然没有谈到她掌握政权之初的那一番政治斗争，即 1861 年的“辛酉政变”。在这次斗争中，显出了她用心机智，权谋毒辣，结果她是胜利了，奠定后此数十年掌政的始基，就狠戾机变的政治艺术言，足以媲美一千二百年前的武则天，所差者仅未称帝耳。

辛酉为其夫文宗（咸丰帝）驾崩之年，其时慈禧年二十八岁。前一年（咸丰十年，1860 年）八月，英法联军陷天津，继续北犯，京师危急，咸丰帝于初七日命其弟恭亲王为全权大臣，留京与法公使议和。朱谕曰：“现在抚局难成，人所共晓。派汝出名，与该夷照会，不过暂缓一步，将来往返面商，自有恒祺、蓝蔚雯等，汝不值与该酋见面。若抚仍不成，即在军营后路督剿，若实在不支，即全身而退，速赴行在。”

咸丰帝本人，立即出京北狩，巡幸热河，以避其锋，六宫先行，慈禧时为懿贵妃亦在其内。王公大臣之扈跸北行者，有惠亲王绵愉、怡亲王载垣、郑亲王端华、惇亲王奕諒，及端华之弟尚书肃顺等。

是年秋，恭王与英法使臣缔成和约，两国军队先后自京撤退，于是恭王及留京大臣等，奏主回銮京师。咸丰帝九月二十五日朱批恭王等折后云：“二夷虽已换约，难保其明春必不反复。若不能将亲递国书一层取消，祸将未艾，即或暂时允许，作为罢论，回銮后，要挟无已，朕唯尔是问。”恭王等继又再次疏请，谓“先为理喻，亦可随时设法消弭”，并谓，“日久示之以信，似属无难钤制，不致上烦宸廑”。但咸丰帝仍不放心回京。十月初一日明谕内阁云："本年天气渐届严寒，朕拟暂缓回銮，俟明岁再降谕旨。"

帝心怯，作此不必要之顾虑，而随扈之近臣载垣、端华辈唯希帝意，亦无所匡正，甚或危词耸听，歪曲事实以蒙蔽之，且与肃顺等进奉声色，以达固宠揽权目的。

咸丰帝体质素弱，病咯血，日饮鹿血以疗之。此次仓皇北行，状极狼狈，有司办供张不及，途中有一日未得饱食，愤恚甚。及抵滦阳，即病泄且呕血，幸至九月初渐安康。

赞襄政务八大臣

明年（1861年）初，帝忽动返京之想，正月初二日颁谕云："朕定二月十三日回銮"。有司赶办供张，但期前数日又病，因谕改于二日二十五日启銮，及二月二十二日又颁谕云："旬日以来，气体稍可支持，仍须静心调摄。本日王大臣等以朕躬尚未大安，奏请暂停回銮，情词恳切，不得已勉从所请，暂缓回銮，俟秋间再降旨。"

嗣后直至七月十七日驾崩，数月间虽起居饮食甚正常，精神亦好，观剧娱乐亦无间断，然时有小恙，忽病忽痊。帝素不耐热，六月中旬病又转剧。

七月初又稍痊，十四日仍传谕，"如意洲花唱照旧"。如意洲为行在设戏台之处，所谓花唱，即粉墨登场之演戏，不化妆而仅唱曲者，宫中谓之清唱。十五日，帝病又增，但仍兴起治事如常，如意洲花唱亦照旧。

近人吴相湘《辛酉政变纪要》一文，据清宫旧档云：

> 翌日，（十六日）烟波致爽（行在宫殿）早膳，传鸭丁粳米饭，又传午膳用羊肉片白菜、炒豆腐、羊肉丝炒豆芽等，可见胃口尚佳，但已不耐烦嚣，故传谕"如意洲承应戏不必了"。未正，烟波致爽晚膳

后忽晕厥，嘱诸侍臣缓散值，至晚苏转。

十七日子时三刻神情清楚，乃再召见御前诸臣，遂传谕："立皇长子载淳为皇太子"。（载淳为慈禧所生，即后之同治帝。）又谕："皇长子载淳现为皇太子，著派载垣、端华、景寿、肃顺（御前大臣）、穆荫（兵部尚书）、匡源（吏部左侍郎）、杜翰（吏部右侍郎）、焦佑瀛（太仆寺少卿），尽心辅弼、赞襄一切政务，特谕。"

随侍诸臣聆悉后，当请帝用朱笔手书，以昭慎重。但帝腕力已弱，不能握管，遂谕，"著写来述旨"，故遗诏中有"承写"字样。

寅初，膳房仍"伺候上传冰糖煨燕窝"，但未及用，卯时即崩，就御医恭记脉案，知帝实患虚痨以致命，享年三十岁，在位十一年。

吴相湘教授《辛酉政变纪要》一文，长数万言，搜剔故宫遗档，所言不仅核实，且细腻多致，下文尚多引据，不另注明出处。萧一山《清代通史》述此事，亦多引据其文。

《宫中敬事房遗档》，记咸丰帝崩后一二日间情况云：

十七日卯时，大行皇帝在烟波致爽殿内宾天。供奉漱口水一份，用金盏子一件，花渣斗一件，青龙盅一件，红字盖碗一件。敬事房传各处摘缨子。随传自今日起，皇后写皇太后，皇太子写皇上。随递领孝衣人名首领太监卅一名。随在烟波致爽殿内伺候万岁爷在大行皇帝前奠酒，首领（太监）马、叶执杯鍒，首领王、太监六（人），搭金角桌一张，上安金折盂一件。奠酒毕，首领（太监）马请金折盂至殿外向上跪撂酒，行一叩礼。膳房侍候膳一桌，上安奶茶一黄瓷碗，举哀毕撤下。皇太后率琳贵太妃等至灵前奠酒，外边伺候。

又云，"十八日巳初二刻，在澹泊敬诚殿内入金柜。随传各等处穿孝衣，皇上换缟素。午祭奠具系外边伺候。皇太后奠酒，内廷伺候。是日敬事房首领传本处首领马：懿贵太妃亲封为皇太后"。

此一记载，可以注意者为本章主角懿贵妃（慈禧）在第一日举哀奠酒礼中，尚不能随皇太后及琳贵太妃参加，而第二天懿贵妃始得皇太后之尊封，与皇后（慈安）之封皇太后，先后有一日之差别。另据敬事房档，咸丰帝死日，即由敬事房首领陈胜文传旨："钟粹皇后（慈安）晋封皇太后。"次日又传旨："储秀宫懿贵妃晋封皇太后。"虽两太后并崇，而不仅得封之时间有差别，名称亦微有区别，慈安钮祜禄氏称"母后皇太后"，慈禧那拉氏称"圣母皇太后"，盖援前明万历朝故事也。

嫌怨已非一日

咸丰帝临终遗命之赞襄政务八大臣，其中以肃顺最干练，亦是与慈禧夺权斗争的主要对象，而平日肃顺与慈禧间的嫌怨亦最深。

先是，肃顺才气开朗，敢于任事，因其兄郑亲王端华之荐，渐为咸丰帝所赏识，超擢甚速，咸丰四年（1854 年）授御前侍卫，数年间调升礼部尚书，兼理藩院尚书，入值内廷，得闻机务。论治以严为尚，盖欲承帝意，起积弊于衰靡中，其表现最著者，为八年（1858 年）之科场案及九年（1859 年）之户部案。郭嵩焘论曰："今一切以为宽，而以严治之，究所举发者，仍然例文之涂饰也。于所事之利病原委，与所以救弊者，未尝讲也。"又云："向者之宽，今日之严，其为颟顸一也。"

肃顺之雷厉风行，并未收政治实效，而为当时朝臣怨谤之所集。

咸丰十年（1860 年）帝北狩热河之时，肃顺兼总内务府大臣，行宫诸务，均经监理，肃顺处事素严，除帝有宣索，则承意供奉外，其他宫眷所需，则有定规，于是后妃均起怨言。有时因一饮一食之微，妃嫔不厌所求，亦迁怒于肃顺。吴教授云：就膳食档，知九月以后，各处进呈鹿肉等食品，帝分赏，例有皇后，而常不及懿贵妃（慈禧），帝意如何，不可得知，而懿贵妃益怨内务府大臣肃顺矣。

先是，懿贵妃于咸丰六年（1856 年）诞生皇长子，帝殊喜慰。唯时局内外多艰，宵旰劳瘁，焦忧成疾，遂颇倦勤，以懿贵妃书法端腴，常命其代笔批答章奏，然胥帝口授，妃仅司朱而已。

妃渐思盗柄，时于帝前言政事，帝寖厌之，尝为皇后言妃机诈，后素宽和，殊无制裁之术。及后肃顺得帝欢，当大任，妃颇嫉之。遇事辄故与之相左，于帝前道之。

懿贵妃与肃顺之嫌怨，由来已久，非一朝一夕之事。及帝行抵热河，咯血病发，肃顺恐一旦驾崩，皇长子即位，懿贵妃将尊为皇太后，势必不利于己，因时进谗言。帝亦渐恶妃之欲专权，一日忤旨，肃顺因乘机进言，用汉武帝杀钩弋夫人故事，而帝濡需不忍。其后帝醉恚漏言，妃闻之，遂恨肃顺刺骨。

咸丰帝崩后，遗命以八王大臣赞襄政务，两宫乃召载垣、肃顺等入议诏谕疏章黜陟刑赏等手续。初肃顺主张，谕旨由大臣拟定，太后但钤印，弗得更易，章疏不呈内览，太后持不可。最后决定章疏呈览，谕旨由赞襄大臣拟进，皇太后、皇帝阅后，上用“御赏”，下用“同道堂”印章为凭信，所有一切用朱笔处，均以此代之。

民初，《东方杂志》发表涵芬楼所藏当时人在热河行宫寄递京师之密札，密札不署投书人姓名，但必出于参与机要者之手，内容牵涉人物均用隐秘密语，为通风报信之私人情报，而所言都为当时实情，为其他记载所未见，珍贵史料也。涵芬楼所藏共十余札，如第十二札有云：

> 八位共矢报效，极为和衷，大异以前局面。两印均大行所赐，母后用御赏印（印起），上用同道堂印（印讫）。凡应用朱笔者，用此代之，述旨亦均用之，以杜弊端。诸事母后颇有主见，垂帘辅政，盖兼见之。自顾命后，至今十余日，所行均惬人意。风闻两宫不甚惬洽，所争在礼节细故，似易于调停也。

此为帝崩后，最初十余日之情形。然慈禧久有野心，欲专握政柄，对于肃顺辈之承遗命，当大政，自不甘心。此十余日为大风雨前夕之宁静，政治风暴尚在酝酿之中。

相传咸丰帝甫崩，慈禧即就慈安议垂帘事，慈安初不允，慈禧因以肃顺平日抑制宫眷，挑拨感情，坚持唯有同听政，庶可免为他人鱼肉，慈安遂允以此议先谋在京之恭亲王。因以密旨付侍卫持之赴京，授慈安弟广科，令其征询恭王意见。

太后与恭王联合阵线

恭亲王名奕䜣，道光第六子，咸丰帝（排行第四）之弟也。咸丰帝自幼失母，就养于奕䜣生母，幼年相处，俨若同胞。两人同得父爱，道光帝生前于储位之选，颇费犹豫。按实录，立奕詝（咸丰帝）为皇太子之朱谕，与封奕䜣为恭亲王之朱谕，同储于储位缄名金匣中，此为前所未有之特例。

咸丰帝即位后，即命恭王入军机，特加恩宠。唯尝厌恭王生母，幼时溺爱于王，故仅尊号为皇太妃，王心慊甚，频以宜尊号皇太后为请，而帝不应，及后乃因此生嫌隙。咸丰五年（1855年）太妃薨，帝虽勉尊之为太后，但灭杀其丧葬礼仪。出殡之日，即命恭王退出军机。

恭王退出军机后，久不得意。待英法联军逼京师时，传英使额尔金深恶咸丰帝之屡失信，欲乘胜更易清朝王统，而恭王岳父桂良（大学士），正与英法公使在天津议款，外人与桂良情熟，致引起恭王有凭外力篡位之谣言。然咸丰帝“北狩”之时，仍命恭王为留京议和大臣，盖君臣大义，深入人心，清室素重祖制家法，咸丰帝有绝大把握，恭王绝不至于接受英人之幻想。

和议既成，咸丰帝滞留热河，时病时愈，恭王以手足之情，奏请赴行在叩安，肃顺辈忌之，遂乘机进谗言，谓其联络外夷，挟制朝廷，恐别有图谋，咸丰帝本不喜王，闻此更不快。谕王曰：“相见徒增伤感，不必来觐。”

恭亲王于皇室地位最为优越，而又素贤明，极孚众心，与英法议和，使两国军队撤退，更有安社稷之功，声望益隆。当咸丰帝病时，京师人士均以为一旦驾崩，幼主立，恭王将如顺治故事，当摄政之任。及遗命下，竟无一字及王，肃顺等又传诏，令其仍留京师，毋庸赴行在恭理丧仪。

恭王正觖望间，热河两太后密使忽至，征询垂帘意见，自然欣然同意。适王再奏请赴行在谒梓宫，得允，遂起程，于八月初一日抵热河。

萧一山论曰："当是时，热河与北京，实为政治上之二大中心，而两太后、八辅政、一亲王，又系鼎足三分之局。以势力论，则北京较优，以名分言，则行在为正，二者（太后与亲王）合而为一，则辅政之势孤矣。"

肃顺辈仍蒙蒙无所知。当恭王启程之日，侍郎胜保向皇太后请安之黄折，适达行在，此为前所未有之创例，盖含有试探作用，但肃顺等大权在握，挟天子名义以为号令，黄折甫上，即奉严旨诘责。据故宫档案八月初七日内阁奉上谕略云："向来臣工无具折请皇太后安之例，胜保等具折请皇太后懿安，且与朕安同列一折，实属有违体制，并于缟素期内呈递黄折，亦属不合，胜保等均著交部议处。"

恭亲王八月初一到行在，涵芬楼所藏密札第七札云："恭邸今日大早到，适赶上殷殿礼，伏地大恸，声彻殿陛，旁人无不下泪。盖自十七以来，未闻有如此伤心者。祭后，太后召见，恭邸请与内廷偕见，不许，遂独对，约一时许方出。宫灯辈遂颇有惧心（宫灯暗指肃顺，肃字形如宫灯）。见恭未尝不肃然改容，连日颇为敛戢。"

第八札云："元圣在此……（元圣指恭王，恭王行六，六字与元字形相近）昨见面，后以夷务为问，邸力保无事，又坚请速归。"第十札云："元圣在此，在内见一面。……坐谈一时许，颇有所陈，并自陈不能久待苦衷。渠劝稍安，巨俟进城再说云云。……元圣日内即回……归事内催甚急，元圣日内见面，拟了一套话说，必不能过迟也。"

恭王于八月初七日启程返京，十一日到达。在热河数日之间，观密札"内催甚急"及"必不能过迟"之语，慈禧大约有速取行动之意，恭王见肃顺辈势力布满行在，实难立刻措手，故有“渠劝稍安，且俟进城再说”云云。

第一个回合

恭王热河之行，京师反对肃顺辈之大臣，如大学士周祖培等窥知两宫皇太后有垂帘之意，因密为部署，嘱当时学人李慈铭，搜检历朝太后临朝史事，编撰《临朝备考录》，方欲上之，而御使董元醇请太后垂帘之疏，已达行在，时为八月初十，正恭王返抵京师之前一日。董疏有三要点：

一、“宜明降谕旨，宣示中外，使海内咸知皇上圣躬虽幼，皇太后暂时权理朝政，左右不能干预，庶人心益知敬畏，而文武臣工俱不敢稍肆其蒙蔽之术。……虽吾朝向无太后垂帘之仪，而审时度势，不得不为此通权达变之举，此所谓事贵从权也。”

二、“臣以为当更于亲王中简派一二人，令其同心辅弼一切事务，俾各尽心筹划，再求皇太后、皇上裁断施行。”

三、“至朝夕纳诲，辅翼圣德，则于大臣中择其治理素优者一二人俾充师傅之任，逐日进讲经典，以扩充圣德。”

董疏希旨而发，然恭王之密谋布置，尚未周妥，不足压制载垣等数大臣，故此疏之发，时机太早。奏上，当日即留中，此在太后或有深意，但载垣等已大愤，坚请发下痛驳。翌日（十一日）始交下，并谕“将所请垂帘暂理朝政，饬群臣会议。其请于亲王中简派一二人辅弼，开具空名谕旨候简派；并于大臣中择其可充师傅者公同保举”。

载垣等闻此旨，即抗论以为不可。退下后饬军机章京拟旨痛驳董疏。初稿尚和平，载垣等不以为然，遂由焦佑瀛执笔另拟，清缮递上，其文针对董疏三点驳斥，略云：

一、“我朝圣圣相承，向无皇太后垂帘听政之礼。朕以冲龄仰受皇考大行皇帝付托之重，御极之初，何敢更易祖宗旧制？……该御史奏请皇太后暂时权理朝政，甚属非是！”

二、“又据谓于亲王中，简派一二人令其辅弼一切事务，伏念皇考于七月十六日子时，特召载垣等八人，令其尽心辅弼，朕仰体圣心，自有深意。又何敢显违遗训，轻议增添？……该御史必欲于亲王中另行简派，是诚何心？所奏尤不可行。”

三、“至朝夕纳诲一节，皇考业经派编修李鸿藻充朕师傅，该御史请于大臣择一二人充师傅之处，亦毋庸议。”

慈禧阅后，以其与原旨相反，不允照所拟宣发，并将董疏又留中。召见载垣等八人，载垣等殊愤怒，见面与两太后大起争论。争辩二刻许，慈安太后云，“留着明天再说”。遂不欢而散。

十二日载垣等上值，未叫起，昨稿亦未发下，仅交下早事两件，载垣等负气不开视，将其压搁。日将中，太后不得已，将昨日拟旨及董疏发下，照抄宣示。据传慈禧仍坚持，经慈安转圜，始勉强发下。

涵芬楼所藏密札，述当时情况，第一札云：

玄宰（指董）折请明降垂帘旨……发之太早。拟旨痛驳，皆桂翁（指焦佑瀛）手笔。递上，折旨俱留。又叫，有两时许，老郑（指郑亲王）等始出，仍未带下，但觉怒甚。次早乃发下，探知是日见面大争，老杜（指杜翰）尤肆挺撞，有“若听信人言，臣不能奉诏”（之）语，太后气得手颤。发下后，怡（指怡亲王）等笑声彻远近。此事不久大变，八人断难免祸，其在回城乎？密之，密之。

第四札云：

千里草（董）上书，初十日未下。此处叫人上去要，仍留看，夸兰达下来说：“西边（指慈禧）留阅”。心台（指怡亲王）冷笑一声。十一日叫起，见面说，写旨下来，叫写明发痛驳。夫差拟稿尚平和，麻翁（指焦）另作，诸君大赞。是诚何心，尤不可行等语，原底无之。

遂缮真递上，良久未发下，他事皆发下，并原件亦留。另叫起，耳君（指怡亲王）怒形于色，上去见面，约一刻许下来，闻见面语颇负气，仍未发下，云留着明日再说。十二日上去，未叫起，发下早事两件，心台（指怡亲王）等不开视，决意搁车，云不定是谁来看。日将中，上不得已，将折及拟旨发下照抄，如照常办事，言笑如初，如二四（言八大臣）者，可谓浑蛋矣。……

发表袒服所藏之诏

董元醇请垂帘之疏，照八大臣所拟驳斥之旨发下，这是慈禧不得已的让步，第一回合，似乎是八大臣获了胜利，然事实的发展，正如上引密札所云，“不久大变，其在回城乎!”

八月十三日，上谕依钦天监所择日期，定十月初九日卯时，举行幼主登极颁布诏钜典。又于次日（十四）颁谕择九月二十三日辰时，恭奉大行皇帝梓宫回京。

先是，于八月初，赞襄政务王大臣载垣、肃顺等既已决定回銮，并令直隶总督文煜到行在，面询沿途桥道工程，又令拿车二百辆，于八月初十日备齐，以便妃嫔等先行陆续启程。十四日诸事均筹备就绪，遂正式公布启行日期。

十四日，钦差大臣胜保自京畿军次抵行在，叩谒梓宫。胜保暗中系受恭王邀结而来。恭王回京后，欲借武人之力以壮声威。恭王于八月初一到行在后，于夺取政权，与太后已互有谅解，回京后密采各项准备步骤，邀结胜保当为步骤之一。胜保誓为所用，此来含有对肃顺等示威意，兼为两宫壮胆。胜保在热河，行动极谨慎，未露丝毫痕迹，载垣等亦未介意，盖痛驳董疏之后，以为一切可宁贴无事矣。

九月初四日上谕，调端华补工部尚书，并授步军统领。端华奉命后即与载垣、肃顺面谒太后，自陈“差务暂较繁忙，请将管理处所恳恩酌量改派”，意在自彰勋劳。但太后即准所请，谕曰:“载垣著开銮仪卫事，端华著开步军统领缺，肃顺著开管理理藩院并向导处事务。”外示优礼，实夺兵柄。

太后又暗结醇郡王奕谖，醇王福晋，慈禧妹也，得时入宫。两太后密嘱其传语：令醇王草罪载垣等诏，备到京宣发。醇王草诏后，交其福晋携入宫，慈安藏之衵服中。

九月二十三日，命肃顺、奕谖等护送梓宫回京。两宫及幼帝遵制在大行皇帝梓宫前奠祭后，先行启节，由间道兼程返京。

二十九日未正，太后及幼帝行抵京师德胜门，留京文武官员，皆缟素跪迎道次。两太后及幼帝入城回宫，即时召见恭王密询一切。

三十日，太后又召见恭王及大学士周祖培、贾植，侍郎文祥等。贾、周因恭王讽示而所作之公疏，亦于是日递上，疏指辅政八大臣，“名为佐助，而实则主持”，“为今之计，正宜皇太后敷宫中之德化，操出治之威权，使臣工有所秉承，不居垂帘之虚名，而收听政之实效”。

胜保请太后垂帘听政并简近支亲王辅政之疏，亦于是日递到，略云：

> 载垣、端华等“今竟以之当秉政钜任，揽君国之大权，以臣仆而代纶音，挟至尊以令天下，实无以副寄托之重，而餍四海之心”。“为今之计，非皇太后亲理万机，召对群臣，无以通下情而正国体；非另简近支亲王佐理庶务，尽心匡弼，不足以振纲纪而顺人心”。

太后召见恭王时，并将在热河所草，藏于慈安衵服之谕旨，即时宣布。谕旨历数载垣、端华、肃顺等专擅之实迹，略曰：“总因朕冲龄，皇太后不能深悉国事，任伊等欺蒙，能尽欺天下乎？此皆伊等辜负皇考深恩，若再事姑容，何以仰对在天之灵？又何以服天下公论？载垣、端华、肃顺著即解任，景寿、穆荫、匡源、杜翰、焦佑瀛等著退出军机处。派恭亲王会同大学士、六部、九卿、翰詹、科道，将伊等应得之罪，分别轻重，按律秉公具奏。至皇太后应如何垂帘之仪，一并会议具奏”。

早从吾言何至今日

当太后召见恭王与周祖培等人入朝待命时，载垣、端华亦到，见状，大声言曰:“太后不应召见外臣!”并加拦阻，太后更怒，令恭王传旨，曰:“前因载垣、端华、肃顺等三人种种跋扈不臣，朕于热河行宫，命醇郡王奕谖缮就谕旨，将载垣等三人解任，兹于本日特旨召恭亲王……乃载垣等肆言不应召见外臣，擅行拦阻，其肆无忌惮，何所底止!前旨仅予解任，实不足以蔽辜。著恭亲王……即行传旨，将载垣、端华、肃顺革去爵职拿问，交宗人府会同大学士、九卿、翰詹、科道严行议罪。”

恭王出，以此诏宣示，载垣、端华厉声曰:“我辈未入，诏从何来?”恭王命擒之，复呵曰:“谁敢者!”语未毕，已有侍卫数人前来褫二人冠带，拥出隆宗门，尚顾索肩舆及从人，或告已驱散矣，遂踉跄拥至宗人府幽之。

是日又有旨:“著派睿亲王仁寿，醇郡王奕谖将肃顺即行拿问，押解来京。”十月初一日授恭王为议政王，并领宗人府宗令。

时肃顺护送梓宫，途次密云，逮者至，肃顺咆哮大骂，逮者以械系之，犹骂不止，又见其二妾随行，醇王等复奏上，太后大怒，因再颁谕，略曰:“该革员接奉谕旨之后，咆哮狂肆，目无君上，悖逆情形，实堪发指。且该革员恭送梓宫由热河回京，辄敢私带眷属行走，尤为法纪所不容。……著即派……前往查抄，毋令稍有隐匿。”昔日慈禧于行在需索不遂，微至一饮一食之嫌怨，此仇今日亦报矣。

肃顺械至京，亦系宗人府，见载垣、端华，肃顺怒目叱之曰:“若早从吾言，何至有今日!”两人曰:“事已至此，复何言?”岂肃顺早有去慈禧之计，未得载垣之合作耶?

诸大臣会议载垣、端华、肃顺三人罪名，原拟为应照大逆不道律，凌迟处死。十月初六日上谕:"量从末减，姑于万无可贷之中，免其肆市。载垣、端华均著加恩赐令自尽，即派肃亲王华丰、刑部尚书绵森迅即前往宗人府传旨令其自尽，此为国体起见，非朕之有私于载垣、端华也。至肃顺之悖逆狂谬，较载垣等尤甚，亟应凌迟处死，以申国法而快人心。惟朕心究有所不忍，肃顺著加恩改为斩立决，即派睿亲王仁寿，刑部右侍郎载龄前往监视行刑，以为大逆不道者之戒!"

是日，载垣、端华自缢死，肃顺亦弃市。前人笔记云:"肃顺以科场、户部两案，受害者甚多。都人士闻将杀肃顺，交口称快，其怨家皆驾车载酒，驰赴西市观之。肃顺身肥面白，以大丧故，白袍布靴，反接置牛车上。过骡马市大街，儿童欢呼曰：肃顺亦有今日乎！或拾瓦砾泥土掷之，顷之，面目遂模糊不可辨。将行刑，肃顺肆口大骂，其悖逆之声，皆为人臣子者所不忍闻。又不肯跪，刽子手以大铁柄敲之乃跪，盖两胫已折矣。遂斩之。"（《清宫遗闻》）

至于与肃顺同受赞襄辅政遗命之景寿、匡源、杜翰、焦佑瀛、穆荫，亦有上谕予以处分。谕云:"景寿身为国戚，缄默不言，穆荫、匡源、杜翰、焦佑瀛，于载垣等窃夺政柄，不能力争，均属辜恩溺职。穆荫在军机大臣上行走最久，班次在前，情节尤重。该王大臣等请将景寿、穆荫、匡源、杜翰、焦佑瀛，革职发往新疆，效力赎罪，均属罪有应得。唯以载垣等凶焰方张，受其钳制，均有难于争衡之势，其不能振作，尚有可原。御前大臣景寿，著即革职，加恩仍留公爵并额驸品级，免其发遣。兵部尚书穆荫即革职，加恩改为发往军台，效力赎罪。吏部左侍郎匡源、署礼部右侍郎杜翰、太仆寺卿焦佑瀛，均著即行革职，加恩免其发遣。"

思有以感悟之

这一场夺权斗争，慈禧是胜利了。她与慈安太后于咸丰帝甫崩数日间，虽以礼节细故，微有所争，但在密谋与肃顺等斗争，两人站在一条阵线，合作无间。这里略谈慈安与慈禧的关系，以作本章的结束。

慈安钮祜禄氏，于咸丰二年（1852年）正位中宫，她比慈禧小一岁，夫死时，慈禧二十八岁，慈安仅二十七岁。垂帘以后，一般论评，薛福成《庸庵笔记》以为："当时天下称东宫（慈安）优于德，而大诛赏大举错实主之；西宫（慈禧）优于才，而判阅奏章，裁决庶务，及召对时咨访利弊，悉中核要。东宫见大臣呐呐如无语者，每有奏牍，必西宫为诵而讲之"。

庸庵为清臣，文字自需十分含蓄，不能爽直褒贬，大约慈安秉性老实，忠厚谦退，不如慈禧之机变弄权，所谓两宫垂帘，实则慈禧一人掌政而已。

相传咸丰帝在热河，临危之际，密授朱谕一纸与慈安，谓"某（指慈禧）如恃子为帝，骄纵不法，卿即可按祖宗家法治之"。慈安密藏之。

迄光绪朝，两太后既再垂帘听政，慈禧更纵恣无度，时慈安益倦怠，不多预闻政事。光绪七年（1881年）慈禧忽患疾甚剧，征集中外名医治之，皆无效。其病为流产后血崩，诸医讳忌，不敢明白作此诊断，唯有一医，所投药剂皆产后疏沦补养之品，故奏效如神。

慈禧病愈，慈安知其多失德，思有以感悟之。一夕，置酒宫中，为慈禧病愈庆。

酒既半，慈安屏去左右，殷勤追述咸丰时"北狩"木兰，猝遭大故，肃顺擅权，宫中颠沛艰危之状，及同治时同临朝十余年事，欷歔零涕久之，慈禧亦悲不自胜。

慈安忽慨然曰："吾姊妹今皆老矣，旦夕当归天上，仍侍先帝。吾二人相处二十余年，幸同心，无一语勃谿。第有一物，乃畴昔受之先帝者，今无所用之矣。然恐一旦不讳，失检藏，或为他人所得，且致疑吾二人貌和好而阴妒嫉者，则非特吾二人之遗憾，抑且大负先帝意矣。"

语次，袖出一函，授慈禧，使观之。慈禧启视，色顿变，渐不可抑。函非他，即咸丰帝在热河所付密谕也。

观毕，慈安仍索还，焚于烛上，曰："此纸已无用，焚之大佳，吾今日亦可复命先帝矣。"

是时，慈禧惭愤交并，强为感泣状，慈安百计慰藉之，遂罢酒而散。

越数日，慈安偶因事至慈禧宫，慈禧执礼甚恭，非复曩时之骄纵，慈安阴自喜，以为前日之所为，果有效也。岂知别有意在。二人坐谈时，慈安觉腹中微饥，慈禧令侍者奉饼饵一合进，慈安食而甘之，谓似非御膳房物。慈禧曰："此吾弟妇所馈者，姊喜此，明日当令其再送一份来。"慈安方逊谢辞，慈禧曰："妹家即姊家，请弗以谢字言。"

后一二日，果有饼饵数合进，色味花式，悉如前。慈安取一二枚食之，顿觉不适，然亦无大苦。至戌刻，遽逝矣。年四十有五。

是日晨，慈安尚临朝，召见军机，容貌和怡无疾色。及内廷忽传慈安崩，命枢府诸人速进。抵宫，见慈安已小殓，而慈禧坐矮凳，言"东后向无病，日来未见动静，何忽暴变如此！"诸臣仰慰顿首，出议丧事。曩时清宫后妃薨，即传戚属入内瞻视后小殓，慈安薨，椒房无预其事者。

此一故事，前人笔记述之者甚多，观慈禧个性，非事理之不可无。宫闱事秘，不能征核之流言，往往多于事实，书之以广异闻耳。

第八章 春花秋月

今朝好向郎边去

“春花秋月何时了”，此南唐后主李煜国亡归宋后，怀念故国所作《虞美人》词开端的一句。往事不堪回首，凄怨哀感，抑郁牢骚，此词遂成千古绝唱。

后主的艺术天才及其继室小周后国亡后受辱的故事，已于本书前编，分别在“书画音乐”及“蒙尘屈辱”两章中分别有所谈说。本章在避免重复的先决条件下，以后主的婚姻与爱情生活为中心，再一谈此帝王而为千古不朽词人的故事。因春花秋月，是最宜于谈情言爱的景色，借用为本章标题，虽未必为《虞美人》词之原意，也许不妨断章取义吧？

清画家周兼，工仕女，衣纹清古，设色淡雅，尝作《南唐小周后提鞋图》，画的是后主与小周后在没有正式结缡前偷情密爱的一个镜头。此图今仅见文字记载，是否尚在人间，已不可得知。

后主有《菩萨蛮》词，咏他和小周的风流韵事，图即据词意而写，词云：

花明月黯笼轻雾，今朝好向郎边去。衩袜步香阶，手提金缕鞋。画堂南畔见，一晌偎人颤。奴为出来难，教君恣意怜。

偷偷摸摸，因恐被人听见，手中提鞋，衩袜移步，在花明月黯之夕，到画堂与情郎幽会，故图名“提鞋”。“偎人颤”三字，把紧张心跳的情况，体贴入微，刻画净尽。

后主另一词，亦《调寄菩萨蛮》，据传，写小周昼寝，他潜入闺中情景。词云：

蓬莱院闭天台女，画堂昼寝人无语。抛枕翠云光，绣衣闻异香。潜来珠锁动，惊觉银屏梦。慢脸笑盈盈，相看无限情。

两词温馨旖旎，后主的风流，小周的痴情，跃然纸上，用笔平易率直，而意味无穷。后主是亡国之君，在政治上一无可取，而倚声填词，虽属小技，却不愧南面千古。昔人评此两词曰：“情真景真，与空中语自别。”

后主与小周恋爱，史书记之，为无可置疑的事实。后主词，传于后世者五十余首，历代版本，次第凌乱，治史或诠释者不能考其写作年月，仅就所咏内容，酌定先后。此两阕《菩萨蛮》是否确为小周而作，前人均未提出确凿佐证，然自内容判断，有迹可寻，历来均认舍小周莫属，岂如昔日老吏断狱，所谓“事出有因，查无实据”吧？

后主别有《菩萨蛮》一阕，写少女演奏管乐时的娇媚情态，论者亦以为咏小周之作，云：

铜簧韵脆锵寒竹，新声慢奏移纤玉。眼色暗相钩，秋波横欲流。雨云深绣户，来便谐衷素。宴罢又成空，梦迷春睡中。

其姊昭惠精音律，小周娴乐器，受姊熏陶，当在情理之中。其器铜簧竹管，非箫非笛，其为笙乎？

别有《捣练子》一阕，写少女在恋爱中娇愁善感的情怀，疑亦为小周而作，词云：

> 云鬓乱，晚妆残，带恨眉儿远岫攒。斜托香腮春笋嫩，为谁和泪倚阑干？

清朝贺裳《皱水轩词荃》，谓后主《捣练子》二篇，众刻无异，尝见一旧本，则俱系《鹧鸪天》，二词之前，各多半阕。此篇遗上半阕云："节候虽佳景渐阑，吴绫已暖越裳寒。朱扉日暮随风掩，一树藤花独自看。"下换头，接云鬓乱五句。贺云："增前四语，觉神采加倍。"

小周是后主元配周娥皇之妹，娥皇死后，谥昭惠后，而小周之名已不可考。姊妹两人，为广陵人司徒周宗之女。后主与昭惠结婚是在南唐元宗十二年（954 年），时年十八岁，昭惠比后主长一岁，她是才貌双绝的女子，与后主共度了十年甜蜜的婚后生活，病死于宋太祖乾德二年（964 年），隔了四年，后主正式立小周为后。小周比她姊姊小好多岁，美慧不逊其姊，自幼出入宫掖，很得后主之母圣尊后钟氏的喜爱。昭惠病时，始与后主恋爱，马令《南唐书·继室周后传》云：

> 后主继室周后，昭惠之母弟也。警敏有才思，神采端静。昭惠感疾，后尝出入卧内，而昭惠未之知也。一日，因立帐前，昭惠惊曰："妹在此耶？"后幼未识嫌疑，即以实告曰："既数日矣"。昭惠恶之，返卧不复顾。

向人微露丁香颗

后主与元配昭惠情爱亦笃，昭惠死后，后主伤悼至为沉痛，有若干缠绵悱恻的诗、文、词流传到后世。所撰诔词，把昭惠的仪德才艺，描写得很细腻。

言其美，曰："纤茎挺秀，婉娈开扬。艳不至冶，慧或无伤。"又云："含颦发笑，擢秀腾芳。鬓云留鉴，眼彩飞光。情澜春媚，爱语风香。"写其仪容，更云："烟轻丽服，雪莹修容。纤眉范月，高髻凌风。"

昭惠丰才多艺，尤擅音乐歌舞，诔词云："歌萦柔调，奇器传华。翠虬一举，红袖飞花。……发扬掩抑，纤紧洪奢。穷幽极致，莫得微瑕。审音者抑止，达乐者兴嗟。"

后主有小令《一斛珠》一阕，近人蒋励材作《李后主词传》，以为是写昭惠初婚在宫闱中歌唱的娇憨情态，此词亦见宋欧阳修《醉翁琴趣外篇》。《尊前集》则作后主词，当以后主为是，唯所咏对象，是否昭惠，亦属查无实据的明智臆测，姑从蒋说引之，词云：

> 晚妆初过，沉檀轻注些儿个。向人微露丁香颗，一曲清歌，暂引樱桃破。罗袖裛残殷色可。杯深旋被香醪涴，绣床斜凭娇无那，烂嚼红茸笑向檀郎吐。

昭惠的音乐才艺，不限于歌唱或乐具演奏，且能作曲。毛先舒《南唐拾遗记》云："昭惠后善音律，能为小词，其所用笔曰点青螺。"陆游《南唐书》云："昭惠后好音律，时得新声。"马令《南唐书》亦载："后主常演念家山旧曲，后复作《邀醉舞》、《恨来迟》新破，皆行于时。"

陆游《南唐书》并记有一个颇富风趣的小故事，说昭惠"尝雪夜酣燕，举杯请后主起舞。后主曰：'汝能创为新声则可矣。'后即命笺缀谱，喉无滞音，笔无停思，俄顷谱成，所谓《邀醉舞破》也。又有《恨来迟破》，亦后所制"。

唐开元、天宝间著名的《霓裳曲》，时已失传，后主命昭惠就残缺旧谱，重写新声，诔词有云："霓裳旧曲，韬音沦世。失味齐音，犹伤孔氏。故国遗声，忍乎湮坠？我稽其美，尔扬其秘。程度余律，重新雅制。非子而谁，诚我有类。"

清代顾怀三《补五代史·艺文志》谓:“霓裳谱一卷，南唐后主周后撰。”惜书已不传。

后主的生活，极富艺术意味，而且豪华富丽，尽奢靡享乐的极致。其父元宗于中兴元年（958年）奉周正朔，无帝号。后主婚后，到宋建隆二年（961年）元祖殂，嗣位金陵，遣使如宋，奉朔称号，悉遵周制。南唐国势，早已衰微，不过是偏安苟存的宋朝附庸而已。

然而后主与昭惠，始终沉湎于纸醉金迷的生活中，我们在这里可以旁及他们的奢靡情况。后主曾赋《浣溪沙》一阕，写宫中的狂欢醉舞，词云：

红日已高三丈透，金炉次第添香兽，红锦地衣随步皱。佳人舞点金钗溜，酒恶时捻花蕊嗅，别殿遥闻箫鼓奏。

昔人所焚香料，抟作兽形，故名香兽，放入炉中焚之，香烟霭霭，氤氲满室。南唐宫中所用香料，甚讲究。洪刍《香谱》云:“江南李主帐中香法，用丁香、馢香、沉香、檀香、麝香各一两，甲香三两，细挫，加以鹅梨十枚，研取汁于银器内盛却，蒸三次，梨汁干即用之。”

陶穀《清异录》云:“李煜居长秋，周氏居柔仪殿，有主香宫女。其焚香之器，曰把子莲、三云凤、折腰狮子、小三神山、卍字、金凤口、罌玉，太古容华鼎，凡数十种，皆金玉为之。”

后主爱花，《清异录》云:“每春盛时，梁栋窗壁，柱拱阶砌，并作隔筒，密插杂花，榜曰：锦洞天。”又云:“庐山僧舍有麝囊花一蔟，色正紫，类丁香，号紫风波。江南诏取数十根，植于移风殿，赐名蓬莱紫。”

《五国故事》云:“煜有慧性而尚奢侈。常于宫中以销金红罗幂其壁，以白银钉玳瑁而押之。又以绿钿刷隔眼，糊以红罗，种梅花于其外。又于花间设采画小木亭子，才容二座，煜与爱姬周氏对酌于其中，如是数处。”

晚妆初了明肌雪

后主另一词，《调寄玉楼春》，云：

晚妆初了明肌雪，春殿嫔娥鱼贯列。凤箫吹断水云间，重按霓裳歌偏彻。临春谁更飘香屑，醉拍阑干情味切。归时休照烛花红，待放马蹄清夜月。

嫔娥们晚妆初罢，鱼贯上殿，配合音乐，婆娑起舞，而《霓裳曲》，正是昭惠的“重新雅制”。

这里所谓飘香屑用一“飘”字，则香料不仅用于焚烧，且挫成粉屑飘洒，亦如今日结婚典礼之用五色纸屑向新娘飘洒乎？

南唐宫嫔且有别出心裁的衣饰和化妆。陆游《南唐书》云：“(昭惠后）宠嬖专房，创为高髻纤裳及首翘鬓朵之妆，人皆效之。”《清异录》云：“江南晚季，建阳进茶油花子，大小形制各别，极可爱。宫嫔缕金于面，背以淡妆，以此花饼施于额上，时号北宛妆。”又《宋史》载：“煜妓妾尝染碧，经夕未收，会露下，其色愈鲜明。煜爱之，自是宫中竞收露水染碧以衣之，谓之天水碧。”

昔时妇女，足以纤小为美，然人工加以裹缠，据传始自后主宫中。南宋周密《浩然斋雅谈》，引《道山新闻》云，“李后主宫嫔窅娘，纤丽善舞。后主作金莲，高六尺，饰以宝物，细带缨络，莲中作五色瑞云，命窅娘以帛裹足，令纤小，屈上作新月状。素袜舞花中，回旋有凌波之态。唐镐诗曰：‘莲中花更好，云裹月常新。’人皆效之”。后世形容女子足美，谓之三寸金莲，典即出此。

后主的豪侈，宋代王铚《默记》有故事云，“小说载，江南大将获李后主宠姬，夜见灯，辄闭目，云：烟气。易以蜡烛，亦闭目，云：烟气愈甚。曰：然则宫中未尝点烛耶？云：宫中本阁，每至夜则悬大宝珠，光照一室，如日中也”。

我国传说，珠能发光，今日里巷细民类能言之，所谓夜明珠是也。然究非物理之可能，上一故事，想象成分较多，姑妄言之，亦姑妄听之。

又，宋田况《儒林公议》云：“马亮尚书典金陵，于牙城艮隅，掘地得汞数百斤，鬻之以备供帐。其地乃伪国（南唐）德昌宫遗址，此铅华之灰积也。李氏区区，偏据江南之地，而淫色奢纵如此，欲其国祚之永长，其可得乎？”《方舆胜览》亦云：“本朝修李氏宫，掘地得水银数十斛，宫娥弃粉腻所积也。”

夜长人奈何

后主与昭惠为伉俪，先后仅十年，享尽了人间富贵风流，在昭惠逝世以前，卧病期间，他俩的爱子仲宣因意外而夭亡，仅早昭惠死期一个月。

仲宣为后主幼子，释文莹《玉壶清话》云：“后主煜幼子，宣城郡公仲宣，周后所生。敏慧特异，眉目神采若图画，三岁能诵《孝经》及古杂文。煜置膝上，授之以数万言。闻作乐，尽别其节。”

宋乾德二年（964 年）十月间，“仲宣裁四岁。一日，戏佛像前，有大琉璃灯为猫触堕地，划然有声，仲宣因惊得痫疾”（吴任臣《十国春秋》）。后数日即死，病中的昭惠受不住此一打击，于十一月初二日亦溘然长逝。

马令《南唐书·昭惠后传》云：“后生三子皆秀嶷，其季仲宣，慓宁清峻，后尤钟爱，自鞠视之。后既病，仲宣甫四岁，保育于别院，忽遘暴疾，数日卒。后闻之，哀号颠仆，遂致大渐。后主朝夕视，食、药非亲尝不进，衣不解带者累夕。后病虽亟，爽迈如常。谓后主曰：婢子多幸，托质君门，冒宠乘华，凡十载矣。女子之荣，莫过于此。所不足者，子殇身没，无以报德。遂以元宗所赐琵琶及约臂玉环，亲遗后主。又自为书请薄葬。越三日，沐浴正衣妆，自内含玉，殂于瑶光殿之西室。”

子殇妻殁，后主的哀伤，当可想见。《十国春秋》云：“后主哀苦伤神，扶杖而起。自制诔，刻之石，与后所爱金屑檀槽琵琶同葬。又作书燔之，自称鳏夫煜。其辞数千言，皆极酸楚。”

诔文于篇首已略引述，最后一段，尤沉痛，略云：“岁云暮兮，无相见期。情瞀乱兮，谁将因依？……神之不仁兮，敛怨为德。既取我子兮，又毁我室。……天漫漫兮愁云曀，空暖暖兮愁烟起。娥眉寂寞兮闭佳城，哀寝悲氛兮竟徒尔。”又云：“木交枸兮风索索，鸟相鸣兮飞翼翼。吊孤影兮孰我哀，私自怜兮痛无极。……夜寤皆感兮，何响不哀？穷求弗获兮，此心隳摧。号无声兮何续，神永逝兮长乖。”

后主所作《长相思》及《采桑子》，据说也可能为悼念昭惠之作。

《长相思》云：

云一緺，玉一梭，澹澹衫儿薄薄罗，轻颦双黛螺。秋风多，雨相和，帘外芭蕉三两棵，夜长人奈何！

《采桑子》云：

庭前春逐红英尽，舞态徘徊。细雨霏微，不放双眉时暂开。绿窗冷静芳音断，香印成灰。可奈情怀，欲睡朦胧入梦来。

昭惠死后，隔了四年，宋开宝元年（968 年）九月，立其妹小周为后。夕阳虽好，已近黄昏，仅隔了大约七个年头，开宝八年（975 年）十一月，宋师陷金陵，后主和小周，双双被俘北去。归汴后“天天以眼泪洗面”的亡国生活，本书前编已有陈说，此处不赘。

蒋励材所辑《后主词校注》，以本章开端所涉及的《虞美人》一词，殿于最后，昔人评此词曰：“吐露心中万斛愁恨，令人不堪卒读。”我们也不妨录其全阕，以作结束：

春花秋月何时了？往事知多少。小楼昨夜又东风，故国不堪回首月明中。雕阑玉砌应犹在，只是朱颜改。问君能有几多愁，恰似一江春水向东流。

第九章　蒙古秘史

苍狼与牝鹿

塞外游牧民族，草昧之初，对于他们氏族之由来，往往有鄙俚怪诞，不可思议的传说。入主中原的清爱新觉罗氏，即传说其始祖为天女吞食朱果，受孕而生。

其说略谓，有天女姊妹三人，生于东北海滨的长白山下，长名恩古伦，次名正古伦，幼名佛库伦。一日，三女在山下河中洗浴，头顶飞来三只灵鹊，其中一鹊，吐下一颗朱果，佛库伦接了吞下，就此怀孕，十月后产下一男，名之曰布库里雍顺。到了十多岁，状貌魁梧，颖悟不凡，自念有母无父，当属何族，询其母佛库伦，母告以“爱新觉罗”，子孙即以爱新觉罗为氏。

布库里雍顺传若干代后，有子孙名福满，福满生六子，第四子觉昌安，清室称帝后，尊福满为兴祖，觉昌安为景祖。

无夫吞朱果而孕，这种传说，荒诞不足为信。只因子孙称皇称帝，构造无稽传说，表彰自己氏族来源的不凡，有如中国帝王登基之后，托之符端，以为天命所归，是个“正命天子”。

入主中原的蒙古人，其始祖的来源，据汉文旧译的《元朝秘史》，其说更荒唐，曰：

> 当初元朝人的祖，是天生一个苍色的狼，与一个惨白色的鹿相配了。同渡过腾吉思名字的水，来到斡难名字的河源头，不儿罕名字的山前住，产了一个人，名字唤作巴塔赤罕。

巴塔赤罕据说是元朝开国帝皇铁木真（太祖）成吉思汗的二十五世祖。

狼和鹿交配生人，这当然是荒唐得不可思议的。达尔文物种原始，说人类由动物进化而来，那是经过亿万年的渐变，这种骤变或突变，恐连达尔文也会斥之为无稽笑谈。

《新元史》对此有所纠正，谓蒙古帝系，表其国姓曰：乞颜特·孛儿只斤氏，“乞颜之后，有孛尔帖·赤那，译义为苍狼，其妻曰豁埃·马兰勒，译为惨白牝鹿，皆取物为名。世俗附会，乃谓狼妻牝鹿，诬莫甚矣”。

姚从吾与札奇斯钦两位教授近年新译的《蒙古秘史》（《台湾大学文史哲学报》第9、10、11期），即《元朝秘史》，第一节云：

> 成吉思可汗的祖先，是出自上天眷佑的孛儿帖·赤那（意即苍色的狼），他的妻子豁埃·马兰勒（意即乳白色的鹿）。他们渡过大海远来，在斡难河的源头，不儿罕山扎营盘住下，生了巴塔赤罕。

人类以动物为名，至今尚有这种习惯，如名“虎”、“龙”、“狮”、“麒麟”等，原始初民，可能更普遍。姚氏并作注释云：“一、狼、鹿是草原初民社会的两个图腾。巴塔赤罕是由一个狼图腾的男子与一个鹿图腾的女子配合而生。二、狼鹿生人，也与中原古史传说相似，如姜嫄履大人迹而后生后稷，《史记》与《汉书·高帝本纪》所说，刘媪在大泽与神遇而生高帝等。旧译认为狼鹿生人，正可表示不平凡，因此而有以上的误译。”

笔者虽不懂蒙古语，但可以断定此说是入情合理的。

旧译《元朝秘史》的《蒙古秘史》，旧亦称《元秘史》，蒙音原名为“忙豁仑·纽察·脱察安”，据熟悉蒙语的学者，以为其义应为《蒙古秘史》，故姚教授新译改此名称。

这是记述元太祖以前，以及太祖、太宗（窝阔台汗）两代史事，而以太祖最详，太宗朝仅附带甚少的篇幅。元为塞外民族，做了中原皇帝，在入主中原以前，治史者找不到很多的历史记载，这《蒙古秘史》就成了珍贵资料。清钱大昕云:“元太祖，创业之主也，而史述其事最疏舛，惟秘史叙次，颇得其实。而其文俚鄙，未经词人译润，故知之者鲜，良可惜也。”

然而“知之者鲜”一语，也许在钱氏所处的乾隆时代是如此，在今日看来，知之者甚多，且已成治元史者的必需资料。清同、光间，研究元史之风甚盛，若洪钧、文廷式、沈曾植、李文田等，都是有功于元史考证的学者，《元秘史》的版本自明《永乐大典》本而后，不胜枚举，而注释者亦不在少数。并且到今为止，此书已有德、法、英、日、波斯、俄等外国文字的译本。

《秘史》——法不得传于外

本章拟就《蒙古秘史》所纪，摘取元太祖及太祖以前若干较有趣味的故事，在谈故事之前，先一述此书的来历和渊源。

《秘史》最后一节云：

> 大聚会正在开会的时候，鼠儿年七月，在客鲁伦河的阔额·阿剌勒地面，七孤山，与失勒斤扯克山，两山中间，众宫帐留驻的时候，写毕了。

鼠儿年，究竟是那一年，颇多异说。姚从吾注曰:“这里的鼠儿年，究为哪一年，《秘史》此节说得也不够详细。普遍认为在元太宗检讨即位以来功罪之后，应当就是他死前的一年，庚子，即公元 1240 年。”

上文所说“宫帐”，蒙音为“斡鲁朵思”，据前人释，本义为亭，或帐殿，又为宫卫之名，犹汉语行宫也。此书是扈随可汗驾前的近臣所写，宛如为中国帝王写实录或起居注的史臣，而《秘史》之为蒙古的国史，了无可疑。

此书最早编在明《永乐大典》中，是汉文与蒙文对照本。然史家考定，最初是用“委兀儿”文字所写。委兀儿，即唐之回纥，今日称之为维吾尔。后来再从委兀儿文译成蒙文。

蒙古在原始时代，处在穷荒大漠，原无文字。到太祖灭回族“乃蛮”后，始用委兀儿文字记蒙古语。元太祖四年（1203 年）委兀儿国主降于蒙古，此后委兀儿学者仕于蒙古者甚多，于是委兀儿文字，成为蒙古国书。

蒙古文字的颁行，在元世祖（忽必烈）六年（1269 年），《新元史·世祖本纪》云:“六年二月乙丑，颁新制蒙古字于天下。诏曰：朕惟字以书言，言以纪事，此古今之通制也。我国家创业北方，政尚简古，未遑制作，凡文书皆用汉字及畏兀字，以达本朝之言。今文治寖兴，而字书方阙，其于一代制度，实有未备，特命国师八思巴创为蒙古新字，译为一切文字，期以顺事达言而已。”

《秘史》完成于鼠儿年，太宗十二年（1240 年），前已言之，其时蒙古字尚未颁定，自然是用畏兀文字所写，而执笔者可能是降于蒙古的畏兀学者。颁定蒙文后，这记载列祖列宗事实的国史，亦必转写成蒙文的本子。蒙文是以畏兀文为基础，增损而成，并没有很大差别。日本学者那珂通世云:“借高昌（秃兀古地名）书以制蒙古字云者，借畏兀儿字稍加增损而已，非别作蒙古字也。故元史不称蒙古字，而称畏吾（即委兀）字。又畏吾得直称为国书者，因畏吾字即蒙古字也。”

所谓《秘史》，义即为宫廷庋藏的秘密国史，所以此书在元代定鼎中原之后，并没有公开发行，也没有译成汉文。推想其故，《秘史》所记，既为草昧初期的实事，而游牧民族的习俗，尤其男女关系，以中国礼教言，很多是干名犯义，或且有欠光荣堂皇。当时你征我战，往往把妇女视为战利品，抢来夺去，不足为奇。如太祖成吉思汗之妻孛儿帖曾被蔑儿乞惕人抢去辱污，后虽夺回，而太祖长子拙赤（《元史》作术赤），却是蔑儿乞惕人下的种子，诸如此类的事情岂便公开？

到元明宗时，有人提议修祖宗实录，《元史·虞集传》云："明宗时，以累朝故事，有未备者，请以翰林国史院修祖宗实录，以百司所具事实参订。翰林院臣言于帝曰：实录，法不得传于外，则事实亦不当示人。又请以国书脱必赤颜（国史）增修太祖以来事实，承旨塔失海牙曰，脱必赤颜，非可令外人见者。遂皆已。"

《秘史》以事实不当示人，故元代并不公开发行。然其一部分资料，以不当示人的事实，加以隐讳，另行编纂，自元代流传到后世的则有《圣武亲征录》、《圣武开天记》等，所用书名也是十分冠冕堂皇，无愧皇家气派了。

《秘史》之汉译，始于明太祖洪武十五年（1382 年）。清丁谦《元秘史·凡例》云："明初修史诸公，不见此书，则亦有故。以此书至洪武十五年，始由内府发出，命人翻译，知前此尚无传本也。"

同年，明太祖曾命翰林侍讲火原洁与编修马懿亦黑等编华夷译语。两人都是通畏兀及蒙古语文之人。故《秘史》译事，很可能也命这批人执笔。

阿兰娘娘折箭训子

游牧时期的蒙古人，劫夺妇女为妻室，并不为奇。直到若干部族拥护铁木真为可汗，效忠者之中的阿勒坛，忽察儿和撒察别乞还对铁木真这样说：

大家请你做可汗。铁木真你若做可汗啊，大敌当前，我们愿做先锋冲上去。掳得颜色好的美女子、贵妇人、宫室、房舍，送给你。把外邦百姓中，聪明美丽的可敦（后妃），臀部丰满的骏马，俘虏来，点数着献给你。”（姚译《蒙古秘史》第123节。以下引《秘史》者，均采姚译，不另注明。）

元朝皇室的远祖朵奔·蔑儿干（蔑儿干义为善射者），他的夫人阿兰娘娘，在元朝历史上极为著名，名阿兰·豁阿（豁阿义为美人）。其婚姻虽非抢夺，然以偶然的机缘，朵奔得了阿兰，经过也十分怪异。《秘史》第五至第九节记其事。

阿兰的父亲是某一部族的部长，正在举族迁徙途中，那一天，朵奔·蔑儿干恰好和他哥哥都蛙·锁豁儿一同上不儿罕山，走到山顶，他遥见一群百姓正沿着统格黎小河挪动前进。因说：“那些百姓中，一辆黑篷车的前面，有一个好看的女子，若是不曾嫁人啊，就索来给你朵奔·蔑儿干做媳妇。”且教朵奔·蔑儿干下山去看一看。

朵奔·蔑儿干去到那些百姓群里一看，果真有一个美丽好看、大有名气的女子，名叫阿兰·豁阿，而且还没有嫁人。双方交涉之后，阿兰即嫁给了朵奔为妻。

阿兰嫁后，与朵奔生了两个儿子，一名不古讷台，另一名别勒古讷台。朵奔不久死了，阿兰寡居，虽无丈夫，却又生了三个儿子，一个名不忽·合塔吉，一个名叫不合秃·撒勒只，一个名叫孛端察儿·蒙合黑。

“蒙合黑”义为傻子，故又叫傻子孛端察儿，成吉思汗之族，即来自孛端察儿的一系，《元史·太祖本纪》中所说元朝始祖孛端义儿，即其人。

母亲无夫生子，老二别勒古讷台，就和哥哥不古讷台在母亲背后有了议论：“咱们这位母亲，既没有兄弟一辈的亲人，又没有了丈夫，但又生三个儿子。家里独有马阿里黑·伯牙兀歹这个人，这三个儿子莫非是他生的。”

母亲觉察了他们的怀疑，春季有一天，她煮了些腊羊肉，叫五个儿子坐成一排来吃肉。吃完了，每人给了一支箭杆，说："把它折断"。五人不很费力的把各人手中的箭折断，丢在地上。母亲又把五支箭捆在一起，交给他们说："折断这个"。五人把五支捆在一起的箭杆，轮流用力折，但谁都没有折断。

于是母亲说：

> 别勒古讷台、不古讷台，我的两个儿子啊，你们疑惑并议论我生的三个儿子，是什么人的儿子？你们疑惑的也是。你们尚不知道呢，每天夜里有一位金色神人，借着天窗和门额上的天光，进入帐内，抚摸我的肚皮，光明渗透了我的腹中。出去的时候，借着日月的光，俨若黄狗一般，冉冉升腾飘着出去。你们休要造次乱说。这样看来，显然是上天的子息，不可比作凡夫俗子。久后他们做了万民的可汗，到那时，黑骨头的凡人，才能理会呢？

蒙古以白色为圣洁，故称平民为黑骨头，却和中原地区古代称人民为"黔首"，成了巧合。

阿兰娘娘接着又说道："你们五个儿子，都是我一个肚皮里出来的。你们五人恰如方才的五支箭杆一般，如果一一孤立，无论那一支，无论什么人，都是容易折断的，如果像那一捆箭杆一样，同心一体，谁也不会奈何你们。"

姚从吾教授说：阿兰娘娘折箭训子，富有垂训的意义，然据他考证，实由来已久。他说："实在说起来，折箭训子是我国东北游牧民族，在历史上的一种美谈，起源应当甚早。不但不始于阿兰娘娘，更不创始于蒙古民族。此一富有历史性的游牧社会训子的故事，首见《魏书·吐谷浑传》。"姚氏引《魏书》鲜卑吐谷浑酋长阿豺临死折箭训其子弟的故事，其用意也借折箭喻团结，阿豺所说的话，大体无异于阿兰之训。

抢来已婚之妇

成吉思汗（太祖）的母亲诃额仑太后（即《元史·太祖纪》的宣懿月伦太后），是他父亲也速该从别族抢来的已婚之妇，《秘史》第五十四至五十六节记其事，略云：

那时候，也速该勇士（太祖之父）正在斡难河放鹰猎鸟。飞放间，遇见了蔑儿乞惕族的也客·赤列都，正从斡忽讷惕族中迎娶了一个女子回来。也速该注目一看，这女子实在是特别美丽的贵夫人。随即转回家去，引着他哥哥捏伸，弟弟塔里台·斡惕赤斤一同赶上去。

一见他们来到，也客·赤列都就害怕起来。他正骑着一匹黄快马，便即打着马腿，越过山冈，想要躲避。三人从后面跟着赶来。赤列都又拐过山嘴，再回转到自己车子跟前。车上的诃额仑兀真（兀真义即汉语的夫人），对她丈夫说，“你觉得了么？那三个人的颜色好生不善，看样子将要伤害你的性命。每辆车子的前沿都有好女子，每辆黑篷车内都有贵妇人。你若有性命啊，似我这般的妇人有的是。你若想我，再娶的妇人，就唤做诃额仑。你快逃命，闻着我的香味逃走”。说着就脱下自己的衫儿给他。他刚从马上探身接过，那三人已拐过山嘴追到了。赤列都赶紧打着黄快马的后腿，急急忙忙，逆着斡难河逃走。

三人从后面追赶，一直越过七个山冈，赶不上，才又转回来。也速该裹了诃额仑兀真，牵着车子的缰绳。哥哥捏伸在前引路，弟弟塔里台·斡惕赤斤帮着车辕，把这妇人领回去。

诃额仑兀真说:“我的哥哥（丈夫）赤列都，迎着风，脖揪（蒙文鬓发之义）不曾让刮了，旷野跑，肚皮不曾叫饿了？现在不知怎样呢？好像两个练椎（蒙古妇女垂于胸前的发辫），一个打着我的背脊，一个打着我的胸怀，一个向后，一个向前，如今叫我怎么办？”说着大声哭起来，哭得斡难河的水都激起波浪，山谷中的林木都震动出声音。

塔里台·斡惕赤斤在旁劝她说，“你所搂抱的人，已过了不少山岭，渡过不少河川，即使大声呼喊，他也不能再回头看你。如要追寻踪迹，再也找不出他的路径。住声罢，不要哭了”。说着劝着，也速该便把诃额仑领到自己家里。

诃额仑生了成吉思汗，名铁木真，在他十三岁的时候，父亲也速该，被塔塔儿人暗算毒害，遗下寡妻和几个儿子。母子被强族泰亦赤兀惕人所遗弃，流落斡难河畔。母亲扶养诸子，生活十分艰苦。《秘史》略云：

泰亦赤兀惕的兄弟们，将寡妇诃额仑夫人和幼小的儿子们撇下，拔队他徙以后，诃额仑夫人好生能干，束紧固姑冠，系着短上衣，沿着斡难河上下奔跑，拣拾野果抚养诸子，获得温饱。有胆有识的母亲夫人，拿着杉木叉子，沿河剜红蒿、野葱，养育了有福的儿子们，使他们成人。母亲拿野蒜、野韭菜扶养儿子们，终于成为受人爱戴的可汗。

美丽聪慧的诃额仑夫人，用韭菜、野葱抚养长大的儿子们，都成了不知畏缩的好汉，既到臂力过人的时候，都是斗志高昂，敢作敢为。他们相互说，“要努力奉养母亲”。整治钓竿去钓鱼，用火烧弯了针，当作钓钩去钓细鳞白鱼和鲹条鱼，用结成的网去捞小鱼和大鱼，如此奉养他们的母亲。

这几个儿子，并非都是诃额仑所生，其中有异母弟兄，大家秉性刚烈，就不免互相争吵。有一天，铁木真与哈撒儿两兄弟，同异母兄弟别克帖儿、别勒古台在河边执竿钓鱼，铁木真与哈撒儿钓到一尾金色小鱼，被另外两个异母兄弟抢夺了去。铁木真回家向母亲诉说，母亲劝他们说：“你们不要不和顺，要知道除影子以外，没有伴当，除尾巴以外，没有鞭子。泰亦赤兀惕兄弟们加给我们的痛苦怎样报？”又叮咛着说：“你们可不要像从前阿兰娘娘的五个儿子那样不和顺，你们千万不要那样做！”

可是铁木真和哈撒儿不服气，到外面把异母兄弟别克帖儿射死了。

铁木真杀弟之后，诃额仑大怒，严词训责。她的话，所谓斡难河训子，极负盛名，《秘史》略云：

一进家门，母亲看见两个儿子的脸色就知道了。说道："祸害！你（指铁木真）从我怀里一生出来的时候，手里就握着一个黑血块。你这个像咬自己胞衣的猛犬。你们像向山崖硬冲的猛兽，像忍不得愤怒的狮子，又如吞活物的巨蟒一般。……你们这些祸患……泰亦赤兀惕兄弟们的苦受不得，仇怎生去报？你们想想，怎生过活，又这样的做！"

篾儿乞惕人带来的

成吉思汗（铁木真）的父亲从篾儿乞惕族人那里夺得了诃额仑夫人，于是两族结下深仇。到后来，成吉思汗娶了孛儿帖夫人，事隔多年，蔑儿乞惕族大兴报仇之师。

那是黎明之前的一次突袭，铁木真一家分别骑马逃走。孛儿帖夫人无马可骑，有一个老妈妈豁阿黑臣把孛儿帖藏在装羊毛的牛车里，逆着腾格里小河前行。这时天将亮，迎面来了篾儿乞惕族的几名军人，即问："你是什么人？"

老妈妈答道："我是铁木真家里的人，给他家出去剪羊毛，现在事毕回家。"那些人又问："铁木真在家不在？离这里多远？"老妈妈说："家啊，倒离此不远。可是不知道铁木真在家不在家。我起身后，是从后边出来的。"

军人们随即策马走开。老妈妈打着拖车的牛，想赶速前进，车轴突然折断，想跑进树林去躲藏，不料又来了几个骑马的军人。问道："这车里载的是什么？"老妈妈答道："载的是羊毛。"

军人中一个年纪较长的说："弟兄们，下马去看看！"弟兄们下马，把车门拉开，看见里面坐着一位如花似玉的贵妇人，就把她从车子里拖下来，这正是铁木真的夫人孛儿帖。军人们教老妈妈和孛儿帖叠骑一马，驮着走。他们依着草上的痕迹，向不儿罕山追寻铁木真去了。

军人们绕着不儿罕山，找寻三遍，都未搜得。那些篾儿乞惕人说："我们为着报抢夺诃额仑的仇而来，如今已掳获了他们的妇人，我们的仇已经报了。”于是纷纷退去。

后来铁木真联络了别的部族，战胜并消灭了篾儿乞惕族，把他们的房子推倒，好妇人加以掳掠，而孛儿帖夫人也回家重新团聚。

但孛儿帖夫人肚子里却带了篾儿乞惕人的种子，《秘史》在叙述此事的时候，没有明言。但到后面的第二百五十四节却透露了，其时成吉思汗考虑到立储问题，先征询几个儿子的意见，他先问拙赤：

> 我的儿子中，你是最长的。你有话吗？

《秘史》云：拙赤还没有回答。另一个儿子察阿歹（《元史》作察合台）抢着说道：

> 父亲问拙赤，莫不是要付托他？他是篾儿乞惕人带来的，俺如何教他管！

据姚教授的注，“带来的”一词，德国元史专家海尼士译作“Bastards der Merkit”，意即“篾儿乞惕人的杂种”。

附录

元太祖长子拙赤并非篾儿乞惕人所下的种子

宋 杰

拜读朴人先生大作《帝王生活·蒙古秘史》一文，内有“如太祖成吉思汗之妻孛儿帖曾被篾儿乞惕人抢去辱污，后虽夺回，而太祖长子拙赤，却是篾儿乞惕人下的种子……”文中又云：“但孛儿帖夫人肚子里却带来了篾儿乞惕的种子”，又称：“据姚教授注，‘带来的’一词，德国元史专家海尼士译作‘Bastards der Merkit’，意即‘篾儿乞惕人的杂种’”。查日本名注疏家那珂通世博士所著《成吉思汗实录》内第402页有关拙赤出生考证称:“拙赤（《亲征录》、《元史》均称术赤）出生时的事，《秘史》虽未载明，唯孛儿帖兀真之被篾儿乞惕所掠，系乘太祖与王罕及札木合等三人征伐之时，逃离篾儿乞惕后所生之缘故，因而取名拙赤。拙赤一词系蒙古语谓‘客’之意。”又那氏引证我国元秘史注疏家洪钧之《术赤补传》中，曾依据另一元秘史注疏家剌失惕额丁Rashid Eddin（元定宗二年，1247年，生于哈马丹Hamadan，以医术任职于“合赞汗”，旭烈兀的曾孙，至成宗之大德二年，1298年位任尚书，继于“斡勒斋秃汗”——合赞之弟——时亦任其职。）曾奉“合赞”之命集录蒙古史，于大德十一年，1307年著书完成，书名《札米兀惕帖伐哩黑》Kami ut Tevarik，其意即蒙古集史），及阿不勒噶资Abu L’Guazi Buhadour Khan,Shadjaredi Turk等考证称:“孛儿台有姊为汪罕妃，烈祖又尝有德于汪罕，故闻太祖之诉，即胁蔑儿，归孛儿台。未被掠时，孕已数月，此在归途术赤生。仓促无襁儿具，乃团面如篮形，置于骑以载归。太祖喜曰：‘此不速之客也’，故名曰术赤”。由于上述国内外各元秘史注疏专家之考证，可知孛儿帖兀真系于未被掳前数月即已怀孕，当非所谓“带来蔑见乞惕人的种子”，更难谓为“杂种”。此说应具相当权威性，似不容置疑。至朴人先生引述有关拙赤身世，颇需商榷，恐系各种语文辗转翻译，以讹传讹，致与事实恐有出入之处。兹特举述那珂通世博士等有关考证，以就教于朴人先生，并供读者及专家参考，敬请赐予披露，为感。

朴人按：元朝初期史事，因记载不多，语文隔阂，历来叙述，每多疏舛，而诠释者莫衷一是之说法甚多。本章所述，均以《蒙古秘史》为本，文中已有声明，而“篾儿乞惕人带来的”一语，亦引自姚译《蒙古秘史》，为太祖另一子察阿歹向其父所说。旧译《元朝秘史》（商务人人文库本第164页），译文亦同。因宋杰先生指教盛意，且考证博赡，另有一说，特刊为附录，以供读者参考焉。

第十章　四季游猎

春水猎鹅

近代发现的殷墟甲骨，其中不少骨片，留有殷王狩猎的记载，文字虽简单，但载明狩猎日期，猎获兽名，可见三千年前的我国帝王，即有兴与狩猎，刻骨记载，更是重视这种活动。

读司马相如《上林赋》、扬雄《羽猎赋》，则知我国汉代帝王，畋猎的规模亦盛，古风未泯。畋猎不仅遣兴消闲，实是有益身体的运动。汉而后，唯有入主中原的塞外民族帝王，对畋猎视为每年常例，辽、金之“春水秋山，夏冬捺钵”（亦作剌钵），元代“四季行营”的狩猎制度，清之“秋狝行围”。这几朝的外族帝王，他们起源于塞外游牧民族，故保留了此一习惯，而后世的汉族帝王却视狩猎为野蛮鄙事，垂拱不下堂，不习劳动，也许成其体魄衰颓的原因之一。

清代的秋狝行围，本书前编，已有谈述，此章请言辽、金、元三朝帝王的游猎生活。

辽为契丹族，部族之长耶律阿保机于我国后梁末帝贞明二年（916年）称帝建元，传八世九主，到宋徽宗宣和七年（1125年）为金人所灭。其疆域据《辽史·地理志》:“东至海，西至金山（阿尔泰山），暨于流沙（甘肃、新疆的沙漠），北至胪朐河（克鲁伦河），南至白沟。”它是割据北方的一个王朝。

契丹西译为 Khitan，又转音为 Cathay。因辽亡后，有契丹族人耶律大石，在中土不能立足，率师西侵，逾葱岭，一直到中央亚细亚及波斯南境，建号称帝，史称西辽。他是元朝成吉思汗之前，东方人西侵的前驱。西方人震于契丹的兵势，遂称中国为 Cathay。近年或将 Cathay 一字，音译为“国泰”，粗看似若雅驯，然稍稍留心中国历史的人，就知道以 Cathay 称中国，实有未妥，而中国人尤其不宜自称 Cathay。这是题外的话，因说辽代故事，附带及之。

辽以地理环境及民族习性，人民以畋猎畜牧为生，帝王亦有定期的游猎。上文所说的“春水秋山，夏冬捺钵”，这几个契丹名词，一直沿用到金代王朝，宜先作解释。

“春水”是春天到水边用海东青（鹰名）猎取天鹅，“秋山”则秋天到山中猎鹿及其他野兽。“捺钵”意为契丹帝王巡幸游猎时的行宫。《辽史·营卫志》云:“居有宫卫，谓之斡鲁朵；出有行营，谓之捺钵。”又云:“秋冬违寒，春夏避暑，随水草，就畋渔，四时各有行在之所，谓之捺钵。”

大约冬夏的捺钵多以违寒避暑为主，间亦狩猎，而畋猎则多在春水秋山，畋猎时的行宫，亦名捺钵，故有四季捺钵之称。

宋徐梦莘《三朝北盟会编》云:“辽主岁入秋山，女真常从。呼鹿、射虎、搏熊皆其职也。”女真指金人，在没有灭辽而自建王朝以前，其重要人物仕于辽，故辽之秋山，有女真人从之。《辽史·天祚帝纪》云:“吴乞买、粘罕、胡金等皆从（帝）猎，能呼鹿、刺虎、搏熊。”

其后金灭辽自立后，不仅四时游猎仿自辽制，连春水秋山及捺钵等名称也一并承袭。《中兴小记》载金天眷二年（宋绍兴九年，1139年）十一月之事云:“金主亶谕其政省：今后四时游猎，春水秋山，夏冬捺钵，皆循辽人故事。”捺钵者，契丹语行在之意。然契丹先世，虽然游猎，未尝立四时定制。自中兴讲好之后，复并诸蕃，境内无事，始于每岁春水猎鹅，秋山射鹿。

春水猎鹅之制，辽金几乎完全一样，《辽史·营卫志》云:“春捺钵曰鸭子河泺（混同江相连的湖泊），皇帝正月上旬起牙帐，约六十日方至，天鹅未至，卓帐冰上，凿冰取鱼。冰泮（溶散之义），乃纵鹰鹘捕鹅雁，晨出暮归，从事弋猎，鸭子河泺东西二十里，南北三十里，在长春州东北三十五里，四面皆沙埚，多榆柳杏林。皇帝每至，侍御皆服墨绿色衣，各备连锤一柄，鹰食一器，刺鹅椎一枚，于泺四周，相去各五七步排立。皇帝冠巾衣时服，系玉束带。于上风望之，有鹅之处举旗，探骑驰报，远泊鸣鼓，鹅惊腾起，左右围骑皆举帜麾之。五坊擎进海东青鹘，拜授皇帝放之。鹘擒鹅坠。排立近者，举椎刺鹅，取脑以饲鹘。皇帝得头鹅荐庙，群臣各显酒果，举乐更相酬酢致贺，皆插鹅毛于首以为乐。”

凿冰钩鱼和飞放

金帝春水猎鹅，大体几与辽代完全相同，金赵秉文《滏水集》有《春水行》诗，描写金帝的春捺钵，纵鹰猎鹅，略云：“光春宫外春水生，駕鹅飞下寒犹轻。绿衣探使一鞭信，春风写入鸣鞘声。龙旗晓日迎天仗，小队长围圆月样。忽闻叠鼓一声飞，轻纹触破桃花浪。内家最爱海东青，锦鞲制臂翻青冥。晴空一声雪花堕，连延十里风毛腥。初得头鹅夸得隽，一骑星驰荐陵寝。欢声沸入万年觞，琼毛散入千宫鬓。……”

劳延煊近年发表专文，言金帝游猎生活，于春水畋猎，有言简意赅的叙述，略云：

> 金帝在每年正月或二月，有春水之行。春水目的，是以海东青猎野鹅。先由探使觅得天鹅踪迹，驰回报信，皇帝得信后，便与臣属们浩浩荡荡赶往猎捕。捕捉时由穿绿衣的围鹅夫击鼓使鹅惊起，然后放海东青击鹅，鹅力不胜，与海东青同堕地上，围鹅夫便趋前捕之。获得第一只鹅（头鹅）后，要派人送到山陵祭奠祖先。群臣于猎得天鹅后齐呼万岁，插鹅毛于首，以示庆祝。

上文引《辽史》谓于猎之前，先作凿冰取鱼之举，金代亦有之。宋程大昌《演繁露》述辽人凿冰钩鱼，云："达鲁河（即长春河）钩牛鱼，虏（契丹）中盛典也。意慕中国赏花钓鱼，然非钓也，钩也。其钩是鱼也，虏主与其母皆设帐冰上，预开冰窍四，各为冰眼。中眼透水，旁三眼环之，不透，第凿减令薄而已。薄者，所以候鱼，而透者，将以施钩也。鱼虽水中之物，若久闭于水，遇可透气之处，亦伸首吐气。故透冰一眼，必可以致鱼。而薄冰者，将以伺视也。鱼之将至，伺者即已透眼中用绳钩掷之，无不中者。"

宋人亦有记载，言及金帝钩牛鱼赐使臣事。宋周必大《二老堂杂志》云，"王十朋望见周麟之枢密，呼为鱼头公，问其故，云：前岁为大金谢史，虏主喜之，享以所钩牛鱼，非旧例也。枢公糟其首献于朝，故有此号。虏中甚贵此鱼，一尾值与牛同"。

降及元代，海东青搏击天鹅，也是帝王春猎大典，名曰飞放。养鹰且有专人执掌，《元史·兵志》略云：

> 国制自御位及诸王皆有"昔宝赤"，盖鹰人也。及一天下，又设捕猎户，俾致鲜食以荐宗庙，供天庖。冬春之交，天子或亲临近郊，纵鹰搏击，以为游豫之度，曰飞放。

又《经世大典序录》曰：昔宝赤，鹰房之执役者。每岁以所养海青有获头鹅者，赏黄金一锭。头鹅，天鹅也，以首得而又重过三十余斤，以进御膳。

明《永乐大典》，收集有元帝室饲养鹰鹘口粮的资料，云："(世祖)至元八年（1270年）八月，中书省定例合喂鹰食，海青兔鹘早食二两，后晌三两。鹰并牙鹘早食一两，后晌二两。皂雁北海青等斟酌稍多，应付食用新肉，加无鲜牛肉，杂与鸡猪"。

《马可波罗游记》有元世祖（忽必烈）春猎记载，兹节略译文如次：

皇帝坐在木板做成的轿子里，由四匹象驮着。轿子内部饰有打击而成的金片，外边蒙着狮子皮，（因他患有风湿症）他在飞放途中总是这样的。他总是在他身边带着一打最优的鹰，他的护卫骑马随在左右。他们在旅程中，皇帝与护卫们谈着话。有时护卫之一便叫着说：陛下，看那些老鹳！于是皇帝命将象轿的顶打开，把一只鹰放出去，这些猎物大都落在皇帝视线所及的范围内。

他一直走到一个叫卡察摩屯的地方才停止前进。在那里，他和他嫔妃、皇子及护卫的帐幕都已支起来了。大约有一万个左右。

皇帝春季住在那里不做别的事，只是在那些充满了雉和野鹅的河、湖及平原上飞放。到了五月中旬，他才和随从们回到汗巴里克去，但在途中仍以行猎飞放为娱乐。

秋山哨鹿与打围

辽代秋山狩猎，以鹿及虎为目标，《辽史·营卫志》“秋捺钵”条云：“秋捺钵曰伏虎林，七月中旬自纳凉处起牙帐，入山射鹿及虎。林在永州西北五十里，尝有虎踞林伤害居民畜牧，景宗领数骑猎马。虎伏草际，战栗不敢仰视，上舍之，因号伏虎林。……每岁车驾至，皇族而下，分布滦水侧，伺夜将半，鹿饮盐水，令猎人吹角效鹿鸣，既集而射之，谓之舐盐鹿，又名呼鹿。”

呼鹿技术，为金以至后来的清代帝王所沿用。徐梦莘《三朝北盟会编》，言金人射鹿技术，云：“精射猎，每见巧兽之踪，能蹑而追之，得其潜伏之所。以桦皮为角，吹作呦呦之声，呼麋鹿而射之。”清代称呼鹿为哨鹿，清人吴振棫《养吉斋丛录》云：“哨鹿者，秋分前后昧爽时，戴鹿首伏林罊中，以哨致鹿。哨以木为之，引吻达气，低昂应声，鹿即随至。”

猎鹿用哨，金及清皆仿自辽，不过技术则愈到后来似乎愈为精进。

《金史》历代帝王本纪多有秋山猎鹿的记载，如章宗明昌五年(1194年)，帝“七月戊辰猎于豁赤火，一发贯双鹿，是日获鹿二百二十二”。狩猎所获，也有其他野兽，如章宗于同年七月辛巳，“是日上亲射，获黄羊四百七十一”。又，《徒单公弼传》:“章宗秋山射中虎”。

到了元代，元帝秋猎，事前先筑围场，使兽无他逸，故又名打围。宋人彭大雅《黑鞑事略》云:“凡主打围，必大会众挑土以为坑，插木以为表，维以毳索，系以毡羽，犹汉兔罝之制，绵亘一二百里间，风扬羽飞，则兽皆惊骇而不敢奔逸，然后蹙围击焉。”

冯承钧译多桑《蒙古史略》云:“蒙古人之围猎有类出兵，先遣人往探野兽是否繁众，得报后即命周围一月程内驻屯之部落，于每十人中签发若干人，设围驱兽，进向所指之地。”

“其始也猎围甚广，嗣后士卒摩肩而进，猎围逐渐缩小。至所指之地，止于周围二三程之猎围，以绳悬毡结围以限之。汗（太祖）先偕其妻妾从者入围，射取不可以数计之种种禽兽为乐。”

元代帝王行猎之兽，总类较多，不限鹿与虎也。且畜有驯豹，猎时纵以搏兽，耶律楚材自注其《扈从冬狩之诗》云，“御阑有驯豹，纵之以搏野兽”。《马可·波罗游记》亦曰，“可汗有若干受过训练的豹，以为捕兽之用”。

明《永乐大典》所收资料，言元代饲豹的肉食之量，云：

(成宗）大德六年（1302年)，户部据大都运司申，旧例豹子每一个日支羊肉七斤，大土豹净羊肉四斤，土豹净羊肉三斤。

四季捺钵的地点

上文已述辽代春水的地点，多在长春州东北的鸭子河湾，至夏季捺钵，据《辽史·营卫志》，初无定所，但多在庆州（今内蒙古林西县)

东北三百里的吐儿山。四月中旬自春捺钵起牙帐，游牧至五月末旬，六月上旬至。在吐儿山约居五旬，七月中旬乃去。秋捺钵一名秋山，多在永州之伏虎林，七月中旬自纳凉处起牙帐，入山射鹿及虎，至一月，复回冬捺钵。辽代的冬捺钵经常多在大叶山南面的广平淀（从姚从吾说）。

元人张德辉之《岭北纪行》，言游牧民族一年转徙式的流动生活曰："大率遇夏则就高寒之地，至冬则趋阳暖薪水易得之处以避之。过此以往，则今日行，而明日留，逐水草，便畜牧而已，此风土之所宜，习俗之大略也"。民间如此，故帝王亦有四季捺钵，而在转徙之时，利用地理环境，以事畋猎，不仅辽为然，金元亦不例外。

金代最初都于会宁府，称上都，其地在今吉林阿城县，其后金主亮迁都于燕京，称中都。到了夺得北宋的汴京之后，又南迁至汴。因为都城迁移，故金帝四季捺钵的地点亦随之变动。

在上都时期，太祖、太宗朝游猎，似少固定地点，到熙宗朝则较明确可考。

熙宗的春水捺钵，有三处：一为松花江东岸伯都讷附近的爻刺，熙宗在其地建有"天开殿"行宫；二为济州春水，济州又名隆安，在今吉林伊通河流域的农安境；三曰百泊河春水，河在会宁府与东京（辽宁辽阳）之间，论者以为大约是混同江，亦即今松花江的上游。

熙宗秋猎和冬捺钵，很难找出明确的固定地点，唯《金史》本纪云，皇统四年（1144年）九月"乙酉，上如东京，壬子畋于沙河射虎"。冬腊，《金史》则有皇统二年（1142年）十二月猎于"核耶呆米路"，皇统九年（1149年）十一月猎于"忽刺浑土温"等记载，但这两个地方，属于何州何府县，则无法考定。

夏捺钵则在"撒里乃地"，这本是辽代的避夏之处，在临潢府，在今热河林东县附近。

金主亮弑熙宗自立，数年后迁都燕京，春季游猎的地点，大多在燕京四周二百里范围以外，如现在河北高阳县的安州，今北京顺义县的顺川，并在今滦县附近之石城，建有长春宫。到后来的章宗，于遂州建有光春宫，大兴建有建春宫。

避暑地最著名者为“金莲川”，金章宗之前的世宗，史籍有甚多到金莲川夏捺钵记载。此地本为辽代清暑之地，在今张北县境，独石口之北，章宗时，并于附近建筑了泰和宫。秋猎大概也在此处数十或数百里的山中。

元代最初以和林为首都，又称喀喇和林，在今库伦西南，后来随统治地区的扩大，以今内蒙古之多伦为上都，以北京为大都。游猎地点，大率以都城为中心，如太祖时代为克鲁伦河（又名胪朐河）上游，太宗时代为和林北方的“揭揭察哈”。

上都确立之后，往往以之为消夏地，元朝历代帝王每年必往还于上都及大都之间。据劳延煊考《元史本纪》，有如下的综合说明：

> 世祖时代总是在每年二月往上都避暑，也有三月始赴上都的，但次数不及二月为多。八月、九月或十月回大都。成宗时情形和世祖时相似。武宗时往上都的日期固定在三月，回大都的日期固定在九月。仁宗于每年三月或四月至上都，八月或九月回大都。文宗则于每年五月始往上都，七月或八月回大都，所以在上都的时间比其他诸帝为短。到顺帝时，多于四月间往上都，约在九月才回大都。

上都附近有“凉亭”三处，《读史方舆纪要》云，东西二凉亭在上都之南，北凉亭在上都之北，凉亭为夏季行宫，《元史·赵世延传》云：“帝（英宗）猎北凉亭”，则凉亭不仅是避暑之用，其附近且为夏季狩猎之地。

穹庐毡帐

元代帝王游猎，行止之地，往往临时支立“行帐”，蒙古亦称之为“斡鲁朵”，其构造极为富丽，南宋奉使元廷的彭大雅，所撰《黑鞑事略》，有蒙古行帐的记载，所述为元太宗时事，引之如次：

其居穹庐（原注，即毡帐），无城壁栋宇，迁就水草无常。鞑主徙帐以从校猎。凡伪官属从行曰起营，牛马橐驼以挽其车，车上室可坐可卧，谓之帐舆。舆之四角，或植以杖，或交以板。凡鞑主猎帐所在皆曰窝里陀（斡鲁朵）。

稍缓数年南宋使元的徐霆，对蒙古所谓金帐亦有描写，其言曰："草地中大毡帐，上下用毡为衣，中间用柳编为窗眼透明，用千余条索拽住。阈与柱皆以金裹，故名。中可容数百人。鞑主帐中所用胡床，如禅寺讲座，亦饰以金"。又云："穹庐有二样，京师之制用柳木为骨，正如南方罣罳，可以卷纾，面前开门，上如伞骨，顶开一窍，谓之天窗。皆以毡为衣，马上可载。草地之制，以柳木织成硬圈，用毡挞定，不可卷舒。车上载行，水草尽则移，初无定日。"

元世祖时来华的意大利人马可·波罗，其游记亦有世祖所用斡鲁朵的记载，略云：

在（上都）一个引人入胜的树林中，他（指世祖）有一用杆子造成的宫殿。它完全用金镀过，内部亦涂以精致的漆，用镀金和镀漆的柱子支撑着。每根柱子有一镀金的龙，龙尾和柱子相连，龙爪则分别向左右伸出，以支持此一建筑。它的屋脊也用杆子造成，有漆保护，使它不致为雨水腐蚀。杆子周围约三掌，长约十至十五步。简言之，整个宫殿是用杆子所构成，它的结构设计，可以灵活拆散和架起，也可以拆成零件，而移至皇帝命令所指定的地方。当它架起之后，便用两百条丝带维系着，以防大风造成意外。

在元以前，金帝的四季捺钵，虽在若干地方建有行宫，然而也不尽为永久性建筑。劳延煊云："所谓建，只是建筑行殿的周垣及基础，至于行殿本身，为使行猎飞放时方便，仍用可以拆卸的帐幕之类。”

《金史·梁襄传》言金莲川的行宫曰：“所次之宫，草略尤盛，殿宇周垣，惟用毡布。”又《金史·章宗纪》，章宗谕有司曰：“金井捺钵不二三日留，朕之所至，一凉厦足矣。其藩篱不急之处，用围幕可也。”

以毡幕作行帐，当为塞外游牧民族，帝王旅行游猎所习用，不限于蒙古人，女真和契丹人已有先例。《辽史》称辽帝四季捺钵行动时，曰“起牙帐”，用的也是帐幕。《辽史·营卫志》“冬捺钵”条谓，“皇帝牙帐，以枪为硬寨，用毛绳连系”。又云：“南有省方殿，殿北约二里曰寿宁殿，皆木柱竹榱，以毡为盖，彩绘韬柱，锦为壁衣，加绯绣额。又以黄布绣龙为地障，窗槅皆以毡为之，傅以黄油绢。基高尺余，两厢廊庑，亦以毡盖。”

第十一章　英主好杀

莫须有的文字狱

赵翼《廿二史札记》云："英主好杀者有明太祖。"又云："汉高祖诛戮功臣，固属残忍，然其所必去者，亦止韩、彭，至栾布则其反而诛之，卢绾、韩王信，亦其谋反有端而后征讨，其余萧、曹、绛、灌等，方且倚为心膂，欲以托孤寄命，未尝加猜忌也。独至明祖，借诸功臣以取天下，及天下既定，即举取天下之人而尽杀之，其残忍实千古所未有，盖雄猜好杀，本其天性。"

赵翼用"尽杀之"一语，不免夸张而欠审慎，佐太祖驱除异族，拨乱反正，所谓取天下的名将功臣，徐达、常遇春、刘基、汤和等亦如汉之萧、曹、绛、灌，都得善终。但明祖之多杀功勋，确是事实，且其范围之大，人数之多，不能不说有些骇人听闻。诛宰相胡惟庸，株连而族诛者竟达三万余人，其中因立功而封侯者有二十余人。名将蓝玉之狱，株连者亦达万五千人。然而胡蓝之诛，亦是谋反有端，不是无缘无故的。

太祖个性刚决，且承元朝荒乱之后，用法极严，亦由不得不然的环境所促成。太祖用法之严峻，实例甚多。如胡大海方宣力浙东，其子在都犯酒禁，即手刃之曰："宁使大海叛我，不可使吾法不行"。又如赵仲中守安庆，陈友谅陷其城，仲中走还，常遇春请原之，帝曰："法不行，无以惩后”。遂诛之。

太祖朝曾发生过不少文字狱，这样杀人，已超过用法严峻的范围，透露太祖的猜疑残酷，也许是一种不正常的变态心理作祟。

以一字猜疑而造成诛戮之案，如：

浙江府学教授林元亮，为海门卫作《谢增俸表》，以表内“作则垂宪”一语诛。北平府学训导赵伯宁，为都司作《万寿表》，以“垂子孙而作则”诛。福州府学训导林伯璟，为按察使撰《贺冬表》，以“仪则天下”诛。桂林府学训导蒋质，为按察使作《正旦贺表》，以“建中作则”诛。

盖“则”音近“贼”，“作则”有讽皇帝“作贼”之嫌。

常州府学训导蒋镇，为府尹作《正旦贺表》，以“睿性生知”诛。尉氏县教谕，为府尹作《万寿表》，以“体乾法坤，藻饰太平”诛。以“生”字嫌于“僧”，“法坤”嫌于“发髡”，以为讥刺太祖幼年曾做和尚。更奇怪的，杭州教授徐一夔贺表，有“光天之下，天生圣人，为世作则”等语，太祖览之大怒曰：“生者僧也，以我尝为僧，光则薙发也，则字音近贼也。”遂斩之。真是不可思议的异想天开，今日有一笑话，谓秃头怕说电灯泡，这种自卑心理，不料明太祖竟亦有之。

中山博物馆藏有明太祖御笔七十四道，其中有诗稿三篇，却有两篇是以“僧”字起头，则其本人并不忌讳“僧”字，所以有人以为太祖的文字狱，为除异己的一种借口。然而这些被杀的，仅属地方小官，说不上有何政治作用，或许好杀成性，找到机会，就要开开杀戒。

四相中诛戮三相

明代设置相国，始于太祖接位之前，元至正二十四年（1364 年）太祖称吴王，始定官制，仿元制设中书省，置左右相国，以李善长为右相国，徐达为左相国。次年，决定官制尚左，乃改善长为左，达为右。徐达方连年统兵，平汉平吴取中原，实不与省务。

洪武元年（1368 年），改相国为丞相，直至四年（1371 年），皆由善长独相。四年正月，善长致仕，以汪广洋为右丞相，徐达为左丞相，徐达仍统军，旋为大将军西征，广洋独相。

六年（1373 年）广洋左迁广东参政，而以胡惟庸代之，惟庸亦以右丞相独揽省务。十年（1377 年）九月惟庸转任左丞相，仍以汪广洋为右丞相。至十二年（1379 年）十二月，广洋贬广南，惟庸又独相。洪武十三年（1380 年）正月，胡惟庸以谋反伏诛，太祖下诏罢中书省，废丞相制，定祖训，不许后代设置。

是故，终明之世，丞相唯有李善长、徐达、汪广洋、胡惟庸四人，而徐达因统军而不与省务，真正以丞相而掌中书机务者，仅有李、汪、胡三人，而三人皆得罪或诛或赐死，不获善终。

三人之死互有牵连，祸根则在胡惟庸，其案最大，株连族诛者及三万人，前已言之，请先谈惟庸其人其事，旁及善长与广洋。

胡惟庸于元顺帝至正十五年（1355 年）归太祖于和州，授元帅府奏差，寻转宣使，除宁国主簿，进知县，迁吉安通判，擢湖广佥事。吴元年（1367 年），召为太常少卿，进太常卿。据《明史纪事本末》，“惟庸故起家宁国令，时太师李善长秉政，惟庸馈善长黄金二百两，得召入为太常卿”。洪武三年（1370 年）拜中书省参知政事，六年（1373 年）拜右丞相，久之进左丞相。

史书言惟庸雄奕有大略，唯阴刻险鸷，甫从龙，举止便辟，即上所问，所强记对答少所遗，曲谨当帝意，帝遂大爱幸之。

在其独相数岁间，生杀黜陟，或不奏径行。内外诸司上封事，必先取阅，害己者辄匿不以闻。四方躁进之徒，及功臣武夫失职者奔走其门，馈遗金帛玩好，不可胜数。

大将军徐达深疾惟庸之恶，从容言于帝。惟庸诱徐达阍者福寿以图达，为福寿所发。御史中丞刘基亦尝言其短。久之，基病，帝遣惟庸携医视疾，遂以毒中之，饮药后，有物积腹中如拳石。基死，益无所忌。与太师李善长相勾结，前引《纪事本末》，惟庸之初入中枢为太常卿，为贿赂善长的结果。后以其兄女嫁善长从子李佑。

论者以为惟庸毒杀刘基之后，即存谋反之心，盖恐事发难逃诛戮。于是先散布谣言，也许有一翻造作，谓其家乡定远（定远在今安徽凤阳），井中忽生石笋，出水数尺，引为符瑞。又言其父祖三世冢上，皆夜有火光烛天。《明史》曰："惟庸益自负，有异谋矣。"以今日的常识判断这说法不免倒因为果，事实大约是先有异谋，然后制造符瑞。

联络李善长同谋反

惟庸第一步是秘密联络失意武臣，引为心膂，作谋反准备。吉安侯陆仲亨，自陕西归，擅乘传，太祖怒责之曰："中原兵燹之余，民始复业，籍户买马，艰苦殊甚，使皆效尔所为，民虽尽鬻子女，不能给也。"责捕盗于代县。

平凉侯费聚，奉命抚苏州军民，日嗜酒色，帝怒，责往西北招降蒙古，无功，又切责之。

二人大惧。惟庸以权利胁诱二人，二人素愚勇，见惟庸用事，密相往来。尝过惟庸家饮，酒酣，惟庸屏左右，密谓之曰："吾等所为多不法，一旦事觉，如何？"二人益惶惧，惟庸乃告以己意，令在外收集军马。

又尝与御史大夫陈宁坐省中阅天下军马籍。令都督毛骧，取卫士刘遇贤及亡命魏文进等为心膂，曰："吾有所用尔也。"

太仆寺丞李存义，善长之弟，惟庸侄婿李佑父也。惟庸令阴说善长，善长已老，不能强拒，初不许，已而依违其间。

善长通惟庸，事发在洪武二十三年（1390年），距惟庸于十三年（1380年）伏诛，已事隔十年矣。《明史》记此事略云：

> 十三年（1380年）惟庸谋反伏诛，坐党死者甚众。十八年（1385年）有人告存义父子实惟庸党者，诏免死，安置崇明，善长不谢，帝

衔之。又五年（洪武二十三年），善长年已七十有七，耄不检下，尝欲营第，从信国公汤和假卫卒三百人，和密以闻。四月，京民坐罪应徙边者，善长数请免其私亲丁斌等。

审讯丁斌，斌故尝给事惟庸家，因言存义等往时交通惟庸状。命逮存义父子，鞫之，词连善长，言惟庸有谋反，使存义阴说善长，善长惊诧曰："尔言何为者，审尔九族皆灭。"已而又使善长故人杨文裕说之，云事成当以淮西地封为王，善长惊不许，然颇心动。惟庸乃自往说之，善长犹不许。居久之，惟庸复遣存义进说，善长叹曰："吾老矣，吾死，汝等自为之。"

或又告善长曰："将军蓝玉出塞，至捕鱼儿海，获惟庸往日遣元故臣封绩往蒙古，通残元嗣君之书札，请兵为外应。"善长匿不以闻。于是御史交章劾善长，而善长奴卢仲谦等，亦告善长与惟庸通赂遗，交私语。

狱具，谓"善长元勋国戚，知逆谋不举发，狐疑观望，怀两端，大逆不道"。遂并其妻、女、弟、侄家口七十余人诛之。据《纪事本末》，则云善长是自缢而死的。

善长之诛，乃是惟庸伏诛后的发展，现在再回到惟庸案发之前，其密谋布置。

欲借日本兵为助

惟庸通蒙古之事，发觉在洪武二十三年（1390年）五月，而其交通日本，欲借日本兵为助，则在十九年（1386年）十月林贤狱具，事方大著。林贤为宁波卫指挥，惟庸密委以借兵日本之任务。

初，太祖接位后，苦于沿海倭寇之患，且恐其政敌方国珍、张士诚纠结倭寇为乱，鉴于前元两次征日本之失败，又不敢用兵，乃先后遣使日本以通好。

惟庸利用此一机会，遂以秘密使命，付托林贤，官私记载，甚多言此事者，如《太祖实录》、《明史》、顾亭林《郡国利病书》等。兹引《明史》本传所记如次：

> 胡惟庸谋逆，欲结日本为助。乃厚结宁波指挥林贤，佯奏贤罪，谪居日本，令交通其君臣。寻奏复贤职，遣使召之，密致书其王，借兵助己。贤还，其主遣僧如瑶率兵四百余人诈称入贡，且献巨烛，藏火药刀剑中。既至，而惟庸已败，计不行，帝亦未知其狡谋也。越数年，其事始败，乃族贤，而怒日本特甚，决意绝之，专以防海为务。

《纪事本末》云，日本贡使见惟庸，“惟庸约其王，令以舟载精兵千人，伪为贡者，及期，会府中力士掩执帝，度可取之，不可，则掠库物泛海日本，有成约”。

洪武十三年（1380年），惟庸被诛之前，先发生两件事情，失太祖欢。一是惟庸子驰马于市，坠死车下，惟庸杀挽车者，帝怒，命偿其死，惟庸请以金帛给其家，不许。惟庸惧，乃与御史大夫陈宁、中丞涂节等，谋起事益急，阴告四方及武臣从己者。二是十二年（1379年）九月，占城来贡，惟庸等不以闻，中官出见之，入奏，帝怒，敕责省臣，惟庸及广洋顿首谢罪，而微委其咎于礼部，部臣又委之中书，帝益怒，尽囚诸臣，穷诘主者。

中丞涂节初与惟庸同党，是时忽反正，密告惟庸毒死刘基事，帝问广洋，对曰无有。帝怒责广洋朋欺，贬广南，舟次太平，帝又怒其在江西时曲庇朱文正，在中书时不发杨宪奸，赐敕诛之。

广洋死，其妾陈氏从死，帝询之，乃没官陈知县女也。大怒曰：“没官妇女，只给功臣家，文臣何得给？”乃敕法司取勘，于是惟庸及六部堂官，咸当坐罪。

明年正月，涂节遂告惟庸谋变，御史中丞高翯，时谪为中书省吏，亦以惟庸阴事告。帝大怒，下廷臣更询，词连陈宁、涂节。廷臣言节本预谋，见事不成，始上变告，不可不诛。乃诛惟庸、陈宁、涂节。惟庸死时，其谋反之迹尚未大著，至其后通倭及通蒙案发，帝大怒，必欲肃清逆党，株连蔓引，迄数年始靖。

胡惟庸谋反案发后，四方仇怨告讦，凡指为胡党，率相收，坐重狱。当时名臣承旨学士宋濂，已年老致仕，回籍家居，以孙宋慎坐胡狱被刑，籍其家，械濂至京，帝怒欲诛之。皇后谏曰："民间延一师，尚始终不忘恭敬，宋先生亲教太子诸王，岂忍杀之？且宋先生家居，宁知朝廷事耶？"上意解，濂得发茂州安置，行至夔州，以疾卒。

信国公汤和，最为恭顺，也几乎牵入奸党案中，赵翼曰，"汤和亦被猜而竟得良死，《明史》传末谓：当时公侯坐奸党无得免者，和独享寿考，以功名终，而深为之幸，皆以见明祖之猜忌好杀，可知立传之用意也"。

蓝玉谋变之案

至洪武二十六年（1393年）乃有大将军蓝玉之案。蓝玉，定远人，开平王常遇春妇弟，初隶遇春帐下。玉长身面赤，饶勇略，遇春数称于太祖，由管军镇抚，积功至大都督府佥事。寻封永昌侯，拜大将军，进凉国公。其女册为蜀王妃。史称玉有大将才，中山、开平既没，数总大军，多大功。

其军功之最为卓越可称者，为扫荡残元之役，元顺帝孙脱古思帖木儿嗣立于塞外，二十一年（1388年）三月，命玉帅师十五万征之。时玉为大将军，屯蓟州，奉命后，出大宁，至庆州，谍知元嗣主在捕鱼儿海，间道兼程，进薄其营。敌以为明军乏水草，不能深入，又大风扬沙昼晦，玉军前进，敌无所觉，猝至前，大惊迎战，败之，杀太尉蛮子等，降其众。元主与太子天保奴数十骑遁去，玉以精骑追之不及，获其次子地保奴，妃公主以下百余人。又追获吴王朵儿只，代王达里麻，及平章以下官属三千人，男女七万五千人，并宝玺符敕金牌银印诸物，马驼牛羊十五万余，焚其甲杖蓄积无算。

奏捷京师，太祖大喜，赐敕褒劳，比之卫青、李靖。师还，进封凉国公。

玉为武人不修行检，骄蹇自恣，多蓄庄奴假子，乘势横暴，尝占东昌民田，御史按问，玉怒逐御史。北征还，叩喜峰关，关吏不时纳，纵兵毁关入，帝闻之不乐。

又，人言玉私元主妃，妃惭，自经死，帝切责玉。初帝欲封玉梁国公，以过改为凉，仍镌其过于券。玉犹不悛，侍宴语傲慢，无人臣礼。在军擅升降将校，黥刺军士，恣作威福，帝数切责之。

会西征还，命为太子太傅。玉不乐居宋国公冯胜及颍国公傅友德下，攘袂大言曰:“我固不当为太师耶?”于是奏事，帝多不从。

玉惧，退语所亲曰:“上疑我矣。”乃谋反。当是时，鹤庆侯张翼，普定侯陈桓，景川侯曹震，舳舻侯朱寿，东莞侯何荣，都督黄恪，吏部尚书詹徽，侍郎傅友文，及诸文武臣尝为玉部将者，玉乃遣亲信召之，晨夜会私宅，谋议集士卒及诸家奴，伏甲将为变。

约束已定，二十六年（1393年）二月，锦衣卫指挥蒋朴告玉谋反。下吏鞫讯，狱辞云，玉等谋为变，将伺帝出耤田举事。狱具，磔于市，夷三族，列侯以下，坐党夷灭者，不可胜数。帝手诏布告天下，为逆臣录。至九月，乃下诏曰:“蓝贼为乱，谋泄，族诛者万五千人。自今胡（惟庸）党，概赦不问”。凡列名逆臣录者，高官有一公、十三侯、二伯。

并非没有一些人情味

赵翼《廿二史札记》，列举胡惟庸及蓝玉两案以外，因别事为太祖所诛之文武臣下姓名，略曰:“廖永忠功最大，以僭用龙凤诸不法事赐死。周德兴年最高，以其子乱宫，并德兴赐死。王弼已还乡，又召入赐死。胡美因女为贵妃，偕子婿乱宫，并美赐死。李新、谢成，别以事诛死。文臣以事诛者，又有茹太素以抗直不屈死，李仕鲁以谏帝惑僧言，命武士捽死于阶下，王朴、张衡皆以言事死，孔克仁、陶凯、朱同俱坐事死。”

太祖以重典驭下，稍有触犯，刀锯随之。赵翼引《草木子》云：“时京官每旦入朝，必与妻子诀，及暮无事则相庆，以为又活一日。”

赵翼分析明太祖寡恩好杀的原因，以为：“汉光武、唐太宗定天下时，年方少，计身老则诸功臣已皆衰殁。宋太祖年虽长，而恃有弟可以驭群臣，故皆务保全。至明祖则起事虽早，而天下大定，则年已六十余，懿文太子柔仁，孙更孱弱，遂不得不为身后之虑，是以两兴（胡、蓝）大狱，一网打尽，可以推见其心迹也。胡惟庸之死，在洪武十三年(1380年)，同诛者，不过陈宁、涂节数人，至胡党之狱，则在二十三年（1390年)，距惟庸死时已十余年，岂有逆首已死，同谋之人至十余年始败露者，此不过借惟庸为题，使狱词牵连诸人，为草薙禽狝之计耳。”

唯孟心史从另一角度作观察，论曰：“以国家全体而论，当开创之后，而无检制元勋宿将之力，人人挟其马上之烈以自豪，权贵纵横，民生凋敝，其国亦不可久也，功臣遭戮，千古叹汉明两祖少恩，其实亦汉明开国之功，所以能速就耳”。

然明祖之好用峻法，从若干事例解之，目的在于约束勋贵官吏，实未尝滥及平民，虽失之太决，皆抑官威以伸民枉，岂所谓刑乱国，必须用重典乎？

尤有进者，太祖出身寒微，幼年经历艰苦，于人情世故，饱经历练，其待人处事，有时显得透辟周到，可自下列一小事见之。

中山博物馆所藏太祖御笔，中有“谕第九子鲁王”原稿一件，云：“即日尔母舅武定侯（郭英）前往辽东镇守，经由登州涉海渡去，尔速差人赍宝钞五百锭，星夜赶至登州，送与作盘缠用”。

母舅以列侯身份，岂缺此五百锭盘缠？欲加恩赉，出京时太祖何不当面赏赐？迢迢千里，以此细务，谕九子鲁王去办，其用意何在？盖鲁王与郭英有舅甥之亲，而山东与辽东，又为唇齿相依之地，为尽至亲之谊，日后收守望相助之效，故有此不惮麻烦之谕，虽不免有些政治手腕的作用，然可见明太祖体验入微，设想周到，不是没有一些人情味的。

第十二章　酒色财气

荒怠糊涂之帝

明之亡，亡于崇祯，而亡国之征兆，至万历（神宗）已定。万历帝在位四十八年，历时甚久，其为政之荒怠，为史书所仅见，后此诸帝，虽尚有二十余年之回旋，而内忧外患，国不成国，在万历朝已种下不可挽救之根株。

神宗于十岁践祚，前十年为冲幼时期，首辅张居正当国，总揽大柄。居正好弄权势，倾扼同僚，而其勾结宦官冯保，又为论者所不齿。然其为政，干济可观，善用人才，喜建树，能以智驭下，人多乐为之尽力。

居正当国时期，神宗私欲尚未发露。帝之生母慈圣李太后，训帝严，每切责之。且曰："使张先生闻，奈何？"于是帝甚惮居正。居正且御经筵，为帝师，故太后以先生称之。观居正经筵之言，如敬天法祖，听言纳谏，节用爱人，亲贤臣、远小人，尤勤惕厉等语，虽神宗后来行动与此完全相背，而当时则未尝不使之有所戢敛。

万历十年（1582 年）张居正卒，帝亲操大柄，泄愤于居正之专，其后多用软熟之庸人辅政，而怠于临朝，勇于敛财，不郊不庙不朝者三十年，与外廷隔绝，唯倚阉人四出聚敛，矿使税使，毒遍天下。庸人柄政，百官多旷其职，官缺亦多不补。夷狄日强，边患日亟，懵懵如无所闻，迄四十六年（1618 年）清太祖努尔哈赤公然在关外起兵，此一时期，论者称之为醉梦时期。清兵既占辽沈，明廷始有感觉，而征饷征兵，骚动天下，民穷财尽，铤而走险，流寇起而外夷交乘，明朝不可为矣。

然而神宗是个有福的帝王，一生糊涂，享年五十有八，临御天下四十八年，亡国惨祸，还要等到他孙子思宗（崇祯帝）食其苦果。

万历十七年（1589 年）冬，大理评事雒于仁疏上“酒色财气”四箴，直攻神宗生活的缺失，针针见血，其言曰：

> 臣备官岁余，仅朝见陛下者三。此外唯闻圣体违和，一切免传，郊祀庙享，遣官代行，政事不亲，讲筵久辍。臣知陛下之疾，所以致此者有由也。
>
> 臣闻嗜酒则腐肠，恋色则伐性，贪财则丧志，尚气则戕生。陛下八珍在御，觞酌是耽，卜昼不定，继以长夜，此其病在嗜酒也。宠十俊以启幸门，溺郑妃靡言不听，忠谋摈斥，储位久虚，此其病在恋色也。传索帑金，括其币帛，甚且掠问宦官，有献则已，无则谴怒，李沂之疮痍未平，而张鲸之赀赂复入，此其病在贪财也。今日榜宫女，明日杖中官，罪状未明，立毙杖下，又宿怨藏怒于直臣，如范俊、姜应麟、孙如法辈，皆一绌不申，赐环无日，此其病在尚气也。
>
> 四者之病，胶绕身心，岂药石所可治。陛下溺此四者，不曰操生杀之权，人畏之而不敢言，即曰居邃密之地，人莫知而不能言，不知鼓钟于宫，声闻于外，幽独之中，指视所集。且保禄全躯之士，可以威权惧之，若怀守忠义者，即鼎锯何避焉！臣今敢以四箴献，若陛下肯用臣言，即立诛臣身，臣虽死犹生也，唯陛下垂察。

宠爱郑妃与妖书

雒于仁此疏，痛揭神宗酒、色、财、气四病，真所谓敢言直谏之臣。而把神宗缺失，归纳为四，综核无遗，后世读史者，如要了解此帝，有脉络可寻，本章之所以用此四字为标题也。

疏入，神宗震怒，会岁暮，留其疏十日。十八年（1590年）元旦，帝召见阁臣申时行等于毓德宫，以于仁疏授之，将置之重典，时行等委曲慰解，见帝意不可回，乃曰："此疏不可发外，恐外人信以为真，愿陛下曲赐优容，臣等即传谕寺卿，令于仁去位可也"。帝乃颔之。居数日，于仁引疾，遂斥为民。

于仁疏之留中，孟心史以为此例一开，对国事造成无穷恶果。其言曰：

> 由雒于仁疏，可见帝之昏惰，申时行遇事迁就，以成其过。留中之例开，言路无所施其匡救。于是庙堂诤议，与君国不生效力，唯在臣僚间自为恩怨，朋党分歧，言论庞杂，任事者无所措手，其始公卿仰台谏之鼻息，其后清室日强，边氛日棘，而封疆之将帅，亦颠踬于党国之交哄，其习惯皆此时所酿成也。

请先谈于仁疏中所指神宗"溺郑妃"之事。

郑妃于万历初入宫，封贵妃，十四年（1586年）生子常洵，进封皇贵妃，妃有殊宠。

在先，神宗私幸慈宁宫人王氏，生长子常洛。有娠而未分娩以前，神宗讳之，左右亦无敢言者，后神宗之母慈圣太后知之，命取内廷《起居注》示帝，且好语曰："吾老矣，犹未有孙，果男者宗社福也。母以子贵，宁分差等耶？"

于是封王氏为恭妃，神宗虽以母命承认皇长子，然对恭妃不过一时冲动，播下种子，而并无好感。及郑妃生常洵，进封皇贵妃，生长子之恭妃则不进封。神宗迟不立储，中外咸谓帝将废长而立爱矣。

臣下纷纷谏言，请立储，帝厌苦之，不听，言者且多获罪降官，甚或遭梃杖除名者。迟回十余年，至二十九年（1601年）皇长子常洛年二十，大约神宗顾虑到祖宗家法，以及清议的压力，于是决定册立与冠婚之礼并行。临时复令改期，阁臣封还谕旨力争。帝不得已。于是年十月己卯，立常洛为皇太子，而封郑贵妃子常洵为福王。福王婚费至三十万，营洛阳邸第，至二十八万，十倍常制。嗣是王仍留京师，并不到洛阳封地。

郑贵妃并非没有欲己子为皇储的野心，于是夺嫡之疑时起，至二十六（1598 年）及三十一年（1603 年）而有妖书之狱。

先是，刑部侍郎吕坤，撰《闺范图说》，太监陈矩见之，购以进帝，帝赐郑贵妃，妃重刻之，与原作者吕坤毫无关系。二十六年秋，有人匿名撰《闺范图说跋》，名曰《忧危竑议》，盛传京师。跋文谓坤书首载汉明德马后，由宫人进位中宫，意以指郑妃，而郑妃之刊刻，实借此为立己子之据。盖不慊于吕坤之人，曲解吕坤著作，以匿名妖言，欲以陷害吕坤。帝重谪嫌疑二官员，而置妖言不问，事遂寝。

越五年，三十一年冬，复有《续忧危竑议》出，是时太子常洛已立，大学士朱赓得此书以闻。书中所写，托郑福成为问答。郑福成者，暗指郑氏所生福王当成也。略言帝立东宫，出于不得已，他日必当更易。其用朱赓为内阁者，赓更同音，寓更易之意，词尤诡妄，时称妖书。帝敕有司大索奸人。户部尚书沈一贯与礼部侍郎郭正域及吏部侍郎沈鲤相嫌，欲因是陷之，卒不能得。正域曾为太子讲官，太子乃曰："何为欲杀我好讲官？"冤狱未成，其后东厂捕获妖人缐生光，磔之以了案。

巫蛊与梃击

妖书之案，仅借郑贵妃与福王夺嫡之风闻，朝臣朋党倾陷，而妃实并未参加，但至四十一年（1613 年）之"巫蛊案"及四十三年（1615 年）"梃击案"，则妃之嫌疑昭然若揭。

四十一年，锦衣百户王曰乾告变，攻讦郑贵妃内传姜岩山等，用厌胜术，诅皇太后及皇太子，欲拥立福王。帝震怒，大学士叶向高劝帝以静处之，而速福王之藩，以息群言，帝从其言，事乃寝。

又明年，乃有“梃击”之案。四十三年五月，时太子居慈庆宫，有不知姓名男子，持枣木梃入宫门，击伤守门内侍李鉴，至殿前檐下被执。皇太子奏闻，帝命法司案问。巡视皇城御史刘廷元鞫奏：犯民张差，蓟州井儿峪人，按其迹若涉疯癫，稽其貌实系黠猾，请下法司严询。

时东宫虽久定，帝待之薄，中外方疑郑贵妃与弟国泰谋，危太子，及张差被执，举朝惊骇。

刘廷元既以疯癫奏，刑部郎中胡士相等复讯，一如廷元言，按律当斩，加等立决。

奏定未上，提牢主事王之寀暗结张差，言由内侍引道，得口词甚悉。之寀备揭其语，因侍郎张问达以闻。疏未及下，廷臣连章促之。而郎中陆大受疏，有“奸戚”字，帝恶之，与之寀疏俱不报。

御史过庭训言：祸生肘腋，宜即剪除。大学士方从哲、吴道南，斥之寀言谬，请详审。于是庭训移文蓟州踪迹之，知州戚廷龄具言致癫始末，符原勘，遂以疯癫为定案。

越数日，张问达以员外郎陆梦龙言，令十三司会鞫，众咸嗫嚅，梦龙独详讯之。谓系内监庞保、刘成主使，刑部乃行文蓟州道，提张差所供马三道等，疏请法司提庞保、刘成对质。庞刘皆郑贵妃内侍，中外籍籍，语侵妃弟郑国泰。国泰惧，出揭自白。给事中何士晋直攻国泰，且侵贵妃。

疏入，上大怒，然不能无心动。盖往年王曰乾上变言巫蛊事，辞连刘成，至是复涉成，乃谕贵妃善为计。

妃窘，乞哀皇太子，自明无他。帝令太子白之廷臣，太子亦以事连贵妃，大惧，请帝速具狱，毋株连。帝乃于慈宁宫召大学士方从哲、吴道南，及文武诸臣入见，因执太子手，谓者臣曰：

“此儿极孝，朕极爱，使朕有别意，何不早更置，外臣何意，辄以浮言间朕父子耶?”因命诸侍引三皇孙至石级上，命诸臣熟视曰：“朕诸孙俱已长成，更何说!”顾问太子，有何语，与内臣悉言无隐。

太子具言疯癫之人，宜速决。并责诸臣言:“我父子何等亲爱，而外廷议论纷如，尔等为无君之臣，使我为不孝之子。”

帝复谓诸臣曰:“尔等听皇太子语否?”申谕再三，诸臣始叩首出。帝不见群臣已二十五年矣。

帝谕三法司，张差以疯癫奸徒，闯入东宫，持梃伤人，罪在不赦，因命决差于市。内官庞保、刘成，万历帝以涉郑贵妃，潜毙之于内，言皆以创重身死，马三道等五人，命从轻发落，坐流配。时万历帝意在调护贵妃及太子，念事似有迹，故于诸言官，亦不遽罪。未几，王之寀削籍，陆大受夺官。

多藏厚亡

梃击案发生于四十三年（1615年），而福王常洵早于前一年，四十二年（1614年）春赴洛阳到藩。

常洵，于二十九年（1601年）封福王，至此已十有二年。初，洛阳邸第以二十八万造成，福王久不之国，廷臣请王之国者数十百奏，万历帝皆不报。四十一年（1613年）春，复交章请，大学士叶向高争之尤力，帝始以明春为期。后复传旨庄田非四万顷不可。

向高言：各直省田地，大郡方有四万顷，少者止一二万，祖宗以来，封国不少，使亲王各割一大郡，天下田土已尽，非但百姓无田，朝廷亦无田矣。况圣子神孙，源源未已乎？又言，福王庄田必定四万顷，则之国无日，岂不失信于天下。

会巫蛊事起，为洗刷贵妃及福王夺嫡嫌疑，帝纳向高之言，命福王于四十二年二月赴洛阳。

庄田事帝谕以福王奏辞，减半给二万顷，中州腴土不足，以山东湖广田益之。福王复乞故大学士张居正所没产，及江都至太平沿江荻洲杂税，并四川盐井榷茶银以自益。伴读、承奉等官，假履亩为名，乘传出河南北、齐楚间，所至骚动。地方大吏疏言中使诸人不法状，俱不报。

福王临行，出宫门，帝召还数四，期以三岁一入朝。先是，海内全盛，帝所遣税使矿使遍天下，月有进奉，明珠异宝，文毳锦绮山积，其他搜刮羸羡亿万计，至是多以赀福王。

福王又请淮盐千三百引，设店洛阳，与民市。中使至淮扬支盐，乾没要求辄数倍。中州旧食河东盐，以改食淮扬盐故，禁非王肆所出不得鬻，河东引遏不行，边饷由此绌。廷臣请改给王盐于河东，且毋与民市，弗听。

叶向高言："以藩国之尊，下侵商贾之事，差官支取，滋夹带之奸，定价贸易，无两平之理，由是河东课亏，豫民食贵，公私交困。"疏上，不报。

以上大体均据《明史》，史又云：帝深居久，群臣章奏，率不省，独福藩使通籍中左门，一日数请，朝上夕报可。四方奸人亡命，探风旨，走利如鹜。福王日闭阁饮醇酒，所好唯妇女倡乐。

后至崇祯朝，秦中流贼起，河南大旱，且蝗，人相食，民间籍籍，谓"先帝耗天下以肥王，洛阳富于大内"。援兵过洛者，喧言"王府金钱百万，而令吾辈枵腹死贼手！"南京兵部尚书吕维祺方家居，闻之惧，以利害告王，王不以为意。

崇祯十四年（1641 年）正月，李自成攻洛阳，有营官勾贼，夜半开北门纳贼，福王缒城出，匿一佛寺，翌日贼迹而执之。杀福王，自成兵汋王血，杂鹿醢食之，名曰福禄酒。

神宗因爱郑贵妃，尤爱此子福王，溺之甚，多藏而厚亡，结局也十分惨酷。但福王的贪财，则甚有父风，下面再谈神宗的贪财故事。

矿税二监荼毒天下

天子富有天下，物质需要何求而不得，帝王贪财聚敛，似乎是不必要的，然而神宗不然。

神宗好货，最初暴露于张居正死后。居正初殁，尚饰终如礼，后其所勾结交好的太监冯保，为人所控，且及居正，指两人交结恣横，且谓宝藏逾天府。先谪冯保奉御居南京，尽籍其家，金银珠宝钜万计。帝益疑居正多蓄，心颇艳之。

帝旋命司礼太监张诚等籍居正家。诚等将赴居正原籍江陵，守令先期录人口，锢其门，子女多遁避空室中，比门启，饿死者十余人。诚等尽发其诸子及兄弟藏，得黄金万两，白金十余万两。其长子礼部主事敬修，不胜刑，自诬服，供寄三十万金于戚友家，寻缢死。事闻，申时行等与六卿疏请少缓之。诏留空宅一所，田十顷，赡其母，言者复攻居正不已，诏尽削居正官秩，夺前所赐玺书，四代诰命，以罪状示天下，谓当剖棺戮尸，而姑免之。

籍居正后十余年，神宗展开大举搜刮民财之行动。孟心史曰："帝（神宗）置朝事不问矣，谓即朝无一事乎？则又非也，行政之事可无，敛财之事，则无奇不有。帝之敛钱，皆用内监。"

赵翼钩稽明史，在札记中作综合叙述，节引之，并略加补充：

万历中，有房山民史锦，易州民周言等，言阜平、房山各有矿砂，请遣官开采，以大学士申时行言而止。后言矿者争走阙下，帝命中官为矿监，分赴各地开采，盖自二十四年（1596 年）始，矿监之扰民，在于编富民为矿头，驱平民为矿工，于是万民失业。

二十七年（1599 年）又于通都大邑，增设税监，矿税两监遍天下。两淮又有盐监，广东又有珠监，或专或兼，大粗小监，纵横绎骚，吸髓饮血，天下咸被其害矣。

此辈中最横者，有陈增、马堂、陈奉、高淮、梁永、杨荣等。

陈增开采山东，兼征东昌税，纵其党程守训等，大作奸币，称奉密旨搜金宝，募人告密，诬大商巨室藏违禁物，所破灭什百家，杀人莫敢问。凡肆恶山东者十年。

马堂，天津税监，兼辖临清。始至，诸亡命从者数百人，白书手锒铛，夺人财，抗者以违禁罪之。仆告主者，畀以十之三。破家者大半，远近罢市。州民万余，纵火焚堂署，毙其党三十七人，皆黥臂诸窃犯。事闻，诏捕首恶，株连甚众。

陈奉征荆州店税，兼采兴国州矿砂，鞭笞官吏，剽劫行旅，商民恨刺骨，伺其出，数千人竞掷瓦石击之。至武昌，其党直入民家，奸淫妇女，或掠入税监署中，士民公愤，甘与陈奉同死，抚按三司护之始免。已而汉口、黄州、襄阳、宝庆、德安、湘潭等处，民变者凡十起。武昌民恨之切齿，誓必杀奉，奉逃匿楚王府，众乃投其党十六人于江。

高淮采矿，征税辽东，搜刮士民财数十万，虐民激变。

梁永征税陕西，尽发历代陵寝，搜摸金玉，纵诸亡命，旁行劫掠，所至邑令皆逃。

杨荣为云南税监，肆行威虐，百姓恨荣入骨，焚税厂，且焚杨荣第，杀之，投火中，并杀其党二百余人。帝闻，为之不食者累日。

上述数人，其最著者也。他如江西矿监潘相，苏杭织造太监孙隆，福建税监高寀，皆为民害，不胜枚举。

此辈纵横天下，吸髓饮血之大小太监，大都穷凶极恶，而搜刮所得，先以自肥，奉宫廷者十不及一。帝以溺郑贵妃故，矿税诸监，率结郑氏，以妃为内主，则神宗的贪财，又为恋色的延伸。

明实亡于万历

谏请停矿税二监之疏，以凤阳巡抚李三才言之最为痛切，其言略曰：

“自矿税繁兴，万民失业。陛下为斯民主，不唯不衣之，且并其衣而夺之，不唯不食之，且并其食而夺之。征榷之使，急于星火，搜刮之令，密如牛毛……上下相争，唯利是问。……昨（有人）自楚来云：彼中内使沿途掘坟，得财方止。圣心安乎，不安乎？且一人之心，千万人之心也。皇上爱珠玉，人亦爱温饱；皇上爱万世，人亦恋妻孥。奈何皇上欲黄镐于北斗，而不使百姓有糠粃升斗之储？皇上欲为子孙千万年，而不使百姓有一朝一夕？试观往籍，朝廷有如此政令，天下有如此景像，而不乱者哉？”疏上，不报。

矿使税使之荼毒天下，廷臣章疏请罢者当不独李三才而已，神宗一律予以不理，而诸税监有所奏，朝上夕报可，被劾者帝无不曲护之，于是诸税监益骄，所至肆暴，民不聊生，随地激变。迨帝崩，始用遗诏罢之，而流毒已遍天下，是故论者谓明之亡，不亡于崇祯而亡于万历也。

神宗荒怠，更有一怪异现象，即晚年之官缺而不补。赵翼云：旧制，给事中五十余员，御史百余员。至是六科止四人，而五科印无所属。十三道只五人，一人领数职。六部堂官，仅四五人，都御史数年空署。督抚监司亦屡缺不补。诏狱诸囚，以理刑无人，不决，遣家属聚号长安门。职业尽弛，上下解体。

内阁亦只方从哲一人，从哲请增阁员，帝以一人足办，不增置。从哲坚卧四十余日，阁中虚无人。

外官不补，废事病民为尤甚，御史王以时奏言地方官缺之害，曰：“藩司臬司等官，职掌各有攸司，每遇员缺，则抚按必择近便者一人，使之摄理，职钱谷而摄军屯，职兵戎而摄盐马，夙昔未能娴习，旦夕岂能旁通，颠末未暇究心，晷刻难于判发，聪明少有未遍，宁免乖误，才力稍有不同，辄形愆谬，舞文者乘此弄其机械，玩法者藉以姿其渔侵。……至于郡县守令，最为亲民，民之倚命于守令，不啻赤子于其乳母，使郡县而可缺官，则是赤子而可断乳也，使守令而使常署摄，则是赤子而可终岁寄养也。盖专官如柙匮之典守，故任劳任怨而不辞，摄职若传舍之经过，谁肯竭心力以从事。”

王以时乞请推补。凡逆耳之言，神宗厌其扰聒，唯一的处理办法：置之不理。

第十三章　文字之狱

庄廷鑨私史案

古代专制帝王，为了巩固政权，建立威严，于是有文字之狱，后世的所谓思想与言论自由，他们是不知道的。读前述明太祖故事，为了一字一语之微，不惜以重典处置触犯忌讳之人。清入主中国之初，对汉人尚取怀柔，待统治稍稍稳定，康熙、雍正、乾隆三朝，文字之狱，层见叠出，罗织之惨，株连之众，有时且刑及死尸，为历来所少见。文字之狱，由帝王最后裁决，不仅与他们的政府生活有关，且与他们的心理和个人态度亦有很多牵连。

有人说，清代为了消除满汉畛域，防闲民族意识之鼓吹，故以重典诛戮，然而清初罹祸之人，未必都是深明大义之人，有些不过是沽名盗誉的乡曲小孺，著书立说，文字不谨，为帝王抓住把柄，构成冤滥之狱。康熙二年（1663 年）结案的庄廷鑨一狱，即为其例。

我国古时，不贵财货，往往把富人视作俗物。于是有些富人，不惜用种种手段，附庸风雅，洗刷他们的俗气。欺世盗誉，甚至还想垂名后世。清初浙江南浔富人庄廷鑨，即为此类的典型人物。他以明阁臣朱国桢所著《明史稿》，剽窃列传部分，略有增损，改为《明书》，冒为自己的著作。请曾任礼部侍郎李令皙作序。作书之时，招致若干名士捉刀编辑或参校。书中有旧稿指斥清代语，未经删削，于是触犯忌讳，造成大狱，即所谓“庄氏私史案”。案发，庄本人已死，且无后，遭“戮尸焚骨，家财籍没”。其弟廷钺，作序者、参校者、刻工及鬻书者以及连坐的地方官员等，被杀共七十余人。

被杀者之中，尚有若干名列“参校”或“参阅”，而实未与闻其事，仅为庄氏借他们的名字为号召，一如今日江湖术士刊登广告，借重名人题词或介绍，以壮声势者然。

事隔三百年，我们今天还在谈论他，庄氏垂名后世的目的是达到了，但所付代价，则极为惨重。论者对此案往往指出清初文网之密，罗织之酷，这看法是正确的。但若把庄氏视为抗清志士，不惜以文字伸张民族大义，则不免忽略了他的动机。如以他的动机来说，令人可怜亦复可笑。

此案未见《东华录》，清官书无可据。言其始末者唯有私人记载。当时顾亭林亦曾被庄氏延请，因薄其不学而去，其后得免牵涉。顾氏集中，有《书潘吴二子事》一文言私史案，其文曰：

> 庄名廷鑨，目双盲，不甚通晓古今，以史迁有左丘失明乃著《国语》之说，奋欲著书。其居邻为故阁辅朱公国桢家。朱公尝取国事及公卿志状疏草，命胥钞录，凡数十帙，未成书而卒。廷鑨得之，则招致宾客，日夜编辑为《明书》。书，冗杂不足道也。廷鑨死无子，家赀可万金。其父流涕曰：“吾三子皆已析产，独仲子死无后，吾哀其志，当先刻其书，而后为之立嗣。”遂梓行之。慕吴潘盛名，引以为重，列诸参阅姓名中。书凡百余帙，颇有忌讳语，本前人诋斥之词未经删削者。

又云：“方庄生作书时，属客延余一至其家，余薄其人不学，竟去。以是不列名，获免于难。”

全祖望《鲒埼亭集·江浙两大狱记》，言此事经过，于顾说有所补充，据云：“明相国乌程朱文恪公尝著《明史》，举大经大法者笔之，已刊行于世，未刊者为列朝诸臣传。国变后，朱氏家中落，以稿本质千金于廷鑨，廷鑨家固富，因窜名已作刻之”。

不甚通晓古今的作家

这“不甚通晓古今”的作者，他所窜窃而来的著作，顾亭林斥其“冗杂不足道”。其后因得祸如此之酷，世人为好奇而颇欲得见其书。据孟心史的考证，商务印书馆所印《四部丛刊》三编，中有《明史钞略》一书，曾钞集《明书》的一部分，而全书已不传。

和庄氏同时，有“榴庵”其人，榴庵其号，姓名已不可考，他是曾见庄氏全书的人，尝著《榴庵随笔》，品评庄书亦多指摘，曰：“即王阳明一传，有上下卷，共三百余页，其冗长无体裁可知矣”。

也许因为庄氏修史之名招摇过甚，而家赀富饶，动了别人觊觎之念，顺治十八年（1661年）辛丑之春，遂为人告发。举发此案者为落职的归安知县吴之荣，欲以告讦邀功，以图起复。而《榴庵随笔》则谓吴不过想敲敲竹杠，诈些钱财。“令吴姓，故墨吏也。不过为恐吓之词，以冀升斗耳。”

吴白其事于将军松魁，魁移巡抚朱昌祚，朱牒督学胡尚衡。据《清鉴》：“廷鑨急，并纳重贿以免，乃稍易指斥语重刊之。”按顾文，私史刻在廷鑨死后，纳贿云云，想出之其父。《榴庵随笔》谓廷鑨之父，“君维即挟书入长安，草疏欲上陈，辇下诸公漫词慰遣之。时予居西村，君维归，以疏稿示余，自以为无恙矣”。

之荣初计不行，特购得初刻本，摺摭其书中悖乱之语，以达于部使者，部使者不敢隐，上之于朝，而狱成。案结于康熙二年（1663年）。松魁以下各官吏俱获罪。当时南浔另一富人朱祐明，与之荣素有怨，之荣妄指庄史序文中有称“旧史朱氏”为祐明（其实为原作者朱国桢），祐明与其五子亦被处斩。

之荣阴谋既逞，“卒以起用，并以所籍朱祐明之产给之。后仕至

右佥都”。（《清鉴》）

廷鑨戮尸，《榴庵随笔》记当时情况，为他书所未见，曰：“发冢，冢前有坊，曰才高班马。棺内富丽之甚，衣寿字绛衣，颜色如生。刽以刀碎其首，脑出，溅刽喉中，立死”。脑浆溅入刽子手喉使刽子手立死，也许是夸张之词，为事理所不可能。满身铜臭，以别人著作篡改己名的“文偷公”，死后亦未必如此威灵显赫吧？其尸不腐，或殓以水银之类的毒药，刽子手不慎，把毒药吞了送命，当非绝不可能。

乞正典刑以维世道

庄氏篡名沽誉，弄巧成拙，遇到察察为明的异族帝王，遭遇了令人啼笑皆非的惨祸。此一“不甚通晓古今”的富翁，如果生在后世，遭遇也许会不同。第一，有财富为后盾，求名就有了最优越的条件，没有人会问你钱是怎么来的。次之，不管你如何信口雌黄，言论自由的大幌子可为你保障。再次，著书“百余帙”，即使“冗杂不足道”，也有人封你为学者。不必待诸谀墓立坊，生前就有人赞你“才高班马”。后世也许很少顾亭林，即使有，他们世故甚深，不会“薄其学而去之”，敷衍一番，或互相标榜，岂不两获其名？康熙朝，于庄狱后，继有沈天甫之狱，朱方旦之狱，及戴名世之狱，而以戴案为最大最著。

沈案其实是索诈案，亦因涉及文字忌讳而用极刑，如仅是索诈，也许皇帝的处分，不致如此严酷。

据萧一山《清代通史》，康熙六年（1667年）四月，有江南人沈天甫、吕中、夏麟奇等，撰诗二卷，诡称（前明）黄尊素等百七十人作，陈济生编集，故明大学士吴甡等六人为之序。

时吴甡之子吴元莱官中书，沈天甫使夏麟奇诣元莱处，诈索财物。元莱察其书，非父手迹，控于巡城御使以闻。帝诏所司鞫讯，沈天甫等皆弃市，其被诬者不问。书未刊刻，亦已不传，有何违碍，今已不可考察，既可用以索诈，则必有清廷讳忌之语。

康熙二十一年（1682 年），翰林院侍讲学士王鸿绪疏参“楚人朱方旦，自号二眉道人，阳托修炼之名，阴挟欺世之术，广招党羽，私刻密书。其书有曰：古号为圣贤者，安知中道？中道在我山根之上，两眉之间。其徒互相标榜，有顾济宏者曰：古之尼山，今之眉山也。陆光旭则曰：孔子后二千二百余年，而有吾师眉山夫子。朱程精理而不精数，大儒之用小；老庄言道而不言功，神仙之术虚等语。皆刊书流布，蛊惑庸愚，乞正典刑，以维世道”。

旋九卿议复：朱方旦诡立邪说，煽惑愚民，诬罔悖逆，应立斩。顾济宏造刻邪书，应监候。而大将军勒尔锦前在荆州，曾匾方旦之堂曰“圣人堂”，里曰“至人里”。原任湖广巡抚张朝珍尝赠方旦“圣教帝师”匾颁亦为宗人府所题参。

圣祖（康熙帝）准朱方旦立斩之议，且牵涉勒尔锦、张朝珍，因谕大学士等曰，“前勒尔锦领兵在荆州时，朕已闻此等事，曾谕彼时差去之人，朕知朱方旦系狂妄小人，军机大事，万不可听而蛊惑。又对秦遣往军前，回时路经武昌，张朝珍向对秦云：朱方旦果一奇异神人，尔宜相会，遂接见，以宾礼优待。著即据此议结”。

寻议勒尔锦现在羁禁，朝珍已死，革其世袭官衔。

戴案起因于《滇黔纪闻》

戴名世《南山集》案，发生在康熙五十年（1711 年），名世处斩，株连及数百人。而此案起因于《南山集》中引述了方孝标所著《滇黔纪闻》的文字，上谕所谓“方孝标丧心病狂，倡作《滇黔纪闻》，以致戴名世摭饰其间，刊书流布，多属悖乱之语，罔识君亲大义”。

方孝标桐城人，以科第起官，历任内弘文院侍读学士，两充会试同考官。顺治十四年（1657 年）丁酉江南乡试，其族人方猷为正考官，孝标弟章钺得中。场后，外间以此科取录不公，弊窦多端，物议沸腾。后世祖（顺治帝）亲定正考官处斩，方章钺等八名举子著责四十板，家属并流宁古塔，孝标与焉。寻遇赦归。

至康熙十二年（1673年），孝标有所亲某，官贵州贵阳府。孝标夙慕滇黔山水，乃往访所亲，借资游览风景。未几，吴三桂反于滇，黔抚叛附，凡外间游客之在云贵者，均被拘留。孝标佯狂不省人事，方食，忽自嚼碗厘面，坐卧不避污秽。月余，守者以为疯癫，防之稍疏，孝标乘间逸去，剃发为僧，间道反江宁。孝标归，乃追记在黔时所闻所见，多述明末清初事，曰《滇黔纪闻》，收入生平所著《钝斋文集》中。

戴名世为孝标同乡，与孝标晚年相接。名世好史学，尤留心明代史事，网罗放失，时访明季遗老，考求故事，互为参订，以冀后来成书，尝见方孝标所作《滇黔纪闻》，更欲作进一步之考求。其门人舒城余湛，与释犁支相晤，谈明桂王时事。犁支本为南明宫中宦者，后因桂王被杀，乃皈依释氏，改名犁支。名世闻之，乃往余湛处访问，至而犁支已去，不及相见。乃书嘱余生将所闻于犁支者，一一书示。《与余生书》中，有云：

> 吾乡方学士，有《滇黔纪闻》一篇，余六七年前，尝见之，及是而余购得此书，取犁支所言考之，以证其异同。……昔者宋之亡也，区区海岛一隅，仅如弹丸黑子，不逾时而又已灭亡，而史犹得备书其事。今以弘光之帝南京，隆武之帝闽越，永历之帝两粤、帝滇黔，地方数千里，首尾十七八年，揆以春秋之义，岂遽不如昭烈之在蜀，帝昺之在崖州？而其事渐以灭没。……余夙者之志，于明史有深痛焉。辄好问当世事，而身所与士大夫接甚少，士大夫亦无有以此为念者，又足迹未尝至四方，以故见闻颇寡，然此志未尝不时时存也。……

欲将本朝年号削除

康熙三十九年（1700年），戴名世赴浙应姜氏之聘，为西席。四十一年（1702年）由浙江回里，卜居南山，其门人尤云鄂为刊其文行世，名曰《南山集》。集中采方孝标所记事，而前与余湛书，亦在集中。四十四年（1705年），名世应顺天乡试，中式。四十八年（1709年）会试复中，殿试一甲二名，授翰林院编修，时年已五十七矣。未三年，而《南山集》之案起。

左都御史赵申乔，于康熙五十年（1711年）据《南山集》奏参戴名世为书狂妄，奏有云："翰林院编修戴名世，妄窃文名，恃才放荡。前为诸生时，私刻文集，肆口游谈，倒置是非，事多狂悖，逞一时之私见，为不经之乱道。……识者嗤为妄人，士林责其乖谬。……似此狂诞之徒，岂容滥厕清华？臣与名世，素无嫌怨，但法纪所关，何敢徇私不言，为此特疏纠参，仰祈敕部严加议处。"

帝批云："这所参事情，该部严察，审明具奏。"

九卿议后复奏，略谓戴名世刊书流布，多属悖乱之语，罔识君亲大义，国法之所不宥，文理之所不容，云云。

刑部审问戴名世，及其他牵连人犯，录供词上奏，其中构成罪状的只有一点："我与余生书内，有方学士名，即方孝标，他作的《滇黔纪闻》，内载永历年号，我见此书，即混写悖乱之语，罪该万死。"刑部的结论，曰："戴名世书内，欲将本朝年号削除，写入永历大逆。"康熙五十一年（1712年）正月，刑部等衙门奏拟处罪，略云：

> 察审戴名世所著《南山集》，孑遗录内，有大逆等语，应即行凌迟。已故方孝标所著《滇黔纪闻》内，亦有大逆语，应锉其尸骸。戴名世、方孝标之祖父子孙兄弟，及伯叔父兄弟之子，年十六岁以上者，俱查出解部，即行立斩。其母女妻妾姊妹，子之妻妾，十五岁以下子孙，伯叔父兄弟之子，亦俱查出，给功臣家为奴。方孝标同族人，不论服之已尽未尽，逐一严查，有职衔者，尽皆革退；除已嫁女外，子女一并即解到部，发与乌喇、宁古塔、伯都讷等处安插。汪灏、方苞为戴名世逆书作序，俱应立斩。方正玉、尤云鄂闻拿自首，应将伊等妻子一并发往宁古塔安插。编修刘岩虽不曾作序，然不将书出首，亦

应革职，佥妻流三千里。

此外，如尚书韩菼，侍郎赵士麟，御史刘灏，淮阳道王英谟，庶吉士汪份等三十余人，以平日与名世论文，亦不能置身事外。康熙帝以此案牵连太众，览奏恻然，因谕："戴名世从宽免凌迟，著即处斩。方登峄、方世樵、方云旅（三人俱孝标子）从宽免死，并伊妻子充发黑龙江。此案内干连人犯，俱宽免治罪，著入旗。"案结为康熙五十二年（1713年）二月。

自号为明之遗民

雍正朝文字之狱，以曾静、吕留良一案为最大。本书前编言雍正帝夺位，约略及之，唯主题不同，语焉不详。雍正帝欲利用曾静之所谓"逆书"，根究其弟胤禩（八皇子）及胤禟（九皇子）所散布之流言，将曾静及其徒张熙免罪释放，而供出吕留良等多人，或戮尸，或斩决，曾静、张熙至乾隆朝仍遭正法，未能免于一死。

湖南靖州曾静，服膺浙人吕留良"内中国、外夷狄"、"思故明、仇满洲"之民族思想，手制"逆书"，指斥雍正帝罪状，遣其徒张熙，持谒川陕总督岳钟琪，劝同谋举事。岳钟琪拘留刑讯，究问指使之人，张熙甘死不吐。岳钟琪置之密室，佯与设誓，张熙始将曾静供出。

捕获曾静并张熙押解到京，供称："前因轻信吕留良邪说，被其蛊惑。兼闻道路浮言，愈生疑罔，致犯弥天大罪"等语，并缴呈吕留良日记，帝并令饬浙省督抚，在吕家搜得文集等书，内阁九卿等备录供词，进呈御览。

雍正七年（1729年）五月乙丑，帝谕内阁九卿等略曰：

"吕留良因考试劣等，愤弃青衿，忽追思明代，深怨本朝。后以博学鸿词荐，则诡云必死。以山林隐逸荐，则剃发为僧。按其岁月，吕留良身为本朝诸生十余年之久，乃幡然易虑，忽号为明之遗民，其日记所载称我朝，或曰清，或曰北，或曰燕，或曰彼中。”“至于逆藩吴三桂书，亦曰清，若本朝于逆藩为邻敌者然，何其悖乱之甚乎？且吴三桂、耿精忠，乃叛逆之贼奴，人人得而诛之。吕留良于其称兵犯顺，则欣然有喜，唯恐其不成，于本朝疆宇之恢复，则怅然若失，转形于嗟叹，于忠臣之殉难，则污以过失，且闻其死而快意，不顾纲常之倒置，唯以助虐迎寇为心，不顾生民之涂炭，唯以兵连祸结为幸，何吕留良处心积虑，残忍凶暴至此极也？”

“曾静止讥及朕躬，而吕留良则上诬圣祖皇考之盛德，曾静之谤讪，由于误听流言，而吕留良之罪大恶极，诚有较曾静为倍甚者也。……”

“如吕留良之子吕葆中者，曾应举成名，蒙恩拔置鼎甲，仕列清华，其余子孙多游庠序，乃不即毁板焚书以灭其迹。且前此一念和尚谋叛之案，党羽连及吕葆中，其时逆迹早已彰著，蒙圣祖仁皇帝如天之仁，免其究问，而吕葆中遂忧惧而死。就常情而论，吕葆中之兄弟子孙，遇如此惊危险祸，且荷蒙圣祖仁皇帝如此高厚洪恩，尤当感激悔悟，共思掩覆前非，以为幸逃诛殛之计，岂料冥顽悍骜，习与性成，仍复抱守遗编，深藏笥箧，此固吕留良以逆乱为其家传，故世恶相承，罔知警惕。……”

“曾静逆书，朕已洞悉，知外间之逆党颇众，竟有散布讹言，希图构乱者。然其所诋，惟朕之一身，朕可以己意自为判定归结。若如吕留良之罪大恶极……应将已故逆贼吕留良及现在子孙嫡亲兄弟子侄，照何定例治罪之处，著九卿翰詹科道会议，直省督抚两司，秉公各抒己见，详核定议具奏”。

荒山穷谷犬吠铦鸣

雍正八年（1730年）十二月，刑部等衙门会议，奏：“吕留良应锉尸枭示，财产入官。伊子吕葆中曾叨仕籍，世恶相济，亦应锉尸枭示。吕毅中应拟斩立决。伊子孙并兄弟伯叔兄弟之子，及妻妾姊妹，子之妻妄，应行文该督查明按律完结，并行知各省府州县，将大逆吕留良所著文集、诗集、日记及他书，已经刊刷及抄录者，于文到日出示遍谕，勒限一年，尽行焚毁。”后得旨照拟定案。

先是，讯鞫吕案时，株连及于严鸿逵及其徒沈在宽，七年（1729年）六月宣布严、沈罪状，指二人为吕留良之逆党。

上谕略云：严鸿逵者，实为吕留良之羽翼，“种种丧心病狂，皆拾吕留良之唾余，而尤加幻妄，岂非凶逆成性，万死有余之逆贼乎？”

又曰，沈在宽与吕留良、严鸿逵党同叛逆，至其所著诗集有云：更无地著避秦人。又云：陆沈不必由洪水，谁为神州理旧疆？“其意欲将神州付之何人经理也？”

刑部等议奏严等应得之罪，得旨：严鸿逵著戮尸枭示，其孙发宁古塔给予披甲人为奴，沈在宽斩立决。

引出此案之曾静、张熙，虽游说岳钟琪叛乱，而曾静“逆书”中，又列举雍正帝“弑父、逼母、杀兄、屠弟、好杀、耽酒、淫色、诛忠、用奸等九大罪”，但结果却免罪释放。

雍正帝有他的政治理由，七年（1729年）十月上谕云：

> 朕之不行诛戮者，实有隐衷。……曾静等僻处乡村，为流言所惑，其捏造谤言之人，实系阿其那（皇弟胤禩）、塞思黑（皇弟胤禟）门下之凶徒太监等。若非因曾静之事，则谣言流布，朕何由闻知，为之明白剖晰，俾家喻户晓耶？……伊讪谤之语，有一事之实在，朕有几微不可问心之处，则不但曾静当蓄不臣之心，即天下臣民，亦应共怀离异之志。若所言字字皆虚，与朕躬毫无干涉，此不过荒山穷谷之中，偶闻犬吠鸹鸣而已，又安得谓之讪谤乎？……
>
> 今因曾静之事，而查出首先造谤之渠魁，盖以此案发觉尚早，易于追寻，故可得其根源也。且朕之宽宥曾静，非矫情好名而为此举也。曾静之过虽大，尚有可原之情……曾静之前后各供，俱系伊亲笔书写，并非有所勉强逼勒，亦并非有人隐授意指，实由天良感动，是以

后悔之心，追切诚恳，形于纸笔，此乃其可原之情，而并非以为谄媚颂扬之词，而欲宽其罪也。著将曾静、张熙免罪释放。

雍正朝其他四案

隆科多、年羹尧，雍正初用为夺位羽翼，事后一一皆予灭口整肃，本书前有专章谈及。雍正初查嗣庭与汪景祺文字狱两起，虽以文字得罪，实与清除阿附隆、年者有关。

雍正四年（1726年），江西乡试正考官、礼部侍郎查嗣庭，试题曰:“维民所止”，讦告者谓“维止”二字，是取“雍正”二字去其首也，狱遂起。四年九月帝谕，略云：

查嗣庭向来趋附隆科多，隆科多曾经荐举。……今阅江西试录所出题目，显露心怀怨望，讥刺时事之意，料其居心浇薄乖张，平日必有记载，遣人查其寓所，及行李中，则有日记二本，悖乱荒唐、怨诽捏造之语甚多。又于圣祖仁皇帝用人行政，大事讪谤。……

热河偶然发水，则书淹死官员八百人，其余不计其数。又书雨中飞蝗蔽天。似此一派荒唐之言，皆未有之事，而伊公然造作书写。

……今若但就科场题目加以处分，则天下之人必有以查嗣庭为出于无心，偶因文字获罪，为伊称屈者，今种种实迹见在，尚有何词为之解免乎？……

查嗣庭读书之人，受朕格外擢用之恩，而伊逆天负恩，讥刺咒诅，大干法纪，著将查嗣庭革职拿问，交三法司严审定议。

查嗣庭下狱病死，诏戮其尸。

汪景祺曾在年羹尧幕中，作《读书堂西征随笔》。狱起，指其所作诗甚多悖谬语，又讥语圣祖谥法，雍正年号，又作“功臣不可为论”，以檀道济、萧懿比年羹尧，坐大逆不道罪斩枭，妻子兄弟发遣关外为奴。

雍正七年（1729 年）七月，有陆生楠论史之狱，兹节引雍正帝上谕，以明此案经过。

“据顺承郡王锡保奏，在军前效力之陆生楠，细书《通鉴论》十七篇，抗愤不平之语甚多，其论封建之利，言词更属狂悖，显系诽议时政，参奏前来。……今果得陆生楠所著之书，悖逆之情，尽行败露”。

上谕且详引陆氏《通鉴论》，一一批驳，斥之为“肆意妄言，支离谬戾”，“文辞议论，险怪背谬，无理之甚”，“其逆谋发露，公然形于纸笔”。

“陆生楠罪大恶极，情无可逭，朕意欲将陆生楠于军前正法，以为人臣怀怨诬讪之戒。”

同年同月，有谢济世注释《大学》之狱，上谕略云:“据顺承郡王锡保，以在军前效力之谢济世注释《大学》，毁谤程朱。朕观谢济世所注之书，意不止毁谤程朱，乃用《大学》内见贤而不能举两节，言人君用人之道，借以抒写其怨望诽谤之私也。其注有拒谏饰非，必至拂人之性，骄泰甚矣，等语，观此则谢济世之存心，昭然可见。……谢济世以应得重罪之人，从宽令其效力，乃仍怀怨望，恣意谤讪，甚为可恶，应作何治罪之处，著九卿翰詹科道秉公定议具奏。”

胡中藻悖逆诗句

前文述曾静、张熙为雍正帝免罪释放，但到雍正十三年（1735年），帝崩，乾隆帝即位后之次月，仍不能放松，即颁谕旨曰：“曾静大逆不道，虽置之极典，不足蔽其辜，乃我皇考，圣度如天，曲加宽宥。夫曾静之罪，不减于吕留良，而我皇考于吕留良，则明正典刑，于曾静则屏弃法外，以吕留良谤议及于皇祖，而曾静止及于圣躬也。今朕绍承大统，当遵皇考办理吕留良之例，明正曾静之罪。著湖广督抚，将曾静、张熙，即行锁拿。解京候审，毋得疏纵泄漏。”逮至京，杀之。

乾隆朝文字狱，亦层见迭出，择重要者叙之。二十年（1755 年）有湖南学政胡中藻之狱。胡，广西人，翰林出身。三月十三日上谕有云："乃尚有出身科第，名列清华，而鬼蜮为心，于语言吟咏之间，肆其悖逆，诋仙怨望，如胡中藻者，实非人类中所应有。其所刻诗，题曰《坚磨生诗钞》。坚磨出自鲁论，孔子所称磨涅，乃指佛肸而言，胡中藻以此自号，是存何心？从前查嗣庭、汪景祺、吕留良等诗文日记，谤讪诪张，大逆不道，蒙皇考申明大义，严加惩创，以正伦纪而维世道。数十年来，意谓中外臣民，咸知警惕，而不意尚有此等鸱张狺吠之胡中藻，即检阅查嗣庭等旧案，其悖逆之词，亦未有连篇累牍，至于如此之甚者。"

上谕接着摘引并驳斥所谓"悖逆"诗文，如"一把心肠论浊清"，谓其以浊字加国号之上。

又如"南斗送我南，北斗送我北"。"再汎潇湘朝北海，细看来历是如何？""虽然北风好，难用可如何？"谓其南北分提，意何所指！

又如"一世璞谁完，吾身甑恐破"。"若能自主张，除是脱缰锁"。等句，则谓其无非怨怅。

更摘其典试所出试题，内有考经义"乾三爻不象龙说"，谓"乾隆乃朕年号，龙与隆同音，其诋毁之意可见。"

帝以文字整肃胡中藻，尚有惩儆当时大臣结为朋党之政治作用。先是，鄂尔泰与张廷玉同受雍正帝遗诏辅政，其后二人互相龃龉，朝官依附门户者，彼此攻讦，浸成仇敌，帝厌之。已而鄂尔泰卒，廷玉亦乞休，而两人门下之在朝列者，尚倾轧不已。胡中藻故鄂尔泰门人，《坚磨生诗钞》中，有"记出西林第一人"之句，又有"谗舌青蝇"之句。西林者鄂尔泰，鄂本姓西林觉罗氏，故以颂鄂。而"谗舌青蝇"，则隐斥张廷玉。

廷议体帝意，以中藻"违天叛道，覆载不容，合依大逆凌迟处死，该犯的属男十六岁以上者皆斩立决"。旋得旨改为弃市。

鄂尔泰之侄鄂昌，上谕谓其"身为满洲世仆，历任巡抚，则此悖逆之作（指胡集），不但不知愤恨，且丧心与之唱和，其罪实不容诛”。又摘鄂昌所著《塞上吟》，中有称蒙古为胡儿句，谓其自加诋毁，丧心忘本。

鄂昌为负恩逆党，赐令自尽，并谕鄂尔泰撤出贤良祠。

“字贯”之狱

因诗得罪者，在乾隆朝尚有沈归愚及徐述夔，两人案发俱在死后，得“戮尸”处分。

长洲诗人沈德潜，字归愚，微时诗名即盛传大江南北，乾隆帝闻而慕之，乃以庶常召试，中进士，年已将七十，帝称之为老名士，召对论历代诗源流升降，大赏之，命值上书房，擢礼部侍郎，礼遇之隆，一时无两。

以德潜年力就衰，许告归。帝以御制诗十二本，委之改订，颇多删润。迨德潜殁，帝命检其遗诗读之，则帝昔日所请捉刀者咸录入集中，心恶甚。又检得其《咏黑牡丹》诗，句云:“夺朱非正色，异种也称王”，以为隐含诽谤，命戮其尸。

扬州东台人徐述夔作《一柱楼诗集》，其《咏正德杯》云:“大明天子重相见，且把壶儿搁半边”，后述夔已殁，东台县令上其事，谓“壶儿”即“胡儿”也，亦含诽谤意，令剖棺戮尸，其孙等解京正法。时为乾隆四十三年（1778年）。

前一年，有《字贯》之狱，《字贯》为删改《康熙字典》而成，于是编写字典也触文字之祸。编者王锡侯，江西人，中乡举。论者谓其不过好弄笔墨，原无菲薄清廷之意。孟心史有《〈字贯〉案》一文，谓《字贯》后已不传，唯曾读其另一书曰《经史镜》，此书“义理粗鄙，殆为中人以下说法，简端胪列师友姓名，或称鉴阅，或称参阅，而以庚午（乾隆十五年，即锡侯乡举之年）乡试主司钱（陈群）史（贻谟）姓名裒然举首，生平以一举乡试为无上之荣，两主司为不世之知己，此皆乡曲小孺气象”。

新昌县民王泷南，呈首王锡侯删改《康熙字典》，另刻《字贯》一书，经江西巡抚海成奏呈“王锡侯删改字典，实属狂妄不法，应请革去举人，以便审拟”。四十二年（1777年）十月，帝大怒，上谕军机大臣等，略云：

> 朕初阅以为不过寻常狂诞之徒，妄行著书立说，自有应得之罪，已批交大学士九卿议奏矣。及阅其进到之书，第一本序文后凡例，竟有一篇，将圣祖、世宗庙讳及朕御名开列，深堪发指，此实大逆不道，为从来所未有之事，罪不容诛，即应照大逆律问拟，以申国法而快人心。乃海成仅请革去举人审拟，实大错谬，是何言耶？
>
> 海成既办此案，岂有原书竟未寓目，率凭庸陋幕友随意黏签，不复亲自检阅之理？况此篇乃书前第十页，开卷即见，海城岂双眼无珠，茫然不见耶？抑见之毫不为异，视为漠然耶？所谓人臣尊君敬上之心安在？而于乱臣贼子，人人得而诛之义又安在？……海成实属天良尽昧，负朕委任之恩，著传旨严行申饬。至王锡侯身为举人，乃敢狂悖如此，必系久困潦倒，胸多牢骚，故吐露于笔墨，其平时所作诗文，尚不知作何讪谤！……著海成即速亲身驰往该犯家内，详细搜查，将所有不法书籍字迹，即行封固进呈。若再不详查，或有隐饰，是与大逆同党矣。一面选派妥干大员，将该犯王锡侯逮锁押解京，交刑部严审治罪，”云云。

解京严审后，王锡侯正法，海成既江西藩臬各司，均以失察革职，交刑部治罪。钱陈群序锡侯所撰之《经史镜》，史贻谟序《王氏家谱》，俱因已故而奉毋庸深究之谕，谕并云：“使伊二人尚在，自当向其究问”。

乾隆三十二年（1767年）五月，《闲闲录》狱起。《闲闲录》者，举人蔡显作也。蔡，娄东人，娄东为江南松江府一县，以名孝廉，闭户著书，不求仕进。录中有叙戴名世以《南山集》弃市等语，谓其意涉怨谤。又所作诗有“风雨从所好，南北杳难分”句，又，《题友袈裟照》云:“莫教行化乌肠国，风雨龙王行怒嗔”句，谓其隐约怨悱，情罪甚重，刑臣拟以凌迟，改斩决，年已逾七十。其门人株连谴戍者二十四人，妾朱氏，子三人，长曰必昭，亦谴戍。

蔡获罪之文字，在今日观之，并无大碍，然当时文网之密，告讦之盛，更甚于康雍二朝。上述《南山集》一案，既为事实，何得谓之怨谤？然帝意不欲有人提及，提及便为罪耳。而“风雨怒嗔”之句，不过谓时多忌讳，慎勿触犯。不料因之罹杀身之祸，可见刑狱之滥，然蔡显既知龙王怒嗔之威而仍蹈之，明于事理，昧于自卫，可怜亦复可悲。孟心史论曰:“实则草昧之国，无法律之保障，人皆有重足之苦，无怪乾、嘉士大夫，屏弃百务，专以校勘考据为业，借以销磨其文字之兴，冀免指摘于一时，盖亦扪舌括囊之道矣。专制之可畏如此!”

第十四章　十香艳词

王鼎《焚椒录》

十一世纪，辽道宗宫中发生宣懿皇后萧氏冤死事。权臣耶律乙辛，因与皇后母家政治上的倾轧，伪造证据，诬后淫乱，阴谋陷害，而颟顸的道宗，竟信以为真，赐后自经死。后所生子已立为太子，亦被谋杀。后来帝悟耶律乙辛之奸，杀之。然道宗信谗杀妻弃子，骨肉惨变的悲剧，则早已造成。

这故事不仅哀惨，而情节亦甚为离奇而戏剧化，就笔者所知，南北曲及皮黄戏，都不曾采用它编为剧本，大约因为契丹称帝的辽朝，其事迹虽在“二十四史”中列为正史，但此一外族王朝，仅割据北方，其故事不为中原人士所瞩目，然谈帝王生活，宣懿皇后之事，实系绝妙的素材。

当代史家姚从吾教授，邃于辽金元史，十年前尝写专文述宣懿后冤狱，并论其所以发生的文化背景（发表于《台湾大学文史哲学报》），钩稽辽史及当时人王鼎所著《焚椒录》，考证详赡，以为这是“契丹文化”与“中原汉唐文化”接触时期，“阴错阳差”才会发生的冤狱，颇能把握历史契机，作中肯解释，本篇多采姚氏专文的论述。

此案的伪证《十香词》，见王鼎《焚椒录》，词粗鄙丑秽，有失雅驯，且曾诱宣懿后亲笔书写，当于后文详之，然为治史举证，不能不先录此词，以明关键，词云：

一、青丝七尺长，挽出内嫁妆。不知眠枕上，倍觉绿云香。

二、红绡一幅强，轻阑白玉光。试开胸探取，尤比颤酥香。

三、芙蓉失新艳，莲花落故妆。两般总堪比，何似粉腮香？

四、蝤蛴那足并，长须学凤凰。昨霄欢臂上，应惹领边香。

五、和羹好滋味，道语出宫商。定知郎口内，含有暖甘香。

六、非关兼酒气，不是口脂芳。却疑花解语，风送过来香。

七、既摘上林蕊，还亲御苑桑。归来便携手，纤纤春笋香。

八、凤靴抛合缝，罗袜卸轻霜。谁将暖白玉，雕出软钩香。

九、解带色已战，触手心愈忙。那识罗裙内，消魂别有香。

十、咳唾千花酿，肌肤百和装。元非啖沉水，生得满身香。

若非《焚椒录》载有此词，今已不可得见。《焚椒录》作者王鼎，字虚中，涿州人，是一个汉族学者，幼勤学，博通经史，辽道宗清宁八年（1062年）中进士，累迁翰林学士。寿昌初（1095年）陞观书殿学士。因醉，怨上不知己。事发下吏杖黥，夺官，流镇州可敦城（在外蒙古鄂尔昆河附近）。居数岁，召还。《焚椒录》作于可敦城的流放时期，是书自序有云：

> 鼎于咸太（道宗咸雍及太康，1065–1084年）之际方侍禁近，会有懿德（后改谥宣懿）皇后之变，一时北南面官（指南北枢密院）悉以异说赴权，互为证足，遂使懿德蒙被淫丑，不可湔浣。嗟嗟！大黑蔽天，白日不照，其能户说以相白乎？鼎妇乳媪之女蒙哥，为耶律乙辛宠婢，知其奸构最详。而萧司徒复为鼎道其始末，更有加于媪者，因相与执手，叹其冤诬，至为涕淫淫下也。观变以来，忽复数载。顷以待罪可敦城，去乡数千里，视日如岁，触景兴怀，旧感来集，乃直书其事，用俟后之良史。若夫少海翻波，变为险陆，则有司徒公之实录在。

所谓《萧司徒实录》，今已不传，唯王鼎此书，《宝颜堂秘笈》收之，厉鹗《辽史拾遗录》有全文，《四库全书总目提要》杂史类，《焚椒录》条下，云“是书记道宗懿德（宣懿）皇后萧氏为奸臣耶律乙辛构陷事”。王鼎之记，使后世学者，考宣懿事有此直接资料，幸也。

从宠爱到疏远

道宗宣懿皇后萧氏，小字观音，钦哀皇后弟南院枢密使萧惠之少女。钦哀皇后为圣宗后，兴宗生母，而道宗的祖母。如以亲戚行辈言，实比道宗长一辈，塞外游牧民族的婚媾是不论行辈的。宣懿幼能诵诗，旁及经子。契丹虽自有语言文字，而接受中原文化，王室和贵族大都识汉文，能诵中国诗书。

观音既长，姿容端丽，为萧氏诸女冠，皆以“观音”目之，因自号焉。后工诗，擅书法，善谈论，能自制歌曲，喜弹筝，尤擅琵琶。兴宗重熙二十二年（1053 年），时道宗任燕赵国王，为天下兵马大元帅，慕后贤淑，纳为妃。道宗粗通汉文，亦喜诗歌，由是爱幸。重熙二十四年（1055 年）兴宗崩，道宗继立为辽帝，改元清宁，册立妃为皇后。清宁四年（1058 年）生皇子濬，恩爱周备，有专房之宠。

皇子濬，即后之昭怀太子，幼而能言，好学知书，道宗深爱之，六岁封梁王。十年（1064 年）梁王七岁，从帝猎，连发三矢皆中。道宗顾群臣曰:“腾祖宗以来，骑射绝人，威震天下，是儿虽幼，不坠祖风。”明年，咸雍元年（1065 年），立为皇太子。

先是，清宁九年（1063 年）发生了宫廷的夺位斗争，皇太叔耶律重元与子涅鲁古谋篡帝位，突袭道宗滦河行帐，权臣耶律乙辛，平乱有功，深得君心，由是专权用事。而与宣懿之族因争权相水火。

道宗，在辽朝九帝中已居第八帝，其后再历天祚帝而辽亡。道宗朝已自久安而转入萎靡时代，史称其“武断严酷，法令不明”，当时受贿鬻狱，习为当然。道宗“愚黯而固执任性，冲动易怒”。耶律乙辛狡黠奸诈，有计谋，既立平乱之功，乃益利用道宗的弱点，结其欢心，宠眷日隆，言听计从，权位日重，势焰猖獗。

宣懿后既有中国文化的素养，在与道宗笃爱时期，喜于帝前称引古今，谏阻驰猎，陈说时政得失，渐与道宗意见相左，以故咸雍之末（1074 年）帝遂稀幸御。就《辽史》纪传各种迹象言，在咸雍五年（1069 年）以前，为道宗与宣懿爱情美满时期。从六年（1070 年）到太康元年（1075 年），这五六年间，宫廷感情，逐渐恶化。宣懿后的谏诤，使帝心厌烦，加以夫妇久处，责难既多，爱怜日少，积久情疏，怨言易起，故咸雍之末，道宗与宣懿会见逐稀。

有一事，可见宣懿后于闺中女德观念，颇受中原文化之影响。在皇太叔重元未叛之前，清宁四年（1058 年）后生皇子濬，皇太叔重元妃入贺，流目送媚，后语之曰："贵家妇宜以庄临下，何必如此！"妃衔之，归骂其夫重元曰："汝是圣宗儿，岂虎斯不若？（虎斯为道宗小名），使教坊奴得以可敦（突厥训皇后曰可敦，辽及元俱用之）之态加我，汝若有志，当除此帐，笞挞此婢。"

于是重元父子合定叛谋，重元妇与宣懿后有此龃龉，《焚椒录》言之，《辽史》后传亦有同样记载，当为重元叛变触发的原因之一。虽宣懿重妇德，然亦可见其爽直不能容物，忤人以锐利批评，易结怨尤，岂其不得善终之一因乎？

赵惟一弹《回心院词》

宣懿后既好音乐，伶官赵惟一因善筝得侍左右。这是契丹民族与中原礼俗绝大不同之点，辽朝宫闱不肃，男性的乐工或伶人可与帝后相接，共玩乐，不像中原宫中，男女界限甚严，宫眷所接触者惟宦官，男性的伶工乐官虽能在后妃前演奏，然樊篱严格，没有直接穿房入户的机会。

后渐被道宗疏远，心甚悲伤，因作长短句，曰：《回心院词》，并使被之管弦，以寓希帝回心望幸之意，词凡十首，曰：

一、扫深殿，闭久金铺暗。游丝络网尘作堆，积岁青苔厚阶面。扫深殿，待君宴。

二、拂象床，凭梦借高唐。敲坏半边知妾卧，恰当天处少辉光。拂象床，待君王。

三、换香枕，一半无云锦。为是秋来转辗多，更有双双泪痕渗。换香枕，待君寝。

四、铺翠被，羞杀鸳鸯对。犹忆当时叫合欢，而今独覆相思块。铺翠被，待君睡。

五、装绣帐，金钩未敢上。解却四角夜光珠，不敢照见愁模样。装绣帐，待君贶。

六、叠锦茵，重重空自陈。只愿身当白玉体，不愿伊当薄命人。叠锦茵，待君临。

七、展瑶席，花笑三韩碧。笑妾新铺玉一床，从来妇欢不终夕。展瑶席，待君息。

八、剔银灯，须知一样明。偏是君来生彩晕，对妾故作青荧荧。剔银灯，待君行。

九、爇薰炉，能将孤闷苏。若道妾身多秽贱，自沾御香香彻肤。爇薰炉，待君娱。

十、张鸣筝，恰恰语娇莺。一从弹作房中曲，常和窗前风雨声。张鸣筝。待君听。

词意极缠绵，时诸伶人中能弹奏此词者，仅赵惟一最为美好，于是赵惟一更多了接近皇后的机会。

赵惟一在契丹习俗下，与后以音乐相接近，宫中不免遂有流言。后死于太康元年（1075 年），时年三十六，则在咸雍年间，年仅三十左右，道宗内宠非一，后又逐渐疏远，就人情推测，后既多情，在旷怨的状况之下，与赵惟一或有暧昧，亦非绝对不可能。

或者仅是流言，但给了耶律乙辛一个构陷的好机会，盖乙辛与后族争权，轧倾不相上下，及至咸雍初，后子梁王濬被册立为太子，乙辛私惧，益蓄奸谋为图后之计。及太康元年（1075年）皇太子得预朝政，法度修明，乙辛益忌，谋后与太子之心益切。遂有制造伪证，而成"《十香词》之狱"。

"小猛蛇"与"真懒龙"

耶律乙辛欲构陷皇后，深知徒托空言，不佐以实证，则内不足以激道宗之怒，外无以服众人之口。恰好有一宫婢单登与宣懿后有怨，遂利用此婢，以完成伪证的制造。

宫婢单登，故叛王耶律重元家婢，重元败，没入宫廷，亦善筝及琵琶，每与赵惟一争能，怨后不知己。赵惟一以演奏《回心院词》，得后欢心，登愈不能平。后为宽解计，乃召登对弹辽大曲，"四旦二十八调"，皆不及后，登愧耻，拜服。

于时，道宗尝召单登弹筝，后知之，出而谏阻，曰："此叛家婢，女中独无豫让乎？安得轻近御前。"以是遣登值外别院，单登益怨。

单登有妹曰清子，嫁为教坊朱顶鹤妻，方为耶律乙辛所亲昵。登既嫉后，心蓄怨恨，每身清子言，后与赵惟一私通。

乙辛欲图后，因少诬陷实证，乃命人作《十香词》一篇（见前），阴嘱清子使单登乞求宣懿后手书之。

单登外值，仍得入见皇后。后擅书法，因喜挥毫。一日，登入宫，持《十香词》贻后曰："此宋国忒里蹇（辽语皇后之义）所作，更得御书，便称二绝。"后读而乐之，即为手书一纸。纸尾，复书已作怀古绝句一首，诗云：

宫中只数赵家妆，败雨残云误汉王。惟有知情一片月，曾窥飞燕入昭阳。

此诗咏汉赵飞燕事，而第一及第三句，嵌有“赵惟一”三字，遂成杀身惨祸的铁证。

单登得后手书，持出交清子，因曰:“老婢淫案已得，可汗（道宗）性忌，早晚见其白练挂纷训也。”

耶律乙辛时任北院枢密使，得后手书《十香词》，命单登、朱顶鹤赴北院陈首。乙辛乃密奏于道宗，奏本《焚椒录》载之，曰：

> 太康元年（1075年）十月二十三日，据外值宫婢单登及教坊朱顶鹤陈首，本坊伶官赵惟一，一向要结本坊入内承值高长命，以弹筝、弹琵琶，得召入内帐，沐上恩宠。乃辄敢干冒禁典，谋侍懿德（宣懿）皇后。咸雍六年（1070年）驾木叶山，惟一公称有懿德皇后旨，召入弹筝。
>
> 于时，皇后以御制《回心院曲》十首，付惟一入调。自辰至酉，调成。皇后向帘下目之，遂隔帘与惟一对弹。及昏，命传烛。又命惟一去官服，著绿巾金抹额，窄袖紫罗衫，珠带乌靴。后亦著紫金百凤衫，杏黄金缕裙，上戴百宝花髻，下穿凤花靴。召惟一更入内帐，对弹琵琶，命酒对饮，或饮或弹。
>
> 至院鼓三下，敕内侍出帐。登时当值帐外，不复闻帐内弹饮，但闻笑声，登亦心动，密从帐外听之。闻后言曰：可封有用郎君！惟一低声曰：奴具虽健，但小蛇耳，自不可敌可汗真龙。后曰：小猛蛇却胜真懒龙。此后但闻惺惺，若小儿梦中唬而已。
>
> 院鼓四下，后唤登揭帐：惟一醉不起，可为我叫醒。登叫惟一百遍，始为醒状，乃起拜辞，后赐金帛一箧，惟一谢恩而出。
>
> 其后驾还，虽时召见，不听入帐。后深怀念，因作《十香词》赐惟一。惟一持出夸示同官朱顶鹤。朱顶鹤遂手夺其词，使妇清子问登，登惧事发连坐，乘暇泣谏，后怒痛笞，遂斥外值。但朱顶鹤与登共悉此事，使含忍不言，一朝事发，安免株坐？故敢首陈，乞为转奏，以正刑诛。

> 臣窃惟皇帝以至德统天，化及无外，寡妻匹妇，莫不型于。今宫帐深密，忽有异言，其有关治化，良非渺小，故不忍隐讳，辄据文并手书《十香词》一首，密奏以闻。

裹后尸送还娘家

此一密奏，描写得有声有色，道宗览奏大怒，即召后对质。后痛哭力辩，曰：

> 妾托体国家，已造妇人之极。况诞育储贰，近且生孙，儿女满前，岂忍更作淫奔失行之人乎？

道宗示以《十香词》："此非汝所作手书？更复何辞？"

后曰："此宋国忒里蹇所作。妾从单登得而书赐之耳。且国家无蠶桑事，如为妾作，那得有亲桑之语？"

帝曰："诗不妨以无为有。又如词中所云合缝靴，亦非汝所著，为宋国服耶？"帝怒甚，以铁骨朵击之，后几至殒绝。

道宗下其事，命参知政事张孝杰与耶律乙辛穷治之。乙辛械系赵惟一、高长命等，以钉灼、烫错等酷刑讯鞫，迫使诬服。乙辛、孝杰具狱上之，道宗尚犹豫，因指后书怀古诗曰："此是皇后骂赵飞燕也，如何更作《十香词》？"张孝杰进言曰："此正皇后怀赵惟一耳。"帝曰："何以见之？"孝杰曰："宫中只数赵家妆，惟有知情一片月，二句中含赵惟一三字也。"

帝意遂决，即日族诛赵惟一，并斩高长命，敕后自尽。皇太子及诸公主，咸披发流涕，乞代母死。道宗曰："朕亲临天下，臣接亿兆，而不能防闲一妇人，更何施面目，靦然南面乎？"

后乞见帝一面而死，不许，乃望帝宫而拜，以离骚体作绝命词，词成，闭宫以白练自尽。道宗怒犹未解，命裸后尸，裹以苇席，遂回萧家。

后蒙冤自尽，昭怀太子投地大呼曰:“杀吾母者耶律乙辛也。他日不门灭此贼，不为人子!”此为《焚椒录》的记载，《辽史》亦云:“及母后被害，太子有忧色。耶律乙辛为北院枢密史，常不自安。”

乙辛深知此仇，必难与太子两存，为自全计，乃深结同党，因欲并害太子。利用道宗近侍，一再诬奏太子及其附从朝臣，有逆谋。乙辛以酷刑鞫太子左右，迫令具状，奏闻，帝果大怒，下诏废太子，囚之宫中，又徙至上京，拘于圜堵。太康三年（1077年），乙辛密遣同党萧达鲁古，诣上京，联络上京留守萧达得，共谋杀太子。萧达得等夜引力士至囚室，诈云有赦诏，召太子，太子出，即共杀之，毁其尸，函其首以归。萧达得奏帝，给以疾薨。

皇太子死，时年二十，乙辛与其党大喜，聚饮数日，道宗微闻之，不悦。论者曰：道宗虽昏庸，以冲动及嫉妒心理逼杀皇后，而太子之死，实非所愿。《辽史》太子传云:“上闻太子死，哀悼。命有司葬之龙门山。后知其冤，悔恨无及，因谥曰昭怀太子，以天子礼改葬于玉峰山。”

道宗初欲召太子妃，询问事状。乙辛又阴遣人杀之州里以灭口。太康五年（1079年）正月帝将出猎，乙辛奏留昭怀所遗皇孙延禧，道宗欲从，同知点检萧兀纳谏曰:“皇孙尚幼，苟保护非人，恐有他变，果留，臣请侍左右，以防不测。”帝乃悟，命皇孙随行。

帝由是疑乙辛，而渐知其奸，先降旨削其爵位，复遣之外任。太康六年（1080年）既出乙辛，乃封孙延禧为梁王。九年（1083年）十月，耶律乙辛谋亡入宋，及私藏甲兵，事觉，帝命缢杀之。

道宗晚年，既悟信谗杀妻及弃子之非，故对皇孙延禧备极宠爱，盖有忏悔补过之意，太康九年（1083年）皇孙进封为燕王，大安七年（1091年）命燕王延禧为天下兵马大元帅，总北南院枢密使事。

寿昌七年（1101年）正月道宗崩于行宫，年七十，遗诏燕国王延禧嗣立，即辽朝最后一代的天祚帝。

道宗溺爱皇孙，反助成天祚帝之颟顸骄纵，竟至禽色俱荒，即位不到二十五年，就把辽朝的天下断送了。

第十五章　傀儡皇帝

一会儿就完了

清光绪三十四年（1908 年）十二月初二日，溥仪（宣统帝）以三岁冲龄，在太和殿登基为帝，钟鼓齐鸣，百官朝贺，吓得那宝座上的小皇帝号啕大哭起来，庄严肃穆的大典，给他哭得那样凄惨，满朝文武都有些不知所措，他的父亲摄政王载沣，惶恐地屈膝跪在宝座旁边，低声哄着他说："别哭，一会儿就完了。"

"一会儿就完了"一语，竟成不吉之谶，不出三年，果然应验。辛亥革命的洪流，冲垮了他的皇位，时年六岁，使他不仅成了清朝二百六十七年统治的末代之帝，也是中国帝制史上，最后的一个君王。

清祚虽完，溥仪的苦难却没有完，而且尚在开始，直到六十一岁，1967 年 10 月 17 日死于北京，一生傀儡星照命，为政治野心家所利用，受别人摆布，转辗于此起彼伏的苦难旋涡里。

第一个利用他的是慈禧太后。他的祖父醇亲王奕譞，为道光第七子，慈禧之夫咸丰帝的亲兄弟。咸丰帝而后，慈禧所生的同治帝，继承大统，在位仅十三年，无子而病终，慈禧为掌握政权，乃立醇亲王四岁之子载湉，是为光绪帝。光绪帝之母，为慈禧胞妹。慈禧原意，此一血亲关系，将来必较易控制，不料光绪帝长成之后，与太后政见参商，形同水火，后来被幽禁瀛台，凡此均详本书前编《光绪帝之死》一章。

到光绪三十四年（1908 年）十月，太后与帝，均已病在垂危，光绪帝无子，太后于病榻前召诸王大臣商讨选立储君问题。太后决定载沣之子溥仪继承同治帝，兼祧光绪帝。溥仪为醇亲王奕譞之孙，醇亲王有七子，第一、第三及第四子早殇，光绪帝为第二子，载沣为第五子，即溥仪之父。而溥仪之母瓜尔佳氏，为大学士荣禄之女，荣禄早年，传与慈禧有过暧昧关系。遂于十月二十日，光绪帝去世的前一天，把溥仪接入宫中。

太后的私心，至死期已近，尚无丝毫改变。其召军机大臣世续、张之洞、那桐入议立储的一幕，颇可玩味，印鸾章《清鉴》言之，略云，世续曰："太后拟选储，为社稷万世计，此周文武之用心，甚盛甚盛。惟今内忧外患，交乘洊至，窃以为宜选择年长者。"太后拍床怒骂曰："此何等重事，而汝敢妄言。"张之洞曰："世续承太后垂询，约略言之，立储自宜承宸断。"太后默然良久，徐言："载沣子溥仪尚可，但年稚耳，须教之，尔等议所可者。"之洞曰："载沣懿亲贤智，使摄政当无误。"因引顺治初睿亲王辅导事证之。太后曰："得之矣，趣拟诏！"

太后胸中早有成竹，故意矫揉造作，为了一点私心爱溥仪，实则害了他一生。

醇亲王奕譞早于光绪十六年（1890 年）卒，由载沣承袭王爵。光绪帝崩，所颁遗诏，云以溥仪入承大统，以醇亲王载沣为摄政王监国。而慈禧则死于十月二十二日，与光绪帝之死，仅隔一天。

先是，当溥仪被迎入宫之顷，其祖母醇王太福晋大哭曰："既杀我子，复杀我孙。虽拥皇帝虚名，实等终身禁锢。"太福晋抱持溥仪不释手。经诸臣婉劝，谓不可抗旨，始拥之而去。即位之明年，改元宣统。

颠沛流离的一生

第二次利用溥仪的是辫子将军张勋和一些遗老、亲贵、政客，拥他"复辟"，时为 1917 年 5 月，他年十二岁，居然颁诏复位，又坐起龙廷来了，改民国六年为宣统九年。讨逆军总司令段祺瑞马厂誓师，炮声又把溥仪从皇位上轰了下来，席未暇暖，首尾仅十二天，好在“一会儿也就完了”。

在宣统三年（1911年）政权易手之际，民国政府原与清廷订有清帝逊位后的优待，其中包括“大清皇帝尊号仍存不废，岁费每年四百万元，由中华民国拨用。皇帝暂居宫禁，侍卫人等，照常留用”。

民国十三年（1924年）十月初九日，冯玉祥派鹿钟麟率兵入紫禁城，露刃横刀，演出逼宫，仓促之间，把溥仪及其宫眷赶出宫廷。这未尝不是七年前因有“复辟”闹剧，使那些怀着不利孺子之心的掌兵大员们，有了振振有词的口实。

出宫后，溥仪投奔醇王府。不到一个月，十一月初三日，他的英籍教师庄士敦，陪同溥仪坐汽车偷偷溜进东交民巷，入德国医院。庄士敦先曾洽商英使馆暂住，英使婉拒。由遗老郑孝胥向日使馆武官竹本大佐接洽，溥仪住进了日本公使馆。

从此日本人把溥仪视为可居奇货，结了不解之缘，1931年在日本人的恐吓、遗老们的怂恿之下，溥仪去到东北当傀儡，此时已种下根株。

在日使馆匿居约三个月，溥仪又在日使馆所派官员池田政次及另一遗老罗振玉父子的掩护和伴同下，潜往天津。时为1925年2月23日之夜。后来著名的汉奸郑孝胥及其子郑垂，罗振玉及其子罗福宝，在包围溥仪，效其愚忠的遗老遗少中，虽都是竭力主张向日本一面倒的亲日派，但居心各异，明争暗斗，亦甚激烈。到伪满时期，似乎郑孝胥得了胜利，但在溥仪离开醇王府，这一段“乘舆播迁”时日，奔走接洽，郑罗二人都是和溥仪影形不离的。

到天津，日本总领事吉田茂迎住大和旅馆。在旅馆住了三天，即租定“张园”为“行在”，居然又组织起若有其事的“小朝廷”来。

从是年2月26日起，溥仪及其妻妾，留居天津，达六年之久。先住张园，后迁静园，直到1931年，“九一八事变”发生，郑罗及其汉奸们早与日本多方接洽，把溥仪诱赴东北。先到旅顺，后赴长春，先就伪满“执政”，后称伪帝，建“年号”曰康德。在“执政”时期，则号“大同”。

溥仪以傀儡皇帝的姿态被日本军阀玩弄了十二年，到 1945 年 8 月日本投降，二次大战结束，又发表了“退位诏书”，后被俄军俘获，妻妾离散，在西伯利亚的伯力过了五年囚犯生活。1950 年 8 月，俄方把他送回东北抚顺战犯管理所“劳动改造”。到 1959 年，中华人民共和国政府将他特赦，回到北京。

1967 年，溥仪死于北京。

一生曾有五个配偶

溥仪的一生，实为一个传奇人物。

这个傀儡皇帝一生曾有五个配偶，他十七岁的时候，在清宫同时立婉容为“后”，文绣为“淑妃”，在伪满时代以谭玉玲为“庆贵人”，继又纳李玉琴为“福贵人”，最后在北京与李淑贤结婚。本章拟以溥仪的婚媾故事为中心，旁及其各个阶段的生活。

第一次的婚姻，那时清祚虽亡，溥仪还留在紫禁城做关门皇帝，皇帝必须有后有妃，溥仪十五足岁之时，宫中即为溥仪议婚，先朝遗留的太妃们，以母氏地位，对他婚事当然各有意见。

溥仪既继同治帝，又祧光绪帝，故除本生母醇亲王福晋外，同时尚有五母，同治帝之瑜妃、珣妃、瑨妃，光绪帝之隆裕后与瑾妃。入宫之后，与本生母见面甚稀，在名分上对皇帝之事，亦不能有所建白，且早于溥仪婚前二年去世。溥仪议婚之时，隆裕太后已死，珣太妃亦刚死不久，在世的尚有同治帝之瑜、瑨二太妃，与光绪帝之瑾太妃。瑨太妃无甚主见，瑜太妃和瑾太妃，都想选一个与自己较亲近的闺秀为溥仪配偶，于是各有意中的候选对象。

按清宫旧例，先选定若干大家闺秀，叫到宫中，排列在皇帝面前，让他细细端详，看中了谁，递以玉如意，作为定选。然而小朝廷已无当年气派，不得不一切从简，溥仪的选妃，先由太妃们及王公大臣，推荐够格的满洲闺秀作候选人，每人送一张照片到宫中，汇齐后给溥仪亲自挑选，用铅笔代玉如意，选中的在照片上留下记号。

溥仪最初圈中了额尔特氏端恭的女儿，名文绣，比溥仪小三岁。但文绣是瑜太妃中意之人，于是瑾太妃反对。另荐郭博罗氏荣源之女，名婉容，与溥仪同年。瑾太妃的理由是文绣母家贫，且长得并不美。婉容母家富，且风姿极美，谓最合中宫之选，并遣王公们来劝说溥仪，溥仪于是也在婉容的照片加上一圈。这样，瑜太妃又不悦了。争论结果，最后由瑨太妃斡旋其间，采取一个折中办法，决定以婉容为后，文绣为妃。

皇帝必须有后有妃

关于选婚经过，溥仪在 1964 年间，所写一本名为《我的前半生》的自传中，有详细述说。

“对这类事情，最操心的是老太太们。1921 年年初，即我刚过了十五周岁的时候，太妃们把我父亲找去商议了几次，接着，召集了十位王公，讨论这件事。从议婚到成婚，经过了一年多的时间。在这中间，由于庄和太妃（珣太妃）和我母亲的先后去世，师傅们因时局不宁，谏劝从缓，特别是发生了情形颇复杂的争执，婚事曾有过几起几落，不能定案”。

“这时庄和太妃刚去世，荣惠太妃（瑨太妃）没有主见，剩下的两个太妃，对未来皇后人选，发生了争执，都想找一个跟自己亲近的人当皇后，这不单由于老太太的偏爱，而是由于和将来的地位大有关系。敬懿太妃（瑜太妃）原是同治妃，她总忘不了慈禧在遗嘱上把我定为承继同治，兼祧光绪的这句话。隆裕太后在世时满不睬这一套，不但没有因这句话而对同治的妃有什么尊重表示，反把同治的妃打入了冷宫。隆裕死后，虽然太妃被我一律以皇额娘相称，但袁世凯又来干涉内政，指定端康（瑾太妃）主持宫中一切事务，因此敬懿（瑜太妃）依然不能因正宗而受到重视。她的素志未偿，对端康（瑾太妃）很不服气。所以在议婚过程中，这两个太妃，各自提出了自己中意的候选人，互不相让。……”

“究竟选谁，当然要皇帝说话，钦定一下。……照片送到了养心殿，一共四张。在我看来四个人都是一个模样，身段都像纸糊的桶子。每张照片的脸部都很小，实在分不出丑俊来，只能比一比旗袍的花色，谁的特别些。我那时想不到什么终身大事之类的问题，也没有什么标准，便不假思索在一张似乎顺眼些的相片上，用铅笔画了一个圈儿”。

“这是满洲额尔特氏端恭的女儿，名叫文绣，比我小三岁，看照片那年是十三岁。这是敬懿太妃所中意的姑娘。这个挑选结果，送到太妃那里，端康太妃不满意，她不顾敬懿的反对，硬叫王公们来劝我重选她中意的那个。她推荐的这个是满洲正白旗郭布罗氏荣源家的女儿，名婉容，字慕鸿。后来在天津有个驻张园的日本警察，写了一本关于我的书，把慕鸿写成秋鸿，以后以讹传讹，又成了鸿秋。和我同岁，看照片那年是十六岁。我听了王公们劝告，心想你们何不早说，好在用铅笔画圈，不费什么事，于是我又在婉容的相片上画了一下”。

“可是敬懿和荣惠（瑨太妃）两太妃又不愿意了。不知太妃们和王公们是怎样争辩的，结果荣惠太妃出面说：既然皇上圈过文绣，她是不能嫁臣民了，因此可以纳为妃。我想，一个老婆我还不觉得有多大必要，怎么一下子还要两个呢？我不想接受这个意见。可是禁不住王公们根据祖制，说出皇帝必须有后有妃的道理，我想既然这是皇帝的特点，我当然要具备，于是答应了他们”。

议婚经过了一年多的时间，方行决定。溥仪同时与婉容、文绣成婚，已是1922年的年底了。

妻妾各有牢骚

溥仪的结婚，照清宫术语，称为“大婚”，婉容册封为后，文绣立为淑妃，典礼在1922年农历十二月初先后一日举行。婉容的生母，为贝勒毓朗之女，按宗室行辈，毓朗比溥仪小一辈，婉容应晚两辈。她在天津长大，美而慧，在教会女校读过书，英文名伊莉莎白，中文之外，亦谙英语，并略能书画。

初婚时，在宫闱体制下，三人相处尚安，但1925年移居天津后，打破了宫闱规矩，与外界有所接触，且年事渐长，一后一妃，对夫妇生活各有正常需求。婉容醋劲大，不免和文绣争夕。每当溥仪留宿文绣房里，第二天便喋喋不休，甚至故意摆出皇后架子，借别的因由故意挑剔文绣。在文绣则身为妃侍，心有不甘，由摩擦龃龉而至勃谿吵闹了。

《紫禁城秘谭》一书，曾录有当年婉容给溥仪的一张字条，可见她意欲独占溥仪的情怀，据云：

> 吾爱，昨天晚上坐在我床上发誓说：即令世界上再有一千个西施，我也不爱她们。我也发誓说：世界上再有一万个潘安，我也不爱他们。你记得吗？身上正来，心里烦，睡不着，只有写字给你。

文绣也有文绣的牢骚，《末代皇帝外史录》有文绣所作的一篇短文，题曰《哀苑鹿》，观其文意，尚在北平清宫时作，云：

> 春光明媚，红绿满园，余偶散步其中，游目骋怀，洵可乐也。倚树稍憩，忽闻囿鹿，悲鸣宛转，俛而视之，奄奄待毙，状殊可怜。余以此鹿得入御园，受恩俸豢养，亦可谓之幸矣。然野畜不蓄于家，如此鹿在园内，不得其自由，犹狱内之犯人，非遇赦而不出也。庄子云：宁其生而曳尾于涂中，不愿其死为骨贵也。

文绣日后下堂仳离，作此文时，大约下意识已伏有脱离牢笼的念头。

两妇之间难为夫，妻妾的怨气，只能以溥仪为发泄目标。两人于爱的争取外，更有物质享受的竞争。婉容是娇生惯养的富家小姐，天津尤是她从小熟悉的地方，她本来很爱美，好妆饰，自然也很会花钱。皇后买了什么，另一位皇妃也一定要，如果给文绣买了什么，婉容更是非买不可，而且花钱要更多。

自 1924 年出宫后，民国政府所给优待岁费已自四百万减为五十万元。岁费之不能发足，自始已然，决难按数按时领到。在溥仪结婚那年，尚在裁减以前，据溥仪自述：

“财政部写有一封颇含歉意的信，给内务府，说经费实在困难，以致优待岁费不能发足，现在为助大婚，特意从关税款内拨出十万元来，其中两万，算民国贺礼。”

在天津作寓公，财务情形虽非南面天下时可比，然而溥仪还有相当可观的财产。即以关内外的地产说，光是直隶一省的皇产，即达十二万亩之多。为了处理这些土地的租赁和出售，直隶省政府和清室还专设“皇产管理处”，共同管理和处置，每售出一块地，便对等分钱。在移宫之前，从皇宫里弄出的珍贵宝物和古籍字画，也陆续换了钱，存放外国银行生息，或变为房产，按月收租。所以天津小朝廷支出虽大，经济上尚能支持，不过也有吃力之感。

婉容与文绣竞在奢侈生活方面花钱，稍后不得不采取了管制办法，以月费规定数额，婉容初为一千，文绣为八百，后来减到三百和两百。

吸鸦片以消长日

妻妾交哄和文绣不甘“苑鹿”生活的结果，终于 1931 年 10 月她向天津法院提出对溥仪离婚诉讼，并要求赡养费五万元。也有人说，文绣此举，乃受了家人教唆，贪图赡养费，然她的一位哥哥当时曾在《天津商报》发表了一封公开责难之信，其中有云：“汝随侍逊帝，身被绫罗，口餍鱼肉，使用仆妇，工资由账房开支，购买物品由账房开支，且每月有二百元之月费，试问汝一闺阁妇女，果有何不足？纵中宫待汝稍严，不肯假以辞色，然抱衾送裯，自是小星本分，实命不犹，抑又何怨？”至少她这位哥哥是反对离婚的。

离婚诉讼，经溥仪托人与文绣和解，并未对簿公庭，五万元赡养费打了折扣，给三万元了案。

文绣离开了溥仪，据说她在天津当小学教师，死于1950年，终身未再婚嫁。

文绣下堂，溥仪心中总不免归咎于婉容的逼迫凌辱，于是渐渐冷落婉容，婉容原以为文绣去后，可以独占溥仪的爱情，结果恰得其反，于是以她阔小姐的脾气，处处与溥仪意见相左，闹起别扭来。

1931年11月，溥仪被诱出关，准备做日本的傀儡，婉容是反对的，她舍不得天津，尤不愿托庇于日本军阀下重度宫禁生活。

然而执拗不过溥仪，溥仪先行，到了旅顺，派陈曾寿护送婉容前往。在途中，另一伴同护送的日本大佐，竟对她轻薄，据陈曾寿日记云:“侍后早餐，后言大佐甚无状，常避之。”于是婉容益发不喜日本人。后来到长春，溥仪就伪执政，婉容时常为此与溥仪闹意见。溥仪自投罗网，也未尝没有一肚子的牢骚，嘴强疑心重，对婉容也没有好嘴脸，两人感情，便越趋疏隔。婉容在天津，原已吸过鸦片，此时宫闱冷落，便以鸦片以消长日，日子一久，烟瘾更大更深，精神也更趋消沉了。

据《满宫残档》，（1938年）七月十六日到（1939年）七月十日，约一年的时期，“皇后”共购益寿膏（鸦片烟膏）七百四十两，每天平均约二两。同一时期还购买了各种纸烟三万零四百三十支，平均每天六十四支。也许伪宫经手人有些弊端，未必都为婉容所消费，但婉容烟瘾之大，必为不可否认的事实。

在溥仪做“伪执政”，以及后称伪帝的时期，夫妇虽同住伪宫的“缉熙楼”，然而寝处各别，婉容烟榻横陈，消磨岁月，两人后来到了不相见面的境地。

据说婉容曾与一近侍私通，溥仪处分了近待，并欲将婉容遣居旅顺。其时宫内府大权，操于日本人入江贯一之手，入江根据日本皇室典范，认“帝后”必须同驻一地，始免遣置。

先是婉容尝有赴日养病之想，日本人本是她所不喜的，欲赴日本，可见她与溥仪感情的恶劣，而宫廷生活的苦闷，都已到了无法忍受的程度。1931 年，“执政府”的首任伪“立法院长”赵欣伯居日遥领，欣伯之妻由长春前往东京会夫，婉容托赵妻在日活动，要求日本人邀后访日。此事为溥仪之三妹韫颖自日密函告溥仪，此函发于是年十月间。韫颖英文名曰莉莉，嫁给婉容之弟润祺。函略云：

> 关于赵欣伯之妻所述后之事，详禀于左：赵妻赴日前，曾谒见后。后见彼将分离，极悲，并托彼转告日方，请后来日养病。后云：“为什么别人都得自由，独我不能自由？”赵妻欲托人请后东渡，莉极阻之。告彼：“后之地位与常人异，不自由为当然之事，如不信请看日后亦然。”赵妻以莉语为然，想不致出何枝叶。彼曰：“后近日多病，彼不能详知，因日人阻其见后，所以三月余来，未到府请安。”莉闻此种种话，知其为人，因远而拒之。

昏天黑地神魂颠倒

婉容在天津张园时期，所留剪发旗袍时装相片，据目睹者的记述，谓“殊媚艳”。在长春，心绪既不佳，沉溺于鸦片，容貌亦憔悴而尽失风韵。（1937 年）三月七日，莉莉给哥哥溥仪的函中说：“后放大的照片，实在可怕，比前二年又变样了。隐藏起来，不给人看”。

婉容并无生育，于是伪满宫中，发生了“皇嗣”问题，按伪满“帝位继承法”，皇位承袭，以主系男子为限，溥仪与婉容的感情既无法恢复，文绣早已仳离他去，于是宫中有人便忙着为溥仪另觅“妃子”。日本军阀初欲以日籍女子备后宫，俾把爱新觉罗血胤与大和民族融合起来，以达日满一系的政治目的。

溥仪峻拒与日女发生婚姻关系，甚至比他小一岁的弟弟溥杰，1937年春与日本贵族嵯峨宝胜侯爵之女嵯峨浩结婚，他事前也是不表赞成的，溥杰的婚姻虽不因溥仪的反对而不成，但他自己则坚决不婚日女。

溥仪纳妃之事，由婉容的姨母立太太居间热心奔走，物色到十八岁的一位满洲闺女，姓他他拉氏。他他拉变音为汉姓谭，这姑娘汉名谭玉龄。

1937年，谭玉龄自北平潜送到长春，三月二十五日入宫，封为“庆贵人”，以伪宫勤民楼东边一座房屋，作为她的“寝宫”。这一年溥仪为三十二岁。

谭玉龄入宫后，溥仪享受到唱随之乐，可是好事多磨，谭妃自始即身弱多病，不到五年，就香销玉殒了。究竟何病，传说不一，或谓子宫癌，或谓肺癌，唯在病急垂危时，伪满宫中的日籍“御用挂”（义即“内廷行走”或“侍从秘书”）吉冈安直，曾延日本军医院和满铁医院的日本医生给谭玉龄打过针，终于顷刻暴死，连溥仪都怀疑玉龄之死，为日医下的毒手。

后来溥仪在东京战犯法庭作证，曾说过：“吉冈毒杀我的爱妻。”

穗帐风凄，佳偶永诀，溥仪是十分伤心的。人有人的尊严、意志与情怀，他做傀儡皇帝，即使没有这些家庭变故，其不会愉快，自属意料中所必有之事。溥仪本性懦怯，做了日本人的儿皇帝之后，他的心理和精神，在严重压抑之下，乃趋于变态。他自述云：

> 我不能过问政事，不能随便外出走走，不能找个大臣谈谈。我发展了迟眠晏起的习惯，晚上总要在后半夜，甚至过二点才睡，早晨要十一点才起。每日两餐，早餐在中午十二点至一两点，晚饭在九至十一点，有时是十二点。四点至五六点睡中觉。我的日常生活，除了吃睡之外，用八个字可以概括了，即：打骂、算卦、吃药、害怕。

这四样东西是互相有着关联的。我对日本人是伺候颜色，谄媚逢迎，对宫门以内则是脾气日趋暴躁，动辄打人骂人。我的迷信思想也更加发展，终日吃素念经，占卜打卦，求神佛保佑。在这种精神不宁和不正常的生活习惯下，本来就糟蹋坏了的身体，这时越发虚弱，因此又拼命打针吃药。总而言之，这四样东西构成了我昏天黑地，神魂颠倒的生活。

医药与迷信

溥仪身高六尺，体重仅一百零二磅，生来就并不壮健，十七岁成婚后，乡入温柔，不免过于斩伤，到天津之后，情形更不如前，就养成了信赖药物的习惯，中西杂投，拼命灌注。溥仪被日人劫持出关后，天津而旅顺，而长春，一向疑神疑鬼，担惊受怕，渐至神经极度衰弱，他的自述说：

“因为怕死，所以最怕病。我嗜药成癖，给了我的家人和仆人不少罪受，也给自己找了不少罪受。我嗜药不仅是吃，而且还包括收藏。中药有药库，西药有药房。我有时为了菜的口味差一些，硬罚厨子扣出几角钱来，但为买些用不着的药品，可以拿出几千元、几万元去向国外订购。

“我专雇的医生，每天为我打补针，总要忙上几小时。从前我在紫禁城里时常疑病，现在用不到疑心，我真的浑身是病了。”

溥仪的迷信，也超乎常情，他说：

“到长春之后，我看了大量的迷信鬼神书，看得入了迷。我在书上看了什么六道轮回，说一切生物都有佛性，我就生怕吃的肉是死去亲人变的，所以除了每天早晚念两次经外，每顿饭又加念一遍往生咒，给吃的肉主超生。开头是在开饭的时候，当着人面，我自己默默地念，后来我索性让人先出去，等我一个人嘟嘟囔囔地念完，再让他们进来。所以后来每逢吃饭，他们便自动等在外面，听我嘟囔完了才进来”。

“记得有一次，我正在同德殿的地下防空洞里吃饭，忽然响起了空袭警报，我念了咒还不算，还把吃的一个鸡蛋拿起来，对它磕三个头，才敢把这个佛性吃下肚去。这时，我已经索性吃素，除鸡蛋外，荤腥一概不动。我不许人们打苍蝇，只许向外轰。我知道苍蝇落过的饭菜，我一律不吃，如果在我的嘴唇上落下，我就拿酒精棉花擦一下（我身上总带着一个盛酒精药棉的小铁盒），如果发现菜里有苍蝇腿。要罚厨师的钱，尽管如此，我却不准任何人打死一只苍蝇。有一次我看见一只猫抓住了一只老鼠，为了救这只老鼠，我就下令全体家人一齐出动去追猫”。

“我越看佛书越迷信，有时做梦，梦见游地狱，就越发相信。有一次，我从书上看到，念经多日之后，佛就会来，还要吃东西。我便布置出一间屋子，预备了东西，在念过经之后，对众人宣布道，佛来了！我便跪着爬进屋去。当然里面是空的，可是因为我自己也相信了自己的胡说八道，所以战战兢兢地向空中磕起头来”。

“我家里的人都叫我弄得神神颠颠的。在我的影响下，家中终日佛声四起，木鱼铜罄，声响不绝，像居身于庙宇一样”。

踏上苦难的另一站

谭玉龄死后的第二年，溥仪又立李玉琴为“福贵人”。玉琴年十五，她是长春南岭女子优级国民学校的六年级生。

这次选纳贵人，是由日本人所代为物色，先在各国民学校和初级中学，选出若干俊秀女生，以照片让溥仪选择，再细细调查姑娘的身世和个性等。经过一段时间的秘密进行，终于选定了李玉琴。玉琴家境贫寒，父亲是一家饭店的跑堂，这饭店名“万发园”，也有说名“田家饭店”。他靠跑堂的收入赡养一家，他有太太，两个儿子和五个女儿。玉琴照女孩的排行为第四，连同男孩排行为第五。她成绩尚好，读书免费，放学回家替人家补袜子，赚些钱买文具等必需品。在十三岁那年，曾到卷烟厂做过工，可是她仍喜读书，做了一个暑假的工，又继续上学了。

入宫后，福贵人被安置在“同德楼”，她年轻天真，使溥仪得到了一些唱随的欢爱。多少年后，她追忆入宫之初的情景时说，皇帝时常和她在宫里玩捉迷藏。皇帝奏琴，她唱歌。他俩时常写字条消遣，皇帝用“小玉琴”开头。皇帝鼓励她信佛、念经、吃素。

计算溥仪此时已三十八岁，竟也有若干天真的情趣，也许傀儡皇帝的生活实在无聊，同时反映出新婚燕尔，老夫少妾并不缺少耳鬓厮磨之乐。可惜此时日本侵略已渐近末日，而伪满命运的结束，也指日可待了。

1945年7月26日盟国发表《波茨坦宣言》，迫令日本无条件投降，8月9日，俄军开始进入东北，8月15日，日本天皇宣布投降，关东军亦决定溥仪应于8月18日“退位”。日本人替他草拟了“退位诏书”，他读后苦笑着说：这诏书里的“仰赖天照大神之神庥，天皇陛下之保佑”几句，“我看不必要了吧？”

这是他第二次宣布“退位”，又踏上了人生的另一站。他于日本投降的先数日，挈宫眷在兵荒马乱中乘火车逃往通化的大栗子沟，大栗子沟是一座煤矿，在群山之中，与朝鲜一江之隔。初拟八月十四日飞往东京，因通化机场狭小，不能容大型飞机，关东军叫伪满傀儡及汉奸们先分乘小型军用机到沈阳，然后换机东飞。不料甫抵沈阳机场，苏联飞机接踵着陆，手持冲锋枪的苏联兵走下飞机，立刻将机场的日本兵缴了械。

溥仪等当场被扣留，作为俘虏，第二天便被苏联飞机押运至西伯利亚的伯力。同时被俘的，有溥仪之弟溥杰、妹夫润祺及“国丈”荣源等。

溥仪的眷属“皇后”婉容，“福贵人”李玉琴，溥杰的日籍妻子嵯峨浩等则仍留在通化的大栗子沟。

总是带着哀惨气氛

溥仪在西伯利亚伯力集中营，和外界一切隔绝，既不知道家人的生死存亡，在大栗子沟和她们分手后，更不知道她们的下落如何。他对李玉琴尤其怀念，玉琴入宫十五岁，在大栗子沟分手时十七岁，溥仪在伯力过了几个冬天，计算玉琴已经二十开外了。

在集中营，他的弟弟溥杰有一天突然告诉他，接到其妻嵯峨浩自日本来信，说李玉琴已经改嫁。

其实此时玉琴还没有改嫁，她在长春经母亲领回后，留在娘家。溥仪的一个堂兄溥修，原是他“驻天津办事处处长”，派人把玉琴接到天津去住。他替玉琴取了一个新的姓名：溥维清，玉琴在溥修家隐姓埋名住了七年。最后两年随溥修迁居北京，后又回到长春。

此时溥仪已由俄人交还了中国，拘留在抚顺的“战犯管理所”。到1955年溥仪竟从其五妹金韫馨的来信中，得悉了玉琴的长春地址，他按址去了信，自此而后，玉琴到抚顺战犯管理所探了三次监。田布衣《末代皇帝外史》记述玉琴第一次探监时两人见面情况，云：

> 见面时，两人先是短暂的沉默和凝视，彼此都觉得是变了。吃得可好？够不够？睡得可好？这一连串都是李玉琴问溥仪的。接着溥仪也发问了：那年在大栗子沟分手后，你们去了哪里？李玉琴说，日本投降后一直住大栗子沟，婉容也是一样，后来在长春家中见到了自己的母亲、哥哥、姊姊、姊夫。
>
> “你的父亲呢?”溥仪问。“死了。”李玉琴说。接着李玉琴又诉说从长春到天津，以及由天津到北平，由北平再往长春的大致经过。末了又告诉溥仪一个消息：婉容皇后死去的情形。
>
> 溥仪听到那么多消息，他有点黯然，也有点伤感。可是由于见到了十年来旦夕想念的人，所以兴奋和喜悦掩盖了悲愁。

探监见面之外，两人还通了若干情意缠绵的信，溥仪知道她在长春先做保育员，后当图书馆员。到1959年的春天，玉琴和一个工程师恋爱而结婚，结婚前把离婚书送到战犯管理所，溥仪含泪签了字。他自以为永无获释机会，可是就在这一年9月17日，政府将他释放。

1962年4月30日溥仪第四次再婚，他在北京，已由中山公园的看门人，当了“文史资料研究会委员”。新娘李淑贤，浙江杭州人，是一所医院的护士，是三十六岁的寡妇，溥仪则五十七岁，二人结为夫妇。

这位傀儡皇帝数度婚姻生活，多少曲折，多少悲欢离合，最足以象征他颠沛坎坷的一生，而在欢与合之中，必带一些哀惨气氛。第四度再婚，再隔四个年头，他就长辞人世，正像他在即位清帝时，父亲载沣对他所说的，也是“一会儿就完了”。

第十六章　燕瘦环肥

曲线藏而不露

我们今天还常常用"燕瘦环肥"之典，来描写女性体形的丰腴。赵飞燕身轻如燕，为公元前一世纪西汉成帝之后，杨玉环姿质艷艳，为八世纪唐玄宗之贵妃，都是中国历史上十分著名的美人。

女性究以体态苗条，还是丰腴为美，历代的观点并不尽同，而且也因人而异。大约丰腴而不至痴肥，苗条而不至瘦骨崚嶒，所谓肥而不俗，瘦而不寒，窈窕动人，可肥可瘦，在丰瘠以外，另具绰约多姿的条件。

杨贵妃虽以丰艳出名，然而元和间陈鸿所作《长恨歌传》，形容贵妃为"鬒发腻理，纤荼中度"，说她肥瘦适中，并非过瘦或过肥也。

然而唐代，以迄后之五代及宋，美人标准都是偏重于丰艳肥硕的。故宫博物院藏有宋李公麟所绘《丽人行》，画的是杜甫诗意，杨贵妃之姊虢国和秦国夫人等联骑春游之景，面貌和体态都较丰肥，似乎丰腴才够得上当时"丽人"的条件。

大约古代妇女的衣裳较为宽阔，身体的曲线藏而不露，所以自古以来，不像现代西洋人那样现实，并无"三围"之说，但今日则也讲究起来，岂亦所谓中西文化之交流乎？

妇女衣着的宽窄，古时也随时代而变化，即以唐代言，白乐天新乐府《上阳白发人》写天宝时代宫闱时妆，曰“小头鞋履窄衣裳”，这正是杨贵妃的那个时代，《新唐书》亦云:“天宝初，贵族及士民好为胡服胡帽，妇人则簪步摇，衩衣之制度，则衿袖窄小”。

读白乐天写杨贵妃霓裳羽衣舞姿，有句云:“风吹仙袂飘飘举”，其袂必长而宽，否则也就不能飘飘而举了。也许舞妆与平时衣妆有所不同。

又，白乐天《和元微之梦游春》诗曰，“风流薄梳洗，时世宽妆束”，则到元和前后，却时行宽大了。历三四十年，一直到开成年间，宽大到政府限令缩小。《唐会要》云，“开成四年（839年）二月，淮南观察使李德裕奏：臣管内妇人，衣袖先阔四尺，今令阔一尺五寸，裙先曳地四五寸，今令减五寸，从之”。

始而短窄，继而宽大，宽大到加以限制，循环往复，和今日女性的旗袍，下裾忽长忽短，领子忽高忽低，随时变化，也是一样的道理。

因谈杨贵妃的风姿，旁及当时的衣妆，然而所述仍不过一鳞半爪，贵妃的妆饰究竟什么情状，非但没有给读者一个明确描写，连笔者翻检了不少史籍，印象仍旧十分模糊。

有人说，从京剧《贵妃醉酒》或《太真外传》中，不是可以得到杨玉环的服饰形象吗？然而不然，我国京剧，不论演哪一朝代故事，用的大都是明代衣冠，不像西洋剧戏或电影那样，服妆力求与故事人物的时代相配合。《贵妃醉酒》中所见的杨玉环，乃是明朝服饰的杨玉环，非唐代之杨玉环也。

上文所提及的李公麟，他是北宋时人，去唐未远，从他所绘《丽人行》去推求杨玉环的妆饰，或庶几近之。

柔若无骨

杜甫诗《丽人行》，写杨贵妃姊虢国夫人等，云:“头上何所有，翠微㔩叶垂鬓唇。”钱牧斋注:“㔩彩，妇人头花髻饰也。翠微㔩叶，则翡翠微布于㔩彩之叶。”由此可知天宝年间贵妇云鬓高髻之上，还有彩翠之饰。

但李公麟所画的丽人，髻无饰物，头顶上有一团头发高高耸起，这是所谓“圆鬟椎髻”，显然与杜甫“翠微盍叶”说不符，白乐天于元和四年（809 年）作《时世妆》新乐府，有句云:“圆鬟无鬓椎髻样”。《新唐书》亦云:“元和末，妇人为圆鬟椎髻，不设鬓饰。”与天宝年间不同，鬓不垂而髻无饰，所谓“椎髻”，束发如椎，高高耸起。博雅如李公麟，竟把元和年间的时妆，画上了天宝年间贵妇的发式，有此疏失。可见研究历代各阶段的服饰装束，虽是小题目，其实是大学问，难矣哉。

《新唐书》说，天宝年间，“妇人则簪步摇”，步摇为钗名，有珠翠贯成小串下垂，举步动摇，故名步摇，亦即白乐天《霓裳羽衣舞歌》所谓:“红裳霞帔步摇冠，细璎累累榥珊珊”。乐天所咏未必为杨贵妃，而贵妃头有步摇之饰，这是确切无疑的。陈鸿《长恨歌传》云:“定情之夕，授金冠钿合以固之，又命戴步摇，垂金铛。”今日盛妆的日本艺妓，头上还可以看到步摇之饰。

从贵妃之美，说到天宝元和的贵妇时妆，似乎越扯越远了，言归正传，先从赵飞燕说起。

赵飞燕初生时，父母不欲养大她，但弃之三日不死，乃重加收养。长大后，为阳阿公主家宫人，学歌舞，娇小玲珑，身轻如燕，鸿嘉三年（公元前 18 年）成帝微行，出过阳阿公主家，作乐，见飞燕而悦之，即纳入宫中，大为宠幸。

成帝在太子时，即以好色著名，即位之初，若干老臣以宫中女宠太盛为谏，帝不省。到了鸿嘉元年为始，更常微服私行，率领随身侍从，或骑，或乘小车，出入市里郊野，远至旁县，寻花折柳，斗鸡走马，无所不为。为了隐秘身份，自称富平侯家人，富平侯为侍中张放，娶帝后许氏之妹，和成帝是连襟，自幼与成帝同玩乐，贵幸无比。

鸿嘉三年的这次微行，在阳阿公主家发现了赵飞燕，对于成帝真是欣喜如狂的意外收获。入宫定情之夕，以颊相亲，遍体柔若无骨，此

《飞燕外传》所谓“以辅相属，无所不靡”。辅，颊肉也。成帝与飞燕的欢爱，自称为“温柔乡”，谓左右曰:“吾老是乡矣，不能效武皇帝求白云乡也。”

飞燕有一妹，尤艳美，也相继入宫。左右皆啧啧叹赏，有先朝老宫人，在帝后唾曰:“此祸水也，灭火必矣”。

姊妹初封婕妤，成帝先前宠爱的许皇后及班婕妤，自是均被冷落。赵飞燕仍不甘心，在成帝前谮害许皇后和班婕妤，谓彼等祝诅主上，成帝大怒，将许皇后废处昭台宫，拷问班婕妤。婕妤对曰:“妾闻死生有命，富贵在天，我修善尚未获报，为邪欲以何望?使鬼神有知，不受不臣之诉，如其无知，诉之何益?故不为也。”帝善其对而赦之。

班婕妤久恐见危，乃求供养太后于长信宫。在凄寂生活中，有一首纨扇诗，吟以自伤，词极哀楚，诗云:

> 新裂齐纨扇，皎洁如霜雪。裁为合欢扇，团团似明月。出入君怀袖，动摇微风发。常恐秋节至，凉飙夺炎热。弃捐箧笥中，恩情中道绝。

后世以妇女色衰见弃，谓之“秋扇之捐”，典即出此。

触情纵欲宠幸无比

班婕妤在赵飞燕之前，为成帝所宠，然颇能以礼自制，《历代通鉴辑览》，载一故事云:

> 初，许皇后与班婕妤皆有宠，上尝游后庭，欲与婕妤同辇，婕妤辞曰:“观古图画，圣贤之君，皆有名臣在侧，三代末主乃有嬖妾，今欲同辇，得无近似之乎?”上善其言而止。

然而成帝内心，并不接受这种谏劝的，及赵飞燕姊妹入宫，乃触情纵欲，宠幸无比，不到两年，册封飞燕为后，其妹为昭仪。据说昭仪之艳媚，尤胜皇后，于是昭仪之宠，亦在皇后之上。

昭仪居昭阳宫，宫以黄金、白玉、明珠、翠羽饰之，为以前后宫所未尝有。昭仪沐浴，用豆蔻汤，传露花粉，遍体馥郁。

成帝于宫中太液池，建瀛洲榭，作千人舟，与飞燕姊妹游乐其间。

一日，成帝与飞燕泛舟池中，飞燕在舟中歌《归风送远》之曲，成帝以玉簪击节，旁一侍从吹笙和之。忽一阵风来，飞燕迎风立起，举袂扬音，飘飘然似欲随风仙去。成帝急命左右将飞燕拖住，用力过猛，竟将飞燕后面的裙裾，撕去一块，自此宫中时妆，裙后均留一缺口，名曰“留仙裙”。

飞燕姊妹专宠十余年，皆无生育。史称：“后居别馆，多通侍郎宫奴之多子者”，也无结果。然掖庭中别的宫眷，被成帝御幸而生子者，皆由赵氏姊妹阴谋害死，又饮药伤坠者无数。

成帝死于绥和二年（公元前 7 年）三月丙戌，前一晚宿未央宫，赵昭仪侍寝。昏夜尚平善，晨起不能言，顷刻而崩。于是宫中哗然，皆归罪昭仪。皇太后以皇帝暴崩，诏大司马王莽与丞相等，查问皇帝起居及发病情状，昭仪惶恐自杀。

成帝崩，哀帝即位。建平元年（公元前 6 年）春正月，司隶校尉解光奏言，许美人及中宫史曹宫，皆经成帝御幸而生子，而所生为赵昭仪密加残害。昭仪已伏天诛，诏免其同产亲属新城侯赵钦及钦兄子成阳侯䜣，皆为庶人。

尚未罪及当时已为太后之赵飞燕。

至哀帝元寿二年（公元前 1 年）八月，王莽白太皇太后诏有司曰：“前皇太后（赵飞燕）与昭仪俱侍帷幄，姊弟专宠锢寝，残贼继嗣，以危宗庙，悖天犯祖，无为天下母之义，贬皇太后为孝成皇后徙居北宫。”后月余，复下诏曰：“皇后自知罪恶深大，朝请稀阔，失妇道，无供养之礼，而有狼虎之毒，宗室所怨，海内之仇也，而尚在小君之位，诚非皇天之心。夫小不忍乱大谋，恩之所不能已者，义之所割也，今废皇后为庶人。”是日，飞燕自杀。

汉皇重色思倾国

杨贵妃为一代尤物，她与唐玄宗（明皇）一段哀感顽艳的恋情，不仅正史详之，也有无数的稗官野史，甚至小说戏曲敷陈其事，至今为民间所家喻户晓。谈这个故事，选剔资料，真是美不胜收，唯笔者特别欣赏白乐天的《长恨歌》和他同时陈鸿所写的《长恨歌传》。

据清人汪立名所撰《白香山年谱》，此歌此传作于元和元年（806年），时距天宝十四年（755年）贵妃之死，不过约半个世纪，相去未远，述此“希代之事”，当接触过不少掌故与轶闻，二者虽有崇高的文学地位，如果辨明其不合史实的一些细节，我们仍可重视他们的史料价值。为了节省篇幅，下文引《长恨歌传》处，均略为“陈鸿传曰”，引《长恨歌》处，略为“乐天歌曰”。

传曰:“开元中，四海无事，玄宗在位岁久，倦于旰食宵衣，政无小大，始委于右丞相，深居游宴，以声色自娱。先是，元献皇后、武淑（惠）妃皆有宠，相次即世，宫中虽良家子数千，无可悦目者，上心忽忽不乐。诏高力士潜搜外宫，得弘农杨玄琰女于寿邸。”

寿王瑁为玄宗第十八子，玉环其妃也。玄宗共有三十子，也可见他宠爱之多。以儿媳妇纳入后宫，自非伦理名教所许，故白乐天歌中讳之，所咏非史实，曰:“汉皇重色思倾国，御宇多年求不得。杨家有女初长成，养在深闺人未识。天生丽质难自弃，一朝选在君王侧。”

陈鸿所说“元献皇后、武淑（惠）妃皆有宠”，两人均死在杨玉环入宫之前，其故事有足述者，略言之，以作谈玄宗艳史的插曲。

元献皇后杨氏，皇后的尊号是死后追封的。后继玄宗即帝位的肃宗，为杨氏所生。武则天的母亲出自杨氏，元献皇后亦出自其家。玄宗在东宫时，杨氏以景云初入宫为良媛。时武则天所生女太平公主，甚跋扈，宫中事纤屑皆加干涉，而忌玄宗。良媛方娠，玄宗心不自安，密语侍读张说曰："用事者不欲吾多子，奈何？"命说挟剂以入。帝于曲室自煮之，梦若有介而戈者，环鼎三，而三煮尽覆。以告说，说曰："天命也"。乃止。生男是为肃宗。（《新唐书》）

元献皇后虽与玄宗同有这一段危疑患难的经过，然而若说玄宗对她有什么特别宠爱，找不出明确的历史记载，而武惠妃（陈鸿误为武淑妃）却是有过专宠的史实。

惠妃死后追封贞顺皇后，妃是武攸止之女，攸止亦为则天族人。幼入宫，渐以色得幸，进册为惠妃。与正位中宫的王皇后展开了斗争，王皇后是玄宗早年做潞州别驾时的结发之妻，虽共过患难，贤而无色，又兼无子，虽位居皇后，与玄宗并不恩爱。玄宗在潞州时另有赵丽妃以倡进，有容止，善歌舞，及武惠妃进，丽妃恩爱亦驰。

一门显贵鸡犬皆仙

武惠妃有宠，时在帝前谮王皇后，玄宗密有废后意，后知之而惧，且见宫中嫔妃皆有子，已独无出，为巩固地位，与兄守一谋，守一自浮屠明悟得厌胜法，谓取霹雳木刻天地文及帝名合佩之，后必有子。开元十二年（724年）事觉，玄宗亲自审问，得状，诏有司，皇后废为庶人，赐守一死。但置明悟不问，论者以为明悟乃是武惠妃暗中布置的奸细。

玄宗意欲立惠妃为后，为臣下所谏阻。妃生二王一主，皆不育，及生寿王瑁，帝命养于其兄宁王外邸，后又生咸宜、太华两公主。惠妃死于开元二十五年（737年），《新唐书》谓其死时年已四十余。

这都是杨玉环入宫以前之事，而事有凑巧者，玉环乃寿王之妃，也是武惠妃和唐玄宗的亲媳妇。

高力士奉玄宗命，搜得杨玉环为开元二十八年（740年）之事。为了掩饰这一段乱伦关系，于是假托玉环自己意志，离寿王邸，丐籍为女道士，号太真。隔了五个年头，至天宝四载（745年）八月壬寅立太真为贵妃。

贵妃入宫之初，有赐浴一幕，传与歌均具言之。传曰："别疏汤泉，诏赐澡莹，既出水，体弱力微，若不胜罗绮，光彩焕发，转动照人。上甚悦，进见之日，奏霓裳羽衣曲以导之。"歌云："春寒赐浴华清池，温泉水滑洗凝脂。侍儿扶起娇无力，始是新承恩泽时。"

自兹而后，宫中三千佳丽，玄宗的宠爱集中于贵妃一人，而杨家权势，在数年之间，也一门显贵，鸡犬皆仙。贵妃父玄琰，追赠太尉齐国公，叔玄珪擢光禄卿。宗兄铦，鸿胪卿。兄锜，侍御史，尚太华公主。从祖兄国忠，于天宝十一载（752年）拜右相。贵妃有姊三人，《旧唐书》曰："皆才貌，玄宗并封国夫人之号，长曰大姨，封韩国，三姨封虢国，八姨封秦国，并承恩泽。"（杜诗钱注引《长安志》云："虢国八姨，秦国乃大姨。"）杜甫《丽人行》有句曰："炙手可热势绝伦"，白乐天歌曰："姊妹兄弟皆列士"，咸纪实也。

这三位国夫人，即本章前云李公麟所绘图中的主角。陈鸿传云："富埒王室，车服邸第，与长公主侔，而恩泽势力则又过之，出入禁门不问，京师长吏为之侧目。"《旧唐书》云："玄宗所得珍奇及贡献，分赐之，赐者相衔于道。"而她们揽权纳贿，"府县承迎，峻如诏敕，四方赂遗，其门如市"。

宛转蛾眉马前死

郑处晦《明皇杂录》，言虢国夫人事，曰："虢国夫人出入禁中，常乘紫骢，使小黄门为御。紫骢之俊健，黄门之端秀，皆冠绝一时"。《旧唐书》对于她们出门行列之盛，也有详细记载，云：

玄宗每年十月幸华清宫，国忠姊妹五家扈从，每家为一队，著一色衣，五家合队，照映如百花之焕发，遗钿坠舄，瑟瑟珠翠，璨烂芳馥于路。国忠私于虢国，不避雄狐之刺。每入朝，或联骠方驾，不帷施幔，每三朝庆贺，五鼓待漏，靓妆盈巷，猎炬如昼。

杨玉环不仅美貌，且心灵巧慧，玄宗之所以倾心，殆非偶然。陈鸿传曰:“由是冶其容，敏其词，婉娈万态，以中上意，上益嬖焉。”又云:“非徒殊艳尤态致是，盖才致明慧，善巧便佞，先意希旨，有不可形容者。”

乐天歌曰:“七月七日长生殿，夜半无人私语时。在天愿作比翼鸟，在地愿为连理枝。”清人洪昉思以太真故事所作的传奇即以《长生殿》为名，这是很出名的一幕。陈鸿传托太真仙后自述云:“昔天宝十载（751 年）侍辇避暑骊山宫，秋七月，牵牛织女相见之夕，秦人风俗，是夜张锦绣，陈饮食，供瓜果，焚香于庭，号为乞巧，宫掖间犹尚之。夜始半，休侍卫于东厢，独侍上，上凭肩而立，因仰天感牛女事，秘相誓心，愿世世为夫妇，言毕执手各呜咽。”可惜好景不长，玉环入宫不过十个年头，天宝十四载（755 年）安禄山反，以讨杨国忠为辞，明年六月，玄宗偕贵妃离长安避难，次马嵬，杀国忠，赐贵妃自缢。乐天所谓“六军不发无奈何，宛转蛾眉马前死”。

这一幕，陈鸿传写得情文并茂，极有韵致。曰:“潼关不守，翠华南幸，出咸阳，道次马嵬亭，六军徘徊，持戟不进。从官郎吏伏上马前，请诛以谢天下。国忠奉牦缨盘水死于道周，左右之意未快，上问之，当时敢言者，请以贵妃塞天下怒。上知不免而不忍见其死，反袂掩面，使牵之而去，苍黄辗转，竟就绝于尺组之下。”

据《旧唐书》，在烽火慌乱之中，贵妃姊虢国夫人闻难作，奔马至陈仓，县吏薛景仙率人吏追之，走入竹林。先杀其子裴徽及一女。当时杨国忠妻裴柔是和虢国夫人一起逃难的，眼看逃生绝望，裴柔要求虢国夫人“为我尽命”，虢国夫人刺杀之，已而自刎不死，县令载之，闭于狱中，血凝喉而卒。

剪发一缭附献

贵妃缢死，以紫茵裹尸瘗道侧，时年三十八，计算天宝四载（745年）入宫，年已二十七岁。玄宗狩成都，肃宗受禅灵武，是年改元至德。明年，禄山为子安庆绪所杀，玄宗还都。《新唐书》曰：自蜀道过贵妃埋尸处，祭之，且诏改葬。礼部侍郎李揆奏曰："将士以国忠负上速乱，为天下杀之，今葬妃，恐反仄自疑。"帝乃止，密遣中使具椁他葬焉。启瘗，故香囊犹在，中人以献帝，视之凄感流涕。

玄宗返长安后，又命画工图贵妃像，悬于别殿，朝夕往视，必为歔欷。陈鸿传曰："大驾还都，尊玄宗为太上皇，就养南宫，迁于西内，时移事去，乐尽悲来，每至春之日，冬之夜，池莲夏开，宫槐秋落，梨园子弟玉琯发音，闻霓裳羽衣一声，则天颜不怡，左右歔欷。"

天宝年间，"霓裳羽衣"为宫中盛行的曲与舞，而于玄宗与贵妃的欢爱和惨变，结下了不解之缘。贵妃最初入宫进见之日，"奏霓裳羽衣曲以导之"。而在安禄山引兵向阙之顷，《长恨歌》曰："渔阳鼙鼓动地来，惊破霓裳羽衣曲。"

因为玄宗的思念，有道士用法术，上天入地，为之寻索太真魂魄，在海外仙山，果真得了贵妃成仙后的踪迹，然而这不过神话传说。《长恨歌》及传言之，增加了一些文学的浪漫气氛，但研究历史是不可为据的。

贵妃在宫中十一年，和玄宗并不是丝毫没有龃龉，据新、旧《唐书》的记载，贵妃曾有两次因"忤旨"而遣归外第，但转瞬又和好如初。

一次是天宝五载（746年）七月，《旧唐书》曰：贵妃以微谴送归（其从兄）杨铦宅，比至亭午，上思之不食。高力士探知上旨，请送贵妃院供帐器玩廪饩等办具百余车，上又分御馔以送之。帝动不称旨，暴怒笞挞左右。力士伏奏，请迎贵妇归院，是夜开安兴门入内，妃伏地谢罪，上欢然慰抚。

另一次是天宝九载（750年），《旧唐书》曰，贵妃复忤旨送归外第，时吉温与中贵人善，温入奏曰："妇人知识不远，有忤圣情，然贵妃久承恩，顾何惜宫中一席之地，使其就戮，安忍取辱于外哉？"上即令中使张韬光赐御馔，妃附韬光泣奏曰："妾忤圣颜，罪当万死，衣服之外，皆圣恩所赐，无可遗留，然发肤是父母所有"。乃引刀剪发一缭附献，玄宗见之惊惋，即使力士召还。

然而这些插曲，不过夫妇间的小别扭，顷刻即安，无损两人的真爱情。

后世读者据稗史传说，总有一个印象，以为杨贵妃与安禄山有一些暧昧关系，究竟如何，我们不妨作一观察。

安禄山胡人，以讨奚契丹屡著军功，赐爵东平郡王，以河东节度使兼范阳节度使，入朝奏对称旨，为玄宗所信任的边将。天宝十载（751年）帝命有司为禄山治第长安亲仁坊，敕命但穷壮丽，不限财力，命中使督工。帝敕之曰："胡眼大，勿令笑我。"

禄山奸诈，佯为愚鲁，玄宗为了怀柔此一北方边将，每次入朝，命杨氏兄弟姊妹时与游宴。禄山艳肥，腹垂过膝，其在玄宗前，应对敏给，杂以诙谐。玄宗尝戏指其腹曰："此胡腹中安所有，其大乃尔？"对曰："止有赤心耳。"

又尝奏对曰："臣生蕃戎，宠荣过甚，无异材可用，愿以身为陛下死。"玄宗以为诚而怜之。令见皇太子，不拜，左右趣之拜，禄山曰："臣不识朝廷仪，皇太子何官？"帝曰："此储君也，朕千秋万岁后，代朕君汝者也。"禄山曰："臣愚，向者唯知有陛下一人，不知乃更有储君，罪万死。"乃再拜，玄宗以为信，益爱之。

玄宗尝宴勤政楼，百官列坐楼下，独禄山于御座东间，设金鸡帐，置榻使坐其前。命杨铦姊弟皆与禄山叙兄弟，禄山得入禁中，因请为贵妃儿，上与贵妃同坐，禄山先拜贵妃，上问何故？对曰："胡人先母而后父。"上悦。

以上言安禄山的狡黠，玄宗受愚，信其忠诚，大体均见正史。

《通鉴》又载一贵妃与禄山儿戏故事云：

> 禄山生日，上及杨妃赐予甚厚。后三日，召入禁中，贵妃以锦绣为大褓褓裹之，使宫人以舆舁之。上闻问故，左右以贵妃洗禄儿对，上赐贵妃洗儿金银钱，复厚赐禄山，尽欢而罢。自是禄山出入宫掖不禁。

唯此一故事，清代的《御批通鉴辑览》加考语云："考此皆出《禄山事迹》及《天宝遗事》诸稗史，恐非实录。"

总之，禄山之得自由出入宫禁，接近杨贵妃，必系事实，而两人是否有超乎干儿干妈的关系，则甚难判断。

近人陈定山，从生理的观点，推断安禄山因身体过肥而不能人道，他说杨妃私通禄山，则是冤枉。其言曰："安禄山得宠，早在杨妃之前，而且他是一个便便大腹的胡人，体重三百卅斤，腹垂至膝，穿一条裤要义子李猪儿、儿子安庆绪两个把他的肚子全部抬起，才穿的上，你想，他还有什么能为呢？"

又云："至于唐宫的秽乱，是历史出名的。楚国公姜皎，家奴王毛仲都能和皇后并起并坐，饮乐取笑，而王皇后还是一位贤后呢，何况杨妃。明皇以怀柔边将的作用，要她招待安禄山，她也不必避嫌。"

此一见解甚新，引之可供参考。

第十七章　败则为寇

寇而必亡非败而为寇

语云:“成则为王，败则为寇。”仅以成败二字，作为帝王和寇盗的分野，不免带一点西洋所谓愤世主义者（Cynicism）的感慨和忿激，这观点是不公允的。至于所谓“窃国者王，窃钩者诛”，则更是近乎“无政府主义”（Anarchism）的异端邪说了。

我国治史，对于历史人物的褒贬臧否，最重名分，所谓春秋大义，即在于此。历代虽也有若干专横暴戾的帝王，然而寇的残酷凶暴，杀人如麻，尤有甚者。且寇之称王称帝，不旋踵间必遭覆亡，如本章所要谈的黄巢和李自成。黄巢于唐僖宗广明元年（880 年）陷长安，入宫称大齐皇帝，改元金统，窃据国都者仅四个月，而到中和四年（883 年）其党斩巢而降，他荼毒半个中国，称帝者仅四个多年头。李自成于明崇祯十七年（1644 年）三月陷都，先两月在西安已僭称大顺，年号永昌，据都城仅两月，而距顺治二年（1645 年）九月死于九宫山，仅一年又半。寇而必亡，非败而为寇也。

《唐书》将黄巢列入《逆臣传》，《明史》将李自成列入《流贼传》，盖有深意焉。

赵翼《廿二史札记》，论黄巢和李自成，指出二寇虽时代不同，却有五个相似之处，他说:

> 黄巢初从王仙芝为盗，仙芝被戮，巢始为盗魁。李自成亦先从高迎祥为盗，迎祥被擒，自成始为盗魁。相似一也。巢以草贼起事，陷京师，据宫阙，僭号改元。自成亦以草贼起事，陷京师，据宫阙，僭号改元。相似二也。巢未入京以前，其锋不可当，入京僭位后，逆运已满，未几遂一败涂地。自成自襄、陕向京，凶威亦无敌，入京僭位后，逆运亦满，未几亦一败涂地。相似三也。巢因民谣，有“逢儒则肉师必覆”之语，遂戒军中，不得害儒者，所俘民称儒者，辄舍之。至福州，杀人如麻，过校书郎董朴家，令曰：“此儒者”，乃灭火不焚。自成所用牛金星，乃举人不第者，每肆毒于进士官，而戒军中勿害举人。至河南，贼将误杀一县令，或告曰：“此举人也”，群骇而去。其相似四也。巢入长安，令唐官三品以上并停，四品以下俱复旧任。自成入京，亦令三品以上并停，四品以下仍旧。其相似五也。

二寇之破，皆得力于异族之师，唐破黄巢，收复长安者，主要是沙陀之李克用，李自成的败亡，则是入关的清朝军队，此一相似之点，为赵翼所遗漏。而更大的遗漏，没有说出寇乱之起因，都是由于政治不纲，民不聊生，官吏贪黩虐民，驱民从贼，蜂起蚁聚，处处为乱，草莽枭雄，乘时崛起，啸聚者动以万计，黄巢之前，已有王仙芝，而和李自成同时作乱者，更不胜列举，张献忠，其著者焉。

肇乱之源，都是一样的。《通鉴》云：“自懿宗（僖宗父）以来，奢侈日甚，用兵不息，赋敛愈急。关东连年水旱，州县不以实闻，百姓流殍，无所控诉，相聚为盗，所在蜂起。州县兵少，人不习战，每与盗遇，官军多败。”

李自成陷京之前，自陕东进，曾移檄远近，道出了贼情鼎沸，天下大乱的原因，有云：“君非甚黯，孤立而炀蔽恒多；臣尽行私，比党而公忠绝少。甚至贿通官府，朝廷之威福日移，利入戚绅，闾左之脂膏尽竭。”又云：“公侯皆食肉纨绔，而恃为腹心；宦官悉龁糠犬豚，而借其耳目。狱囚累累，士无报礼之心；征敛重重，民有偕亡之恨。”

黄巢陷长安

李自成兵陷北部之前数日，崇祯帝曾颁罪己诏。诏略云：

> 朕为民父，不得而卵翼之；民为朕子，不得而襁褓之。坐令秦豫邱墟，江楚腥秽，贻耻宗社，负疚黔黎，罪非朕躬，谁任其责？所以使民罹锋镝，陷水火，血流成壑，骸积成山者，皆朕之过也。使民输刍挽粟，居送行赍，加赋急无艺之征，预支有称贷之苦者，又朕之过也。使民室如悬磬，田尽污莱，望烟屋而无门，号冷风而绝命者，又朕之过也。……至于任大臣而不法，用小臣而不廉，言官首鼠而议不清，武将骄懦而功不举，皆由朕抚驭失道，诚感未孚，终夜以思，跼蹐无地。

崇祯帝自己道出乱源，较敌人的檄文，尤为痛切。

唐末懿宗、僖宗时代的政治情形何尝不是如此。李自成的檄文，尚称崇祯帝“主非甚黯”，不过孤立而受蒙蔽，而史称唐懿宗“荒宴不亲庶政”，而僖宗则好佛，“设万人斋”、“迎佛骨”、“日夕专与宰官同处”，视天下事，与己若了无关涉者。

王仙芝已转辗寇河南十五州，聚众数万，僖宗使平卢节度使宋威进兵击之，但宋威却另有自私打算，《新唐书》云，时威老且暗，不任军，阴与其副左散骑常侍曾元裕谋。曰：“昔庞勋灭，康承训即得罪，吾属虽成功，其免祸乎？不如留贼，不幸为天子，我不失作功臣。”

将领养贼以自图，贼势安得不张？

黄巢聚众参加王仙芝作乱，是在僖宗乾符二年（875 年）之夏，时仙芝率众肆掠，已陷曹、濮二州。巢，曹州冤句人，世鬻盐，家富于赀，善击剑骑射，稍通书记，屡举进士不第，口才辩给，喜养亡命，是时岁饥，募众数千人，以应仙芝，攻剽州县，民之困于重敛者争归之，数月之间，众至数万。

群盗属流寇性质，所至遇官军战，或城不能克，或有挫败，即杀掠而逃，飘忽无定，山东、河南、淮南，以及今湖北、安徽、浙江诸州县受寇蹂躏荼毒者，不知凡几。

乾符五年（878 年）二月，官军大破王仙芝于黄梅，杀五万余人，斩仙芝，传首京师。黄巢方攻亳州，收仙芝余众，自号冲天大将军，还师陷沂、濮，掠宋、汴，寻又入今江西境，陷虔、吉、饶、信等州。是年秋，巢东寇宣州，攻城不克，乃引兵入浙东，开山路七百里，攻剽福建诸州。

巢为官军分道击剿，乃自闽入广，进窥广州。时朝廷有招抚意，巢上表求广州节度使，僖宗命大臣议。左仆射于琮以为广州市舶，宝货所聚，岂可令贼得之。宰相请除巢率府军，从之。巢得告身大怒，大骂执政，急攻广州，陷之，执节度使李迢。露布告部下，将入关取长安，因诋及朝政之敝，宦竖柄朝，垢蠹纪纲，并指诸臣与中官赂遗交构状。并下令禁刺史殖财产，县令犯赃者族。

是时为乾符六年（879 年）七月，冬十月北上陷潭州，遣其将逼江陵，巢趣襄阳。明年，广明元年（880 年），东向而陷睦、婺两州，寻复陷宣州。是年七月，巢率众自采石渡江，兵势甚盛。十一月渡淮，东都陷，十二月入潼关。

帝发神策军御之，神策军皆长安富家子，赂宦官窜名军籍，厚得廪赐，未尝更战阵。闻当出征，父子聚泣，多以金帛雇贫人代行，往往不能操兵杖。

巢以破竹之势趋长安，僖宗自金光门出，唯王子及妃嫔数人从之，百官皆莫之知。帝由骆谷走兴元。

以不能拒贼责一女子

黄巢陷都称帝一幕，《新唐书》言之甚详，略云：

> 巢以（部将）尚让为平唐大将军，贼众皆披发锦衣，大抵辎重自东都抵京师，千里相属。（唐）金吾大将军张直方与群臣迎贼灞上，巢乘黄金舆，卫者皆绣袍华帻，其党乘铜舆以从，骑士凡数十万，先后至。巢入自春明门，升太极殿，宫女数千迎拜，称黄王。巢喜曰：殆天意欤!

唐宗室侯王之在长安者，杀无遗类。贼酋据甲第以处，争取人妻女乱之，捕官吏不降者悉斩之，纵贼众大掠，缚箠富户逼索财帛，号“淘物”。

巢入宫自称“大齐皇帝”，索衮冕不得，绘弋绨为之，无金石乐，击大鼓数百，列长剑大刀为卫，改元为“金统”，其徒众上巢尊号为“承天广运启圣睿文宣武皇帝”，以妻曹氏为皇后。

僖宗车驾至兴元，旋幸成都，诏诸道出兵收复长安。官军进薄长安，黄巢率众弃城走，时为中和元年（881 年）四月。官军入城，民欢呼出迎，争以瓦砾击贼。军士争入第舍，掠金帛妓妾。巢及众潜伏城外，并未远去，询知官军不整，还袭之，大战长安城中，官军死者十八九，余遁去。巢怒民迎王师，纵击杀八万人，血流于路可涉，谓之洗城。

先是，唐召李克用率沙陀及鞑靼诸部兵数万来赴，巢复据长安后，克用兵南下，诸路官军势大振，各地巢军屡败，巢将朱温度其将败，率先于中和二年（882 年）十月降，唐以之为河中行营招讨副使，赐名全忠。

克用及诸路军转战迄中和三年（883 年）四月，与黄巢战于渭南，一日三捷，贼众大奔，克用等入京师，巢焚宫室遁去，多遗珍宝于路，官军争取之，不急追，贼遂逸去。诏克用同平章事。克用时年二十八，于诸将中年最少，而兵势最强，破黄巢，复长安，功居第一。

巢遁，复掠今河南、山东诸州县，势日蹙，其将尚让亦以万人降归唐将武宁节度使时溥。中和四年（884 年）六月，尚让追黄巢至瑕丘（今山东滋阳），巢众仅千人，困于狼虎谷。谓其甥林言曰："若取吾首献天子，可得富贵，毋为他人利。"言不忍，巢乃自刎不殊，言因斩之，且杀其兄弟妻子，悉函首将诣时溥，沙陀军夺之，并斩言首，以献于溥。

七月，时溥献巢首于行在，并其姬妾。僖宗于御楼受之。宣问姬妾："汝曹皆勋贵子女，何为从贼？"其居首者对曰："狂贼凶逆，国家以百万之众，失守宗庙，播迁巴蜀，今陛下乃以不能拒贼，责一女子，置公卿将帅于何地乎？"帝皆戮之。

或剿或抚不能扑灭

李自成，延安府米脂人。孩提时，教之字，颇能记忆，性跳踉不可制。比长，伟躯蓬鬓，高颧鸱目，声如豺虎，善骑射，斗狠无赖，为暴于乡，娶妻有淫行，手刃之。崇祯元年（1628 年）陕西大饥，群盗蜂起，高迎祥为魁渠之一，自称闯王，自成戚也。自成因犯法，逃归之，自结一队为闯将。

盗起于延绥，其后蔓延秦、晋、荆、豫，西连巴蜀，东扰江淮，其最强者，高迎祥、李自成、张献忠外，若过天星、闯塌天、曹操、革裹眼、左金王、老獨獨、袁时中之属，不下数十部。张献忠亦延安府人，世居肤施，与自成同年生。

贼部初起时或合或分，流窜飘忽，随地裹胁，拥众各以万计，朝廷或剿或抚，不能扑灭。贼与官军战，势蹙即遁，或诡降复叛，或一地甲队贼已去，而乙队踵至。贼群往来不定，延袤数千里，所在驰突。

崇祯九年（1636 年）秋，陕西巡抚孙传庭，擒高迎祥于盩厔，献俘砾死，于是贼党共推李自成为闯王。

自成之称闯王也，部下造民谣，词曰："迎闯王，不纳粮"。传之远近，于是归者弥众。贼到之处，如飞蝗食禾，疾风扫叶，不从者杀戮殆尽。邹漪《明季遗闻》，述流贼暴行，云：

有缚人之夫与父而淫其妻女，然后杀之者。有驱人之父淫其女以为戏，而后杀之者。甚至裸孕妇于前，共卜其腹中男女，剖而验之以为戏，一试不已，至再三者。又甚至以大锅煎油，掷孩子于内，观其跳跃啼号以为乐者。又甚至绑人于地，生刳其腹，实以米豆，牵群羊而争饲之。取人之血，和米麦为粥，以喂马驴，使之健强而能冲敌者，所掳人子女百千，临行不能多带，尽杀而去。

至崇祯十七年（1644年）正月，李闯于西安僭国号曰大顺，改元永昌。前一年，群盗已合流为两大系统，一属自成，一属张献忠。自成称帝后自秦犯阙，而献忠则由荆入蜀。

是年三月十九日都城陷，明帝于先一夜，自缢煤山。李自成毡笠缥衣，乘乌骓马入承天门。吴三桂乞清兵来援，四月二十二日战于山海关，自成大败，余众狼狈还京。二十九日自成尚被冠冕列仗受朝于武英殿，正式称帝，追尊七代皆为帝后，立妻高氏为皇后。是夕焚宫殿及九门城楼，悉众西行。

自成西逃，仍欲据西安，清顺治二年（1645年）二月，清兵破潼关，西安不守，南窜入襄阳，复走武昌，屯武昌五十余日，贼众尚五十余万，为追兵所迫，部队多降或逃散。自成灭亡的最后一幕，《明史》记之，曰：

自成走延宁、蒲圻，至通城，窜于九宫山。秋九月，自成留（其侄）李过守寨，自率二十骑略食山中，为村民所困，不能脱，遂缢死。或曰村民方筑堡，见贼少，争前击之，人马俱陷泥淖中，自成脑中锄死，剥其衣，得龙衣金印，眇一目，村民乃大惊，谓为自成也。时我（清）兵遣识自成者，验其尸，朽莫辨。获自成两从父伪赵侯、伪襄南侯，及自成妻妾二人。

积尸如山岳

明末流寇魁渠荼毒天下，罪恶之名与李自成不相上下者为张献忠。自成陷都后，虽年余即亡，然势盛之时，黄河南北，均其号令所及，而献忠不过局促于四川一隅，虽亦僭号“大西”，自称“秦王”，改元“义武”，终因将士离心，欲称霸一方亦不可能。《明史·流贼传》，李张并列，李传详而张传略，有轻重之轩轾。

献忠自崇祯十七年（1644年）正月窜据四川，迄顺治三年（1646年）十月败亡为止，据蜀凡二年又十个月。献忠好杀，在这三年不到的时期，完全以屠杀为统治手段。吴伟业《鹿樵纪闻》云：

> 贼（献忠）初志在帝蜀，虽好杀，犹时有所纵舍，及出兵屡败，列城多叛，谋下荆吴，又惮英为阻，（扼据重庆之曾英），益愤恨，攘袂瞋目，以咀嚼蜀人为事。
>
> 先杀武弁，次及僧道、筮卜、医生、工匠皆尽，尤忌朱姓，知蜀府宗支，多在灌县，围而屠之，蜀世子亦被害。
>
> 贼欲屠保宁，僧破山为之请，贼方进犬肉，谓僧曰：啖此即从汝。破山曰：老僧救百万生灵，何惜如来一戒？为啖数脔，保宁由是得全。
>
> 乙酉年（1645年），入秋以后，悉聚其兵于成都，日遣一将出屠诸郡邑，并及村聚。尝登高四望，有兵过而炊烟在者，将吏必死。其下争以多杀为功，首级重不可举，男子割势，妇人各取阴肉，或割乳头，验功之所，积成丘阜。

清叶晴峰辑《流寇琐记》，云：

> 献贼在川，先屠儒，次屠民，继屠川民之为兵者，复检各卫军及

各营新兵年十五岁以上者尽杀之，所杀卫军七十五万有奇，家口不计，兵二十三万六千有奇，家口三十二万，自成都北威凤山起至南门桐子园，绵亘七十余里，尸积如乔岳。

又云：

令各营分剿川北川南……以杀人多者受重赏，一卒日杀数百人，立擢至都督。营中公、侯、伯甚多，皆屠川民积功所得也。蜀民于此，真无孑遗矣。

《流寇琐记》并述献忠分遣孙可望等四将，分道屠川民，其所举数字之大，夸张失实。当代史家李光涛论曰：

单就孙可望等四路所杀的数目计之，便为六万七千八百四十八万零，他如川南川北之分剿。则《流寇琐记》又云：约不减可望等所戮之数，二者合计之，差不多近于十四万万之多，其数字之大，直当于今全世界的人口。凡此记载，当然也都是迂阔不切的妄说，无待考辨之必要。特其最后一言，如所云：蜀民于此，真无孑遗矣。原非凿空之说。

盖涂炭四川者，自张献忠始，其后清兵数役之搜杀二十余年，亦负极大责任。李氏曰：张献忠据蜀，“前后共两年零十个月，在此时期，凡关四川境内之杀人，则全为张献忠一人之事，初与清人丝毫无干。其丙戌（顺治三年，1646 年）十月以后，即顺治三年十一月起，讫顺治十八年（1661 年）止，是为清人经略南疆之役，再自康熙十二年（1673 年）起，至康熙二十一年（1682 年）止，是又为清人平定吴三桂之役。总此两役，清人在四川境内攻杀共二十余年之久，在此长久时期内，凡川中之残破，以及所谓肢体不全、耳鼻残缺者，则又全属清人之所为，其于张献忠也根本无关，不可不知。实际清初之屠杀行为，也不仅限于四川一省，而是极普遍之事”。

顺治三年（1646 年）春，清兵西讨。秋，献忠尽焚成都宫殿庐舍，夷其城，率众出川北。《鹿樵纪闻》谓北窜频行之先，献忠自言，尝见天神语之曰:“天以百物与人，人无一物与天”，因续一句云:“鬼神明明，自去思忖”。有道人谀之曰:“陛下即天神，终当遗弃一切，仍归上界。”献忠大悦，乃尽杀其妻妾，一子尚幼，亦扑杀之。

清兵南下至汉中，一日，至盐亭界大雾，献忠晓行，猝遇清兵于凤凰坡，中矢坠马，匍伏积薪下，清兵擒出斩之。

张献忠“锦江锢金”之说，后世多注意之，值得附带一谈。《鹿樵纪闻》云，献忠“用法移锦江，涸其流，穿数仞，实以精金及其他珍宝累万万，下土石筑之，然而决堤放水，名曰锢金”。

犹忆抗战期间，尚有人组织公司，集资募工，于江中断流发掘，亘数年，一无所得。

李光涛《张献忠史事》一文，云:“献忠沉河之金，乃随锢随发，随被当时人取用以尽。盖当献忠锢金之际，川将杨展尝自成都逃出，至嘉定，纠合义旅以讨贼，其后此支义旅与清人抗，顺治四年（1647 年）以乏饷故，于是杨展取献贼沉河之金亿万以助饷。《甲申剩事》页八，载有此条，特揭出之，以破世人之惑”。

附录

（编者注：下表中皇帝生卒纪年与通行有并，为忠实原著未作改动）

历代帝王年祚表

帝号	年岁	在位	生（公元）	卒	备考
汉高祖	五十二	十二	前二四七	前一九五	
汉惠帝	十九	七年	前二〇七	前一八八	
汉文帝	四十五	二十三	前二〇二	前一五七	
汉景帝	四十七	十六	前一八八	前一四一	
汉武帝	七十	五十四	前一五七	前八七	
汉昭帝	二十一	十三	前九五	前七四	
汉宣帝	四十一	二十五	前九〇	前四九	
汉元帝	四十一	十六	前七五	前三三	
汉成帝	四十四	二十六	前五一	前七	
汉哀帝	二十四	六年	前二五	前一	
汉平帝	十三	五年	前九	五	遇毒而死
汉孺子婴	二十	三年	前五	二五	被杀
汉光武帝	六十二	三十三	前六	五七	
汉明帝	四十七	十八	二八	七五	
汉章帝	三十	十三	五八	八八	
汉和帝	二十六	十七	七九	一〇五	
汉殇帝	一岁	八月	一〇五	一〇六	
汉安帝	三十一	十九	九四	一二五	

汉顺帝	二十九	十　九	一一五	一四四	
汉冲帝	二　岁	六　月	一四三	一四五	
汉质帝	八　岁	一　年	一三八	一四六	遇毒而死
汉桓帝	三十五	二十一	一三二	一六七	
汉灵帝	三十三	二十二	一五六	一八九	
汉少帝	十　四	五　月	一七五	一八九	
汉献帝	五十三	三十一	一八一	二三四	
魏文帝	四　十	七　年	一八六	二二六	
魏明帝	三十五	十　三	二〇四	二三九	
魏齐王	四十三	十　四	二一一	二五四	
魏高贵乡公	十　九	六　年	二四一	二六〇	被杀
魏元帝	五十七	六　年	二四五	三〇二	
蜀汉昭烈帝	六十一	三　年	一六二	二二三	
蜀汉后主	六十四	四十一	二〇七	二七一	
吴大帝	七　十	三十一	一八二	二五二	
吴会稽王	十　五	六　年	二四三	二五八	自杀
吴景帝	二十九	六　年	二三五	二六四	
吴末帝	四　十	十　六	二四三	二八三	
晋武帝	五十四	二十六	二三六	二九〇	
晋惠帝	四十七	十　七	二五九	三〇六	中毒死
晋怀帝	二十九	六　年	二八四	三一三	遇毒而死
晋愍帝	四十七	四　年	二七〇	三一七	被杀
晋元帝	四十五	六　年	二七七	三二二	
晋明帝	二十六	三　年	三九九	三二五	
晋成帝	二十一	十　七	三二一	三四二	
晋康帝	二十一	二　年	三二三	三四四	
晋穆帝	十　八	十　七	三四三	三六一	
晋哀帝	二十四	四　年	三四一	三六五	

晋废帝	四十四	五　年	三四二	三八六	
晋简文帝	五十一	二　年	三二一	三七二	
晋孝武帝	三十四	二十四	三六二	三九六	被杀（窒息而死）
晋安帝	三十六	二十二	三八二	四一八	被杀（缢死）
晋恭帝	三十六	二　年	三八五	四二一	被杀
宋武帝	六十六	三　年	三五六	四二二	
宋少帝	十　八	一　年	四〇六	四二四	被杀
宋文帝	四十六	三　十	四〇七	四五三	被杀
宋孝武帝	三十四	十　一	四三〇	四六四	
宋前废帝	十　六	一　年	四四九	四六五	被杀
宋明帝	三十三	八　年	四三九	四七二	
宋后废帝	十　四	四　年	四六三	四七七	被杀
宋顺帝	十　二	三　年	四六七	四七九	被杀
齐高帝	五十五	四　年	四二七	四八二	
齐武帝	四十四	十　一	四四九	四九三	
齐郁林王	二　十	六　月	四七四	四九四	被杀
齐海陵王	十　四	四　月	四八〇	四九四	被杀
齐明帝	三十九	五　年	四五九	四九八	
齐东昏侯	十　八	二　年	四八三	五〇一	被杀
齐和帝	十　四	二　年	四八八	五〇二	被杀
梁武帝	八十五	四　八	四六四	五四九	饿死
梁简文帝	四十八	二　年	五〇三	五五一	被杀
梁元帝	四十六	三　年	五〇八	五五四	被杀
梁敬帝	十　五	三　年	五四三	五五八	被杀
陈武帝	五十八	三　年	五〇一	五五九	
陈文帝	四十四	七　年	五二二	五六六	
陈废帝	十　八	二　年	五五〇	五六八	
陈宣帝	五十一	十　四	五三一	五八三	

陈后主	五十一	七 年	五五三	六〇四	
北魏道武帝	三十八	二 三	三七一	四〇九	被杀
北魏明元帝	三十一	十 五	三九二	四二三	
北魏太武帝	四十四	二 八	四〇八	四五二	被杀
北魏文成帝	二十五	十 四	四四〇	四六五	
北魏献文帝	二十一	五 年	四五四	四七六	被杀
北魏孝文帝	三十二	二 九	四六七	四九九	
北魏宣武帝	三十二	十 六	四八三	五一五	
北魏孝明帝	十 八	十 二	五一〇	五二八	被杀
北魏孝庄帝	二十三	三 年	五〇七	五三〇	被杀
北魏节闵帝	三十四	一 年	四九八	五三一	被杀
北魏安定王	十 九	一 年	五一三	五三二	被杀
北魏孝武帝	二十四	三 年	五一〇	五三四	毒死
东魏孝静帝	二十七	十 七	五二四	五五一	
西魏文帝	四十四	十 七	五〇七	五五一	
西魏废帝	无 考	二 年	无 考	五五一	被杀
西魏恭帝	无 考	三 年	无 考	五五七	被杀
北齐文宣帝	三 十	十 年	五二九	五五九	
北齐废帝	十 六	不一年	五四五	五六一	被杀
北齐孝昭帝	二十六	不一年	五三五	五六一	
北齐武成帝	三十一	四 年	五三七	五六八	被杀
北齐后主	二十二	十 二	五五五	五七七	被杀
北齐幼主	七 岁	一 年	五七〇	五七七	赐死
北周孝愍帝	十 五	不一年	五四二	五五七	被杀
北周明帝	二十六	四 年	五三四	五六〇	被杀
北周武帝	三十五	十 八	五四三	五七八	
北周宣帝	二 十	一 年	五六〇	五八〇	
北周静帝	八 岁	二 年	五七三	五八一	被杀

隋文帝	六十三	二　四	五四一	六〇四	被杀
隋炀帝	三十八	十　三	五八〇	六一八	被杀
隋恭帝	十　四	二　年	六〇五	六一九	被杀
唐高祖	七　十	九　年	五六五	六三五	
唐太宗	五十二	二十三	五九七	六四九	
唐高宗	五十五	三十四	六二八	六八三	
唐中宗	五十四	五　年	六五六	七一〇	被杀
唐睿宗	五十四	三　年	六六二	七一六	
唐玄宗	七十七	四十四	六八五	七六二	
唐肃宗	五十一	七　年	七一一	七六二	
唐代宗	五十二	十　七	七二七	七七九	
唐德宗	六十三	二十五	七四二	八〇五	
唐顺宗	四十五	八　月	七六一	八〇六	
唐宪宗	四十二	十　五	七七八	八二〇	被杀
唐穆宗	二十九	四　年	七九五	八二四	
唐敬宗	十　七	二　年	八〇九	八二六	被杀
唐文宗	三十一	十　四	八〇九	八四〇	
唐武宗	三十二	六　年	八一四	八四五	
唐宣宗	四十九	十　三	八一〇	八五九	
唐懿宗	三　十	十　四	八四三	八七三	
唐僖宗	二十六	十　五	八六二	八八八	
唐昭宗	三十七	十　六	八六七	九〇四	被杀
唐哀帝	十　六	二　年	八九二	九〇八	被杀
后梁太祖	六　十	六　年	八五二	九一二	被杀
后梁末帝	二十五	十　一	八九八	九二三	自杀
后唐庄宗	三十四	四　年	八九二	九二六	中流矢死
后唐明宗	六十六	八　年	八六七	九三三	
后唐闵帝	二　十	四　月	九一四	九三四	被杀

后唐末帝	四十四	二　年	八九二	九三六	自焚死
后晋高祖	五　十	七　年	八九二	九四二	
后晋出帝	无　考	四　年			
后汉高祖	五十三	二　年	八九五	九四八	
后汉隐帝	二十七	二　年	九二三	九五〇	被杀
后周太祖	五　十	三　年	九〇四	九五四	
后周世宗	三十八	六　年	九二一	九五九	
后周恭帝	二十一	不一年	九五二	九七三	
宋太祖	四十九	十　七	九二七	九七六	
宋太宗	五十八	二十二	九三九	九九七	
宋真宗	五十四	二十五	九六八	一〇二二	
宋仁宗	五十三	四十一	一〇一〇	一〇六三	
宋英宗	三十五	四　年	一〇三二	一〇六七	
宋神宗	三十七	十　八	一〇四八	一〇八五	
宋哲宗	二十四	十　五	一〇七六	一一〇〇	
宋徽宗	五十三	二十五	一〇八二	一一三五	
宋钦宗	六　十	二　年	一〇九六	一一五六	
宋高宗	八　十	三十六	一一〇七	一一八七	
宋孝宗	六十七	二十七	一一二七	一一九四	
宋光宗	五十三	五　年	一一四七	一二〇〇	
宋宁宗	五十六	三　十	一一六八	一二二四	
宋理宗	六十一	四　十	一二〇三	一二六四	
宋度宗	五十二	十　年	一二二二	一二七四	
宋恭帝	无　考	二　年	一二七一		
宋端帝	十　岁	三　年	一二六八	一二七八	
宋帝昺	八　岁	二　年	一二七一	一二七九	蹈海自杀
辽太祖	五十四	二　十	八七三	九二七	
辽太宗	四十五	二十一	九〇二	九四七	

辽世宗	三十三	五　年	九一八	九五一	
辽穆宗	三十八	十　九	九三一	九六九	
辽景宗	三十四	十　四	九四八	九八二	
辽圣宗	六　十	四十九	九七一	一〇三一	
契丹兴宗	三十九	二十五	一〇一六	一〇五五	
辽道宗	六十九	四十七	一〇三二	一一〇一	
辽天祚帝	五十三	二十五	一〇八五	一一二八	
金太祖	五十五	九　年	一〇六八	一一二三	
金太宗	六　十	十　三	一〇七五	一一三五	
金熙宗	三　十	十　四	一一一九	一一四九	被杀
金海陵王	三十九	十　三	一一二二	一一六一	被杀
金世宗	六十六	二十九	一一二三	一一八九	
金章宗	四　十	十　九	一一六八	一二〇八	
金卫绍王	无　考	五　年		一二一三	
金宣宗	六　十	十　一	一一六三	一二二三	
金哀宗	无　考	十　一		一二三四	
西夏景宗	四十五	十　七	一一〇三	一〇四八	
西夏毅宗	二　十	十　九	一〇四七	一〇六七	
西夏惠宗	二十五	十　九	一〇六一	一〇八六	
西夏崇宗	五十六	五十三	一〇八三	一一三九	
西夏仁宗	六十九	五十四	一一二四	一一九三	
西夏桓宗	二十九	十　三	一一七七	一二〇六	
西夏襄宗	四十二	五　年	一一六九	一二一一	
西夏神宗	六十三	十　四	一一六三	一二二六	
西夏献宗	四十五	四　年	一一八一	一二二六	
西夏南平王	无　考	一　年			
元世祖	七十九	三十五	一二一五	一二九四	
元成宗	四十二	十　三	一二六五	一三〇七	

元武宗	三　十	四　年	一二八一	一三一一	
元仁宗	三十五	九　年	一二八五	一三二〇	
元英宗	二　十	三　年	一三〇三	一三二三	被杀
元泰定帝	三十五	五　年	一二九三	一三二八	
元幼主	二十九	八　月	一二九九	一三二八	
元文宗	二十八	五　年	一三〇四	一三三二	
元宁宗	六	二　月	一三二六	一三三二	
元顺帝	五　十	三十六	一三二〇	一三二九	
明太祖	七　十	三十一	一三二八	一三九八	
明惠帝	无　考	四　年			
明成祖	六十五	二十二	一三五九	一四二四	
明仁宗	四十七	一　年	一三七八	一四二五	
明宣宗	三十六	十　年	一三九九	一四三五	
明英宗	三十七	十　四	一四二七	一四六四	
明景宗	无　考	七　年		一四五七	
明宪宗	三十九	二十三	一四四八	一四八七	
明孝宗	三十五	十　八	一四七〇	一五〇五	
明武宗	三　十	十　六	一四九一	一五二一	
明世宗	五十九	四十五	一五〇七	一五六六	
明穆宗	三十五	六　年	五 三 七	一五七二	
明神宗	五十七	四十八	一五六三	一六二〇	
明光宗	三十八	一　月	一五八二	一六二〇	毒死
明熹宗	三十三	七　年	一六〇四	一六二七	
明思宗	三十四	十　七	一六一〇	一六四四	自缢
明福王	无　考	一　年			
清世祖	二十三	十　八	一六三八	一六六一	
清圣祖	六十八	六十一	一六五四	一七二二	
清世宗	五十七	十　三	一六七八	一七三五	

清高宗	八十八	六　十	一七一一	一七九九
清仁宗	六　十	二十五	一七六〇	一八二〇
清宣宗	六十八	三　十	一七八二	一八五〇
清文宗	三　十	十　一	一八三一	一八六一
清穆宗	十　八	十　三	一八五六	一八七四
清德宗	三十七	三十四	一八七一	一九〇八

图书在版编目（CIP）数据

吾皇万岁万万岁：古代帝王生活 / 朴人著. -- 北京：故宫出版社，2012.6

ISBN 978-7-5134-0256-9

Ⅰ. ①吾… Ⅱ. ①朴… Ⅲ. ①帝王-史料-中国-古代 Ⅳ. ①K220.6

中国版本图书馆 CIP 数据核字（2012）第 065612 号

吾皇万岁万万岁——古代帝王往事

著　　者：朴　人
责任编辑：江　英　李子裔
装帧设计：李　猛
出版发行：故宫出版社
　　地址：北京市东城区景山前街 4 号　邮编：100009
　　电话：010-85007808　010-85007816　传真：010-65129479
　　网址：www.culturefc.cn　邮箱：ggcb@culturefc.cn
制　　版：保定市万方数据处理有限公司
印　　刷：保定市中画美凯印刷有限公司
开　　本：787 毫米 × 1092 毫米　1/16
印　　张：27
字　　数：258 千字
版　　次：2012 年 6 月第 1 版
　　　　　2012 年 6 月第 1 次印刷
印　　数：1～5,000 册
书　　号：ISBN 978-7-5134-0256-9
定　　价：46.00 元